Fremdsprachenlernen mit Multimedia

Werkstattreihe
Deutsch als Fremdsprache

Herausgegeben von
Rolf Ehnert (Bielefeld)
und
Hartmut Schröder (Vaasa)
Muneshige Hosaka (Mito)

Band 74

PETER LANG

Frankfurt am Main · Berlin · Bern · Bruxelles · New York · Oxford · Wien

Marion Niehoff

Fremdsprachenlernen mit Multimedia

Anforderungen aus Sicht der NutzerInnen

Eine qualitative Untersuchung zum selbstorganisierten Lernen

Bibliografische Information Der Deutschen Bibliothek
Die Deutsche Bibliothek verzeichnet diese Publikation in der
Deutschen Nationalbibliografie; detaillierte bibliografische
Daten sind im Internet über <http://dnb.ddb.de> abrufbar.
Zugl.: Frankfurt (Oder), Europa-Univ., Diss., 2002

Promotion an der Kulturwissenschaftlichen Fakultät der
Europa-Universität Viadrina.
Datum der Disputation: 14.05.2002
Gutachter: 1. Prof. Hartmut Schröder,
2. Dr. Rolf Ehnert.

Gedruckt mit Unterstützung der
Hans-Böckler-Stiftung.

ISSN 0721-4278
ISBN 3-631-39957-X
© Peter Lang GmbH
Europäischer Verlag der Wissenschaften
Frankfurt am Main 2003
Alle Rechte vorbehalten.

Das Werk einschließlich aller seiner Teile ist urheberrechtlich
geschützt. Jede Verwertung außerhalb der engen Grenzen des
Urheberrechtsgesetzes ist ohne Zustimmung des Verlages
unzulässig und strafbar. Das gilt insbesondere für
Vervielfältigungen, Übersetzungen, Mikroverfilmungen und die
Einspeicherung und Verarbeitung in elektronischen Systemen.

www.peterlang.de

Danksagung

Die vorliegende Arbeit zum Fremdsprachenlernen mit Multimedia ist das Ergebnis eines mehrjährigen Forschungsprozesses, der von verschiedenen Personenkreisen maßgeblich unterstützt wurde. An erster Stelle bedanke ich mich bei meinen UntersuchungsteilnehmerInnen, neun deutschsprachigen Fremdsprachenlernenden verschiedener Sprachen, die durch ihre Auskunftsbereitschaft die empirische Untersuchung erst möglich machten.

Mein besonderer Dank gilt Prof. Hartmut Schröder von der Europa-Universität Viadrina für die langjährige und wohlwollende Unterstützung und Förderung. Mein Forschungsprojekt im Rahmen seines Doktorandenkolloquiums *Widok* (polnisch für Aussicht) wiederholt vorstellen und diskutieren zu können, war immer wieder anregend und bot einen fruchtbaren Rahmen für die Auseinandersetzung mit Problemen.

Ebenso möchte ich Dr. Rolf Ehnert von der Universität Bielefeld für seine langjährige und freundliche Unterstützung dieser Arbeit danken. Die Anbindung an den fremdsprachendidaktischen Kontext des Fachbereiches Deutsch als Fremdsprache der Fakultät für Linguistik und Literaturwissenschaften war immer wieder bereichernd. Beiden möchte ich an dieser Stelle für ihre Bereitschaft danken, als Gutachter in meinem Promotionsverfahren tätig zu werden.

Ich danke den MitarbeiterInnen des Lehrstuhls Interkulturalität, Fremdsprachen und Fachdidaktiken der BTU Cottbus, insbesondere Prof. Marie-Theres Albert für ihre Unterstützung der empirischen Untersuchung sowie Andreas Hoche für seine Diskussionsbereitschaft und technische Hilfe.

Für die konstruktive Diskussion methodischer Möglichkeiten im Rahmen der Vorbereitung dieser Arbeit gilt mein herzlicher Dank Maya Müller und Hans-Jörg Hinz.

Der Hans-Böckler-Stiftung möchte ich für die materielle Förderung dieser Arbeit und die unterstützenden Angebote der Promotionsförderung danken. Den Kontakt und den Austausch mit anderen StipendiatInnen der Stiftung habe ich als sehr motivierend und hilfreich empfunden. Insbesondere bei Asiye Kaya, Esther Lehnert, Christiane Leidinger, Anja Stichs und Martina Winkelmann bedanke ich mich für die monatlichen Treffen, die bei unterschiedlichen Fachrichtungen immer wieder anregend waren und neue Ideen entstehen ließen.

Der Arbeitsgruppe ‚Qualitative Sozialforschung', mit der ich die Gelegenheit hatte, methodische Fragen zum Forschungsansatz der *Grounded Theory* und meine Ergebnisse zu diskutieren, möchte ich für ihr langjähriges Engagement und Interesse sowie für ihre Hinweise und Kritik danken.

Für praktische Hilfen bei der Erstellung von Grafiken danke ich Simone Gliffe und Ralf Dunker. Für ihre Bereitschaft zur Diskussion und zum

Korrekturlesen, für ihre fachkundigen Hinweise und ihr Verständnis bedanke ich mich herzlich bei meinen Freundinnen Ulrike Amtmann, Cordula Harders, Antje Kuchenbuch und Miren Merkelbach.

Meinen Eltern und Geschwistern danke ich für ihr langjähriges Bemühen um Verständnis und ihre liebevolle Unterstützung.

Inhalt

I. Einleitung 11

II. Theoretische Aspekte und Forschungsergebnisse zum selbstorganisierten Fremdsprachenlernen mit Multimedia 19

1. Mediendidaktik 19
   1.1 Begriffsbestimmungen 19
   1.2 Modelle des Instruktionsdesigns bzw. der Allgemeinen Didaktik ... 22
   1.3 Historischer Überblick 26
   1.4 Zur Klassifikation didaktischer Medien 29
   1.5 Mediendidaktik im Kontext der Fremdsprachendidaktik 30
   1.6 Präzisierung der Fragestellung und Darlegung der Forschungsperspektive 38

2. Selbstorganisiertes (Fremdsprachen-) Lernen 41
   2.1 Begriffsbestimmungen 41
   2.2 Lernpsychologische Aspekte 46
   2.3 Selbstorganisiertes Lernen 54
   2.4 Fremdsprachenlernen 60
       2.4.1 Hör-(Seh-)Verstehen 64
       2.4.2 Sprechen / Aussprache 71

3. Lernen mit Multimedia 74
   3.1 Begriffsbestimmungen 75
   3.2 Zur Organisation von Informationen in Online-/Offline-Produkten 76
   3.3 Forschungsergebnisse 80
       3.3.1 Computer und Alltag 82
       3.3.2 Verstehensmuster 87
       3.3.3 Navigation 91
       3.3.4 Fremdsprachenlernen 94

III. Forschungsdesign 97
1. Forschungsmethodologische Diskussion und Begründung der methodischen Vorgehensweise 97
2. Kennzeichen qualitativer Forschung 100
3. Gütekriterien qualitativer Forschung 101
4. Die *Grounded Theory* im Überblick 105
5. Theoretisches Sampling 106
6. Die Methoden der Datenerhebung 107
   6.1 Lautes Denken 107
   6.2 Interviews 111
7. Die Methode der Datenauswertung 112

IV. Darstellung der Ergebnisse ... 115
1. Beschreibung der UntersuchungsteilnehmerInnen ... 116
2. Beschreibung der multimedialen Lernumgebungen ... 120
3. Beschreibung des Selbstlernstudios der BTU Cottbus ... 121
4. Tätigkeiten und Anforderungen aus Sicht der Fremdsprachenlernenden (Globalanalyse) ... 122
5. Theoretisches Modell zum selbstorganisierten Fremdsprachenlernen mit Multimedia ... 125
   5.1 Persönliche Bedingungen ... 127
   5.2 Äußere Voraussetzungen ... 130
   5.3 Kernkategorie: ‚Bedürfnis- und erfolgsorientiertes Fremdsprachenlernen mit Multimedia' ... 132
   5.4 Strategien ... 135
      5.4.1 „Sich Vertraut Machen" ... 136
      5.4.2 Suchen ... 138
      5.4.3 Strategien der Lernorganisation ... 139
      5.4.4 Wahrnehmen und Verstehen ... 140
      5.4.5 Integrieren und Elaborieren ... 144
      5.4.6 Erfolgsorientiertes Üben ... 148
   5.5 Bedingungen der Lernumgebung ... 154
      5.5.1 Hinderliche Bedingungen ... 154
      5.5.2 Förderliche Bedingungen ... 162
   5.6 Konsequenzen ... 170
6. Prozessmodell zum selbstorganisierten Fremdsprachenlernen mit Multimedia ... 175

V. Fazit ... 179
1. Diskussion ... 179
2. Didaktik im Kontext von Praxis, Evaluation und Forschung ... 182
3. Zusammenfassung ... 193
4. Ausblick: Selbstlernen, informelles Lernen, lebenslanges Lernen (mit Medien) . 204

Anhang I ... 207
1. Literaturverzeichnis ... 207
2. Verzeichnis der Abkürzungen ... 216
3. Abbildungsverzeichnis ... 216
4. Verzeichnis der Tabellen ... 217
5. Belegstellen ... 217
6. Verzeichnis der transkribierten Sitzungen (tabellarisch) ... 258
7. Interviewleitfaden ... 261
8. Auflistung der verwendeten Lernumgebungen ... 261

Anhang II   http://www.sw2.euv-frankfurt-o.de/widok/mniehoff/

1. Zeichen und deren Bedeutungen in der Transkription 263
2. Transkriptionen 264
3. Verzeichnis der transkribierten Sitzungen (tabellarisch) 422
4. Verzeichnis der Interviews 424
5. Interviewzusammenfassungen 425

I. Einleitung

Interkulturelle kommunikative Kompetenz gilt heute als Schlüsselfertigkeit, was zu einer großen Nachfrage nach Fremdsprachenunterricht sowie geeigneten Medien zum selbstorganisierten Lernen geführt hat (Rösler 2000). Der sich beschleunigende technisch-organisatorische Wandel in der Arbeitswelt hat zur Folge, dass Qualifizierungsformen jenseits der formalisierten Weiterbildung, wie Lernen im Prozess der Arbeit, informelles Lernen und selbstorganisiertes Lernen auf wachsende Aufmerksamkeit stoßen.

Obwohl das selbstorganisierte bzw. autonome Fremdsprachenlernen als Anforderung und Methode schon seit langem ausgiebig diskutiert wird (vgl. Ehnert 1978; Schulze-Lefert, Weiland 1989; Vogt 2000), liegen nur wenige empirische Forschungsergebnisse zur Medienverwendung im außerunterrichtlichen Kontext des selbstorganisierten Lernens vor (vgl. Bausch, Christ, Königs et. al. 1999).

Die drei Umwälzungen, die für unsere Zeit insgesamt charakteristisch sind – die Globalisierung, die Verwissenschaftlichung und Technisierung der Zivilisation sowie die Verwandlung der Gesellschaft von einer Industrie- in eine Informationsgesellschaft, die Veränderung von Ökonomie und Arbeitsmarkt in der post-industriellen Gesellschaft – hat zu Diskussionen über das „lebenslange Lernen" und einer Lerngesellschaft geführt (Schröder, Konitzer, Niehoff et.al. 1999).

Bisher fehlen jedoch weitgehend qualitative oder quantitative Untersuchungsergebnisse zum Fremdsprachenlernen mit Multimedia, wie sie z.B. für andere Medien vorliegen (vgl. Bufe, Deichsel, Dethloff (Hrsg.) 1984 zu AV-Medien). Grundsätzlich wird basierend auf den Forschungsergebnissen zum Fremdsprachenlernen mit audiovisuellen Medien davon ausgegangen, dass der Einsatz von Multimedia zum Fremdsprachenlernen lernförderlich sein kann. Die vorliegende Arbeit geht der Frage nach, welche Anforderungen sich an das Fremdsprachenlernen mit Multimedia bestimmen lassen. Mit Hilfe der erhobenen Daten wird angestrebt, zu einem besseren theoretischen Verständnis des außerunterrichtlichen, mediengestützten Fremdsprachenlernens zu gelangen, und somit zu einer Verbesserung entsprechender Angebote zum Fremdsprachenlernen beizutragen. Die theoretische Reflexion der Ergebnisse soll eine Diskussion der Stärken und Schwächen möglicher Entwicklungsansätze unterstützen und Empfehlungen zur Verbesserung zukünftiger Entwicklungsarbeiten geben.

Die Fragestellung entwickelte sich während der Mitarbeit in einem Projekt an der Brandenburgischen Technischen Universität (BTU Cottbus), in dessen Rahmen ein fachsprachliches Fremdsprachenlernprogramm entwickelt wurde. Empirisch begründete Kriterien zum Fremdsprachenlernen mit Multimedia waren in der Literatur nicht zu finden, es zeigte sich ein genereller Mangel an

Forschungsaktivitäten zum selbstorganisierten Fremdsprachenlernen wie auch der bekannte, allgemeine Mangel an empirisch begründeter Theoriebildung in der (Fremdsprachen-) Didaktik (vgl. Henrici 1999: 85f.). In der Folge entstand der Gedanke, im Rahmen eines Promotionsvorhabens eine empirische Untersuchung zum Fremdsprachenlernen mit Multimedia im sog. Selbstlernstudio der BTU Cottbus durchzuführen.

Der Arbeit liegt ein Medienverständnis zugrunde, das von einer komplexen Interaktion von RezipientInnen, Umwelt und Medien ausgeht. Daher wird vorausgesetzt, dass das Thema Multimedia eine interdisziplinäre Vorgehensweise erfordert, d. h. dass die Nutzung von Multimedia im Kontext des Lernens fremder Sprachen – über die Funktion als technologisches Mittel hinaus – die Rolle von Medien auf gesellschaftlicher, kultureller und individueller Ebene berücksichtigen muss.

Nach Ansicht der Initiative D21[1] konzentriert sich die Diskussion um den Einsatz von computergestütztem Lehren und Lernen in Deutschland zu sehr auf technische Aspekte (Initiative D21 2002). Eine Studie mit 102 Tiefeninterviews zum Thema „eLearning" kam zu diesem Ergebnis. Im Rahmen dieser Studie wurden im Oktober 2001 BildungspolitikerInnen, ManagerInnen und Verwaltungsfachleute befragt. Es zeigte sich, dass den Befragten die Qualifikation und die Qualität der AusbilderInnen und anerkannte „eLearning-Nachweise" im Gegensatz zu technischen Fragen am wichtigsten ist (ebd.). Als Konsequenz wird von der Initiative D21 gefordert, dass medienpädagogische und didaktische Fragen in der Wissensvermittlung stärker in den Vordergrund treten müssen (ebd.). Angesichts der Techniklastigkeit in der Diskussion einerseits und der didaktischen Tendenz zur Fixierung auf das Medienprodukt andererseits, entwickelte sich im Rahmen des mehrjährigen Forschungsprozesses der vorliegenden Arbeit ein Ansatz, der die alltäglichen Nutzungsgewohnheiten der Lernenden in den Vordergrund stellt. Die Ergebnisse der D21 Studie bestätigen den Eindruck, dass in der Regel viel zu selten medienpädagogisch-didaktische Fragen im Mittelpunkt der Diskussion stehen.

Die Fragestellung nach Anforderungen für das Fremdsprachenlernen mit Multimedia lässt sich als eine klassisch mediendidaktische Fragestellung kennzeichnen. Daher wird eingangs ein entwicklungsgeschichtlicher Überblick über die Mediendidaktik vorgenommen. Zunächst wird der Fachterminus „Mediendidaktik" diskutiert (Kap. II.1.1). Die verschiedenen Definitionen geben ersten Aufschluss über die möglichen pädagogisch orientierten Beschäftigungen mit Medien und die kontroversen Einschätzungen zur Verortung der Disziplin Mediendidaktik. Im Folgenden werden Modelle des Instruktionsdesigns bzw. der Allgemeinen Didaktik im Hinblick auf die

---

[1] Initiative D21 ist ein gemeinnütziger, parteiübergreifender, eingetragener Verein. "Initiative D21 ist eine Initiative namhafter Unternehmerpersönlichkeiten und Unternehmen mit der Zielsetzung, den Wandel von der Industrie- zur Informationsgesellschaft in Deutschland zu beschleunigen."(www.initiatived21.de)

jeweilige Rolle und Funktion von Medien zusammengefasst vorgestellt (1.2). Ein Überblick fasst insbesondere die neuere Geschichte der Mediendidaktik zusammen: Mediendidaktische bzw. -pädagogische Positionen werden idealtypisch beschrieben und in den historischen Zusammenhang gestellt (1.3). Ein Kernproblem der Mediendidaktik, die Klassifikation didaktischer Medien, wird anhand verschiedener Modelle diskutiert (1.4). Im Anschluss werden mediendidaktische Positionen im Kontext der Fremdsprachendidaktik betrachtet sowie Kriterien für multimediale Lernumgebungen (zum Fremdsprachenlernen) angeführt, um erste Hypothesen den Forschungsgegenstand betreffend aufzuzeigen (1.5). Die Betrachtung verschiedener Perspektiven, Problembereiche und Aufgaben der Mediendidaktik im Kontext des Lehrens und Lernens fremder Sprachen wird durch die Präzisierung der Fragestellung und die Darlegung der Forschungsperspektive abgeschlossen (1.6).

Die folgende Darstellung von Modellen und Ergebnissen der Pädagogischen Psychologie, der Fremdsprachenerwerbsforschung und der Forschung zum Lernen mit Multimedia wendet den Blick auf die individuellen Vorgänge und Faktoren beim selbstorganisierten (Fremdsprachen-) Lernen (2.). Die Begriffe selbstorganisiertes Lernen, Fremdsprachenlernen und Lernen werden zunächst diskutiert und bestimmt (2.1). Auf Grundlage der Definition von Straka und Stöckel (1999) werden die grundlegenden Unterscheidungsmerkmale Fähigkeit und Bereitschaft zum selbstorganisierten Lernen sowie die damit verbundenen Strategien aufgezeigt. Ansätze selbstorganisierten, autonomen Lernens propagieren, Lernen als eigenverantwortliches, planvolles Handeln zu begreifen und dieses zu fördern (Edelmann 1996: 411). Die Begriffsdiskussion führt zentrale Aspekte an und begründet die Verwendung der Definitionen für die vorliegende Untersuchung.

Im nächsten Abschnitt werden lernpsychologische Aspekte aus den Bereichen Gedächtnis und Behalten, Explorationsbedürfnis, Emotion und Motivation sowie Wiederholung, Übung und Transfer dargestellt. Kognitive Stile, Lernstile und Lernstrategien werden unter besonderer Berücksichtigung sog. LernexpertInnen dargelegt und diskutiert (2.2). Zunächst wird aus der Perspektive der Pädagogischen Psychologie die menschliche Informationsverarbeitung unter dem Gesichtspunkt von Gedächtnis und Behalten thematisiert. Das Mehrspeichermodell und das Einspeichermodell des Gedächtnisses, die beteiligten geistigen Prozesse sowie ein Überblick über die verschiedenen Gedächtnissysteme werden präsentiert. Zentrale Faktoren für die Gedächtnisleistung werden benannt. Der im folgenden dargelegte Ansatz des gerichteten Neugierverhaltens erklärt das Explorationsbedürfnis von Menschen anhand der drei wichtigsten Faktoren: relative Neuheit, Komplexität und Ungewissheit. Die Darstellung führt zur Differenzierung einer Reihe weiterer grundlegender Modelle der Motivationspsychologie: anreiztheoretische, entscheidungs- und austauschtheoretische Ansätze. Die Leistungsmotivation wird definiert, die Bedeutung von Gefühlen im Rahmen von Motivationsprozessen dargelegt sowie die Bedeutung von Wiederholung und Übung umrissen. Nach Edelmann (1996) werden ausgehend von den Gegenpolen sinnvoll / mechanisch zwei grundlegende Formen der Übung unterschieden und in ihrer Funktion bestimmt. Im Hinblick auf den Transfer des Gelernten auf neue Situationen werden verschiedene Positionen, die strukturalistisch-transfertheoretische Vorstellung von Lernübertragung, die Transfertheorie des bedeutungserzeugenden Lernens sowie neuere kognitionspsychologische Ansätze, die zwischen analogen und / oder metakognitiven Transfer unterscheiden, skizziert. Eine Definition für kognitive Stile sowie für Lernstile wird angeführt und Beispiele werden genannt. Im Anschluss werden Konzepte von Lern- und Sprachverarbeitungsstrategien zusammengefasst dargelegt. Am Beispiel der sog. LernexpertInnen werden zentrale lernpsychologische Aspekte angeführt, die mit Blick auf das selbstorganisierte Lernen von besonderer Bedeutung sind.

Ansätze des selbstorganisierten Lernens sowie Forschungsergebnisse werden dargelegt und diskutiert (2.3), wobei die grundlegende Unterscheidung zwischen Bereitschaft und Fähigkeit zum selbstorganisierten Lernen angewendet wird. Zunächst wird der persönlichkeitsorientierte Ansatz der pädagogischen Interessenstheorie sowie die Selbstbestimmungstheorie der Motivation nach Deci und Ryan (1985, 1993) zur Bestimmung eines motivationstheoretischen Rahmens dargelegt. Strategien des selbstorganisierten Lernens werden differenziert dargelegt und den Strategien des individuellen Wissensmanagements gegenüber gestellt. Nach Straka und Stöckl (1999) wird ein erprobtes Konzept der Förderung des selbstorganisierten Lernens mit seinen grundlegenden Unterscheidungen von impliziter und expliziter Förderung im Kontext verschiedener Arten von Lernumgebungen dargestellt. Abschließend wird das selbstorganisierte Lernen aus entwicklungspsychologischer Perspektive mit der Fähigkeit zum lebenslangen Lernen in Verbindung gesetzt.

Im weiteren Teil der Darstellung werden Ansätze der (Zweit-) Spracherwerbsforschung / Sprachlehrforschung skizziert, der Fokus der verschiedenen Forschungsrichtungen dargelegt sowie einige aktuelle Bemühungen der Fremdsprachenerwerbsforschung in Deutschland charakterisiert (2.4). Die zu treffenden Unterscheidungen beim Fremdsprachenlernen werden angeführt. Nach Riemer (1997) werden individuelle Einflüsse im Fremdsprachenerwerb dargelegt sowie Ziele fremdsprachendidaktischer Konzepte selbstorganisierten, autonomen Lernens umrissen. Ein Resümee des Forschungsstandes zeigt auf, dass die lerngerechte Gestaltung von Selbstlernmaterialien zwar ein Aspekt der fremdsprachendidaktischen Diskussion ist, jedoch nur vereinzelt empirische Studien vorliegen. Nach Schiffler werden Kriterien für die optimierte Textgestaltung im Kontext des autonomen Fremdsprachenlernens benannt (1999: 206ff.).

Die im Rahmen der vorliegenden Untersuchung zentralen Bereiche des Hör-(Seh-) Verstehens (2.4.1) sowie des Sprechens und der Aussprache (2.4.2) im Kontext von Spracherkennungssystemen werden abschließend detailliert ausgeführt. Das Seh-Verstehen wird anhand zweier grundlegender Gesichtspunkte nach Schwerdtfeger (1989) beschrieben. Die Schwierigkeiten fremdsprachlicher Lernender beim Hörverstehen werden dargelegt sowie das Hörverstehen als Interaktion zwischen Text und Hörenden mit den beteiligten Prozessen beschrieben. Die Differenzierung von Hörstilen und Hörzielen führt zu den Möglichkeiten, die Entwicklung des Hörverstehens zu fördern. Für den Bereich des Sprechens bzw. der Aussprache wird nach Eskenazi die Verwendung von Spracherkennungssystemen unter fremdsprachendidaktischen Gesichtspunkten diskutiert (1999: 62-76): Grundlegende Aspekte des (reproduktiven) Sprechens sowie der Aussprache im Kontext des Lernens mit Multimedia werden betrachtet und die Verwendung von automatischer Spracherkennung wird vor dem Hintergrund der (noch) unzureichenden Erkennungsleistung kritisch beleuchtet.

In der weiteren Darstellung wird eingangs eine Diskussion der Begrifflichkeiten für Lernangebote vorgenommen, die neue Informations- und Kommunikationstechnologien integrieren (3.1). Der für die vorliegende Untersuchung gewählte Begriff der Lernumgebung wird begründet durch seinen Anspruch auf die Einbeziehung von Kontext. Ziel der Begriffswahl ist es, eine einseitige Ausrichtung auf die technische Seite des Lernens mit neuen Medien zu vermeiden. Eine Darstellung der verschiedenen Möglichkeiten der Organisation von Informationen in Hypertexten / Hypermedia gibt einen ersten Aufschluss über Möglichkeiten und Grenzen der Gestaltung multimedialer Lernumgebungen (3.2). Eine Übersicht über den Forschungsstand zum Lernen mit hypermedialen Lernumgebungen (3.3) wird durch die Darstellung ausgewählter Studien und ihrer Ergebnisse um Schlüsselaspekte vertieft. Angesichts der weitgehenden Integration des Computers in den Alltag der NutzerInnen als Kommunikationsmedium, Arbeitsmittel, Freizeitbeschäftigung und Gegenstand sowie Ressource für das Lernen werden Forschungsergebnisse präsentiert, die zur alltäglichen Computernutzung vorliegen (Rammert, Böhm, Olscha et. al. 1991) (3.3.1). Gängig ist die Ermittlung unterschiedlicher Typen von NutzerInnen und Nutzungsverhalten, was zu einem differenziertem Bild der NutzerInnen von multimedialen Lernumgebungen beiträgt.

Eine wachsende Anzahl von Untersuchungen behandelt Themen, die offene, nicht-direktive Lernumgebungen betreffen. In einer Studie von Land und Hannafin (1997) werden Muster des Verstehens in einer offenen, nichtdirektiven (*open-ended*) Lernumgebung mittels qualitativer Methoden untersucht (3.3.2). Im Mittelpunkt der Untersuchung stehen die Verarbeitung von Informationen und von Feedback durch die Lernenden, deren Handlungsabsichten und die Verwendung der Systembestandteile. Die herausgearbeiteten

Muster geben Aufschluss über Lernprozesse in einer multimedialen Lernumgebung; die Frage der Kontrolle durch die Lernenden und daran geknüpfte Erwartungen und Probleme werden diskutiert. Forschungsergebnisse, die sich dieser Fragestellung durch die Untersuchung des Navigationsverhaltens nähern, werden anhand einer Studie von Barab, Bowdish und Lawless (1997) erläutert (3.3.3). In dieser Studie wird das Navigieren in einem offenen, nicht-direktiven hypermedialen Informationssystem untersucht. Die Studie versucht, individuelle Unterschiede zwischen NutzerInnen zu erklären und führt die Ergebnisse in vier Profilen verschiedener „Navigation Performance" zusammen. Forschungsergebnisse, die zum Fremdsprachenlernen mit Multimedia vorliegen, werden resümiert und mit Blick auf die Fragestellung der vorliegenden Untersuchung kritisch beleuchtet (3.3.4).

In Kapitel III wird eingangs die Wahl eines qualitativen Forschungsdesigns für den Gegenstand dieser Arbeit auf Grundlage einer Diskussion wissenschaftstheoretischer Positionen begründet (1.). Die Kennzeichen qualitativer Forschung werden zusammengefasst dargestellt (2.), Gütekriterien qualitativer Forschung dargelegt und auf das vorliegende Forschungsdesign angewendet (3.). Ein Überblick über die *Grounded Theory* stellt den für diese Untersuchung ausgewählten Forschungsstil mit seinen Entstehungskontexten vor (4.). Vor diesem Hintergrund wird im Anschluss das theoretische Sampling nach der *Grounded Theory* beschrieben und dessen Anwendung im Forschungsdesign expliziert (5.). Die Methoden der Datenerhebung werden jeweils diskutiert und die Auswahl der Verfahren begründet. Das Verfahren des Lauten Denkens, wie es in den Übersetzungswissenschaften, der Zweitsprachenforschung und der Medienrezeptionsforschung zur Anwendung kommt, wird mit seinem theoretischen Hintergrund und seinen Merkmalen beschrieben (6.1). Darüber hinaus wird die Anwendung in der vorliegenden Untersuchung dargelegt sowie dessen Dokumentation und Transkription beschrieben. Die zweite Methode der Datenerhebung (leitfadengestützte Interviews) wird charakterisiert, die Entwicklung und der Einsatz des in der Untersuchung verwendeten Leitfadens werden dargelegt (6.2). Darüber hinaus werden die Dokumentation der Interviews und deren Zusammenfassung dargestellt.

Die Darstellung der Ergebnisse (Kap. IV.) zeigt das auf Grundlage der Daten ermittelte bereichsbezogene, theoretische Modell. Als Kernkategorie wurde das ‚Bedürfnis- und erfolgsorientierte Fremdsprachenlernen mit Multimedia' ermittelt. Die folgenden Ausführungen zeichnen den Weg zu diesem Ergebnis nach: Eingangs werden demografische Informationen, die Erfahrungen der UntersuchungsteilnehmerInnen mit dem Fremdsprachenlernen, ihre Erfahrungen hinsichtlich der Bedienung von Computern und dem Lernen mittels Computern sowie die jeweiligen Aktivitäten zum Fremdsprachenlernen im Zeitraum der Untersuchung geschildert (1.). Es handelte sich bei den in der Untersuchung verwendeten Lernumgebungen um handelsübliche

Software, wie sie in Buchhandlungen etc. zu erhalten ist. Diese Software wird anhand grundlegender Eigenschaften beschrieben (2.). Der Ort der Datenerhebung, das Selbstlernstudio der Brandenburgischen Technischen Universität Cottbus, wird im Hinblick auf seinen Kontext und die räumliche Situation beschrieben (3.). Die Tätigkeiten der Fremdsprachenlernenden sowie deren Anforderungen an multimediale Lernumgebungen werden in der Globalanalyse dargelegt (4.). Im Anschluss erfolgt die Darstellung des differenzierten, theoretischen Modells zum selbstorganisierten Fremdsprachenlernen (5.). Die persönlichen Bedingungen der Lernenden, die u.a. die Motivation, die Ziele und die Erfahrungen mit dem Fremdsprachenlernen umfassen, werden dargelegt (5.1). Die Beschreibung der äußeren Voraussetzungen umfasst in der Folge die kontextuellen Bedingungen, die auf die Kernkategorie einwirken (5.2). Anschließend wird die Kernkategorie ‚Bedürfnis- und erfolgsorientiertes Fremdsprachenlernen mit Multimedia' beschrieben (5.3). Darauf aufbauend werden die Strategien im Hinblick auf das bedürfnis- und erfolgsorientierte Fremdsprachenlernen mit Multimedia dargestellt (5.4.1-5.4.6) sowie die hinderlichen und förderlichen Bedingungen der Lernumgebungen (5.5.1-5.5.2) aufgeführt. Im Anschluss werden aus Sicht der Fremdsprachenlernenden die Konsequenzen dargelegt (5.6.). Ein Prozessmodell ergänzt abschließend das theoretische Modell um die Darstellung der aufeinanderfolgenden Phasen des bedürfnis- und erfolgsorientierten Fremdsprachenlernens (6.).

Im Fazit (Kap. V.) werden die im theoretischen Modell gefassten Ergebnisse der Untersuchung auf dem Hintergrund der Fragestellung, des dargelegten Forschungsstandes und hinsichtlich der methodischen Vorgehensweise kritisch diskutiert (1.). Im Hinblick auf den Transfer der Forschungsergebnisse (2.) lassen sich zum einen didaktische Konsequenzen für vergleichbare pädagogische Kontexte aufzeigen. Zum anderen werden die Anforderungen an multimediale Lernumgebungen zum Fremdsprachenlernen benannt. Daneben wird die Rolle von Didaktik im Kontext von Evaluation und Forschung kritisch diskutiert und eine Zusammenfassung der Arbeit gegeben (3.). Im abschließenden Ausblick werden offene Forschungsfragen und neue Aufgaben für die Mediendidaktik dargelegt (4.).

II. Theoretische Aspekte und Forschungsergebnisse zum selbstorganisierten Fremdsprachenlernen mit Multimedia

1. Mediendidaktik

In diesem Kapitel wird eingangs der Fachterminus „Mediendidaktik" diskutiert (1.1). Die verschiedenen Definitionen geben ersten Aufschluss über die möglichen pädagogisch orientierten Beschäftigungen mit Medien und die kontroversen Einschätzungen zur Verortung der Disziplin Mediendidaktik. Im Folgenden werden Modelle des Instruktionsdesigns bzw. der Allgemeinen Didaktik im Hinblick auf die jeweilige Rolle und Funktion von Medien zusammengefasst vorgestellt (1.2). Ein Überblick zeigt zentrale Entwicklungslinien der neueren Geschichte der Mediendidaktik auf (1.3). Ein Kernproblem der Mediendidaktik, die Klassifikation didaktischer Medien, wird anhand verschiedener Modelle diskutiert (1.4). Im Anschluss werden mediendidaktische Positionen im Kontext der Fremdsprachendidaktik betrachtet sowie Kriterien für multimediale Lernumgebungen (zum Fremdsprachenlernen) angeführt, um erste Hypothesen den Forschungsgegenstand betreffend aufzuzeigen (1.5). Die Betrachtung verschiedener Perspektiven, Problembereiche und Aufgaben der Mediendidaktik im Kontext des Lehrens und Lernens fremder Sprachen wird durch die Präzisierung der Fragestellung und die Darlegung der Forschungsperspektive abgeschlossen (1.6).

1.1 Begriffsbestimmungen

Zu Beginn wird eine erste allgemeine Bestimmung des Begriffs Mediendidaktik unternommen. Bezüglich der Abgrenzung und Zuordnung der Mediendidaktik nehmen verschiedenen AutorInnen kontroverse Zuordnungen des Faches z.B. zur Medienpädagogik oder zur Allgemeinen Didaktik vor.

Der Begriff Mediendidaktik lässt sich zerlegen in die Begriffe Medien und Didaktik. So wie es kein einheitliches Didaktikverständnis gibt, wird auch der Begriff Medien unterschiedlich geprägt (Klimsa 1993: 126; vgl. Übersicht ebd. 155). Der Begriff Medien hat aber in den Erziehungswissenschaften eine andere Gewichtung als z.B. in den Kommunikationswissenschaften. Im pädagogischen Sprachgebrauch lassen sich Medien als die Gesamtheit der technischen Hilfsmittel bezeichnen, die didaktisch geplant zur Verbesserung von Lehr- und Lernsituationen dienen (Hüther 1997: 210, Barkowski 1999: 11). In der Pädagogik lässt sich neben dem genannten technischen Medienbegriff des weiteren ein gestalttheoretisch gefasster Medienbegriff nennen, den Petzold für die integrative Pädagogik vorgeschlagen hat. Demnach sind drei untereinander in Verbindung stehende Medienbereiche zu nennen: Personale Medien, Handlungsmedien und Sachmedien (Wolf 1989: 20). Der Bereich der personalen Medien umfasst u.a. Mimik, Gestik und

Körperbewegung, Stimmintonation, räumliches Verhalten und Körpersprache (ebd. 26-28). Der zweite Teilbereich der Medien, der von Petzold mit dem Begriff Handlungsmedien umschrieben wird, beinhaltet „jene kommunikativen Systeme, die dann wirksam werden, wenn bewusstes, absichtsvolles Handeln zwischen Kommunikationspartnern einsetzt" (ebd. 22), u.a. Theaterspiel, formalisierte Handlungssysteme wie Rituale und Gebräuche (ebd. 29-30). Den personalen Medien wird innerhalb der Dreiteilung des Medienbegriffs die größte Bedeutung zugemessen, da von einem konstruktivistischem Verständnis menschlicher Wahrnehmung ausgegangen wird. Dieses beinhaltet die Ansicht, dass Medienrezeption nicht losgelöst von den Personen behandelt werden kann, da diese am Prozess der durch Medien beförderten Kommunikation unausweichlich beteiligt sind (ebd. 19). Als dritter Teilbereich schließlich werden die Sachmedien genannt, die differenziert werden nach Materialmedien (u.a. Farbe, gestaltbare Materialien) und technischen Medien (Film, Fernsehen, Video, Telefon, Telekommunikation, Computerkommunikation, Fotografie, Radio, Print-Medien, Massenmedien im Medienkonglomerat) (ebd. 30-39).

Die Didaktik als zweiter Bestandteil des Begriffes Mediendidaktik beschäftigt sich u.a. mit Fragen der Mediengestaltung und -auswahl, trifft Aussagen über die didaktischen Funktionen, die Medien in Lehr- und Lernsituationen übernehmen können und sie untersucht die unterschiedlichen Formen, in denen Bildungsmedien zum Einsatz kommen können. Als Ziel der Mediendidaktik wird z.B. genannt, eine Basis für didaktisch begründete Medienentscheidungen anzubieten (Hüther 1997: 213), „lerngerechte didaktische Standards" zu entwickeln (Döring, Ritter-Mamczek 1998: 18; vgl. Westenkirchner 1998: 242). Hüther betont, dass von der Mediendidaktik keine allgemeingültigen Patentrezepte erwartet werden dürfen, die den Unterrichtenden die Medienentscheidung und die dazu erforderlichen curricularen Überlegungen abnehmen könnten, sondern sie nur Hilfen zur Entscheidungsfindung bieten kann (Hüther 1997: 213).

Während Hüther die Mediendidaktik als integrierten Bestandteil der Medienpädagogik beschreibt (ebd. 211), ist die mediendidaktische und unterrichtstechnologische Perspektive laut Döring und Ritter-Mamczek „deutlich abzugrenzen" von der medienpädagogischen und mediensoziologischen (Döring, Ritter-Mamczek 1998: 17). Laut Hüther begründen die Bereiche der Mediendidaktik als die „Erziehung durch Medien" und der Medienerziehung als „Hinführung zum Umgang mit den Medien" (Hüther 1997: 211) zusammen den gesamten Komplex der Medienpädagogik, die die Lehre von den Medien als schulische Dokumentations- und Unterrichtsmittel und als Mittel öffentlicher Information und Unterhaltung integriert. (vgl. ebd., Baumgartner, Payr 1994: 125) Diese klassische Aufteilung der Medienpädagogik in Mediendidaktik und Medienerziehung geht auf eine vielzitierte Definition von Kösel und Brunner (1970) zurück. (vgl. Hüther ebd.) Der Teilbereich Medienerziehung wird hingegen von Döring und Ritter-Mamczek unter den Begriff Medienpädagogik gefasst, verstanden als „Teildisziplin der Erziehungswissenschaft (oder Allgemeinen Pädagogik), die sich mit der Wirkung, Beschaffenheit und erzieherischen Bedeutsamkeit öffentlicher Medien beschäftigt" (Döring, Ritter-Mamczek 1998: 18). Mediendidaktik und Unterrichtstechnologie sind nach Döring und Ritter-Mamczek deutlich von der Medienpädagogik abgegrenzt zu definieren als „Teildisziplin der Didaktik, die sich mit Voraussetzungen, Bedingungen und Folgen unterrichtlichen Medieneinsatzes beschäftigt" (ebd.). In dieser Definition zeigt sich die traditionell stark am Komplex des unterrichtlichen Lernens orientierte Ausrichtung der Mediendidaktik. Sie konzentriert sich auf die Gestaltung und den Einsatz von Medien in lehrerInnen- bzw. dozentInnengeleiteten Unterrichts- und Ausbildungssituationen, mit Ausnahmen insbesondere in der beruflichen Bildung. (vgl. Hüther 1997: 214, Döring, Ritter-Mamczek 1998: 18) Dementsprechend werden Medien in den meisten (fremdsprachen-) didaktischen Modellen von Unterricht mit unterschiedlicher Gewichtung und Ausprägung als lehr- und lernunterstützende Faktoren mitbedacht, nach denen Medienentscheidungen in erster Linie didaktische Unterrichtsentscheidungen sind (ebd. 213). Nach Strittmatter und Mauel fungieren als Leitlinien für die „Medienentscheidung" neben funktionsbezogenen und kontextbezogenen insbesondere stoffbezogene Leitlinien, wobei von den Autoren der „Ersatz bzw. Ergänzung der realen Wahrnehmung, Konzeptvisualisierung, Verschriftlichung sprachlicher Informationen sowie Passung von Lehrstoff und Codierungsform, Sinneskanal und Simulationsart" angeführt werden (Strittmatter, Mauel 1997: 49). Die hier angeführten Merkmale und Definitionen zeigen die möglichen pädagogisch orientierten Beschäftigungen mit Medien (Mediendidaktik und Medienerziehung), sowie die häufig schon im verwendeten Medienbegriff feststellbaren Unterschiede zwischen mediendidaktischen Modellen. Neben einem Medienbegriff im engeren Sinne, der ausschließlich (unterrichts-) technische Medien umfasst, wurde ein Medienbegriff im weiteren Sinne beschrieben, der die drei Medienbereiche Personale Medien, Handlungsmedien und Sachmedien (u.a. technische Medien) beinhaltet.

In der vorliegenden Arbeit wird der Begriff Mediendidaktik im Sinne einer medienpädagogischen Definition verwendet, die Mediendidaktik als integrierten Bestandteil der Medienpädagogik beschreibt (Hüther 1997: 211). Trotzdem lassen sich im Rahmen dieser Arbeit verschiedene Ansätze und Ergebnisse fruchtbar machen. Zusammenfassend lässt sich festhalten, dass von einem komplexen Geflecht verschiedener Fachdidaktiken, der Lern- und Wahrnehmungspsychologie und einer Vielzahl von Bezugsdisziplinen auszugehen ist. Damit lässt sich die Mediendidaktik als originär interdisziplinäre Fachrichtung bezeichnen.

1.2 Modelle des Instruktionsdesigns bzw. der Allgemeinen Didaktik

Neben verschiedenen Definitionen des Begriffes Instruktionsdesign lassen sich zahlreiche Modelle des Instruktionsdesigns bzw. der Allgemeinen Didaktik beschreiben. In der Allgemeinen Didaktik bzw. dem Instruktionsdesign sind eine Vielzahl von Positionen unterscheidbar: Zum einen anhand des Stellenwertes von Medien in den jeweiligen theoretischen Modellen von Unterricht. Zum anderen anhand unterschiedlicher Zielgruppen, z.B. Kindern, Jugendlichen, Erwachsenen, was neben den schulischen Kontexten auch erwachsenenpädagogische, geragogische (altenbildnerische), oder insbesondere berufliche Kontexte der (Weiter-) bildung beinhaltet. (Übersicht theoretischer Ansätze der Lehr- und Unterrichtsmedien z.B. vgl. Klimsa 1993: 155ff.) Die zahlreichen Modelle des Instruktionsdesigns lassen sich nach Gustafson und Branch anhand einer Taxonomie grob unterscheiden nach ihrer Orientierung auf Unterricht, Produkt oder systemische Zusammenhänge (ebd. 1997: 80). Andererseits lassen sich auch explizit *user-oriented* oder *user-centered* Ansätze beschreiben (Carr 1997, Corry, Frick, Hansen 1997). Gängig ist auch die Unterscheidung verschieden organisierter Problemlösungen: z.B., *Instructional Design Models for Well-Structured and Ill-Structured Problem-Solving Learning Outcomes* (Jonassen 1997: 65).

Drei verschiedene Definitionen des Begriffes Instruktionsdesign werden im Folgenden angeführt und im Vergleich betrachtet: „The term instructional design refers to the systematic process of transplanting principles of learning and instruction into plans for instructional materials and activities" (Smith, Ragan 1993: 2). Ebenfalls mit der Hervorhebung des systematischen Prinzips wird von Issing und Klimsa das Instruktionsdesign als Systematisches Instruktionsdesign folgendermaßen definiert: „Ein systematisches Verfahren, abgeleitet vom allgemeinen Verfahren des *Systems Approach*, für die Analyse, Planung, Entwicklung, Evaluation und Revision von Instruktionsprozessen und Lernsoftware" (Issing, Klimsa (Hrsg.) 1997: 488). Teilweise werden auch die Begriffe *instructional systems design* (Braden 1996: 5) oder *learning systems design* (Land, Hannafin 1997: 101) verwendet. Dinter bezeichnet Instruktionsdesign als Sammelbezeichnung für jene Gebiete, die sich mit der Gestaltung von Instruktion beschäftigen, u.a. *Instructional Systems Development* oder *Educational Technology* (1998: 267). In diesem weiteren Sinne lässt sich der Begriff mit der offensichtlichen Nähe zum deutschen Begriff der Didaktik auch als Synonym bzw. Übersetzung für die Allgemeine Didaktik verwenden. (vgl. Strittmatter, Mauel 1997: 47)

In der Definition von Issing und Klimsa sind die typischen Schritte innerhalb der Modelle des Instruktionsdesigns beschrieben (Analyse, Planung, Entwicklung, Evaluation und Revision). In einer Metaanalyse von Modellen des Instruktionsdesigns von Gustafson und Branch (1997: 74) wurden die fünf Elemente *analysis, design, production, evaluation, revision* für sämtliche

Modelle des Instruktionsdesigns ermittelt mit Ausnahme derer, die nur den Teilbereich *design* unter den Begriff fassen. Die Autoren beklagen im Hinblick darauf die Widersprüchlichkeit in der Begriffsverwendung (ebd.). Gleichzeitig sind Unterschiede in der deutschen bzw. englischen Verwendung des Begriffes auszumachen. Während bei Issing und Klimsa Instruktionsdesign explizit auf Lernsoftware bezogen wird, sehen Gustafson und Branch sie als Modelle mit einem bestimmten Fokus.

„Some IM Models have as their focus the production of commercial products or specific self-instructional lessons, perhaps in a mediated form such as computer-based modules". (Gustafson, Branch 1997: 75)

Die verschiedenen Definitionen des Begriffes Instruktionsdesign zeigen die Elemente (Analyse, Planung, Entwicklung, Evaluation und Revision), welche Modelle des Instruktionsdesigns in der Regel enthalten. Andererseits wird wie bereits erwähnt die Bezeichnung Instruktionsdesign teilweise auch ausschließlich auf den Gestaltungsaspekt beschränkt (Dinter ebd.; Gustafson, Branch 1997: 74).

Im Folgenden stehen zum einen die lerntheoretischen Grundlagen verschiedener Modelle des Instruktionsdesigns im Mittelpunkt der Darstellung. Zum anderen werden einige ausgewählte Beispiele neuerer Instruktionsmodelle näher beschrieben, die sich dem Ansatz der *situated cognition* zuschreiben lassen. Die Anfänge des Instruktionsdesigns lassen sich auf einen frühen Versuch von Silvern (1965), die allgemeine Systemtheorie auf Zusammenhänge der Instruktion anzuwenden, zurückführen (vgl. Gustafson, Branch 1997:73). Hier ist auch die Herkunft des Begriffes *instructional systems* anzusiedeln. Jeweils zeitgenössisch geprägt lassen sich die verschiedenen lerntheoretischen Grundpositionen unterscheiden. Silverns Model z.B. wie auch das anderer früher InstruktionsdesignerInnen ist den lerntheoretischen Überzeugungen des Behaviorismus verpflichtet (Gustafson, Branch 1997: 73). Es lassen sich auch Modelle der Medienverwendung unterscheiden, wie das „Enrichment-Modell", das einem „lehrerzentrierten Unterricht" zugeordnet wird, oder Modelle der Medien als eigenständige Komponenten des Lehrsystems, wie *direct-teaching*, Programmierter Unterricht oder der Methoden-Medien-Verbund, in dem die Rolle der Lehrenden zur Rolle von BeraterInnen wird (Strittmatter, Mauel 1997: 49). Die Diskussionen um das ‚richtige' lerntheoretisch begründete Modell sowie die vehementen theoretischen Grundlagendebatten können im Rahmen dieser Arbeit nicht umfassend aufgearbeitet werden. (zur Konstruktivismusdebatte vgl. Dinter 1998, Braden 1996)

Im Folgenden werden die verschiedenen didaktischen Konzeptionen mit ihrem jeweiligen Verständnis der Rolle von Instruktionsmedien skizziert. Die klassische Unterrichttechnologie sieht die Medien – wie bereits beschrieben – als wirkungsvolle Instrumente zur Optimierung von Unterricht. Objektivierte Lehrfunktionen können demnach erfolgreich die Rolle von Lehrenden übernehmen (Strittmatter, Mauel 1997: 53). Die kognitionspsychologisch orientierte Instruktionstechnologie weist den Medien die Rolle der Transportmittel von Inhalten und Methoden zu, die darauf abzielen, bestimmte kognitive Effekte bei den Lernenden zu produzieren (ebd.). Es wird davon ausgegangen, dass einzelne Medien sich unterschiedlich gut für die Vermittlung instruktionaler Inhalte und Methoden eignen (ebd.). Aus konstruktivistischer Sicht sind mediale Angebote im Wesentlichen als Informations- und Werkzeugangebote für selbstgestaltete Lernprozesse zu betrachten und zu konzipieren, vorzugsweise in Form offener Lernumgebungen (ebd. 55). Authentische Situationen sollten demnach in ihrer Komplexität und realitätsnah präsentiert werden, um kontextualisiertes Lernen und Transfer zu verstärken, und multiple Perspektiven bei der Bearbeitung einer Wissensdomäne sollten eröffnet werden (ebd.). Andere AutorInnen fordern darüber hinaus die Einbettung in einen sozialen Kontext (Aufenanger 1999: 6). Diese Forderung geht davon aus, dass Lernen ein aktiver und konstruktiver Vorgang ist, am besten in Kontexten und Situationen geschieht und ein selbstgesteuerter und sozialer Prozess ist (ebd.). Mittlerweile zeichnet sich eine „pragmatische Zwischenposition" ab, die als „Instruktionales Design der zweiten Generation" bezeichnet wird (Strittmatter, Mauel 1997: 55). Diese Position ist nach Tulodziecki (1999: 11) dadurch gekennzeichnet, dass einerseits die Bedeutung von Lernen in Problem- bzw. Handlungszusammenhängen betont wird, dass andererseits aber von der Sinnhaftigkeit eines Aufbaus kognitiver Strukturen durch geeignete Instruktionen (im Sinne kognitionstheoretischer Ansätze) ausgegangen wird. In Abbildung 1 werden nach Strittmatter und Mauel (1997) die Ansätze mit ihrem jeweiligen Verständnis der Rolle von Instruktionsmedien zusammengefasst.

Einige ausgewählte Beispiele neuerer Instruktionsmodelle werden im Folgenden in ihren wesentlichen Merkmalen skizziert. Alle Ansätze stellen Versuche dar, die Idee des „situierten Lernens" (*situated cognition*) umzusetzen. Der Ansatz des situierten Lernens wird seit Ende der achtziger Jahre verfolgt (vgl. Mandl, Gruber, Renkl 1997: 167). Die wissenschaftstheoretische Ausrichtung von Ansätzen des situierten Lernens bzw. situierter Kognition sind konstruktivistisch, die Annahmen über das Lernen in konstruktivistischer Sicht sind hier zugrunde zu legen. Es wird davon ausgegangen, dass das Gelernte nicht vom Akt des Lernens und von der Situation, in der gelernt wird, getrennt werden kann (ebd.). Mandl, Gruber und Renkl (1997) kennzeichnen die Grundrichtung des situierten Lernens „als eine Synthese aus kognitiven Theorien, die personeninterne Prozesse fokussieren, und Verhaltenstheorien, die ihr Hauptaugenmerk auf situationale Verhaltensdeterminanten richten" (ebd. 168). Lernen wird demnach immer als situierter Prozess aufgefasst, wobei eine Wechselbeziehung zwischen personeninternen Faktoren und den personenexternen, situativen Faktoren besteht (ebd.). Unter den Situationsbegriff werden

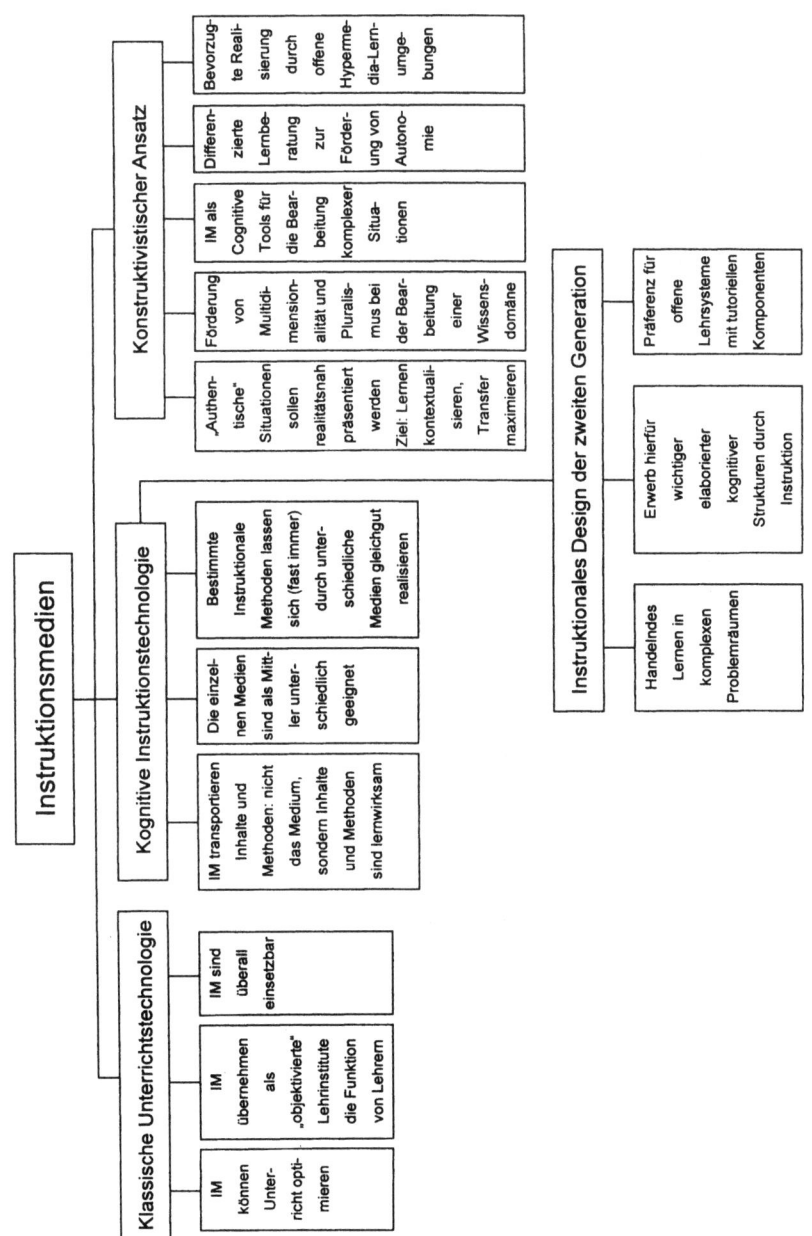

Abbildung 1: Rolle und Funktion von Instruktionsmedien (Strittmatter, Mauel 1997: 54)

bei diesem Ansatz die soziale Umwelt der Lernenden, also auch andere Personen, gefasst (ebd.). Dementsprechend wird den Interaktionen zwischen Menschen und den historischen Konzepte, in die ihr Handeln und Denken eingebettet ist, im Ansatz des situierten Lernens eine große Rolle zugesprochen (ebd.).

Dem Ansatz des situierten Lernens liegen eine Reihe unterschiedlicher Modelle zugrunde, von denen im Folgenden die wichtigsten kurz umrissen werden. Im Rahmen der „Cognitive Flexibility Theory" (Spiro, Feltovich, Jacobson et. al. 1991) wird insbesondere betont, dass Lernenden multiple Perspektiven einnehmen sollen, um zu starke Vereinfachungen zu vermeiden (Mandl, Gruber, Renkl 1997: 171). Im Ansatz des „Cognitive Apprenticeship" („fallbasiertes" oder „expertenunterstütztes Lernen") wird versucht, das Wissen zur Lösung eines vorgegebenen komplexen Problems mit Hilfe von ExpertInnen zu erwerben. Hier sollen bei der Gestaltung verschiedene Grade und Qualitäten äußerer Anleitung berücksichtigt werden (ebd.). Das kontextuelle Lernen oder „geankerte Lernen" (*anchored instruction*) versucht, Wissen ohne Praxisbezug zu vermeiden, indem von authentischen Problemsituationen ausgegangen wird. (vgl. Cognition and Technology Group at Vanderbilt University 1992)

Zusammenfassend lässt sich festhalten, dass der Fokus von Modellen der Allgemeinen Didaktik bzw. des Instruktionsdesigns variiert (Orientierung auf Unterricht, Produkt oder systemische Zusammenhänge). Als Elemente sämtlicher produktbezogener Modelle werden die Analyse, Planung, Entwicklung, Evaluation und Revision ermittelt. Für die Fragestellung der vorliegenden Arbeit lässt sich hinsichtlich dieser Modelle, bei denen der Prozess der Produktentwicklung im Mittelpunkt steht, eine Nähe zur Evaluation ausmachen, d.h. sie sind nur in diesem Teilbereich von Relevanz. Gleichzeitig ist die in diesem Bereich anzusiedelnde empirische Forschung höchst ertragreich und relevant (s. 3.3).

1.3 Historischer Überblick

In dieser Darstellung wird insbesondere die neuere Geschichte der Mediendidaktik vertiefend berücksichtigt. Diese umfasst die wissenschaftlichen Diskussionen des Einsatzes von (technischen) Medien unter dem Begriff „Mediendidaktik" oder „Unterrichtstechnologie", wie sie seit Anfang der 70er Jahre geführt werden (vgl. Döring, Ritter-Mamczek 1998: 17). Bei einer Bestandsaufnahme mediendidaktischer Positionen und Entwicklungen lässt sich feststellen, dass der gesellschaftliche Stellenwert von Mediendidaktik schwankt. Schell vergleicht ihn für die Medienpädagogik mit zyklisch verlaufenden Wirtschaftskonjunkturen. Er habe dann Hochkonjunktur, wenn gesellschaftlich unerwünschte Erscheinungen im Medienbereich auftreten oder die Einführung immer wieder neuer Medien legitimiert und unterstützt werden soll (Schell 1993: 11). Im weiteren Sinne ist die Geschichte der Mediendidaktik eng verknüpft mit der des Unterrichtens selbst, denn technische Hilfsmittel zur Kommunikation und Verständigung im Alltag sind immer schon nach ihrem Aufkommen auch zu Zwecken der Belehrung und des Unterrichtens genutzt worden (Hüther 1997: 210). Der Beginn mediendidaktischer Theorie und Praxis wird häufig dem Pädagogen Johann Amos Comenius (1592 - 1670) zugeschrieben, da er sich als erster mit der Verbesserung des Unterrichts durch Medien innerhalb seiner Unterrichtslehre beschäftigte. Es lassen sich jedoch frühere Beispiele für mediendidaktisches Handeln finden (vgl. Döring, Ritter-Mamczek 1998: 71). Zu den sog. Einzelmedien gibt es zahlreiche historische Darstellungen, z.b. zur Geschichte der visuellen Medien im Fremdsprachenunterricht (Reinfried 1992), zu AV-Medien (hist. Übersicht in Fuß 1992), allgemein zu Lehr-/Lernmaterialien (Christ 1999). Seit den sechziger Jahren entwickelte sich ein bildungstechnologischer Zweig der Medienpädagogik, der mit zunehmender Verselbständigung zur Trennung von Mediendidaktik und Medienerziehung führte (Hüther 1997: 211). Auf der Grundlage von Schells (1993) Beschreibung verschiedener theoretischer Positionen in der Geschichte der Medienpädagogik/ -didaktik, werden im Folgenden grundlegende Entwicklungslinien skizziert.

Die „technologisch - funktionale Position" entwickelte sich am Ende der sechziger Jahre und geniest bis heute sehr große Popularität (ebd. 19 u. 22). Ein wahrer Medienboom bescherte den Bildungseinrichtungen eine Vielfalt apparativer Ausstattung und die Medienindustrie suggerierte noch unhinterfragt die universelle Verwendbarkeit der Medien als Bildungsfaktoren (Hüther 1997: 211). Im Mittelpunkt der aufblühenden technologisch ausgerichteten Mediendidaktik stand der funktionsgerechte Einsatz von Medien, mit dem eine zweckrationale Lehrstrategie umgesetzt werden sollte, deren Absicht es war, die vorgegebenen Lernziele durch optimalen Medieneinsatz auf möglichst gradlinige Weise zu erreichen (Schell 1993: 19). Folgende Prinzipien bzw. Strukturmerkmale werden von Schell für diese Position benannt: Lernzielorientierung, Zweckrationalität, Objektivierung, Arbeitsteilung, Qualitätskontrolle, Individualisierung (ebd.). Diese technologisch ausgerichtete Mediendidaktik, u.a. programmierte Instruktion, berief sich besonders auf die Arbeiten Skinners und die funktionalistisch-kybernetische Didaktik (ebd. 211). Ausgangspunkt war die wirtschaftliche Expansion Nachkriegsdeutschlands mit dem steigenden Bedarf an qualifizierten Arbeitskräften im mittleren Führungsbereich, die aufgrund des veralteten Bildungssystems nicht ausreichend zur Verfügung standen. Die Übernahme bildungstechnologischer Lehr- und Lernkonzeptionen aus den USA wurde als eine Lösung des Problems betrachtet. Als kennzeichnend für diese (unterrichts-) technologische Position galt ihre einseitige Ausrichtung auf die Mediendidaktik. Diese Position betrachtet Lernende als Objekte und es findet ausschließlich der kognitive Lernprozess

Beachtung (ebd. 20). Aus der Kritik am bildungstechnologischen Unterrichtsverständnis als Position des rezeptiven Medieneinsatzes entwickelte sich gegen Mitte der 70er Jahre die handlungs- und teilnehmerInnenorientierte Mediendidaktik als eine Position des aktiven Medieneinsatzes (vgl. Institut Jugend Film Fernsehen 1986, Schell 1993 , Wolf 1989), in deren Auffassung Unterricht als ein offener Lernprozess zu begreifen ist. Insbesondere bestand der Grundsatz, dass die Verwendung von Medien im Unterricht nur vertretbar sei, wenn dabei auch Fragen und Erkenntnisse der Medienerziehung beachtet würden (Hüther 1997: 212). Unter diesem Gesichtspunkt begann die Zusammenführung der zeitweise isoliert betriebenen Bereiche Mediendidaktik und Medienerziehung, die im heutigen Verständnis von Medienpädagogik endgültig durchgesetzt ist (ebd.). Im Gegensatz zu den in der mediendidaktischen Diskussion eher ruhigen Achtzigern lässt sich im obigen Sinne für die neunziger Jahre von einer Hochkonjunktur der Mediendidaktik sprechen, begleitet von Paradigmenwechseln in der Didaktik und Lerntheorie (Döring, Ritter-Mamczek 1998: 26).

Übereinstimmungen zwischen den hier skizzierten kontroversen mediendidaktischen, historischen Positionen zeigen sich bei der Einschätzung fehlerhafter Entwicklungen innerhalb vergangener bildungstechnologischer Innovationsschübe. Zum einen hatte es sich gezeigt, dass eine nennenswerte Integration von Medien in reale Unterrichtsprozesse und Lernfelder nicht gelungen war, zum anderen, dass die hohen Entwicklungs- und Implementationskosten nicht automatisch zu einer qualitativen Verbesserung der Lehr-/Lernverhältnisse führten (Döring, Ritter-Mamczek 1998: 26). Das Erleben misslungener mediendidaktischer Projekte in den letzten dreißig Jahren trägt zu einer kritischeren Einschätzung bei. Als häufig missachtetes Problemfeld wird auf die Weiterbildung / Ausbildung der Lehrenden im Umgang mit Medien hingewiesen, wie es sich z.B. im Kontext des Sprachlabors oder der sehr komplexen und schwer navigierbaren analogen Medienverbundsysteme zeigte (Legutke 1999: 131). Die Ergebnisse von Studien zur Einführung neuer Medien wie auch neuer Methoden weisen darauf hin, dass bei der Implementierung eine Reihe von Faktoren berücksichtigt werden müssen. (vgl. Euler, Sloane 1998; Reinmann-Rothmeier, Mandl 1998) Zu kritisieren ist ein Verständnis von RezipientInnen als isolierte Objekte, das Bezüge zu deren Lebenszusammenhängen und der Gesellschaft weitgehend außer acht lässt. (vgl. Schell 1993: 19)

Döring und Ritter-Mamczek fordern im Rückblick auf die Erfahrungen der sechziger und siebziger Jahre eine Mediendidaktik, welche die sozialwissenschaftliche Basis von Lernprozessen berücksichtigt, d.h. sozialpsychologische, individualpsychologische, sozialisationstheoretische und lernpsychologische Perspektiven des Lernens Erwachsener (Döring, Ritter-Mamczek 1998: 27). Darüber hinaus ist die sozialwissenschaftlich abzusichernde Umsetzungsproblematik (Qualitäts- und Transfersicherungsfrage) einzubeziehen (Döring,

großen Forschungsbedarf. Die Diskussion der Vor- und Nachteile von Kriterienkatalogen für multimediale Lernumgebungen führt zu der Darstellung eines unter der Mitwirkung der Autorin auf Grundlage einer Checkliste von Schröder (1998: 97-102) erarbeiteten Kriterienkataloges für multimediale Lernumgebungen (zum Fremdsprachenlernen).

Auch in der Fremdsprachendidaktik gibt es kein einheitliches Didaktikverständnis, dementsprechend erfahren Medien in den verschiedenen methodischen Ansätzen unterschiedliche Aufmerksamkeit. Für den Bereich der Fremdsprachendidaktik stellt Pfeiffer fest: „Die Mediendidaktik ist eine eigenständige Subdisziplin der Fremdsprachendidaktik [...]" (Pfeiffer 1986: 41). Er unterscheidet auf Grundlage zeitgenössischer Einschätzungen eine Mediendidaktik im engeren Sinne, die ausschließlich die audiovisuellen Medien umfasst. Die Mediendidaktik im weiteren Sinne umfasst darüber hinaus die anderen Lehr- und Lernmaterialien, die meistens in Buchform vorliegen (ebd.). In dem folgenden Zitat von Thiering, der für einen handlungsorientierten Medieneinsatz im FSU plädiert und den Bezug zur Medienpädagogik ablehnt, zeigt sich wieder das Problem der Zuordnung bzw. des Verhältnisses von Mediendidaktik, Allgemeiner Didaktik und Medienpädagogik:

"Eine Anlehnung an die landläufige Medienpädagogik halte ich dabei für kontraproduktiv, da diese deskriptiv von medialen Konsumgewohnheiten der Kinder und Jugendlichen ausgeht und nicht die Chance einer alternativen, mit dem Fremdsprachenunterricht einhergehenden *habit formation* und Persönlichkeitsförderung berücksichtigt." (Thiering 1998; Hervorhebung durch den Autor)

Von Pfeiffer wird ein dominanter Bereich fremdsprachendidaktischer Mediendidaktik erwähnt, die sog. Lehrwerkanalyse /-kritik, die traditionell ebenso dem Komplex des unterrichtlichen Lernens besondere Aufmerksamkeit schenkt. Inzwischen haben sich innerhalb fremdsprachendidaktischer Forschung und Diskussion die Begriffe Lern-/Lehrmaterialien im Sinne eines Medienverbundes weitestgehend durchgesetzt. (vgl. Bausch, Christ, Königs et. al. 1999) Aufgrund der Rahmenbedingungen im schulischen Fremdsprachenunterricht einerseits und der finanziellen Ausstattung durch Verlage andererseits spielt das unterrichtliche Lehrwerk immer noch eine zentrale Rolle für die mediendidaktische Diskussion im Kontext des Lernens fremder Sprachen. (vgl. ebd.) Die Profilierung der Fremdsprachendidaktik und der in ihr vorhandenen Mediendidaktik zu einer eigenständigen wissenschaftlichen Disziplin betrachtet Schilder unter dem Gesichtspunkt,

„[...] dass die auf den Fremdsprachenunterricht bezogene Mediendidaktik nicht nur in bestimmte Entwicklungsphasen einzuteilen ist, sondern in wechselseitiger Abhängigkeit die fremdsprachendidaktische Theoriebildung gefördert und von ihr profitiert hat." (Schilder 1995: 503)

Die Diskussion grundlegender, mediendidaktischer Annahmen in der Fremdsprachendidaktik hat sich analog zur Entwicklung in der allgemeinen

Mediendidaktik vollzogen. Sowohl die technologischen Entwicklungen als auch ein zeitweise sehr reger fremdsprachendidaktischer Diskurs zu den (elektronischen) Medien weisen Parallelen zu den obengenannten Positionen auf (vgl. 1.2). Im Verlauf der Diskussion haben die Medien im FSU unterschiedliche Berücksichtigung gefunden, meistens wurden sie ausschließlich im Hinblick auf ihre Funktion als Unterrichtsmittel betrachtet. Neben dieser Position des rezeptiven Medieneinsatzes aus dem Bereich der Unterrichtstechnologie entwickelte sich eine medienpädagogische Position des aktiven Medieneinsatzes (Eggers 1981: 77) sowie Konzepte für den sinnstiftenden Umgang mit den AV-Medien im Kontext des Lernens fremder Sprachen, (wie z.b. Müller 1981, Beitter 1984, Ehnert, Eppeneder (Hrsg.) 1987, Bredella 1987, Schwerdtfeger 1989, Bufe 1993).

Ausgehend von der Annahme, dass verschiedene Medien eine unterschiedliche Rolle für die Integration des selbstorganisierten Fremdsprachenlernens in den ‚Schonraum' Unterricht annehmen können, wird CD-ROM Lehrmaterial von Rösler als ebenso produzentInnenorientiert bezeichnet wie das klassische Textbuch (Rösler 2000: 2). Er hält multimediale Sprachlernsoftware im Vergleich zum Internet für besonders geeignet dafür, gewisse landeskundliche Themen zu präsentieren, deren Aktualitätsgrad gering ist (ebd.). Hierbei wird allerdings eine integrierende Form, wie halb-offen konzeptioniertes Material, ignoriert. Als grundsätzliche Schwäche wird von Rösler angeführt, dass der Lernweg der Fremdsprachenlernenden immer von den ProduzentInnen der CD-ROM vorgegeben ist.

„[...] CD-ROMS are probably best used for information retrieval of *Landeskunde* activities and are less suited as material for a complete *ab initio* language course [...]."
(Rösler 2000: 4; Hervorhebung durch den Autor)

Im Rahmen der Fremdsprachendidaktik sind Kriterienkataloge für Sprachlernsoftware entstanden (z.B. EUROPOOL – Kriterienkatalog für Sprachlernprogramme, in Klein, Klein, Schöll (Hrsg.) 1996), die in der Praxis als Instrument zur Qualitätsbeurteilung von multimedialen Lernumgebungen dienen. Für Bildungssoftware allgemein liegen inzwischen unzählige Kriterienkataloge vor sowie Arbeiten, die verschiedene Kriterienkataloge vergleichen. Zu folgenden Ergebnissen kam eine Analyse von 12 Kriterienkatalogen, die alle in der Praxis eingesetzt werden (u.a. SODIS, MEDA, GPL) (Meier 1995: 180 ff.): Häufig sind die Kataloge wenig benutzerInnenfreundlich, da sie eine Vielzahl von Kriterien anführen, die in vielen Fällen keine Relevanz haben. Als auffällig bezeichnet Meier folgende Tendenz: je größer die Zielgruppe ist, desto umfangreicher fallen die Kataloge aus. So entstehen Kriterienkataloge mit mehr als 300 Einzelkriterien, deren Relevanz für die BenutzerInnen fragwürdig ist.

Im Rahmen des Adapt[2]-Projektes der DAA (Deutsche Angestellten-

---

[2] Als Gemeinschaftsinitiative der EU ist Adapt auf die Gesamtziele des Europäischen Sozialfonds ausgerichtet, d.h. auf die Entwicklung der Humanressourcen und die Schaffung von Beschäftigungsmöglichkeiten.

Akademie) Frankfurt (Oder) wurde unter der Mitwirkung der Autorin ein lernpsychologisch fundierter Kriterienkatalog für multimediale Lernumgebungen (zum Fremdsprachenlernen) auf Grundlage einer Checkliste von Hartmut Schröder (1998: 97-102) erarbeitet. (vgl. Schröder, Konitzer, Niehoff et.al. 1999: 85-91) Zur Verwendung des Kriterienkataloges ist zu berücksichtigen: Seine Funktion ist in erster Linie, generierende Fragen an die Lernumgebungen zu stellen sowie erste Hypothesen über den Forschungsgegenstand aufzuwerfen, und nicht ihn bereits selbst als operationalisiertes Bewertungsinstrument zu verwenden. Einschränkend ist zu sagen, dass er am (technischen) Kontext der DAA orientiert ist und daher nicht in allen Teilen anwendbar ist. Z.B. sind sowohl Kriterien für Offline-Lernumgebungen als auch für webbasiertes Lernen enthalten. Da er aus drei ineinandergreifenden Kategorien der Prüfung besteht, ist es andererseits nicht möglich, ihn nur ausschnittweise anzuführen.

Der Kriterienkatalog besteht aus drei Kategorien der Prüfung: a) eine praktische Prüfung, b) eine didaktische Prüfung und c) eine medienpädagogische Prüfung. Dabei lassen sich eine gewisse Redundanz bzw. Überschneidungen zwischen den einzelnen Teilen nicht vermeiden (Schröder 1998: 97).

1. Praktische Prüfung

Die praktische Prüfung der Online-/Offline-Lernumgebungen betrifft die Kernbereiche 1.) Information 2.) Plattform und 3.) Organisation / Gestaltung

1.1	INFORMATION
1.1.1	Eine Übersicht über den Inhalt der Lernumgebung sollte vorhanden sein.
a)	Eine klare Darstellung der Angebote und Struktur der Lernumgebung sollte gegeben werden. Medienspezifische Vorteile (Visualisierung durch ‚Landkarte' u.a.) sollten hierfür genutzt werden.
b)	Informationen über die Angebote (Lernumgebungen, Externe Ressourcen, Interaktionsmöglichkeiten etc.) sollten die Frage, wie man sich Zugang dazu beschafft, beantworten.
c)	Die Formulierungen sollten kurz und verständlich sein.
d)	Erstmalige BesucherInnen der Lernumgebung sollten speziell auf sie zugeschnittene Informationen angeboten bekommen.
1.1.2	Angaben über die Einstellungen für eine optimale Darstellung sollten vorhanden sein.
1.1.3	Über Ausfallzeiten des Servers sollte rechtzeitig informiert werden.
1.1.4	Druckmöglichkeit für die wichtigsten Hinweise und die Hilfefunktion sollte gewährleistet sein.
1.1.5	Didaktische Informationen
a)	Lehr- und Lernmethoden sollten erklärt werden.
b)	Zielgruppe (und deren Voraussetzungen) sollte genannt werden.
c)	Auswahl des Lernstoffs sollte begründet werden.
d)	Anleitung für individuelles Lernen sollte detailliert gegeben werden.
1.2	PLATTFORM
1.2.1	Die Offenheit des Systems sollte im Hinblick auf Kommunikation, Inhalte und

zusätzliche Funktionen gegeben sein.
1.2.2 Die Unterstützung von Seiten des Servers für unterschiedliche Betriebssystemplattformen sollte gewährleistet sein.
1.2.3 Verschiedenste Konfigurationen der PCs der Lernenden sollten unterstützt werden.
1.2.4 Andere Hardware-/Softwarekomponenten sollten integrierbar sein.
1.2.5 Die Systemstabilität sollte gewährleistet sein.
1.2.6 Die Pflege der Plattform (möglichst wöchentlich) sollte gewährleistet sein.
1.2.7 Aufbau neuer Bildschirmseiten sollte mit optimaler Geschwindigkeit erfolgen. (drei bis fünf Sekunden als Schmerzgrenze!); Gesamtgröße aller zur vollständigen Darstellung der Seite notwendigen Dateien: max. 50 KBytes
1.3 ORGANISATION DER LERNUMGEBUNG
1.3.1 Navigation
a) Die Lernenden sollten jederzeit selbst entscheiden können, wie sie navigieren möchten. Beschleunigung, Überspringen, Verlangsamung oder der Ausstieg aus der Lernumgebung sollte jederzeit möglich sein.
b) Die Navigation sollte durch einen logisch strukturierten Aufbau ohne zu komplizierte Verästelungen erleichtert werden.
c) Leistungsstarke Kernseiten und eine möglichst flache hierarchische Struktur sind vorzuziehen.
d) Eine Menüleiste sollte den Wechsel zwischen verschiedenen Lern- und Informationsmöglichkeiten (Kernseiten) ermöglichen.
e) Zielgruppengerechte Erleichterungen für die routinierte Benutzung der Lernumgebung sollten vorhanden sein.
f) Anpassungen an die Gewohnheiten der Lernenden sollten möglich sein (Schnellzugriff durch Shortcut-Leiste u.a.).
g) Die Navigationsmöglichkeiten sollten unbedingt auf bereits vorhandene Angebote beschränkt sein („Baustellenverweise" bereits auf Kernseiten).
1.3.2 Graphische Organisation
a) Die Gestaltung der Lernumgebung sollte ergonomisch sein.
b) Menschen können potenziell gleichzeitig nur 5 (+/ – 2) Dinge erfassen und strukturiert ordnen.
c) Die Farbkombination sollte auf Grundlage des Farbkreises und Regeln der Zusammenstellung von Farben aufgebaut sein und die Farbkontraste sollten angenehm sein, ohne Leucht- oder Flimmereffekte durch ungeeignete Farben des Textes und des Hintergrundes.
d) Hintergründe dürfen die Vordergrundinformation nicht zu stark stören.
e) Farbe sollte die Aufmerksamkeit lenken (didaktische Funktion von Farben berücksichtigen!).
f) Konsistenz im graphischen Design sollte gegeben sein.
g) Buttons mit der gleichen Funktion sollten in verschiedenen Teilen der Lernumgebung das gleiche Erscheinungsbild tragen.
h) Die Benutzerschnittstellen sollten sich in der Position nicht ändern.
i) Funktionen, die in einem Teil der Lernumgebung nicht verfügbar sind, sollten zugunsten der Konsistenz der Menüleiste dort belassen sein, aber mit einem Schatten versehen sein.
j) Die Oberfläche sollte so simplifiziert wie möglich gestaltet sein (keine zusätzlichen, ablenkenden Spezialeffekte).
k) Die Intuitivität der graphischen Elemente sollte gewährleistet sein, d. h. Symbole und Metaphern sollten gebräuchlich und funktional sein.

Ritter-Mamczek 1998: 26-30).

Nach Einschätzung Hüthers (1997: 214) kündigt sich im Zeichen der Multimedia-Technik in mancher wissenschaftlicher Veröffentlichung und bildungspolitischen Verlautbarung eine Renaissance der funktionalistisch-technokratischen Mediendidaktik an, die ihren Niederschlag u.a. der Diskussion um die informationstechnische Bildung findet, bei der es zu oft primär um die Vermittlung instrumenteller Kenntnisse und Fertigkeiten für die Nutzung der Computer- und Netztechnologie geht. (vgl. Brehm-Klotz 1997)

Neue Formen des Lernens mit Online-/Offline-Medien stellen die Mediendidaktik vor eine Vielzahl von Fragen und neue Aufgaben. Gerade im Hinblick auf die neuen Aufgaben der Mediendidaktik wird deutlich, dass sie mit einem breiten Blickwinkel arbeiten muss, der neben didaktischen u.a. auch soziale, politische und ökonomische Perspektiven einbezieht (Hüther 1997: 214).

1.4 Zur Klassifikation didaktischer Medien

Eingangs werden Merkmale von Versuchen der Klassifikation didaktischer Medien genannt und die Bedeutung der Diskussion für die Mediendidaktik herausgestellt. Jeder Versuch einer Medienklassifikation zielt darauf ab, für die Gesamtheit didaktischer Medien eine systematische bzw. hierarchisierende Ordnung zu errichten. (vgl. Döring, Ritter-Mamczek 1998: 70) Seit den 70er Jahren wird das Problem der Klassifikation von Medien, die „Medientaxonomie", als ein Kernproblem der Mediendidaktik diskutiert (Klimsa 1998, Döring, Ritter-Mamczek 1998). Das Problem der verschiedenen Klassifikationsversuche ist, dass sie mit unterschiedlicher Intention für verschiedene Bereiche entwickelt wurden, so dass sie nur schwer vergleichbar sind (Döring, Ritter-Mamczek 1998: 77). Die Entwicklung deskriptiver Medientaxonomien stellt laut Strittmatter und Mauel einen Kompensationsversuch für ein Theoriedefizit in der Didaktik dar (ebd. 50). Zur Klassifizierung unterrichtlicher Medien stellt sich daher zwingend die Frage nach ihren didaktischen Funktionen (ebd.). Dementsprechend werden Medien danach klassifiziert, welche didaktischen Funktionen ihnen im Lehr-Lern-Prozess zugewiesen werden, wie z.B. nach Strittmatter und Mauel (1997: 51f.):

- Erwecken von Aufmerksamkeit und Neugier
- Informationen über den Lerninhalt im Sinne einer Zielangabe
- Versuch(e), die Lernenden an frühere Lernerfahrungen zu erinnern
- Darbietung von speziell präparierten Lernmaterialien
- Anbieten von Lernhilfen
- Ermutigen zu bestimmten Leistungen (z.B. zu entdeckendem Lernen)
- Verarbeitung von Erfolgsrückmeldungen (Feedback)
- Beurteilen der erbrachten Leistung
- Sichern des Gelernten durch Übung und Transfer

Diese zu übernehmenden didaktischen Funktionen werden von Strittmatter und Mauel im normativen Sinne formuliert als didaktische Erfordernisse, „die von Lehrsystemen geleistet werden sollten" (1997: 51).

Das zentrale Merkmal der Unterscheidung der Medien nach wichtigen didaktischen Funktionen beinhaltet nach Döring und Ritter-Mamczek z.b. die Repräsentationsfunktion, Helferfunktion, Differenzierungsfunktion, Motivationsfunktion sowie die Unterstützerfunktion für autonomes Lernen, die Kontrollfunktion und die prozessuale Strukturierungsfunktion (Döring, Ritter-Mamczek 1998: 74). Als Hauptmangel dieser deskriptiven Klassifizierungsversuche beurteilen Strittmatter und Mauel (1997: 50), dass sie sich auf didaktische Funktionen konzentrieren, wobei grundlegende Lernprozesse außer acht gelassen werden. Eine Klassifikation von Medien ist laut Döring nur möglich, wenn begleitend eine exakte Merkmalserfassung, Beschreibung und didaktische Funktionsbestimmung aller Lehr-/ Lernmedien erfolgt (Döring, Ritter-Mamczek 1998: 72). Hierzu werden Einteilungskriterien aufgestellt, nach denen die angestrebte Klassifizierung einheitlich durchgeführt werden kann, wobei historisch betrachtet zwei Klassifikationskriterien (nach der physischen Beschaffenheit und dem wahrscheinlichen pädagogischen Nutzen) vorangestellt sind (ebd.). Bei Medien, die in sozialen Kontexten sehr verschiedene Funktionen übernehmen können, wird die Aufstellung einer einzigen Klassifikation nicht möglich sein. Ihre Multifunktionalität bedingt dementsprechend eine Vielzahl von Klassifizierungsmöglichkeiten (ebd. 74). Zu dieser Einschätzung fordert auch die Tendenz zur informellen Nutzung von Medien zu Bildungszwecken heraus. Legutke beschreibt diese Tendenz für die Fremdsprachendidaktik als „Monopolverlust" der Lehrenden und des Lehrwerks für das Bereitstellen fremdsprachiger Texte (Legutke 1999: 129).

Das Problem der Medienklassifikation in der Didaktik ist einerseits eine historische Diskussion innerhalb der sich in den siebziger Jahren konstituierenden Mediendidaktik. Andererseits zeigt sich dieses Klassifikationsproblem der Medien in der Didaktik auch heute noch. Der Anspruch eine hierarchische Ordnung didaktischer Medien zu errichten ist eher dem Typologisieren von Medien in didaktischen Zusammenhängen gewichen (mit hierarchischen Einsprengseln). Mittlerweile liegen unzählige Typologien und Funktionsbestimmungen auch für Software im Kontext des Lehren und Lernens fremder Sprachen vor. (vgl. Rüschoff, Wolff 1999; Baumgartner, Payr 1994; Bayerlein 1996)

1.5 Mediendidaktik im Kontext der Fremdsprachendidaktik

Der folgende Teil der Darstellung geht zunächst der Fragestellung nach, welche fremdsprachendidaktischen Entwicklungslinien und Positionen hinsichtlich mediendidaktischer Problemfelder auszumachen sind. Ein Überblick über die wenigen Literaturbeiträge zu den in der vorliegenden Untersuchung verwendeten Medien (handelsübliche CD-ROMs), zeigt gleichzeitig den

l) Die Eindeutigkeit von Buttons muss durch Text oder Quickinfo unterstützt sein, da Symbole nie eindeutig sind.
m) Es sollten keine (insbesondere von der Zielgruppe) als verletzend oder beleidigend empfundenen Symbole verwendet sein.
n) Buttons sollten sich beim Anklicken kurzzeitig so ändern, als wären sie physisch geklickt.
o) Bei Menüleisten sollte der momentan aufgerufene Menüpunkt kenntlich gemacht sein.
p) Die Übersichtlichkeit der Oberfläche sollten durch die Gruppierung verwandter Elemente gegeben sein (Buttons in einer Leiste; auf eine Bildschirmseite beschränkte Menüleiste).
q) Die visuelle Integrität, der Stil der graphischen Oberfläche, sollte gewährleistet sein (Voraussetzung: Vorlage, aus der alle speziellen graphischen Elemente erstellt werden).

1.3.3 Typographische Gestaltung
a) Typographische Grundregeln und bildschirmgerechte Darstellung sollten beachtet sein.
b) Die Schriftgröße sollte nicht unter 10 bis 12 Punkt betragen.
c) Die Schriften sollten serifenlos sein und es sollten magere, normale oder halbfette, aber keine kursiven Schriften verwendet werden.
d) Es sollte keine Versalien und im Lauftext keine Negativschriften geben.
e) In der Größe und im Charakter sollte der Text deutliche Abstufungen enthalten.
f) Das Layout sollte übersichtlich (Leerräume!) und motivierend sein.
g) Die Gesamtheit aller Seiten und Komponenten (Farbwahl, Zusammenspiel von Text und Bild, Funktionalität einzelner Elemente) sollte ein harmonisches Erscheinungsbild vermitteln.
h) Die für Bilder benutzte Farbpalette sollte der in Browsern verwendeten Farbpalette gleichen.

1.3.4 Funktionale Organisation
a) Konsistenz im Verhalten der Lernumgebung sollte gesichert sein.
b) Warte-/bzw. Ladezeiten sollten gekennzeichnet sein.
c) Die Lernenden sollen sich im Umgang mit der Lernumgebung sicher fühlen.
d) Die Lernenden sollten bei Hintergrundtätigkeit der Lernumgebung Feedback erhalten, so sollte der Ausführungsstatus sichtbar sein (z.B. „Datei gespeichert").
e) Ton sollte intelligent und passend eingesetzt werden, zurückhaltend und in der Lautstärke verstellbar sein.
f) Direkte/synchrone/asynchrone Kommunikation sollte ohne Medienbruch (Wechsel in eine andere Oberfläche) möglich sein.

2. Didaktische Prüfung

2.1 INHALT
2.1.1 Die Darstellung sollte frei von sachlichen Fehlern und zu starken, missverständlichen Vereinfachungen / Stereotypisierungen sein (betrifft auch Bild-/Grafik-/Videoinhalte), und die Materialzusammenstellung sollte ausreichend komplex sein.
2.1.2 Nicht nur positives Wissen sondern vor allem Know-how (strategisches Wissen) sollte als bedeutsam vermittelt werden.
2.1.3 Der Interaktionsstil auf der Metaebene sollte Anleitungen und Feedback-

Meldungen geben.
2.1.4 Die Darstellung sollte verständlich sein.
a) Gliederungsstruktur sollte transparent und überprüfbar sein.
b) Die Sprache sollte verständlich sein, Fachausdrücke sollten eingeführt und durch wiederholten Gebrauch gelernt werden.
2.1.5 Die didaktische Reduktion sollte der Adressatengruppe angemessen sein (Adaptivität).
a) Die Lernumgebung sollte sich den Fortschritten und Fähigkeiten der Lernenden anpassen können.
b) Die behandelten Themen wie auch mindestens ein Teil der Beispiele sollten berufsbezogen sein.
c) Beispiele sollten realitätsnah sein. Gleichwohl ist auch Phantasie erwünscht.
d) Praxisnähe muss daher nicht Einfallslosigkeit oder Humorlosigkeit bedeuten.
e) Zu den einzelnen Lernschritten und Beispielen sollten Hintergrundinformationen gegeben werden. Hier sollten Links vorhanden sein. Ebenso sollten Möglichkeiten der Vertiefung des angegebenen Wissens bereitgestellt sein.
f) Die Integration externer Ressourcen sollte Bestandteil sein. (Links, aber auch Hinweise auf Bücher u.a. sein)
g) Das Material sollte aktuell – und auch leicht aktualisierbar sein.
2.1.6 Das Material sollte verschiedene Perspektiven auf ein Thema enthalten.
2.1.7 Das Material sollte motivierend sein.
a) Die Beispiele und einzelnen Lernschritte sollten einen bestimmten Unterhaltungswert haben. Dabei ist aber zu berücksichtigen, dass bestimmte Lernschritte auch wiederholt werden müssen. Musik, die ein einziges Mal gehört als angenehm empfunden wird, kann beim häufigeren Hören auf die Nerven fallen. In diesem Sinne dürfen die Unterhaltungsmerkmale auch nicht zu aufdringlich sein.
b) Durch informative Links kann auf weitere Bildungsangebote verwiesen werden.
2.2 INTERAKTIVITÄT
2.2.1 Die Zugriffsstruktur auf die Inhalte der Lernumgebung sollte optimal sein, so sollten rasches Nachschlagen wie auch mittel- bis längerfristige Lernvorhaben durch Abfragevarianten (Datenbank) unterstützt sein.
2.2.2 Ein bestimmter Freiheitsgrad sollte für die Lernenden vorhanden sein (Auswahl bzw. Kombination von Lernschritten, -themen, -methoden; Möglichkeit, Einfluss auf den Ablauf der Lernumgebung zu nehmen etc.).
a) Subjektiv wichtige Bereiche sollten nach persönlichen Lernbedürfnissen gekennzeichnet werden können, z.B. durch Lesezeichen.
b) Die (automatische) Kennzeichnung bereits bearbeiteter Teile zur Vermeidung unfreiwilligen neuen Bearbeitens sollte vorhanden sein.
c) Leseprotokolle (backtrack-Funktionen, history list) sollten ein Zurückverfolgen des Lernpfades oder einen direkten Zugriff auf Teile davon ermöglichen.
2.2.3 Selbstgesteuertes Lernen sollte weitestgehend möglich sein (z.B. Auswahl der Progression, des Tempos, des Umfangs, des Schwierigkeitsgrads).
2.2.4 Automatische Kommentierung von Lernerfolgen und Fehlern sollte möglichst durchgehend mittels informativem Feedback erfolgen (Fehlerkorrektur, Fehleranalyse, Lernanleitung etc.).
2.2.5 Lernprotokolle sollten erstellt werden können (Stichwort: aktive Lerngestaltung).
2.2.6 Die Offenheit der Lernumgebung für Ergänzungen, Änderungen und Aktualisierungen sollte optimal sein.
2.2.7 Dialogfähigkeit sollte so groß wie möglich sein (z.B.: die Möglichkeit eigenes

Material einzufügen, schnell zugängliche Hilfen, Nachschlagewerke, Regelwerke, externe Wissensressourcen etc.).
2.2.8 Direkte / synchrone / asynchrone Kommunikation mit DozentInnen, anderen Lernenden oder anderen über das Netz erreichbaren Personen sollte möglich sein.
2.2.9 Die Reaktionszeit auf Fragen der Lernenden sollte möglichst kurz sein (ggf. durcheine einstweilige automatisch generierte Antwort).
2.2.10 Arbeit im Team (*Groupware*-Lösung) und kooperatives Arbeiten, sowie gemeinsame Arbeit an Dokumenten / Inhalten (kollaboratives Arbeiten) sollte unterstützt werden.
2.3 MEDIENINTEGRATION
2.3.1 Integration der Kommunikationskanäle sollte mit einem Synergieeffekt verbunden sein.
2.3.2 Zugunsten der Übertragungsgeschwindigkeit sollte eine weitestgehende Beschränkung auf hypertextuelle Module gegeben sein.
2.3.3 Visuelle Lernhilfen (Schemata, begriffliche Netzwerke, Bilder, Farben, etc.) sollten genutzt werden.
2.3.4 Auditive Lernhilfen (Sprache, *Sound*, Hintergrund etc.) sollten lernmotivierend eingesetzt werden.
2.3.5 (bes. Fremdsprachenlernen:) Semantisierung sollte durch den (multimedialen) Kontext so weitgehend wie möglich unterstützt sein.
2.4 FERTIGKEITEN UND ÜBUNGEN (vor allem Fremdsprachenlernen)
2.4.1 Lernen, Spielen und Wiederholen sollten miteinander verbunden werden (*edutainment*, integrierte Programmierung von Wiederholungen, motivierende Spielidee etc.).
2.4.2 Für Übungen sollten Anleitungen und Beispiele gegeben werden.
2.4.3 Lesen, Hören, Sprechen, Schreiben sollten integriert werden.
2.4.4 Glossar, (Fach-)Wörterbuch, Grammatiken und / oder andere Hilfen sollten einsehbar und ausdruckbar sein (geordnet, strukturiert, kategorisiert) und mit Übungen verbunden werden.
2.4.5 Werkzeuge zur Selbstbeurteilung sollten eingebunden sein.
2.5 INTEGRATION VON SPRACHE, FACH, KULTUR (Fremdsprachenlernen)
2.5.1 Landeskundliche Informationen sollten sachlich richtig und aktuell sein.
2.5 Es sollten sprachübergreifende Komponenten (Kulturtips, Inhalte, Fachkommunikation) bzw. externe Wissensressourcen je nach Lernniveau zur Verfügung gestellt werden. Je nach Lernniveau sollte auf Angebote wie z.B. *E-Mail*-Sprachlernpartnerschaften, Chats hingewiesen und Tipps dazu zur Verfügung gestellt werden.
2.5.3 Es sollten interkulturell relevante Kontaktsituationen und Textsorten sowie mögliche Reparaturmechanismen je nach Lernniveau zur Verfügung gestellt werden.

3. Medienpädagogische Prüfung

3.1.1 Die Lernumgebung sollte motivierend gestaltet sein und motivierende Angebote enthalten.
3.1.2 Ergebnisse der Lernpsychologie sollten berücksichtigt sein.
3.1.3 Adaptivität an die Lernerfahrungen / das Vorwissen der Lernenden im Hinblick auf das Lernen mit dem Medium sollte vorhanden sein. Die Anpassung an den Unterstützungsbedarf bei der Arbeit mit der Lernumgebung sollte gewährleistet sein.
3.1.4 Das Sprache-Bild-Ton-Verhältnis sollte funktional sein.
3.1.5 Jede Bildschirmseite sollte jeweils in sich abgeschlossene Schritte (Sachverhalte,

Objekte, Übungen etc.) enthalten.
3.1.6 Die Akzeptanz durch die Lernenden (im Hinblick auf Inhalte, Lernformen, Darstellungsformen, Interaktionsweise) sollte unbedingt gesichert sein.
3.1.7 Auf der Metaebene (Menü, Vorgehensweise, Navigation etc.) sollten Klarheit und Verständlichkeit sowie Selbsterklärung gesichert sein.
3.2 MEDIENKOMPETENZ
3.2.1 Die verschiedenen Dimensionen der Medienkompetenz sollten in die Lernumgebung integriert sein (Fähigkeit zu Medienkritik und Medienkunde; Mediennutzung [rezeptiv, anwendend und interaktiv, anbietend] sowie Mediengestaltung [innovativ und kreativ]).
a) An Strategien der Informationsbeschaffung, -verwaltung, -auswertung und -selektion sollte schrittweise herangeführt werden.
b) Die Frage, wie man sich Informationen beschafft, sollte für die Lernumgebung als auch allgemein thematisiert werden und durch sie beantwortbar sein.
c) Die Frage, wie ich die digitale Informationen verwalte, speichere und transportiere sollte ebenso thematisiert sein.
d) Informationsangebote analysieren und einschätzen zu können und nach eigenen Bedürfnissen zu nutzen, sollte anhand von Strategien zum Auswerten von Informationen thematisiert sein.
3.2.2 Raum für eigenes Handeln und eigene Erfahrungen sollte vorhanden sein.
3.2.3 Selbständiges und selbstverantwortetes Lernen sollte gefördert werden.
3.2.4 Anregungen zum eigenaktiven Handeln sollten vorhanden sein.
3.2.5 Anregungen/Anleitungen zur Produktion von eigenen Webseiten sowie Raum dafür sollte vorhanden sein.
3.3 KOMMUNIKATION / SOZIALES
3.3.1 (Personalisierte) Begrüßungs-/Verabschiedungsseiten sollten vorhanden sein.
3.3.2 Direkte / synchrone / asynchrone Kommunikation mit DozentInnen, anderen Lernenden oder anderen über das Netz erreichbaren Personen sollte motivierend integriert sein (z.B. „Online-Cafeteria", *Chat, mailingList, Video-conferencing, Newsgroups*).
3.3.3 Unterstützende Präsenzphasen / Aktivitäten sollten fakultativ zur Verfügung stehen (lokales Angebot)
3.3.4 Feedback und Besprechungen der Angebote sollte ausdrücklich erwünscht und integriert sein (z.B. durch eine erweiterbare Datenbank).

1.6 Präzisierung der Fragestellung und Darlegung der Forschungsperspektive

Im Folgenden wird die Fragestellung der vorliegenden Untersuchung präzisiert, die qualitative Vorgehensweise begründet sowie der zugrunde liegende theoretische Rahmen transparent gemacht. Im Hinblick auf Forschungsaktivitäten zum selbstorganisierten Fremdsprachenlernen ist ein allgemeiner Mangel zu verzeichnen. (vgl. zum generellen Problem fremdsprachendidaktischer Theoriebildung Henrici 1999: 85f.) Ebenso stellt Aufenanger fest, dass die Frage, wie sich Lernprozesse mit Hilfe von Computern und Internet optimieren lassen, noch weiterer Forschungen bedarf (Aufenanger 1999: 8).

Im Rahmen der vorliegenden Arbeit wird angestrebt, mit Hilfe der erhobenen Daten zu einem besseren theoretischen Verständnis des außerunterrichtlichen, mediengestützten Fremdsprachenlernens zu gelangen und somit zu einer Verbesserung entsprechender Angebote zum Fremdsprachenlernen beizutragen. Die theoretische Reflexion der Ergebnisse soll eine Diskussion der Stärken und Schwächen möglicher pädagogisch-didaktischer Entwicklungsansätze unterstützen und abschließend in Empfehlungen zur Verbesserung zukünftiger Entwicklungsarbeiten münden. Für die Fragestellung dieser Arbeit, die das außerunterrichtliche Fremdsprachenlernen betrifft, ist zum einen die Fixierung der Mediendidaktik auf den traditionellen Unterricht oder das klassische „Leitmedium" Lehrwerk wenig relevant (vgl. Bausch, Christ, Königs et. al. 1999). Gleichzeitig sind Formen unterrichtlichen Lernens für die Fremdsprachenlernenden dieser Untersuchung aktuell und im Rückblick auf die Biografie von Bedeutung. Zum einen stellt sich Unterricht für sie aktuell als ein Bezugsrahmen und möglicher Erfahrungsraum für ihr Fremdsprachenlernen dar. Zum anderen haben erwachsene Lernende im Zuge ihres Lebensverlaufs bereits vielfältige Unterrichts- und Lernerfahrungen gesammelt. Auf dieser Basis sind subjektive Theorien über das Fremdsprachenlernen sowie individuelle Dispositionen anzusiedeln. Die Bedeutung der subjektiven Theorien von Lernenden ist in ihrem umfassenden Einfluss auf Handlungskonzepte zu sehen. Den subjektiven Theorien liegen gefestigte Annahmen über den eigenen Lernbedarf zugrunde. Die Bedeutung der subjektiven Theorien von Lernenden ist zudem in ihrer enormen Festigkeit begründet. (vgl. Kallenbach 1996)

Angesichts der häufig auftretenden Tendenz zur Technikfixierung bzw. der Fixierung auf das Medienprodukt, strebt die vorliegende Arbeit an, den nichttechnischen Aspekten sowie der Perspektive der NutzerInnen Vorrang einzuräumen. Eine qualitative Vorgehensweise zur Ermittlung von Anforderungen an multimediale Lernumgebungen zum Fremdsprachenlernen ist daher besonders geeignet. Von besonderem Interesse für die Fragestellung dieser Arbeit sind daher Untersuchungen, die sich Verstehensprozessen oder der Sicht von NutzerInnen im Kontext des Lernens mit Multimedia widmen. Als Begründung für diese rezipientInnenorientierte Ausrichtung lässt sich weiterhin anführen, dass die Orientierung auf die Fremdsprachenlernenden und den Prozess des Fremdsprachenlernens dazu dient, einen Beitrag zur Erforschung des Fremdsprachenlernens zu leisten. Schilder (1995) sagt zu der auf den Fremdsprachenunterricht bezogenen Mediendidaktik, „[...] dass sie in wechselseitiger Abhängigkeit die fremdsprachendidaktische Theoriebildung gefördert und von ihr profitiert hat." (Schilder 1995: 503)

In dieser Arbeit wird davon ausgegangen, dass sich Erkenntnisse zur Verwendung und Optimierung multimedialer Lernumgebungen durch die rekonstruierte Perspektive der Lernenden in einer „natürlichen" Lebenssituation unter Berücksichtigung verschiedener Umweltaspekte gewinnen lassen. Daher werden in dieser Arbeit vorrangig die Erfahrungen der Fremdsprachenlernenden im Prozess der Arbeit mit Multimedia beleuchtet. Das spezifische Erkenntnisinteresses wird folgendermaßen formuliert:

> Welche Anforderungen sollten multimediale Lernumgebungen aus der (rekonstruierten) Sicht der NutzerInnen erfüllen?

Um Einmaleffekte zu vermeiden, wird insbesondere eine längere Kontaktzeit der Lernenden mit dem Medium angestrebt. Das Medienprodukt und dessen Produktionsbedingungen werden entsprechend diesem Fokus berücksichtigt.

Qualitative Forschung legt die Annahme zugrunde, dass wissenschaftliche Ergebnisse nicht von der Perspektive der Beobachtenden losgelöst gesehen werden. (vgl. König, Bentler 1997: 88) Dem liegt die These zugrunde, dass wissenschaftliche Erkenntnisse immer von den Unterscheidungen abhängen, die von den Beobachtenden getroffen werde. Definitionen des Untersuchungsgegenstandes ergeben sich z.B. nicht zwangsläufig aus ihm selbst, sondern sind durch Entscheidungen der Beobachtenden immer mit bestimmt. Daraus folgt, dass in qualitativen Forschungsarbeiten die Einbindung in die jeweilige Perspektive der Beobachtung dargelegt werden muss. Die folgenden Ausführungen dienen dazu, den dieser Arbeit zugrunde liegenden theoretischen Rahmen im Sinne der Anforderungen an qualitative Forschung transparent zu machen. Für die im Rahmen dieser Untersuchung gewählte Perspektive bildet das theoretische Modell der Medien- und Kommunikationsforschung nach Baacke die Grundlage (1989: 87-134).

Baacke schlägt für die Medienforschung ein sozialökologisch orientiertes Vorgehen vor, dass „die Umwelt nicht, wie bisher, nur als Variable sieht oder ihre Mehrdimensionalität auf Interaktionsfaktoren einschränkt." (ebd. 87) Der sozialökologische Ansatz stellt laut Baacke ein Angebot dar, die Gesamtheit direkter und vermittelter lebensweltlicher Konstellationen einzubeziehen, wodurch Medienforschung zur Kommunikationsforschung wird (ebd. 89).

> „Der sozialökologische Ansatz weitet also den Blick, ohne ihn durch verdächtigende Wirkungs-Zuschreibungen von vornherein zu verschleiern, und er zwingt gleichzeitig zur Genauigkeit, weil sein methodisches Szenario ihn hellsichtig macht gegenüber voreiligen Kausalzuschreibungen." (ebd. 89)

Als interdisziplinär übergreifende Eigenschaften dieses sozialökologischen Forschungsparadigmas lassen sich folgende Aspekte nennen: An die Stelle des Laborexperiments tritt die wissenschaftliche und praktische Arbeit an „natürlichen" Lebenssituationen (ebd. 90). Weitere Eigenschaften sind:
- ein beratender Anspruch (Transfer von Forschungsergebnissen)
- eine interdisziplinäre Ausrichtung
- die Erweiterung des Kontextes statt Reduktion von Komplexität (ebd.)

- die Berücksichtigung verschiedener Umweltaspekte mit dem Ziel der Integration in Hinsicht auf ganzheitliche und übergreifende Sichtweisen. (ebd. 92-93)

„Das interpretative und praktische Operieren in – je nach Fragestellung und Problem – komplexen Kontexten hat primär nicht zum Ziel die ‚Reinheit der Aussagesysteme', sondern die verstehende, beobachtende und analytische Nähe zum Objektbereich." (Baacke 1989: 92)

2. Selbstorganisiertes (Fremdsprachen-) Lernen

Die Begriffe selbstorganisiertes Lernen, Fremdsprachenlernen und Lernen werden zunächst diskutiert und bestimmt, wobei es aufgrund der Nähe der betroffenen Bereiche zu Überschneidungen kommt (2.1). Die Unterscheidung verschiedener Begriffe im Kontext des selbstorganisierten (Fremdsprachen-) Lernens nennt zentrale Aspekte und begründet die Verwendung der Begriffe in der vorliegenden Untersuchung. Lernpsychologische Aspekte aus den Bereichen Gedächtnis und Behalten, Explorationsbedürfnis, Emotion und Motivation sowie Wiederholung, Übung und Transfer werden dargestellt. Kognitive Stile, Lernstile und Lernstrategien werden unter besonderer Berücksichtigung sog. LernexpertInnen dargestellt (2.2). Ansätze des selbstorganisierten Lernens sowie Forschungsergebnisse werden dargelegt und diskutiert (2.3), wobei die grundlegende Unterscheidung zwischen Bereitschaft und Fähigkeit zum selbstorganisierten Lernen sowie zwischen impliziter und expliziter Förderung angewendet wird. Anschließend wird ein Überblick über Ansätze der (Zweit-) Spracherwerbsforschung / Sprachlehrforschung versucht, der Fokus der verschiedenen Forschungsrichtungen dargelegt sowie einige aktuelle Bemühungen der Fremdsprachenerwerbsforschung in Deutschland charakterisiert (2.4). Die im Rahmen der vorliegenden Untersuchung zentralen Bereiche des Hör-(Seh-) Verstehens (2.4.1) sowie des Sprechens bzw. der Aussprache (2.4.2) im Kontext von Spracherkennungssystemen werden abschließend detailliert ausgeführt.

2.1 Begriffsbestimmungen

Selbstorganisiertes Lernen

Eigentlich weist (fast) jeder Lernvorgang das Merkmal der Selbststeuerung auf. Bei Konzepten des selbstorganisierten Lernens tritt dieser Gesichtspunkt in den Vordergrund. Entsprechend viele Begriffe gibt es für das Phänomen, den Bereich des selbstorganisierten Lernens, z.B. autonomes Lernen, selbstgesteuertes Lernen, Selbstlernen. Straka, Stöckel (1999) (http://www-user.uni-bremen.de/~los/german/band3 /kap1_2.htm) zeigen anhand ihrer Begriffsbestimmung die grundlegenden Unterscheidungsmerkmale Fähigkeit und Bereitschaft zum selbstorganisierten Lernen sowie die damit verbundenen Strategien auf. Als

Vorteil der Definition und des Konzeptes der Autoren lässt sich deren empirische Fundierung und Erprobung anführen.

„Selbstgesteuertes Lernen ist ein Prozess, in dem Individuen die Initiative ergreifen, um mit oder ohne Hilfe anderer ihren Lernbedarf festzustellen, ihre Lernziele zu formulieren, menschliche und materielle Lernressourcen zu identifizieren, angemessene Lernstrategien auszuwählen und einzusetzen sowie ihre Lernergebnisse zu bewerten" (Straka, Stöckl ebd., Übersetzung d.V., Original: Knowles, 1975, S.18).

Die Definition zeigt fünf Merkmale auf, die selbstorganisiertes Lernen kennzeichnen (ebd.): Zentrale Bedeutung kommt der Initiative der Lernenden zu. Die Bereitschaft zum selbstorganisierten Lernen ist damit von besonderer Bedeutung. Durch die Formulierung „mit oder ohne Hilfe anderer" wird deutlich, dass die Lernenden ihren Lernprozess nicht in Eigenregie durchführen müssen. Hilfe ist beim selbstorganisierten Lernen nicht nur möglich, sondern meist auch notwendig. Die Definition zeigt als weiteres Merkmal selbstorganisierten Lernens die Übernahme von Lehrfunktionen durch die Lernenden: Feststellen des Lernbedarfs, Formulierung der Lernziele, Ermitteln der Lernressourcen etc. sind als Aktivitäten zu kennzeichnen, die Lehrtätigkeiten bezeichnen. Selbstorganisiertes Lernen setzt verschiedene Kompetenzen bei den Lernenden voraus, z.B. das Erkennen von Lernbedarf, die Planung und Durchführung von Lernschritten sowie die Kontrolle des Lernerfolgs (ebd.).

Von Weinert wird der Begriff des selbstgesteuerten Lernens folgendermaßen bestimmt (Weinert 1982: 102f n. Edelmann 1996: 411):

- Spielräume für die selbständige Festlegung von Lernzielen, Lernzeiten und Lernmethoden müssen in der Lernsituation vorhanden oder erschließbar sein.
- Die Lernenden müssen diese Spielräume wahrnehmen, tatsächliche, folgenreiche Entscheidungen über das eigene Lernen treffen sowie diese zumindest teilweise im Lernhandeln realisieren (Voraussetzung ist nicht, dass das Handeln bewusst ist!).
- Die Lernenden übernehmen (insbesondere bei Schwierigkeiten) die Rolle des sich selbst Lehrenden (Selbstinstruktion: den Lernvorgang planen, notwendige Informationen beschaffen, geeignete Methoden auswählen, den eigenen Lernfortschritt kritisch überprüfen etc.).
- Die Lernenden müssen ihre lernrelevanten Entscheidungen zumindest teilweise auch als persönliche Verursachung der Lernaktivitäten und der Lerngeschehnisse erleben und somit im Ansatz Selbstverantwortlichkeit für das eigene Lernen zeigen.

Nach Kleinmann und Straka umfasst die Definition selbstgesteuerten Lernens insbesondere auch ein individuelles Ausmaß an Unterstützung:

„Selbstgesteuertes Lernen kann als eine Form des Lernens beschrieben werden, bei der eine Person je nach Art und Stärke ihrer Lernbereitschaft bei der Festlegung von Lernzielen, Lernorganisation, Kontrolle bzw. Bewertung ihrer Lernergebnisse Selbst- oder Mitbestimmung ausübt." (Kleinmann, Straka 1996: 91)

Rösler bezieht den Begriff des Selbstlernens auf den „organisatorischen Modus, der aus der Entscheidung der Lernenden, ohne Lehrer und Klassenzimmer zu lernen, entsteht [...]" (Rösler 1998: 4). Autonomie umfasst nach ihm die geistige Unabhängigkeit, die beim Selbstlernen entwickelt wird (ebd.). Er sieht die Problematik der Begriffsverwendung im Kontext computergestützten Lernens folgendermaßen:

„Während viele Selbstlernprogramme einen sehr starken impliziten Lehrer enthalten, der die Lernenden strikt führt, ihnen also gerade kein autonomes Lernen ermöglicht, soll autonomes Lernen dazu führen, sich der eigenen Lernwege bewusst zu werden und daraus Schlüsse zu ihrer Verbesserung zu ziehen." (Rösler 1998: 4)

In der vorliegenden Arbeit wird der Begriff des selbstorganisierten Lernens nach Straka und Stöckl (1999, ausgehend von Knowles 1975) definiert. Als Vorteil der Definition und des Konzeptes der Autoren ist dessen empirische Fundierung und Erprobung anzuführen. Abschließend bleibt festzuhalten, dass Ansätze selbstorganisierten, autonomen Lernens propagieren, Lernen als eigenverantwortliches, planvolles Handeln zu begreifen und dieses zu fördern (Edelmann 1996: 411).

Fremdsprachenlernen

Im Folgenden werden zwei Ansätze des Fremdsprachenerwerbs dargelegt. Zunächst wird der Ansatz nach Riemer (1997) basierend auf Gass und Selinker (1994: 295ff.) anhand zentraler Aspekte expliziert und anschließend mit der Position Bleyhls (1997) kontrastiert. Basierend auf dem Input-Output-Modell von Gass und Selinker (1994: 295ff.) wird nach Riemer (1997: 235) in der folgenden Abbildung „reduktionistisch" dargelegt, wie Fremdsprachenerwerb verstanden wird:

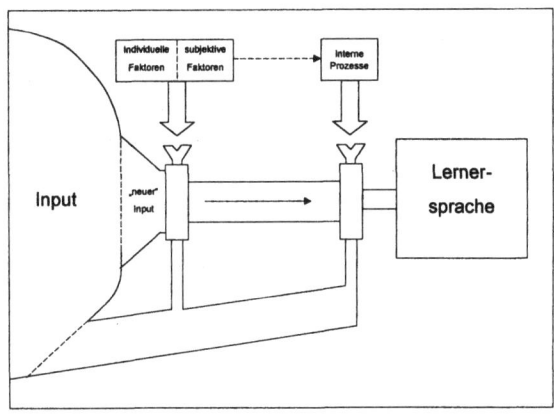

Abbildung 2: Simplifiziertes Schema des Fremdsprachenerwerbs (Riemer 1997: 235)

Die Abbildung zeigt die Integration von Input in die LernerInnensprache. Nach Riemer ist für den fortlaufenden Fremdsprachenerwerb „neuer" Input relevant. Aus neuem Input wird demnach in geringerem Maße *Intake*, wofür zwei Ausleseprozesse verantwortlich sind, die Input von der weiteren Verarbeitung ausschließen (ebd.). Fremdsprachenlernende nehmen nach diesem Modell im ersten, außerordentlich bedeutsamen Schritt die Wahrnehmung und Aufbereitung des Inputs vor, indem unter Abhängigkeit von verschiedenen, teilweise interpendenten Einflussfaktoren der „neue" Input in Relation zum vorhandenen Wissen zur Kenntnis genommen wird (ebd. 231). Als „input filters" gelten u.a. Inputfrequenz, Affekt (z.b. soziale Distanz, Motivation), Vorkenntnisse (z.B. L1, L2), Erfahrungen im Zielsprachenland sowie der Aufmerksamkeitsgrad (ebd.). Nach dem Input-Output-Modell von Gass und Selinker (1994) kommt dem lernerInnenkontrollierten Stadium des verstandenen Inputs besondere Bedeutung zu, da es die Relevanz von kommunikativen Bedeutungsaushandlungen und Inputmodifikationen betont (ebd.). Im nächsten Schritt findet dann auch tatsächlich Erwerb statt, der durch mentale Prozesse gesteuert wird (ebd.). Nach Gass und Selinker findet in diesem Schritt, dem *Intake*, die kognitive Assimilierung des linguistischen Materials in die LernerInnengrammatik statt (ebd.). Als Voraussetzungen für hypothesenformierende, -testende, -zurückweisende, -modifizierende und -bestätigende Verarbeitungsprozesse sind demnach interpendente Faktoren wie das linguistische Vorwissen (L1, L2, sprachliche Universalien) und die vorangegangene Analysequalität zu nennen (ebd.).

Bleyhl hingegen vertritt die Position, dass die Annahme linearer Kausalbezüge für „komplexe psychische Ereignisse wie etwa das Erlernen einer Sprache" (Bleyhl 1997: 230) unangemessen sei. Daher sieht Bleyhl gerade in der Sprachforschung Gefahr, einem simplen Input-Output-Schema anzuhängen (Bleyhl 1997: 233). Ausgehend von den Ergebnissen der Neurobiologie und Kognitionswissenschaften „können wir davon ausgehen, dass unser Gehirn, auch beim Sprachenlernen, simultan mehrdimensional, eben nichtlinear arbeitet" (ebd. 234). Sprachphänomene werden als ‚unscharfe Mengen' betrachtet, die die Eingebundenheit in die Situation brauchen und das Mitdenken der Beteiligten erfordern (ebd.). Da die so definierten Sprachphänomene nicht einzeln herausgebrochen und isoliert gelernt oder gelehrt werden können, ist das Sprachenernen laut Bleyhl ein nichtlinearer Prozess (ebd.).

In einer explorativen Studie zeigt Bleyhl, dass im Leistungsvergleich zu einer Kontrollgruppe, die traditionell nach Lehrbüchern unterrichtet wurde (lineares Prinzip), eine Versuchsklasse die nach folgenden fremdsprachendidaktisch-methodischen Prämissen unterrichtet wurde, erheblich besser abschnitt.

„- dass Sprachverstehen zum Spracherwerb führt, wie es Wolff (1990) und Vogel (1993) aus kognitionspsychologischer Sicht begründen,
- dass dabei der Lerner in sich das System der neuen Sprache in einem nicht-linearen Prozess des laufenden Vergleichens mit bereits Bekanntem und Erschlossenem zu

konstruieren hat,
- dass dem Lerner am meisten geholfen ist, wenn er viel Vergleichsmaterial hat. Dieses muss zumindest subjektiv mit Sinn belegt werden, weshalb handlungsorientiertes Unterrichten (Bleyhl 1993a) effektiver ist als verbal symbolisches." (Bleyhl 1997: 220)

Die hier skizzierten Modelle werfen ein Schlaglicht auf die Forschungs- und Diskussionslage der Fremdsprachen- bzw. Zweitsprachenerwerbsforschung, was in Abschnitt 2.4. weiter vertieft werden wird. Die vorliegende Arbeit legt das Modell nach Riemer (1997) zugrunde, das dem Referenzmodell von Gass und Selinker folgt (1994: 295ff.). Es überzeugt durch seine empirische Erprobung und Operationalisierbarkeit. Obwohl das Modell von einer starren Abfolge verschiedener Stadien im Erwerbsprozess ausgeht und den Erwerb der lernerInnensprachlichen Grammatik betont, ist es aufgrund seiner Vielschichtigkeit hinsichtlich der Aufnahme individueller Variablen hervorzuheben. Gleichzeitig ist jedoch von einer mehrdimensionalen, nichtlinearen Funktionsweise des Gehirns beim Lernen auszugehen, die sich auch in der Annahme sog. „input filters" bei Riemer wiederfinden lässt (Riemer 1997: 231).

Bleyhls Annahme eines nichtlinearen Sprachenlernprozesses wird durch die Erkenntnisse der Kognitionspsychologie unterstützt, weist jedoch für den Kontext der vorliegenden Untersuchung den Nachteil auf, dass eine differenzierte und operationalisierbare Modellbildung nicht vorliegt.

Lernen
Die traditionellen Grenzen zwischen Lerntheorie, Psychologie, Kognitiver Psychologie und Motivationspsychologie haben sich verwischt. Lernen kann als lernpsychologischer Begriff heute nur als relativ umfassendes Gesamtkonzept von Veränderungsprozessen dargestellt werden (vgl. Edelmann 1996). Gängig ist die Unterscheidung von grundlegenden Lernformen, wie z.B. bei Edelmann die vier Formen Reiz-Reaktions-Lernen, instrumentelles Lernen, Begriffsbildung und Wissenserwerb sowie Handeln und Problemlösen (ebd. 1). Es besteht auch heute noch keine Einigkeit darüber, wie viele Arten von Lernen man sinnvollerweise annehmen sollte. Roth (1963) hat das gesamte Spektrum des Lernens folgendermaßen beschrieben:

„1. Lernen, bei dem das *Können* das Hauptziel ist, das Automatisieren von Fähigkeiten zu motorischen und geistigen Fertigkeiten.
2. Lernen, bei dem das *Problemlösen* (Denken, Verstehen, Einsicht) die Hauptsache ist.
3. Lernen, bei dem das *Behalten und Präsenthalten von Wissen* das Ziel ist.
4. Lernen, bei dem das *Lernen der Verfahren* das Hauptziel ist (Lernen lernen, Arbeiten lernen, Forschen lernen, Nachschlagen lernen usw.).
5. Lernen, bei dem die *Übertragung auf andere Gebiete* die Hauptsache ist, also die Steigerung der Fähigkeiten und Kräfte (Latein lernen, um einen besseren Einstieg in die romanischen Sprachen zu haben).
6. Lernen, bei dem *Aufbau einer Gesinnung*, Werthaltung, Einstellung das Hauptziel ist.
7. Lernen, bei dem das *Gewinnen eines vertieften Interesses* an einem Gegenstand das

Hauptziel ist (Differenzierung der Bedürfnisse und Interessen).
8. Lernen, bei dem ein *verändertes Verhalten* das Ziel ist." (Roth 1963: 202)

Die verhaltenstheoretische, die kognitive und die handlungstheoretische Psychologie haben jeweils ein spezifisches Verständnis von Lernen geprägt. Lernen wie auch Motivation oder Denken sind als theoretische Konstrukte zu begreifen, die mittels geeigneter Methoden zugänglich gemacht werden müssen. Es ist nicht zu sagen, wie oder ob jemand lernt, aber es ist möglich, Anhaltspunkte im Verhalten oder in den verbalen Äußerungen der Personen zu finden, die darauf hinweisen, dass sie etwas gelernt haben (Seel 2000: 19).

Im Rahmen der vorliegenden Arbeit ist es m.E. sinnvoll, die das Gesamtspektrum des Lernens umfassende Definition nach Roth (1963: 202) zu verwenden, da das Fremdsprachenlernen verschiedene Arten des Lernens umfasst. Eine umfassende Definition wird den vielen verschiedenen Arten und Zielen des Lernens, die beim Fremdsprachen lernen mittels Computer betroffen sind, besser gerecht als eine Definition, die ein eng gefasstes Verständnis von Lernen ausdrückt.

2.2 Lernpsychologische Aspekte

Die menschliche Informationsverarbeitung wird im Folgenden unter dem Gesichtspunkt von Gedächtnis und Behalten thematisiert. Das Mehrspeichermodell und das Einspeichermodell des Gedächtnisses, die beteiligten geistigen Prozesse sowie ein Überblick über die verschiedenen Gedächtnissysteme werden präsentiert. Zentrale Faktoren für die Gedächtnisleistung werden benannt.

Gedächtnis und Behalten

Eingangs sei darauf hingewiesen, dass sich die Erscheinungen von Lernen und Gedächtnis nur analytisch trennen lassen (Edelmann 1996: 3). Das Gedächtnis ist kein passiver Informationsspeicher. Die Behaltensleistung ist in hohem Maße abhängig von der Aktivität der Lernenden bei der Aneignung (ebd. 6). Dem in den achtziger Jahren um das Arbeitsgedächtnis erweiterten Mehrspeichermodell des Gedächtnisses (Kurzzeit- und Langzeitgedächtnis) steht mittlerweile ein Einspeichermodell gegenüber, das – unter dem Eindruck neurobiologischer Theorien zu neuronalen Netzen und korrespondierender Computersimulationen biologischer Intelligenz – keine separaten Teilsysteme des Gedächtnisses mehr annimmt (Seel 2000: 41). Ausgegangen wird von mehreren verschiedenen Ebenen der Informationsverarbeitung, die alle in einem Gedächtnissystem angelegt sind. Dabei werden sensorische Register, Kurzzeit- und Arbeitsgedächtnis als temporäre Zustände der Aktivierung des Gedächtnisses gefasst (ebd.).

Nach Morschitzky setzt die Fähigkeit, sich zu einem späteren Zeitpunkt an eine Information oder Erfahrung erinnern zu können, den Ablauf der im

folgenden aufgeführten fünf geistigen Prozessen voraus:
„1. Informationsaufnahme. Ohne Aufmerksamkeit für Informationen bzw. auf bestimmte Reize ist kein Gedächtnis möglich.
2. Einspeicherung/ Einprägen (Enkodierung): Übersetzung eintreffender Reizenergie in einem einzigartigen neuralen Code, den das Gehirn verarbeiten kann.
3. Konsolidierung/ Behalten (Speicherung, Festigung): Aufbewahrung des enkodierten Material über die Zeit; der Konsolidierungsprozess ist die Zeit zwischen Einspeicherung und Ablagerung; Zeitdauer zwischen Minuten und Stunden.
4. Ablagerung: Speicherung in bestimmten Hirnarealen. Das Modell bestimmter Speicherorte ist veraltet, die Speicherung erfolgt vielmehr in Netzwerken, d.h. in miteinander vernetzten Teilen des Gehirns.
5. Abruf (Erinnern) als Wiederauffinden der gespeicherten Informationen zu einem späteren Zeitpunkt." (Morschitzky 2002)

Nach Morschitzky (2002) wird ein zusammenfassender Überblick über die verschiedenen Gedächtnissysteme gegeben (s. Tabelle 1).

ZWEI FORMEN DES DEKLARATIVEN (EXPLIZITEN, INTENTIONALEN) GEDÄCHTNISSES: BEWUSSTE WIEDERERINNERUNG		ZWEI FORMEN DES NICHT-DEKLARATIVEN (IMPLIZITEN) GEDÄCHTNISSES: UNBEWUSSTE ODER VORBEWUSSTE WIEDERERINNERUNG	
Episodisches (autobiographisches) Gedächtnis	Semantisches (sprachliches) Gedächtnis	Prozedurales (Fertigkeits-) Gedächtnis	*Priming* (unbewusstes Wiedererinnern)
Erinnerung an Lebensereignisse („persönliches Gedächtnis"). Die Speicherung einzelner Ereignisse erfolgt geordnet nach Ort und Zeit. Beim Abruf werden vermutlich nicht die Einspeicherregionen nochmals aktiviert, sondern ein Netzwerk aus Hirnregionen, das vor allem auch emotional-limbische Anteile umfasst. Dies erklärt die intensiven Erlebnisse bei Erinnerungen an angstvolle Erfahrungen wie z.B. Unfall. Bei einer Störung des episodischen Gedächtnisses können die anderen Gedächtnissysteme noch immer gut funktionieren.	Wissenssystem für Weltkenntnisse, Schul- und Bildungswissen, Wissen um generelle Zusammenhänge, Faktengedächtnis, sprachlich-grammatikalische Kenntnisse. Das Faktengedächtnis arbeitet oft eng verzahnt mit dem autobiographischen Gedächtnis, zumindest wenn es sich aufbaut. Das semantische Gedächtnis ist nötig für das episodische Gedächtnis. Ein persönlicher Bezug macht Faktenwissen einprägsamer.	Fertigkeitswissen, erlernte Bewegungsabläufe und Handlungsstrategien (Fahrradfahren, Musikinstrument spielen, u.a.). Alle Gewohnheitsbildungen. Mechanische und motorische Fertigkeiten und Handlungsabläufe lassen sich auch noch bei Menschen mit schweren Merkfähigkeitsstörungen trainieren. Die Betroffenen behalten neu erlernte Fertigkeiten, wissen aber nicht, wie sie diese gelernt haben.	Unbewusstes Wiedererkennen/ Wiedererinnern bestimmter Reize und Sinneseindrücke. Erleichtertes Erinnern von ähnlich erlebten Situationen oder früher wahrgenommenen Reizmustern. Das vorbewusste Wiedererkennen von Reizen und Sinneseindrücken erfolgt streng kontextbezogen. Diese Leistung gelingt oft auch noch Menschen mit schweren Merkfähigkeitsstörungen.

Tabelle 1: Gedächtnissysteme im Überblick (Morschitzky 2002)

Die Integration neuen Wissens in die bestehenden Wissensstrukturen lässt sich demnach anhand von Phasen beschreiben: Die am Beginn stehende Akquisitionsphase lässt sich als labile Form kennzeichnen, die in die folgende Konsolidierungsphase, in der die Festigung des Wissens gelingen kann, mündet. Ausgehend von neurobiologischen Untersuchungen und Modellen wird im Einspeichermodell die Annahme zugrunde gelegt, dass jede Reaktivierung die Vertiefung einer Gedächtnisspur (in neuronalen Netzen) zur Folge hat (Seel 2000: 43). Demnach lässt sich sagen, dass Information, die nur oberflächlich verarbeitet wird, rasch zerfällt. Wenn Lernende sich länger mit der Information beschäftigen, über sie nachdenken und sie zu verstehen suchen, ist es möglich, dass sie zum dauerhaften Gedächtnisbesitz wird (ebd.).

Laut Seel lässt sich die Frage nach der pädagogischen Relevanz der beiden genannten Modellansätze zum Gedächtnis nicht schlüssig beantworten, da sie sich auf unterschiedlichen Ebenen der Analyse bewegen und mit verschiedenartigen Aufgabentypen arbeiten (ebd.). Dem Mehrspeichermodell zufolge können Kapazitätsbeschränkungen bei der Informationsverarbeitung damit erklärt werden, dass immer nur eine bestimmte Informationsmenge (7 ± 2 Elemente) verarbeitet werden kann (ebd. u. 41). Der auf der Annahme eines Einspeichermodells basierende Verarbeitungsebenen-Ansatz weist daraufhin, das Lernen und Behalten wesentlich durch die Tiefe der semantischen Verarbeitung beeinflusst wird (ebd.). Die kognitive Informationsverarbeitung wird zudem durch den Einfluss von Emotionen umfassend beeinflusst. Bower (1981) untersuchte den selegierenden Einfluss von Emotionen auf die Informationsverarbeitung. Die Gefühle einer Person fungieren bei der Informationsverarbeitung als selektiver Filter, der für Material durchlässig ist, das Übereinstimmungen mit der Stimmung des Wahrnehmenden aufweist, nicht jedoch für inkongruentes Material (Seel 2000: 173, Edelmann 1996: 356). Als wichtige Faktoren für die Gedächtnisleistung wurden ein intensives Gefühl bei der Informationsaufnahme und ein hoher Grad an Bedeutsamkeit des Lernmaterials ermittelt. Mangelnde subjektive Wichtigkeit des Materials und / oder fehlende Aufmerksamkeit bei der Informationsaufnahme führen zum Vergessen (Edelmann 1996: 356).

Der im folgenden dargelegte Ansatz des gerichteten Neugierverhaltens erklärt das Explorationsbedürfnis von Menschen anhand der drei wichtigsten Faktoren: relative Neuheit, Komplexität und Ungewissheit. Die Darstellung führt zur Differenzierung einer Reihe weiterer grundlegender Modelle der Motivationspsychologie: anreiztheoretische, entscheidungs- und austauschtheoretische Ansätze. Die Leistungsmotivation wird definiert sowie die Bedeutung von Gefühlen im Rahmen von Motivationsprozessen dargelegt.

Explorationsbedürfnis, Emotion und Motivation
Relative Neuheit, Komplexität und Ungewissheit schaffen in der Person eine subjektive Unsicherheit, die zu dem Bedürfnis führt, die entstandenen kognitiven Konflikte durch Explorationsverhalten abzubauen (ebd. 362f.). Während ältere triebtheoretische Auffassungen davon ausgehen, dass erst Mangelzustände oder Energieüberschüsse Lebewesen aktivieren, gehen Theorien der Neugiermotivation davon aus, dass Menschen (und Tiere) permanent aktiv sind und Reize aufsuchen (ebd. 361). Treffen Lebewesen auf

Reize oder Informationen wird ausgehend von einem Gleichgewichtsmodell entsprechend kybernetischer Vorstellungen und im Einklang mit der Aquilibrationstheorie von Piaget davon ausgegangen, dass die konflikthaft erlebte Dissonanz zu ihrer Auflösung und so zum Erreichen eines neuen Gleichgewichtes auf höherer Ebene drängt (ebd. 365). Neugiermotivation lässt sich als primäres Explorationsbedürfnis sowie als Musterfall intrinsischer Motivation bezeichnen (ebd. 361). Beim gerichteten Neugierverhalten spielen im Gegensatz zum diversiven Neugierverhalten die kognitiven Qualitäten der Reize eine ausschlaggebende Rolle (ebd.). Demnach erregen Situationen besonders dann unser Interesse und Explorationsbedürfnis, wenn eine „optimale Inkongruenz", d.h. Nicht-Übereinstimmung zwischen aktueller Information (Reiz-Input) und den bereits vorhandenen Schemata vorliegt (ebd. 362). Für diesen mittleren Informationswert sind ebenso folgende Bezeichnungen üblich: dosierte Diskrepanz; kognitiver Konflikt; Dissonanz (Widerspruch) (ebd.). Es wird davon ausgegangen, dass dieser optimale Widerspruch zwischen kognitiven Elementen, d.h. zwischen neuem und altem Wissen, nicht zu groß und nicht zu klein sein darf, da nur ein mittleres Aktivationsniveau ein geringes bis mittleres Erregungsniveau bedeutet (ebd.). In der Literatur werden eine Reihe von Reizqualitäten beschrieben, von denen die Wichtigsten im Folgenden zusammengefasst werden.

Neuheit: Absolut (oder relativ) neue Dinge führen zu Überraschung oder Verblüffung und regen besonders dazu an, sich mit diesen Erscheinungen zu beschäftigen. Im Laufe der Zeit verliert ein zunächst neuartiges Objekt jedoch seinen Anreizwert für die Exploration, da es dann keine neuen Informationen mehr vermittelt (Habituation). Als optimal wird ein subjektiv etwa mittleres Ausmaß an Neuheit betrachtet (ebd.).

Komplexität: Aufgrund ihrer Erfahrung sind Lebewesen an bestimmte Komplexitätsniveaus gewöhnt (ebd. 363). Ist eine Auswahlmöglichkeit gegeben, bevorzugen sie Aufgaben, die etwas komplexer sind als jene, an die sie gewöhnt sind, so dass auch hier wieder die Regel von einem optimalen mittleren Bereich gilt. Ein individuell als zu gering oder zu hoch empfundenes Ausmaß an Komplexität verhindert eine Neugiermotivation (ebd.).

Ungewissheit: Nach Edelmann spiegeln Zweideutigkeit, Widersprüchlichkeit, Zweifel oder Verwirrung kognitive (und emotionale) Konflikte wider. Da Menschen ein Bedürfnis nach Widerspruchsfreiheit und Sicherheit aufweisen, versuchen sie, solche ungewissen Situationen aufzuklären (ebd.).

Zusammenfassend lässt sich festhalten, dass im Ansatz der Neugiermotivation davon ausgegangen wird, dass das Bedürfnis, die Umwelt zu erkunden, auf Objekte gerichtet ist, die sich durch relative Neuheit, Komplexität und Ungewissheit kennzeichnen lassen.

In der Motivationspsychologie sind darüber hinaus eine Reihe weiterer grundlegender Modelle zu unterscheiden. Dem Aufforderungscharakter der

Objekte in der Umwelt wird in anreiztheoretischen Auffassungen größere Bedeutung zugemessen als dem Motiv als Persönlichkeitsdisposition. Demnach regt der Aufforderungscharakter (emotionale Valenz) das latente Motiv an und führt zur aktuellen Motivation (ebd. 366ff.). Entscheidungs- und austauschtheoretische Ansätze betonen die Abwägung von Nutzen und Kosten sowie die subjektive Wahrscheinlichkeit, mit der das Eintreten eines Ereignisses erwartet wird (ebd. 368ff.). Dementsprechend lassen sich folgende Determinanten von Motivationsprozessen unterscheiden: Das Motiv, welches als angeborenes Bedürfnis oder gelernte Disposition gefasst wird, der Anreiz, der die emotionale Valenz des Zielzustandes beschreibt sowie kognitive Prozesse, die Entscheidung, Erwartung und Handlungskonzept beinhalten (ebd. 371f.). Leistungsmotivation beschreibt die Gesamtheit der Bedingungsfaktoren eines aktuellen leistungsorientierten Handelns und ist besonders durch Erfolgsorientierung und Anstrengungsbereitschaft gekennzeichnet (ebd. 374ff.).

Kognitive Prozesse werden eigentlich immer von Gefühlen begleitet, und Gefühle beeinflussen ihrerseits die Informationsverarbeitung. Ebenso spielen Gefühle eine bedeutende Rolle im Rahmen von Motivationsprozessen (Edelmann 1996: 353f.). Nach Edelmann verwendet Lersch im Zusammenhang mit Gefühlen den Begriff „Anmutungserlebnisse" und Lewin den Begriff „Valenzen" (ebd. 356). Anhand der Begriffe lässt sich aufzeigen, dass menschliche Informationsverarbeitung sowohl kognitive Daten im engeren Sinn (Wissen um Objekte und Vorgänge) als auch emotionale Daten (persönliche Bewertungen) umfasst. Mit Edelmann lässt sich sagen, dass die Emotion der sachlichen Information eine subjektive Bedeutung hinzufügt (ebd.). Der Prozess der Informationsverarbeitung lässt sich so als ein Zusammenwirken kognitiver und emotionaler Prozesse beschreiben.

Auch beim Lösen fremdsprachlicher Probleme muss eine intrinsische oder extrinsische Motivation gegeben sein und während der Arbeit sind Gefühle der Anstrengung, der Erfolgszuversicht, der Zufriedenheit oder der Langeweile, der Misserfolgserwartung und der Unzufriedenheit wesentliche Komponenten der Leistung. Zusammenfassend lässt sich festhalten, dass Gefühle nicht nur im Rahmen der Informationsverarbeitung als (kognitv-motivationales) interpretatives System gesehen werden können, sondern dass sie auch der Aktivierung bzw. Hemmung solcher Prozesse dienen (Edelmann 1996: 357).

Wiederholung, Übung und Transfer
Besonders deutlich ist die Bedeutung der Wiederholungen bei motorischen und kognitiven Fertigkeiten (ebd. 407). Nach Edelmann werden in der folgenden Abbildung zwei Unterscheidungen für Übungen angeführt, wobei der Autor die Übung mit der Wiederholung gleichsetzt (ebd. 407).

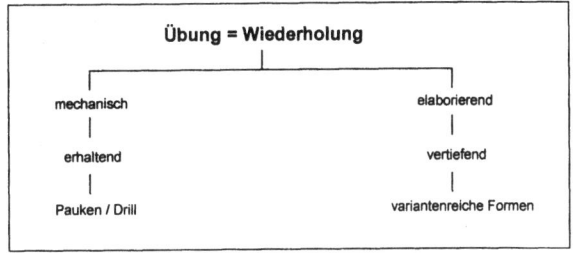

Abbildung 3: Übung (Edelmann 1997: 407)

Ausgehend von den Gegenpolen sinnvoll / mechanisch werden zwei Formen unterschieden: Mechanisches Lernen und Üben, Pauken (kognitives Lernen) sowie Drill (Erwerb von Fertigkeiten). Bei dieser Art der Übung ist von der (relativ) unveränderten Wiederholung des Lernvorganges auszugehen. Edelmann sieht die wichtigste Funktion dieser Art von Übung darin, dem Vergessen entgegenzuwirken (ebd.). Die andere Form der Übung kann man als elaborierend bezeichnen sowie als gekennzeichnet durch variantenreiche Übungsformen. Als ihre wichtigste Funktion betrachtet Edelmann die Elaboration, die auch mit den Begriffen Assimilation und Verarbeitungstiefe bezeichnet werden kann (ebd.). Ausgehend von der Annahme, dass erst durch elaborierende Übungen das differenzierte Endergebnis erreicht wird, wird die Übung in dieser Auffassung als Bestandteil des Lernprozesses betrachtet, und nicht als spätere Hinzufügung (ebd.). In der Regel wird differenziertes und gut strukturiertes Wissen erst allmählich durch mehrere Begegnungen mit der Sache aufgebaut, wobei z.B. auch schöpferischen Leistungen umfangreiche Übungsaktivitäten vorangehen (ebd.). „Da Wissenserwerb relativ selten (ausschließlich) der zündende Funke der Einsichtgewinnung ist, sondern eher ein sukzessives Umlernen („Vertiefung")" (ebd. 408), erfordern insbesondere Formen des selbstorganisierten Lernens anspruchsvolle Steuerungsaktivitäten der Personen.

Im Hinblick auf den Transfer des Gelernten auf neue Situationen lassen sich verschiedene Positionen anführen. Der Transfer ist in Ansätzen der Problemorientierung und des situierten Lernens integraler Bestandteil. Entsprechende Ansätze beanspruchen, die optimale Übertragbarkeit des Gelernten auf neue Situationen zu ermöglichen.

„Übung und Transfer stehen in enger Verbindung. Transfer bedeutet Übertragung des Gelernten auf neue Situationen. Erst die Übung einer vielfältigen Anwendung schafft die Voraussetzung für späteren selbständigen Transfer. Mechanisches Üben kann die Flexibilität des Denkens einschränken (funktionale Gebundenheit, Normalverfahren, „Schema F", [...], während elaborierende Übung die Flexibilität des Denkens erhöhen kann (Vertiefung, Transfer, Problemlösen, Selbststeuerung). In dieser Sichtweise sollte eine anwendungsbezogene und transferfördernde Übung wesentlicher Bestandteil von Lernprozessen sein." (Edelmann 1996: 409)

Zur Frage der Lernübertragung als positiven Transfer werden weiterhin folgende Auffassungen vertreten: Die Theorie der formalen Bildung geht davon aus, dass insbesondere durch die klassischen Sprachen Griechisch und Latein, sowie durch den Mathematikunterricht die allgemeinen geistigen Vermögen (z.B. das logische Denken) gestärkt werden sollen (ebd. 408). Im Gegensatz zu dieser Auffassung wird heute davon ausgegangen, dass Transfer eher bereichspezifisch ist, und dass eine Lernübertragung nur auf eine umrissene Klasse ähnlicher Lernvorgänge zu erwarten ist (ebd.). Nach der strukturalistisch-transfertheoretischen Vorstellung von Lernübertragung bringen Lernende Einsichten in strukturelle Zusammenhänge in neuen Lern- und Problemsituationen zur Anwendung (ebd.). Eine beträchtliche Schwierigkeit für Lernende wird darin gesehen, die Ähnlichkeit der aktuellen Situation mit einer relevanten Struktur zu erkennen und zu wissen, welches allgemeine Lösungsprinzip heranzuziehen ist (ebd.).

Nach der Transfertheorie des bedeutungserzeugenden Lernens muss beim Lernen neuer Inhalte zu Beginn ein effektiver *Advance Organizer* eingesetzt werden (Seel 2000: 319). Weiterhin werden bei Seel die Struktur der Disziplin, eine stufenweise Differenzierung der Begriffe, eine integrative Abstimmung, eine sequentielle Organisation der Lernaufgaben sowie die Konsolidierung des Gelernten als wichtige Voraussetzung für einen effektiven Transfer genannt (ebd.). Neuere kognitionspsychologische Ansätze heben stärker die Bedeutung des analogen und / oder metakognitiven Transfers hervor. Der analoge Transfer findet statt, wenn Personen Lernaufgaben durch das Wissen über ähnliche Aufgaben lösen (ebd.). Metakognitiver Transfer hingegen findet statt,

„wenn der Lernende die Anforderungen einer neuartigen Aufgabenstellung erkennt und wenn er unter zuvor erworbenen speziellen und allgemeinen Fertigkeiten die auswählen kann, die ihm geeignet erscheinen, die neue Aufgabe unter bewusster Kontrolle dieser Fertigkeiten zu bewältigen." (Seel 2000: 319)

Kognitive Stile, Lernstile und Lernstrategien

Ein kognitiver Stil ist als ein qualitativ konsistenter und für das Individuum charakteristischer Zugang zu Problemen oder zur Informationsverarbeitung zu definieren, der in den meisten Fällen unabhängig von dem quantitativen oder Leistungsaspekt der Intelligenz ist (Seel 2000: 373). In der psychologischen und fremdsprachendidaktischen Literatur werden viele verschiedene kognitive Stile unterschieden, wie z.B. Introversion vs. Extraversion, Feldabhängigkeit vs. Feldunabhängigkeit. Lernstile umfassen persönlich geprägte Schemata und Gewohnheiten, die zur Bearbeitung einer Lernaufgabe herangezogen werden, wie z.B. Rigidität vs. Flexibilität (ebd. 374).

Aus den Erkenntnissen der Forschung zur kognitiven Sprachverarbeitung und der Zweitsprachenerwerbsforschung haben sich Konzepte von Lern- und Sprachverarbeitungsstrategien entwickelt. (vgl. Multhaup, Wolff 1992) Unter den Begriff LernerInnenstrategien werden folgende von Fremdsprachenlernenden verwendete Strategienkomplexe zusammengefasst: kognitive und metakognitive Lernstrategien, Kommunikationsstrategien und soziale bzw. affektive Strategien (Wolff 1992: 106). Darüber hinaus werden zwei Komponenten von Sprachverarbeitungsstrategien beschrieben: eine deklarative Wissenskomponente, die das Wissen über das jeweilige Sprachsystem umfasst, und eine prozedurale Wissenskomponente, die das strategische Wissen über das Verarbeiten von Sprache enthält. Den Sprachverarbeitungsstrategien kommt beim Fremdsprachenlernen besondere Bedeutung zu. „Denn das prozedurale Wissen ermöglicht ja erst die Verwendung von Sprache, lässt den Sprachgebrauch, [...] erst eigentlich zu." (Wolff 1992: 107)

Am Beispiel der sog. LernexpertInnen werden im Folgenden weitere lernpsychologische Aspekte benannt, die insbesondere für das selbstorganisierte bzw. selbstgesteuerte Lernen von Interesse sind. Nach Weinstein und Van Mater Stone (1993) wird LernexpertInnen die strategische Nutzung der vier folgenden Arten des Wissens zugeschrieben: Wissen über sich selbst als Lernende, Wissen über Lernaufgaben, Wissen über eine große Vielfalt an Strategien und Wissen über den Inhalt (Seel 2000: 226). Dabei ist von der Interaktion der verschiedenen Arten von Wissen auszugehen (ebd.). Diese Wissensarten lassen sich als metakognitives Wissen charakterisieren.

„Metakognitives Wissen bezieht sich erstens auf die Anforderungen der jeweils gestellten Aufgabe in bezug auf den erforderlichen Typ von Lernen und die notwendigen Lernstrategien, die kognitiver, motivationaler und umgebungsbezogener Natur sein können. Zweitens bezieht sich metakognitives Wissen auf die persönlichen Ressourcen, die das spezifische Vorwissen und die verfügbaren Lernstrategien (kognitiver, motivationaler und umgebungsbezogener Natur) des Lernenden umfassen." (Seel 2000: 226)

Die Nutzung metakognitiven Wissens, wie es LernexpertInnen zeigen, ist unter dem Gesichtspunkt des selbstorganisierten Lernens von Bedeutung, denn „der Lernexperte lernt selbstreguliert" (ebd. 227). Bezogen auf das Lernen mit multimedialen Lernumgebungen zeigt sich, dass die Ansprüche an die (meta-)kognitiven Aktivitäten – wie z.B. Entscheiden und Organisieren – ganz beträchtlich sind (Hill, Hannafin 1997). Insbesondere kognitiv orientierte Forschungsarbeiten zeigen die Bedeutung von Lernstrategien und verschiedenen Wissensbeständen für das selbstorganisierte Lernen auf. Für das erfolgreiche, selbstorganisierte Lernen sind demnach metakognitive Strategien wichtig, weil sie die bewusste Reflexion von Lernvorgängen und -bedürfnissen ermöglichen. Dieser Selbstreflexion wird große Bedeutung insbesondere für die Selbststeuerung von Lernprozessen zugemessen (Greif 1996: 167). Als weitere Voraussetzungen für die Entwicklung von Selbstorganisationskompetenzen sind u.a. zu nennen: strategisches Wissen zur Lösung auftretender Probleme (heuristisches Wissen) und soziale Kompetenzen (Greif 1996: 167). Drei Typen von Strategien werden von den LernexpertInnen zur Regulation des Lernens eingesetzt: metakognitive Strategien, motivationale Strategien, wie z.B. der Aufwand an Anstrengung, um eine Aufgabe zu meistern, und Verhaltensstrategien, die darauf abzielen, die jeweilige Lernumwelt günstig zu gestalten (ebd.). Die Regulierung von Lernen wird heute als mehrdimensional in seinem Gegenstandsbereich und in der Anwendung als vom Kontext abhängig sowie als abhängig von den Ergebnissen betrachtet (Seel 2000: 227).

2.3 Selbstorganisiertes Lernen

In einer Reihe von quantitativen und qualitativen Untersuchungen zum (berufsbezogenen) Selbstlernen in Bos und Tarnai (1996) werden u.a. Fragen zu Vorlieben, Rahmenbedingungen und Motivationen untersucht. (vgl. Kleinmann, Straka 1996: 91-104; Schrader 1996: 171-183) Selbstorganisiertes Lernen umfasst eine motivationale und eine tätigkeitsbezogene Dimension. Die tätigkeitsbezogene Dimension wird als Konstrukt „Lernstrategien" verstanden und wurde bislang mehr beachtet als die motivationale. Das zeigen Zusammenfassungen des inzwischen umfangreichen Forschungsstandes. (vgl. Übersicht in Kleinmann, Straka 1996: 91) sowie die sich hoher Auflagen erfreuender Ratgeber zum Lernen lernen, in denen die motivationale Dimension nur am Rande eine Rolle spielt.

Der persönlichkeitsorientierte Ansatz der pädagogischen Interessenstheorie wird von Kleinmann und Straka (1996: 91-104) zur Bestimmung eines motivationstheoretischen Rahmens zugrunde gelegt. Interessen werden demnach allgemein als eine Beziehung beschrieben, die eine Person zu einem Gegenstand hat. Interesse wird als eine motivationale Disposition im Sinne einer zeitlich und situativ relativ stabilen Wertschätzung für einen bestimmten Gegenstand aufgefasst. Diese motivationale Disposition wird durch Erfahrungen mit diesem Gegenstand geprägt. Sie zeichnet sich durch folgende Merkmale aus (ebd. 93):
- persönliche Bedeutsamkeit des Gegenstands,
- positive emotionale Tönung (Spaß / *Flow*) im Umgang mit dem Gegenstand,
- weitgehende Selbstintentionalität in der Auseinandersetzung mit dem Gegenstand.

Die Disposition Interesse manifestiert sich folgendermaßen: eine Person erachtet bestimmte Gegenstände als wichtig und setzt sich wiederholt, freudvoll und weitgehend ohne äußere Veranlassung mit ihnen auseinander. Für die Auseinandersetzung kann der Vollzug einer Tätigkeit Gegenstand sein oder / und das Thema bzw. der Inhalt, auf den eine Tätigkeit bezogen ist (vgl. ebd.). Insofern ist Interesse als Person-Gegenstandsbeziehung mehrdimensional: sowohl tätigkeitsbezogen als auch inhaltsbezogen.

Die Selbstbestimmungstheorie der Motivation nach Deci, Ryan (1985, 1993) wird in vielen Ansätzen selbstorganisierten Lernens zugrunde gelegt und hat einige empirische Bestätigung erhalten (Greif, Kurtz 1996; Bos, Tarnai 1996). Gegenstand dieser Theorie ist der Einfluss von Umgebungsbedingungen auf interessengeleitetes bzw. intrinsisch motiviertes Handeln. Die konstruktivistische Ausrichtung des Ansatzes hat zur Folge, dass die subjektive

Rekonstruktion von Umgebungsbedingungen für verhaltensrelevant gehalten wird, die unter den Perspektiven von Autonomie, Kompetenz und sozialer Einbindung erfolgt (Deci, Ryan 1985). Die Perspektive der Autonomie beinhaltet zum einen, ob sich eine Person als Verursacher ihrer Handlungen erlebt, d. h. ihr Handeln und ihre Ziele selbst entwirft und festlegt, zum anderen, wie weitgehend sich eine Person auf diese Weise erlebt. Die Perspektive der Kompetenz umfasst die Fragen, ob und wieweit eine Person sich gegenüber selbst- und / oder fremdgesetzten Anforderungen handlungsfähig und erfolgreich erlebt (ebd.). Diese Perspektive wird häufig durch Instrumente zur Selbstwirksamkeitsüberzeugung (*self efficacy*) erfasst und kommt in einer im weiteren Verlauf zu nennenden Untersuchung zum Lernen mit multimedialen Lernumgebungen zur Verwendung.

Die Perspektive der sozialen Einbindung fragt danach, ob und inwieweit eine Person Interaktion und Kommunikation mit anderen erlebt, und ob und inwieweit sie diese als positiv erlebt (Deci, Ryan 1993). Die Selbstbestimmungstheorie der Motivation beinhaltet die folgende zentrale, empirisch belegte These: Die Wahrscheinlichkeit selbstbestimmten bzw. interessierten Handelns nimmt zu, wenn Personen bei ihrem Handeln Kompetenz, Autonomie und soziale Einbindung erleben. In diesem Fall erfahren sich Personen als VerursacherInnen des eigenen Handelns, die ihre Ziele weitgehend selbst festgelegen und Handlungsentwürfe selbst bestimmen (ebd.). Weiterhin sehen sie sich Anforderungen, die sie selbst oder andere an sie richten, gewachsen und erfahren sich bei ihrer Durchführung als fähig und erfolgreich. Soziale Einbindung, d. h. Interaktion und Kommunikation mit anderen, ist vorhanden und wird als angenehm und zufriedenstellend erfahren (ebd. 94).

Straka und Stöckl legen im Forschungsbericht (1999) der Forschungsgruppe LOS (Lernen, Organisiert und Selbstgesteuert) der Universität Bremen ein empirisch erprobtes Konzept vor. Die Autoren identifizieren zum einen die Selbstlernfähigkeit sowie -bereitschaft als konstituierendes Merkmal des selbstorganisierten Lernens. Zum Anderen setzen sie ein Konzept der Förderung von selbstorganisiertem Lernen mit diesen Aspekten in Beziehung. Diese Begriffsdifferenzierung wird von ihnen insbesondere für den Bereich der beruflichen Bildung expliziert. Im Rahmen der Analyse der Förderungsmöglichkeiten von selbstorganisiertem Lernen nehmen sie eine Differenzierung nach Methoden und Medien vor (ebd.).

Straka und Stöckl unterscheiden analytisch zwischen der Voraussetzung zum selbstorganisierten Lernen, der Selbstlernkompetenz, sowie der Selbstlernbereitschaft als der motivationalen Komponente („Wollen") sowie der Selbstlernfähigkeit als Verhaltenskomponente („Können") (http://www-user.uni-bremen.de/~los/german/band3/kap1_2.htm) (Straka, Stöckl 1999). Die Komponente „Können", die Selbstlernfähigkeit, umfasst den Einsatz verschiedener Lernstrategien: Selbstorganisiert Lernende systematisieren und strukturieren das zu

Erlernende und stellen Verknüpfungen zwischen bereits Bekanntem und dem neuen Stoff her (Elaboration) (ebd.). Damit das gerade Erlernte dauerhaft gemacht wird, müssen sie es (mehrfach) wiederholen. Als besonders wichtig beim selbstorganisierten Lernen werden Strategien des Organisierens und Planens betrachtet, die der eigentlichen Aneignung vorgelagert sind (ebd.). Beispielsweise ist von Seiten der Lernenden im Voraus zu planen, in welcher inhaltlichen und zeitlichen Abfolge gelernt werden soll. Weiterhin sind organisatorische Aspekte des Lernens zu beachten: Überlegung ist erforderlich, welches Material zur Deckung des Lernbedarfs beschafft werden soll, ob andere Personen als Informationsquellen oder in „Lehrfunktion" konsultiert werden sollen (ebd.). Im Konzept Lernstrategien wird nach Straka und Stöckl (ebd.) das Verhalten zusammengefasst, welches beim selbstorganisierten Lernen von den Lernenden selbst zu kontrollieren ist. Zu realisierende Aktivitäten in diesem Zusammenhang sind, z.B. Konzentrieren, Überwachen und Regulieren, wie in der folgenden Abbildung dargestellt.

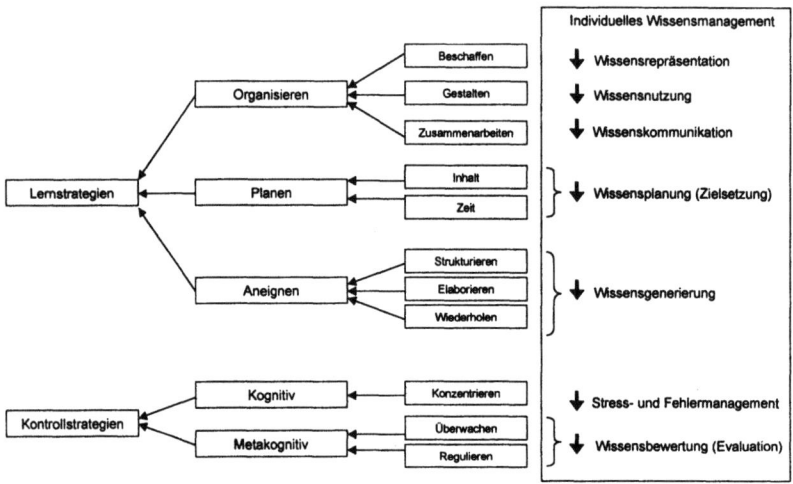

Abbildung 4: Selbstgesteuertes Lernen und individuelles Wissensmanagement (Stöckl, Straka (Hrsg.) 2001; http://www-user.uni-bremen.de/~los/german/band8/kap2_5.htm)

Stöckl und Straka zufolge sind Prozesse des selbstgesteuerten Lernens in der Regel dann abgeschlossen, wenn die entsprechenden Kenntnisse, Fähigkeiten oder Fertigkeiten erlernt wurden, d. h. wenn es zu einer dauerhaften Veränderung der inneren Bedingungen des Individuums gekommen ist (ebd.). Im Ansatz des individuellen Wissensmanagement werden darüber hinaus Prozesse und Strategien in die Betrachtung einbezogen, die zur Anwendung des Wissens führen bzw. dazu dienen, den Aufbau von trägem Wissen zu vermeiden (ebd.).

Im Folgenden wird die Unterscheidung zwischen impliziter und expliziter Förderung selbstorganisierten Lernens zusammengefasst angeführt (http://www-user.uni-bremen.de/~los/german/band3/kap1_3.htm). Unter impliziter Förderung werden Rahmenbedingungen verstanden, die Lernende durch die Bereitstellung von Spielräumen und Wahlmöglichkeiten innerhalb der Lernumgebung dazu veranlassen, selbst die Initiative zu ergreifen (ebd.). Strategien selbstgesteuerten Lernens werden hier tendenziell beiläufig erworben. Der Begriff explizite Förderung selbstorganisierten Lernens wird verwendet, wenn der Aufbau von Lernstrategien ausdrücklich Ziel ist. Dies bezeichnet ein Spektrum, das sich vom Vermitteln der Strategien bis zum angeleiteten Reflektieren über das eigene Lernen erstreckt. Dabei lassen sich bewährte Lehr-lern-theoretische Prinzipien als Grundlage benennen (ebd.).

Implizite Förderung

Die implizite Förderung selbstorganisierten Lernens betrifft insbesondere die Gestaltung der Lernumgebung. Straka und Stöckl unterscheiden zwischen individualisiertem und kooperativem selbstorganisierten Lernen. Im Rahmen des individualisierten selbstorganisierten Lernens können die potenziellen Lernumgebungen geschlossen und offen sein (ebd.). Während die Selbststeuerungsmöglichkeiten für Lernende in geschlossenen Lernumgebungen als gering zu betrachten sind und sich vorwiegend auf die Bestimmung des Lerntempos beschränken, werden den Lernenden in offenen Lernumgebungen mehr Freiräume zur Verfügung gestellt (ebd.). Offene Lernumgebungen erfordern von den Lernenden tendenziell mehr und komplexere Selbststeuerung.

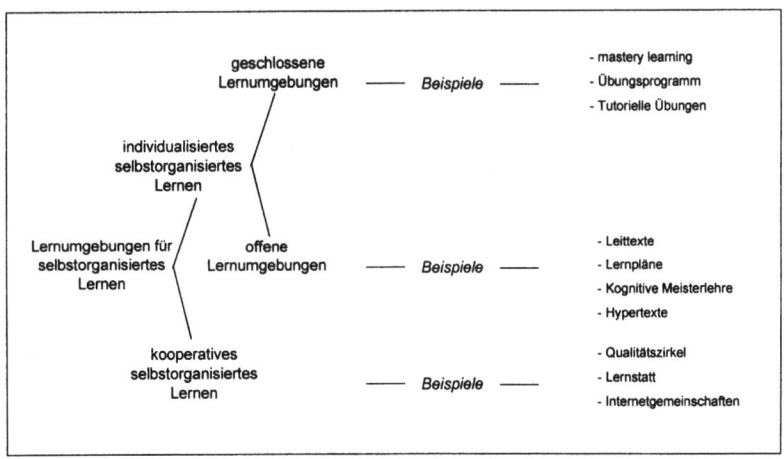

Abbildung 5: Implizite Förderung (Straka, Stöckl 1999)

Als typische geschlossene Lernumgebungen werden Varianten des computerunterstützten Lernens, wie z.B. Übungsprogramme oder tutorielle

Lehrprogramme angeführt (ebd.). Zu den offenen Lernumgebungen werden z.B. die in der Berufsbildung verbreiteten Leittexte, der Einsatz von Lernplänen, der Ansatz der „kognitiven Meisterlehre" („cognitive apprenticeship-Ansatz") sowie Hypertexte / Hypermedia oder Simulationen als Varianten des computerunterstützten Lernens gezählt (ebd.). Kooperative Lernumgebungen, wie z.B. Qualitätszirkel und Lernstatt, sind in der Lage die Vorteile, die aus der Arbeit in Gruppen erwachsen, zu nutzen (ebd.). Da von einer großen Spannbreite individueller Lernvoraussetzungen auszugehen ist, die im Verlauf des Lebensalters tendenziell eher zu- als abnimmt, sind Straka und Stöckl zufolge keine generellen Beurteilungen der impliziten Förderung des selbstorganisierten Lernens möglich (ebd.). Es kann jedoch davon ausgegangen werden, dass geschlossene Lernumgebungen bei Lernschwachen fördernd, bei Lernstarken hemmend wirken können (ebd.). Offene Lernumgebungen beinhalten die Gefahr der Überforderung, „da ein Maximum an Selbstorganisationsmöglichkeit nicht zwangsläufig optimale Selbstorganisation zur Folge hat" (ebd.). Im Hinblick auf computerbasierte Lernumgebungen wird von Straka und Stöckl das Problem gesehen, dass die Handhabung des jeweiligen Systems, wie z.B. die Navigation innerhalb des Systems oder die Interpretation der Systemzustände, vom eigentlichen Lernen ablenken kann (ebd.).

Explizite Förderung
Im Wesentlichen handelt es sich bei der expliziten Förderung des selbstorganisierten Lernens um Strategietraining, bei dem sich die folgenden Prinzipien als relevant erwiesen haben (ebd.):
- Informierendes Training bedeutet, dass im Rahmen der Strategievermittlung die Lernenden über Stärken und Schwächen der jeweiligen Strategien, ihre Wirkungen und den Zweck ihres Einsatzes Informationen erhalten (ebd.).
- Zur Bewusstwerdung der eigenen Strategien, sind diese zu verbalisieren (Kognitives Modellieren) (ebd.).
- Das Training von Lernstrategien ist an komplexen und realitätsnahen Aufgabenstellungen in authentischen Kontexten zu praktizieren, um auf diese Weise Wissen mit Handeln zu verknüpfen (ebd.).
- Als lernförderlich hat sich die Variation der Aufgabenbedingungen (multiple Perspektiven) erwiesen (ebd.).
- Im Kontext eines Strategietrainings ist die Unterstützung von außen fortlaufend zu reduzieren, um schrittweise von der Fremd- zur Selbststeuerung zu gelangen (ebd.).
- Die isolierte Vermittlung entsprechender Strategien sollte zugunsten eines praktizierenden Umgangs mit dem Gelernten in dafür geeigneten sozialen Umfeldern (z.B. Kleingruppen) vermieden werden (ebd.).

Zum Ansatz der expliziten Förderung selbstorganisierten Lernens lassen sich Forschungsergebnisse anführen, die zeigen dass die Selbstlernfähigkeit mittels Strategietraining prinzipiell verbessert werden kann (ebd.). Explizite Ansätze der Förderung selbstorganisierten Lernens sind anscheinend jedoch nur langfristig wirksam (ebd.). Friedrich und Mandl haben gezeigt, dass ein Strategientraining ohne die Möglichkeit, die gelernten Strategien in geeigneten Lernumgebungen durch Anwendung dauerhaft zu üben und zu vertiefen, im Resultat dazu führt, dass Gelerntes nicht angewendet werden kann und die vermittelten Strategien verpuffen (Friedrich, Mandl 1995).

Selbstorganisiertes Lernen wird häufig in Verbindung gebracht mit der Fähigkeit zum lebenslangen Lernen. Unter diesem Gesichtspunkt ist insbesondere eine Betrachtung aus entwicklungspsychologischer Perspektive fruchtbar. Um den Rahmen der vorliegenden Arbeit nicht zu sprengen, werden im Folgenden die empirischen Ergebnisse zum Lernen und zur Motivation aus diesem Bereich nach Weinert (1996) zu Forderungen zugespitzt zusammengetragen. Externe Motivierung sollte demnach pädagogisch begründet mit folgenden Zielen eingesetzt werden: Zum einen sollte der Aufbau inhaltlicher Interessen so oft und so weit wie möglich das Ziel externer Motivierung sein (ebd. 10). Zum anderen sollte die „Lust am Lernen [...] gefördert werden" (ebd.). Darüber hinaus sollten die eigenaktiven, selbstregulativen und selbstverantwortlich genutzten Lernkompetenzen durch extrinsische Anreize gefördert werden (ebd. 11). Weinert (ebd. 13) nennt folgende drei Prinzipien:

(1) Das Substitutionsprinzip
Ist der Erwerb notwendiger oder nützlicher kognitiver Kompetenzen intrinsisch motiviert, sollte dies pädagogisch intensiv gefördert werden. Wenn die spontane Motivation für wichtige Lerninhalte jedoch fehlt oder gestört ist, so sind substitutiv extrinsische Anregungen, Anreize und Bekräftigungen zu verwenden.

(2) Das Aktivierungsprinzip
Werden extrinsische Lernanregungen und Erfolgsbekräftigungen verwendet, muss dies in einer Weise erfolgen, die die aktive Auseinandersetzung der Lernenden mit den Lerninhalten möglich und wahrscheinlich macht.

(3) Das Transformationsprinzip
Wird extrinsisch zum Lernen motiviert, so sollte dies stets mit dem Ziel erfolgen, die äußeren Anreize zunehmend überflüssig zu machen, das Eigeninteresse an der Sache wie die Lust am Lernen zu wecken und die Kompetenz zu selbstregulativen Lernsteuerungen zu fördern.

Abschließend bleibt festzuhalten, dass das erprobte Konzept zur Förderung selbstorganisierten Lernens von Straka und Stöckl (1999) einen wichtigen Beitrag zur Differenzierung der Voraussetzungen und Unterstützungsmöglichkeiten selbstorganisierten Lernens liefert. Insbesondere unter dem Gesichtspunkt lebenslangen Lernens sollte die Förderung selbstorganisierten Lernens systematisch mitbedacht werden.

2.4 Fremdsprachenlernen

Zunächst wird ein Überblick über grundlegende Ansätze der (Zweit-) Spracherwerbsforschung / Sprachlehrforschung gegeben, der Fokus der verschiedenen Forschungsrichtungen dargelegt sowie einige aktuelle Bemühungen der Fremdsprachenerwerbsforschung in Deutschland charakterisiert. Eine umfassende Bestandsaufnahme der (Zweit-) Spracherwerbsforschung / Sprachlehrforschung kann im Rahmen dieser Arbeit nicht geleistet werden. Daher wird eine skizzenhafte Beschreibung zentraler teils empirisch belegter Hypothesen vorgenommen und es werden aktuelle Entwicklungslinien umrissen.

Folgende konzeptionelle Grundpositionen lassen sich bei Theorien über die Aneignung fremder Sprachen grob unterscheiden: Universalienforschung mit möglicherweise mentalistischer Grundierung (These: universelle Prinzipien regeln Aneignung); kognitionspsychologische Erklärungsversuche (These: die Aneignung der Fremdsprache ist der Erwerb einer komplexen kognitiven Fertigkeit) und sozialpsychologische Erklärungsversuche (These: Sprachliche Eingabedaten und das Umfeld können Lernprozesse begünstigen oder erschweren) (Apeltauer 1997: 130ff.). Der Fokus der verschiedenen Forschungsrichtungen lässt sich grob wie folgt bestimmen: LernerInnensprache, externale bzw. internale Faktoren (beim Zweitspracherwerb), individuelle Unterschiede sowie das Fremdsprachenlernen im Unterricht (Edmondson, House 1993: 126-246).

In der Linguistik wird die Erstsprache häufig einfach als L1 bezeichnet, was die Sprache ist, die ein Kind zuerst erwirbt. Die Zweitsprache, L2, ist jede später dazukommende Sprache. Die begriffliche Unterscheidung, die meist zwischen Zweit- und Fremdsprache gemacht wird, bezieht sich auf den Ort des Erwerbs. Von Zweitspracherwerb wird gesprochen, wenn z.B. sich jemand dort aufhält, wo diese Sprache alltäglich gesprochen wird. Dahingegen umfasst Fremdsprachenlernen die Situation, dass sich jemand z.B. auf einen Aufenthalt im Zielsprachenland vorbereitet. Der Begriff Fremdsprachenlernen „fungierte als Markierung von durch Fremdsprachenunterricht gesteuerten Lernprozessen" (Riemer 1997: 1). Die begriffliche Trennung zwischen Zweitspracherwerb (im Land der Zielsprache, als ‚natürlicher' Erwerb) und Fremdsprachenlernen (außerhalb des Landes der Zielsprache, als insbesondere unterrichtlich gesteuerter Erwerb) lässt sich nur begrenzt aufrechterhalten, da Mischformen bzw. Übergänge möglich sind. Z.B. kann Zweitspracherwerb auch durch Unterricht ergänzt werden und Fremdsprachenlernen kann durch einen längeren Auslandsaufenthalt / Migration zum Zweitspracherwerb gewandelt werden (vgl. Edmondson, House 1993: 11). Insofern erscheint es angemessen, unterschiedliche Perspektiven auf Erwerbsprozesse nicht als sich ausschließende zu verstehen (ebd.). Dieses erscheint insbesondere mit Blick auf das selbstorganisierte Fremdsprachenlernen im Rahmen der vorliegenden Untersuchung adäquat, da auch die alltäglichen Praktiken und allgemeine Lernsituation der Lernenden einbezogen werden.

Der traditionell bevorzugte methodische Zugang der Zweitsprachenerwerbsforschung kann als deskriptiv und quantitativ bezeichnet werden. Schwerpunktbereiche sind zum einen Untersuchungen, die auf Beschreibungen der Charakteristika der sog. Lernersprache basieren, zum anderen Untersuchungen zu den Faktorenkomplexen beim Zweitspracherwerb (external / internal) sowie Untersuchungen, die auf individuelle Unterschiede beim Zweitspracherwerb fokussieren. Diese verschiedenen Schwerpunktbereiche sind häufig miteinander verbunden, da viele Untersuchungen mehr als einen Bereich abdecken (Ellis 1994: 17-18).

Die Untersuchung der LernerInnensprache bildet den zentralen Bereich der Zweitsprachenerwerbsforschung, um datengeleitet Theorien aufzustellen und zu überprüfen (vgl. Edmondson, House 1993: 141ff.). Die sog. LernerInnensprache (*inter-language*) wird zu verschiedenen Zeitpunkten erfasst und beschrieben, um dann Vergleichen entweder von verschiedenen Zeitpunkten, mit der L1, oder mit der Zielsprache zugeführt zu werden. Die Analyse von Fehlern war charakteristisch für frühe Forschungsbemühungen in diesem Feld, insbesondere sollte festgestellt werden in welchem Ausmaß Fehler durch Transfer oder durch individuelle Konstruktionsleistungen bedingt sind (interlingual / intralingual) (ebd.). Die Ergebnisse dieser Forschungsbemühungen zeigen nicht nur, dass häufig Fehler durch Transferversuche auftreten, sondern dass Lernende kreativ am Lernprozess beteiligt sind (ebd.). Weiterhin wurde gezeigt, dass Lernende verschiedene Sequenzen des Erwerbs durchlaufen (ebd.). Obwohl die Fehleranalyse nach wie vor für bestimmte Fragestellungen als nützliches Instrument betrachtet wird, ist die Kritik an dieser Ausrichtung im Hinblick auf methodologische Schwachpunkte und der Begrenztheit des Ansatzes auf einen Ausschnitt des Zweitspracherwerbs so groß, dass sie als umfassender Erklärungsansatz an Popularität verloren hat. Die LernerInnensprache liefert Belege dafür, dass verschiedene morphologische Charakteristika in einer bestimmten Folge erworben werden und beim Erwerb bestimmter syntaktischer Merkmale Sequenzen von Entwicklungsphasen durchlaufen werden (ebd., vgl. Rothenhäusler, Ulrich 1994: 96f.). Demnach wird möglicherweise zu Beginn des Fremdspracherwerbs eine *silent period* durchlaufen, viele der ersten Äußerungen beinhalten formelhafte Elemente und der Erwerb morphologischer und syntaktischer Merkmale verläuft in einer bestimmten Abfolge. Diese Entwicklungsphasen können nicht grundlegend durch Instruktion verändert werden, jedoch wird davon ausgegangen, dass eine an die Entwicklungsphase angepasste Instruktion in Grammatik unterstützend zum Erwerb beitragen kann, vorausgesetzt dass die Lernenden bereit sind, eine neue Regel in ihre mentale Grammatik aufzunehmen (ebd. 147; Apeltauer 1997: 127).

Kritikpunkte an dieser Forschungsrichtung sind ihre Fixierung auf Grammatik und Schwächen in der methodischen Durchführung. Die Variabilität zwischen Lernenden und innerhalb der Äußerungen eines einzelnen Lernenden kann so groß sein, dass die Beschreibung allgemeiner Sequenzen problematisch ist (vgl. Edmondson, House 1993: 161f.). Auch liegen keine ausreichenden Ergebnisse vor, so dass in keiner Sprache eine umfassende LernerInnengrammatik beschrieben ist. Zunehmend wurden forschungsmethodische Ansätze in der Zweitsprachenerwerbsforschung / Sprachlehrforschung genutzt, die insbesondere die Gewinnung introspektiver Daten zum Ziel haben (Bausch, Krumm 1995: 10). Aktuelle Bemühungen der Zweitsprachenerwerbsforschung in Deutschland lassen sich als integrierend bezeichnen und wollen wie Riemer Beiträge zur Konzipierung bzw. Weiterentwicklung einer elaborierten globalen Fremdsprachenerwerbstheorie leisten (Riemer 1997: 230). Die Kognitionen von Fremdsprachenlernenden und – lehrenden stehen inzwischen im Mittelpunkt des Forschungsinteresses, wobei das Paradigma ‚Subjektive Theorien' zu einer stärkeren Integration von quantitativer und qualitativer Forschung beitragen soll (Scheele, Groeben 1998: 25-26).

Florio-Hansen (1997) bringt ebenfalls auf der Grundlage subjektiver LernerInnentheorien ein Konzept von *language awareness* in Verbindung mit Lernstrategien und LernerInnenautonomie. Nach Rampillon ist Sprachbewusstheit nach den Teilbereichen *linguistic awareness, communicative awareness* und *learning awareness* zu differenzieren (Rampillon 1997: 175ff.). Die Operationalisierung von Konzepten der Sprachbewusstheit bereitet aufgrund der Begriffsvielfalt einerseits und dem diffusen Begriff andererseits Schwierigkeiten. Daher ist an dieser Stelle nur darauf zu verweisen, dass autonomes Fremdsprachenlernen konzeptionell mit Ansätzen der Sprach(-lern)bewusstheit in Verbindung gebracht werden kann (Florio-Hansen 1997: 144ff.; Widdowson 1997: 33ff.).

Folgende Unterscheidungen sind beim Fremdsprachenlernen zu berücksichtigen:
- Unterschiedliche Kontexte (gesteuert / ungesteuert, im Zielsprachenland / im Ausland)
- LernerInnenvoraussetzungen (sprachliche / außersprachliche)
- LernerInnensprachliche Entwicklungen (Lernfortschritte, Regressionen, Fossilisierung) (vgl. Riemer 1997: VIII)
- Interaktion und Kognition als Charakteristika des Spracherwerbs (vgl. Henrici 1996: 99)

Die vielen am Fremdsprachenlernen beteiligten Faktoren

„[...] sind in ein (nur im Einzelfall entknüpfbares) Geflecht interdependenter Variablen – dem in der Sprachlehrforschung berühmt gewordenen „Faktorenkomplex" – versponnen, die Effekte isolierter Variablen sind daher generell nicht prognostizierbar" (Riemer 1997: 230).

Abbildung 6 erfasst die individuellen Voraussetzungen bzw. Einflüsse im Fremdsprachenerwerb anhand der zwei, jeweils interdependenten Gruppen: Lerner-endogene und Lerner-exogene Faktoren (ebd. 232).

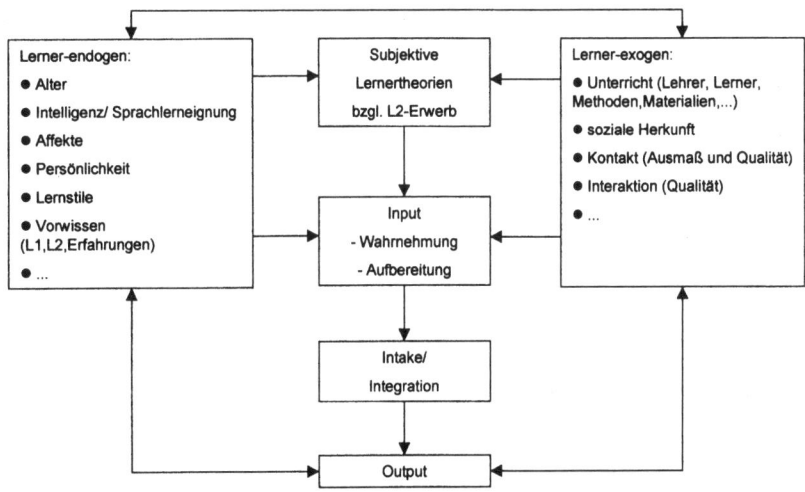

Abbildung 6: Individuelle Einflüsse im Fremdsprachenerwerb (Riemer 1997: 233)

Die Erforschung von Lehr- und Lernmaterialien im Kontext des Lehrens und Lernens fremder Sprachen ist eine Thematik,

„die für die Praxis [...] zentrale Bedeutung hat und deswegen seit langem ein wichtiger Zweig der Theorie des Lehrens und Lernens fremder Sprachen ist." (Bausch, Christ, Königs et.al. (Hrsg.) 1999: 7)

Dementsprechend ist die lerngerechte Gestaltung von Selbstlernmaterialien ein zentraler Aspekt der fremdsprachendidaktischen Diskussion. Hier lassen sich jedoch nur vereinzelt empirische Studien ausmachen, in der Regel sind sie auf Unterricht bezogen (vgl. Kapitel II.1.5).

Im Bereich der Print- und AV-Medien liegen Forschungsergebnisse und Empfehlungen vor, für den Bereich des computerunterstützten, selbstorganisierten Fremdsprachenlernens fehlen sie jedoch weitgehend (vgl. Bausch, Christ, Königs et. al. 1999). Speziell für das selbstorganisierte Fremdsprachenlernen hat Schiffler Kriterien für die optimierte Textgestaltung benannt (1999: 206ff.).

Verständlichkeit
- Übersetzung sollte als direkt unter dem Text stehende Interlinearübersetzung angeboten werden, damit sie gleichzeitig als Strukturhilfe dienen kann (ebd. 215). Durch die Wort-für-Wort-Übersetzung erhalten die Lernenden eine ungefähre Äquivalenz für jedes Wort und es werden gleichzeitig implizit strukturelle grammatische Hilfen gegeben (ebd. 210).

Größerer Textumfang
- die Erhöhung des Textumfangs unter Bezugnahme auf Krashen (1983: 38f, n. ebd. 207), der einen höheren „Input" fordert.

Strukturhilfen
- in Form von Anmerkungen sollten Strukturhilfen gegeben werden, wie z.B. That's = That is. Die wichtigsten Verben sollten in kontextualisierten Konjugationstabellen aufgeführt sein (ebd. 215).

Authentisches Lautbild
- der Text sollte in einer zu didaktischen Zwecken deutlichen und verlangsamten Form sowie in einer normalen Sprechgeschwindigkeit zur Verfügung stehen (ebd.).

Hinweise zur Lernrelevanz
- die lernrelevante Lexik sollte markiert sein (ebd.) sowie im Anschluss in kontextueller Form aufgenommen werden, so dass dieses Vokabular sowohl als isolierte Vokabel als auch im Kontext zur Verfügung steht (ebd. 216); auch die Kontextform sollte vollständig übersetzt werden.

Motivierender Inhalt
- obwohl es aufgrund individueller Dispositionen schwer zu bestimmen ist, welcher Inhalt als motivierend gelten kann, ist davon auszugehen, dass ein fortlaufender Text motivierender ist als isoliert nebeneinander stehende Texte (ebd.). Der Text sollte darüber hinaus erwachsenengerecht sein sowie auf jeden Fall Humor berücksichtigen (ebd.). Authentisch-fiktionale Texte sind im Gegensatz zu didaktischen Texten als motivierender einzuschätzen (ebd.).

Zusammenfassend lässt sich festhalten, dass aktuelle Bemühungen in der Zweitsprachenerwerbsforschung / Sprachlehrforschung zu einer stärkeren Integration von quantitativer und qualitativer Forschung beitragen wollen und das Paradigma ‚Subjektive Theorien' die Kognitionen von Fremdsprachenlernenden und -lehrenden in den Mittelpunkt des Forschungsinteresses stellt (Scheele, Groeben 1998: 25-26).

2.4.1 Hör-(Seh-)Verstehen

In der Fremdsprachendidaktik werden vier sprachliche Fertigkeiten unterschieden: Hörverstehen, Sprechen, Leseverstehen und Schreiben. Auch beim Lernen mit Multimedia werden diese vier Fertigkeiten von den Lernenden integrativ angewendet. Beim Fremdsprachenlernen mit Multimedia stehen insbesondere das Hörverstehen und das (reproduktive) Sprechen im Vordergrund, wobei auch die jeweiligen Zielsetzungen und Bedürfnisse und dementsprechende individuelle Schwerpunktsetzungen der Lernenden zu bedenken sind. Nach Barker (1971) ergeben sich im Vergleich der vier sprachlichen Kommunikationsformen folgende Relationen: Hören 42%, Sprechen 32%,

Lesen 15%, Schreiben 11% (Eggers 1996: 16). Ohne die Fertigkeit des Hörverstehens können gesprochenen Texten keine Informationen entnommen werden. Hörverstehen ist die Grundlage des Sprechens. Aus der Dominanz des Hörens ergibt sich die herausragende Bedeutung des Hörverstehens für das Fremdsprachenlernen. Im Gegensatz zum Begriff Hörverstehen bezieht der Begriff Hörsehverstehen die visuelle Komponente des Verstehensprozesses mit ein. Die Begriffswahl in der Fachliteratur ist gekennzeichnet von Unterschiedlichkeit, so wird z.b. der Begriff komplexes Hörverstehen (Biechele 1987: 230) im Sinne von Hörsehverstehen verwendet. Nach Batz und Ohler wird in die Definition von Hörsehverstehen „eine über die linguistische Kompetenz im engeren Sinn hinausgehende pragmatische Kompetenz" miteinbezogen (1984: 80-81). Dirven (1984: 36) beschreibt komplementär zum Begriff Hörverstehen den Begriff der *viewing competence*, der neben den paralinguistischen Signalen die extralinguistischen Signale als eigene Funktionsträger in der Gesamtkommunikation erfasst. Im Mittelpunkt steht hierbei die visuelle Wahrnehmung als Prozess der Bedeutungszuweisung. Schwerdtfeger beschreibt auf Grundlage eines Menschenbildes, das den Menschen als autopoietisches System sieht, die Bedeutung der Wahrnehmung des einzelnen Menschen als dessen „selbstmachende" Kraft. Des weiteren beschreibt sie als gleichwertig die kulturspezifische Wahrnehmung, die durch die Berücksichtigung lokaler Aspekte bestimmt wird (Schwerdtfeger 1989: 32).

Seh-Verstehen
Anhand zweier grundlegender Gesichtspunkte wird im Folgenden nach Schwerdtfeger (1989) das Seh-Verstehen beschrieben. Schwerdtfeger zeigt die Bedeutung der visuellen Wahrnehmung für Sprechfähigkeit und Sprechlust im Zusammenhang von Wahrnehmung, Kognition und Emotion auf (Schwerdtfeger 1989: 24). Die (visuelle) Wahrnehmung wird als zentraler Moment der individuellen Sinngebung begriffen (ebd. 28), was für das Fremdsprachenlernen bedeutet, dass die Berücksichtigung non-verbaler Merkmale sprachlicher Äußerungen das Potential für die Entwicklung eines Selbstbezugs zur Fremdsprache enthält (ebd. 25). Schwerdtfeger führt an, dass die Deutung nonverbaler Zeichen durch Offenheit gekennzeichnet ist, d.h. genaue Rückschlüsse lassen sich nicht ziehen (ebd. 25). Diese Offenheit oder Ungenauigkeit beschreibt die Autorin unter Verwendung eines ethnologischen Symbolbegriffs ebenfalls für kulturelle Symbole (ebd. 34). Neben einer kulturspezifischen Ausprägung von Symbolen erwerben Menschen sehr persönliche Deutungen kultureller Symbole (Schwerdtfeger 1991: 241). Für den Kontext des Lernens und Lehrens fremder Sprachen bedeutet dies, dass die Integration kultureller Symbole und eine Förderung der Wahrnehmungsbereitschaft die Kulturgebundenheit von Sichtweisen in Mutter- und Fremdsprache(n) aufzeigen kann, und dadurch die Akzeptanz von kultureller Verschiedenheit unter Beibehaltung

spezifischer persönlicher, lokaler und regionaler Merkmale fördern kann (Schwerdtfeger 1991: 249).

Wie das Seh-Verstehen ist das Hörverstehen als eine aktive Tätigkeit zu kennzeichnen: Das gilt nicht nur für die Entscheidung, ob wir überhaupt zuhören und wie viel von dem Gehörten wir aufnehmen und verstehen wollen, sondern auch für die Verarbeitung des Gehörten, und für die Entscheidung, ob und wie wir auf das Gehörte reagieren wollen (Solmecke 1992: 5).

Schwierigkeiten fremdsprachlicher Lernender beim Hörverstehen

Wenn keine Sprachkenntnisse vorhanden sind, nützt auch die beste Verstehensabsicht wenig, denn was gehört wird, ist eine kontinuierliche Abfolge sprachlicher Laute, die wir zunächst einmal verarbeiten müssen, bevor wir etwas verstehen (ebd. 5). Beim Hörverstehen müssen wir

„- diese sprachlichen Laute vor dem Hintergrund anderer Geräusche identifizieren;
- den ununterbrochenen Lautstrom segmentieren, d.h. in Einheiten zerlegen, gleichzeitig aber auch übergreifende Einheiten wie Intonation und Rhythmus erfassen;
- den Lauteinheiten die angemessenen Bedeutungen zuordnen;
- Regelhaftigkeiten des Satzes und des Textes erkennen und korrekt interpretieren und so die Einheiten und ihre Bedeutungen in einen angemessenen Zusammenhang bringen".
(Solmecke 1992: 5)

In der Muttersprache bereitet uns das gewöhnlich keinerlei Mühe, denn die genannten Verarbeitungsvorgänge sind so sehr automatisiert, dass wir uns ihnen bewusst gar nicht zuwenden müssen (ebd.). Diese Verarbeitungsvorgänge und Strategien sind Lernenden grundsätzlich aus ihrer Muttersprache bekannt, jedoch bereitet es große Schwierigkeiten, sie auf die Fremdsprache zu übertragen (ebd.). Die Gründe für die Schwierigkeiten fremdsprachlicher Lernender sind demnach allgemein ausgedrückt durch Defizite in den Bereichen Sprachwissen, Sprachkönnen, Vorwissen und Weltwissen begründet (Eggers 1996: 21). In einer Fremdsprache müssen neue Laute und Lautverbindungen, ihre Bedeutungen und die Regeln zu ihrer Zusammensetzung erst gelernt werden und sind noch keineswegs automatisiert (ebd.).

"Identifikation und Bedeutungszuordnung brauchen also Zeit und bewusste Aufmerksamkeit, und je mehr Zeit und Aufmerksamkeit sie brauchen, desto größer wird die Gefahr, dass für die eigentlichen Textinhalte keine Verarbeitungskapazität zur Verfügung steht." (Solmecke 1992: 5-6)

Folgende Punkte sind nach Eggers (ebd.) hervorzuheben:
- Zeit: Hörverluste können nicht ausgeglichen werden.
- Ein hoher Informationsgehalt ruft Störungen im auditiven Perzeptionsprozess hervor.
- Die Worterkennung verläuft verlangsamt, es kommt zur Überbeanspruchung des Kurzzeitgedächtnisses.
- Es fehlt die Fähigkeit eine rahmenartige Erwartungshaltung auszubilden. Unterschiedlichste Makropropositionen fehlen, die Textstruktur sowie *advance organizers* werden nicht in ihrer Leistung erkannt und genutzt.
- Die Speicherkapazität kann nicht angemessen genutzt werden; zudem behindert die Konzentration auf das Behalten das Verstehen; es ist nur bedingtes Antizipieren

möglich, da eine geringe Toleranz gegenüber der Varianz des akustischen Sprachsignals besteht.
- Sequentielle Akte und assoziative Kombinationen, z.b. Argumentationsverläufe, sind noch nicht habitualisiert. Elaborative Inferenzen sind auch wegen mangelnden Vorwissens oder Weltwissens nicht leistbar.
- Lexikalische Redundanzen zu erkennen fällt schwer. Das Globalverstehen wie auch das Anlegen von Mikropropositionen ist durch die *bottom up* verlaufende Konzentration auf die Satzoberfläche beeinträchtigt.
- Es bestehen Schwierigkeiten, das Gehörte weiter zu verarbeiten, wie z.b. durch das Anfertigen von Notizen.

Die intensive Schulung des Hörverstehens von Anfang an verhilft durch die Gewöhnung an die Sprache dazu, dass die erheblichen Schwierigkeiten Fremdsprachenlernender beim Hörverstehen rasch überwunden werden (s.u. Zur Entwicklung des Hörverstehens).

Hörverstehen als Interaktion zwischen Text und Hörenden
Es wird davon ausgegangen, dass eine beständige Interaktion zwischen den eingehenden lautlichen Reizen und dem Sprach- und Weltwissen (Wissen über Situationen, Routinehandlungen, das Rollenverhalten von Menschen, Zusammenhänge, Kausalitäten, Textkonventionen) der RezipientInnen stattfindet (Solmecke 1992: 7). Texte bekommen ihre Bedeutung erst im Zusammenspiel mit der Verstehensarbeit der Hörenden. Der Text schickt Signale aus, die den Hörenden dazu auffordern, dem Gedächtnis Inhalte zu entnehmen, die diese wiederum auf den Text anwenden, um ihn verstehen zu können (ebd.). Weiterhin schickt der Text Signale aus, die dazu auffordern, Inhalte zu rekombinieren und den vorhandenen neue Inhalte anzufügen (ebd.). Die so veränderten Wissensbestände sind wiederum Voraussetzung für das Verständnis des Textes in seinem weiteren Verlauf. Informationen gehen also sowohl vom Text zu den Hörenden (aufsteigend) als auch von den Hörenden zum Text (absteigend) (ebd.). Aufgrund unseres sprachlichen und außersprachlichen Wissens können wir von Bekanntem auf Unbekanntes schließen (inferieren). Außerdem können wir von bereits Gehörtem begründet auf noch nicht Gehörtes schließen (antizipieren).

Demnach sind im Folgenden als zentrale Prozesse, die am Hörverstehen beteiligt sind, zu nennen: die Fähigkeit zur Antizipation und zum Speichern und die Gewöhnung an die Artikulationsmuster der Zielsprache (Eggers 1996: 23-27). Die zentralen Verstehensstrategien der Lernenden sind das Inferieren und Antizipieren, da Inferenz und Antizipation das Verstehen beträchtlich erleichtern, nicht zuletzt dadurch, dass sie die für das Verstehen benötigte Verarbeitungskapazität verringern (Solmecke 1992: 7-8). Antizipation kann auf den Ebenen von Kontext, Syntax, Lexik und Intonation erfolgen (Eggers 1997: 23).

„Wie wichtig die Reduktion der Informationen, die wir einem Text entnehmen müssen, ist, zeigt sich besonders dann, wenn bedacht wird, dass Textverstehen auf verschiedenen,

hierarchisch aufeinander aufbauenden Ebenen stattfindet, die aber nicht nacheinander, sondern weitgehend gleichzeitig bearbeitet werden müssen." (Solmecke 1992: 8)
Solmecke benennt vier Verstehensebenen (ebd.):
- Wiedererkennen
- Verstehen
- Analytisches Verstehen
- Evaluation

Das Wiederkennen kann als Grundfähigkeit des Hörverstehens bezeichnet werden (ebd.). Voraussetzung ist, dass die sprachlichen Laute und Lautgestalten bekannt sind, und dass ihnen Bedeutungen zugeordnet werden können. Das Verstehen setzt das Wiedererkennen voraus. Darüber hinaus entscheidet auch die Verstehensabsicht darüber, wie viel von diesem Text wir objektiv verstehen müssen, um ihn subjektiv als verstanden zu werten (ebd.). Das Verstehen führt nach Solmecke zu der Fähigkeit, wichtige Details oder den Zusammenhang eines Textes im Gedächtnis zu speichern und ggf. mittels produktiver Fertigkeiten weiter zu bearbeiten (ebd.). Das analytische Verstehen beinhaltet weiterhin Schlussfolgerungen, die über den unmittelbaren Textinhalt hinausgehen (ebd.). Es liefert Antworten auf Fragen, wie z.B. nach Personen-, Orts- und Zeitbezügen oder der Textabsicht (ebd.). Die Verstehensebene der Evaluation bildet die Voraussetzung für eine angemessene sprachliche oder außersprachliche Reaktion auf das Gehörte. Denn selten reagieren Hörende nur auf die pure Information eines Textes, ohne diese in irgendeiner Form zu verarbeiten, wie z.B. sie mit den eigenen Erfahrungen und Wertvorstellungen zu verknüpfen und eigene Schlussfolgerungen zu ziehen (ebd.).

Die Strategien des Antizipierens und Inferierens haben zur Konsequenz, dass wir einen Text gewöhnlich nicht erschöpfend analysieren müssen, bevor wir ihn als verstanden werten, sondern nur so weit, bis ein subjektiv zufriedenstellender Zusammenhang hergestellt wurde (ebd. 8). Die größere Unabhängigkeit von den Textinformationen führt zu einer erhöhten Verstehensgeschwindigkeit, d.h. wir liefern uns einem Text nicht aus, sondern nutzen ihn, soweit wir ihn brauchen (ebd.). Diese Verstehensstrategien sind problemorientierte, erlernbare, bewusst einsetzbare sowie durch häufigen Gebrauch auch automatisierbare Techniken der effizienten Texterschließung (ebd.). Als die wichtigste Verstehensstrategie ist die Konzentration auf das Verstandene zu nennen, was bedeutet sich einem Text nicht passiv auszuliefern, sondern aktiv mit ihm umzugehen (ebd.). Idealerweise gelingt es den Hörenden so früh wie möglich herauszufinden, wovon der Text eigentlich handelt und welche Absicht er verfolgt. Auf dieser Basis kann das Verstandene dann in der Folge gezielt durch Inferenz und Entwicklung von Erwartungen über den Fortgang des Textes erweitert werden (ebd.). Als weitere sehr wichtige Strategie ist die Unterscheidung von Wichtigem und Unwichtigem zu

nennen, wobei vor allem Betonung und Intonation eine Hilfe bieten (ebd.).
Als Merkmale von gesprochenen Texten sind u.a. festzuhalten, dass sie einerseits gewöhnlich weniger Informationen enthalten als wir zu ihrem Verständnis benötigen, andererseits weisen diese Texte ein hohes Maß an Redundanzen auf (ebd. 6). Zudem ist zu berücksichtigen, dass Textsorten textinterne Merkmale aufweisen, die in Beziehung zu den Kommunikationsabsichten (-zielen) der Sprechenden zu sehen sind, d.h. die Sprechenden haben einerseits große Freiheit bei der Gestaltung ihrer Textbeiträge, andererseits sind sie auch an bestimmte, den Mitteilungsabsichten und der Art der Mitteilung entsprechenden Textkonventionen gebunden.

Hörstile und Hörziele
Nur selten haben wir die Absicht, einen Text in allen Einzelheiten zu verstehen (Hörstile: globales, selektives, selegierendes oder detailliertes Hörverstehen). Die Verstehensarten können auch im Verlauf eines Textes wechseln. Solmecke bringt es auf folgende Formel: „In Abhängigkeit von Verstehensabsicht und Text hören wir so extensiv wie möglich und so intensiv wie nötig" (ebd. 5). Hörverstehen kommt aber nicht schon dadurch zustande, dass Gesprochenes an das Ohr der Hörenden dringt, sondern diese müssen auch die Absicht haben, es zu verstehen (ebd.). Diese Verstehensabsicht kann mehr oder weniger bewusst sein, durch den Text selbst erst geweckt werden oder vor Textbeginn vorhanden sein. Sie entscheidet darüber, ob wir als Hörende einem Text überhaupt Aufmerksamkeit zuwenden oder nicht (ebd.). Folgende Hörstile sind zu unterscheiden (Eggers 1996: 20):

Globales Hörverstehen:
- hineinhören in einen Hörtext, um nach dem Kongruenzprinzip Informationen zu entnehmen, die man im *top-down*-Prozess erwartet;
- Versuch, Schlüsselbegriffe zu verstehen oder Einblick in die Textstruktur zu bekommen;

Selektives Hörverstehen:
- Konzentration auf bestimmte Informationen, von denen der Hörende weiß, dass sie im Text vorkommen;
- wissensgeleiteter und textgeleiteter Verarbeitungsprozess;
- die Sprachkompetenz muss soweit angelegt sein, dass eingehende Signale analytisch verarbeitet werden können;

Selegierendes Hörverstehen:
- Hörverstehen erfolgt aufgrund individueller Entscheidung; man will dem Hörtext wesentliche Inhaltsmomente entnehmen, um ihn ggf. resümieren zu können;
- diese Hörart ist sehr wichtig, weil sie authentischen monologischen und dialogischen Hör- und Sprechanlässen nahe kommt;

Detailliertes Hörverstehen:
- „erhören" (Ehnert 1984) von Texten, Hörtexte sollen im Detail erfasst werden;
- geleitet vom Sprachwissen müssen die Makro- und Mikrostruktur des Textes, logische Relationen, Modalaussagen und Sprecherintentionen erfasst werden;

Außerdem ist noch das reflektierende Hörverstehen sowie das totale Hörverstehen anzuführen. Eggers Klassifikation subsumiert das reflektierende Hörverstehen unter das detaillierte Hörverstehen und ignoriert das äußerst seltene totale Hörverstehen (Eggers 1996: 21).

Zur Entwicklung des Hörverstehens
Zur Lernzielbestimmung von Hörverstehen führt Eggers u.a. folgende allgemeine Definition auf:

„Lernende sollen auf unterschiedliche Kommunikationssituationen sich beziehende linguistische und paralinguistische Signale dekodieren und in Kommunikationssituationen interpretieren." (Eggers 1996: 16)

Hörverstehen ist als Bündelung von Teilfertigkeiten zu charakterisieren, so dass eine Vielzahl von Detaillernzielen benannt werden kann (ebd.). Im Zusammenhang mit einer Zielbestimmung ist in Anlehnung an verschiedene Hörstile die Differenzierung des Hörverstehens notwendig. Es wurde zwischen globalem, selektivem, selegierendem und detailliertem Hörverstehen unterschieden (ebd. 20-21). Für die Bestimmung von Lehr-/ Lernzielen ist außerdem die Berücksichtigung des LernerInnenniveaus und des Texttyps erforderlich. Hier werden für fremdsprachige Hörsituationen folgende Kategorien unterschieden: direkte / indirekte Kommunikation; spontane / nicht-spontane Sprache; authentische / nicht-authentische Sprache (Dirven 1984: 21). Die Schulung des Hörverstehens erfolgt mit dem Ziel, die Lernenden zu befähigen, gesprochene fremdsprachliche Texte ohne Hilfe zu verstehen, zu verarbeiten und das Verstandene zum Ausgangspunkt bzw. zur Grundlage außersprachlichen Verhaltens oder eigener Textproduktion zu machen.

Zur Entwicklung ihres Hörverstehens benötigen Lernende möglichst häufig die Gelegenheit, ihre Kompetenzen durch Anwendung zu trainieren und zu erweitern, d.h. mit möglichst vielen und verschiedenen Hörtexten konfrontiert zu sein (ebd. 10). Die genannten Verstehensstrategien sind zu berücksichtigen, z.B. die Konzentration auf das Verstandene. Daneben sind Hilfen und Aufgaben zu nennen, die die Entwicklung des Hörverstehens fördern. Solmecke weist auf die besondere Bedeutung einer entspannten Atmosphäre für das Hörverstehen hin (ebd.). Außerdem sind (möglichst) authentische Hörtexte bzw. verschiedene Sprachvarianten geeignet, die Entwicklung des Hörverstehens zu fördern und die Kommunikation in der Fremdsprache vorzubereiten. Auf zwei unterschiedlichen Ebenen, dem Inhalt und der Sprache, lassen sich Hilfen anbieten. Die klassische Form der sprachlichen „Vorentlastung" wird z.B. durch die Erklärung unbekannter Wörter, die Erläuterung schwieriger grammatischer Strukturen oder wichtiger Wendungen mit dem Ziel angewendet, „Verstehensinseln" zu schaffen (ebd. 11). Daneben sind inhaltliche Vorabinformationen zu nennen, die die Einbindung des Textes in eine umfassendere Themen- und Problemstellung schaffen, sowie die Aktivierung (und ggf. Ergänzung) des Sachwissens der Lernenden als Vorwissen (ebd.). Aufgaben vor der Textpräsentation sollen Verstehensabsichten schaffen, die Aufmerksamkeit lenken, die Verstehensleistung und Behaltensleistung begrenzen, die zielgerichtete Anwendung von Verstehensleistungen fördern sowie zur Reaktion auf den gehörten Text auffordern (ebd.) (detaillierte Übungstypologie bei Eggers 1996: 23-34). Darüber hinaus sind textsortenspezifische Vorgehensweisen dazu geeignet, *top-down*-Verarbeitungsprozesse zu ermöglichen, da mit jedem Texttyp ein kognitives Schema verbunden ist, das es erlaubt, fehlende Elemente in einen Text einzufügen und das Ganze als sinnvolle Einheit zu interpretieren. Dieses Wissen um Textsorten ist Teil des Weltwissens. Hinsichtlich Text- und Aufgabenschwierigkeit ist zu beachten, dass nicht nur die Text- sondern auch die Aufgabenschwierigkeit, je nach angestrebter Verstehensebene, das subjektive Erfolgsempfinden bestimmt. Demnach wird die Schwierigkeit von Verstehensübungen durch die Einheit von Text, Hilfen und Aufgaben beeinflusst (ebd.11). Das Hörverstehen ist nicht nur als eigenständige Fertigkeit, sondern als unverzichtbare Basis für das Sprechen zu betrachten, wobei sich nicht die isolierte Vermittlung, sondern die Verzahnung als wechselseitig positiv beeinflussend herausgestellt hat (ebd. 9, Eggers 1996: 16).

2.4.2 Sprechen / Aussprache

Nicht nur die Komplexität der erforderlichen psychischen Aktivitäten beim Sprechen in der Fremdsprache, sondern auch die Lernerfahrungen und die Lernatmosphäre tragen dazu bei, ob die beträchtlichen Hemmungen, die vor allem bei erwachsenen Lernenden beim freien Sprechen zu beobachten sind (Jung (Hrsg.) 1992: 178), überwunden werden können. Dabei ist davon auszugehen, dass Sprechen normalerweise durchaus als lustbetont empfunden wird (Schwerdtfeger 1989: 21-22).

Im Folgenden wird kurz der Bereich der automatischen Spracherkennungssysteme umrissen: der Stand der Forschung zu automatischer Spracherkennung ist inzwischen erheblich weiter fortgeschritten. Während es Literatur zu den ökonomischen Aspekten von Spracherkennungssystemen gibt (z.B. Susen 1999), finden sich nur wenige Beiträge zum Bereich des Fremdsprachenlernens unter Berücksichtigung pädagogischer Gesichtspunkte. Für den Bereich der Aussprache hat Eskenazi die Verwendung von Spracherkennungssystemen diskutiert (Eskenazi 1999: 62-76). Neben Lernumgebungen mit automatischer Spracherkennung sind solche mit der Möglichkeit der Audio-Aufnahme zu

nennen (ebenso Produkte mit beiden Varianten). Die von Eskenazi angeführten pädagogischen Prinzipien sind für den Bereich der automatischen Spracherkennung formuliert. Im Folgenden werden diese fremdsprachendidaktische Prinzipien in Verbindung mit den Möglichkeiten und Grenzen von automatischer Spracherkennung gebracht – speziell für das Einüben der L2 Aussprache. Eskenazi benennt fünf grundlegende Prinzipien für die Situation des Ausprachelernens mit rechnergestützter automatischer Spracherkennung:
- Lernende müssen selbst große Mengen fremdsprachiger Sätze produzieren.
- Lernende müssen relevantes verbesserndes Feedback erhalten.
- Lernende müssen viele verschiedene muttersprachliche Modelle hören.
- Prosodie (Akzent, Tonhöhenverlauf, Pausengliederung) muss betont sein.
- Lernende sollten sich in der Sprachlernsituation wohlfühlen. (ebd. 62).

Die Mühelosigkeit des Wahrnehmens und Produzierens unbekannter Laute nimmt mit zunehmenden Alter ab. Insbesondere erwachsene Lernende müssen sich deshalb selbstbewusst und motiviert fühlen, um ungewohnte Laute ohne Scheu zu produzieren. Lernende, die sich in der Situation nicht wohlfühlen und Gefahr laufen schlecht abzuschneiden, erfahren eine Beeinträchtigung ihrer Motivation, was bis zum Abbruch der Aktivität führen kann (ebd. 63). Aus der Unterrichtsforschung ist es bekannt, dass die Sprechzeiten einzelner Lernender in Abhängigkeit von der Sozialform variieren. Hier liegt ein Vorteil der Verwendung automatischer Spracherkennung, da das Sprechen im Sinne einer Vorbereitung sinnhafter Konversation unter idealtypischen Bedingungen einen individuellen Spielraum ermöglicht (ebd.).

Das Prinzip des relevanten und hilfreichen Feedback bezieht sich auf das Aussprachetraining. Idealerweise weisen Lehrende zur richtigen Zeit auf inkorrekte Aussprache hin und vermeiden es gleichzeitig, zu häufig zu unterbrechen, um die Lernenden beim Sprechen nicht zu entmutigten. Sie intervenieren rechtzeitig genug, um das mehrfache Wiederholen von Fehlern durch die Lernenden und die Gefahr der Verfestigung solcher Fehler zu vermeiden. Hilfreiches Feedback beinhaltet nach Eskenazi, dass die Art der angebotenen Korrektur den Lernenden Werkzeuge an die Hand gibt, um mit anderen Aspekten desselben Ausspracheproblems umzugehen (ebd.).

Wenn Lernende mit einer Fremdsprache beginnen, wird normalerweise einige Zeit damit verbracht, Phoneme auszusprechen, die es in ihrer Muttersprache nicht gibt. Allerdings zeigt die Erfahrung, dass eine Person mit guter segmentaler Phonologie, aber Mangel in der Akzent- oder Pausensetzung, schwierig zu verstehen ist. Deshalb ist die Bedeutung der Intonation als Bindemittel von großer Bedeutung. Sie zeigt, welche Worte wichtig sind, bewirkt Eindeutigkeit und bereichert Bedeutungen um Stil und Emotionen. Deshalb sollte Prosodie von Anfang an Teil des Aussprachetrainings sein (ebd. 64).

Ein Verlust von Selbstbewusstsein ist insbesondere bei erwachsenen Lernenden, die Laute produzieren, die in der Muttersprache nicht existieren, ein bekanntes Phänomen. Das Selbstbewusstsein von Lernenden wird gestärkt, wenn nur korrigiert wird, wenn es notwendig ist, eine gute Aussprache verstärkt wird und negatives Feedback vermieden wird. (nach Laroy 1995 bei Eskenazi ebd.) Es ist als empfehlenswert zu betrachten, das Feedback an die Anzahl von Unterbrechungen, die einzelne Lernende tolerieren können, anzupassen. Das Vermeiden inkorrekten Feedbacks ist für die Verwendung automatischer Spracherkennung noch eine wesentliche Herausforderung, denn bisher ist gewöhnlich nur ein geringer Fehlerspielraum in Sprachanwendungen akzeptabel (ebd.). Darüber hinaus könnte eine kontrastive Analyse des Lautsystems von L1 und L2 dazu beitragen, relevante artikulatorische Hinweise zur Verfügung zu stellen und Fehler und / oder Probleme zu antizipieren, bevor sie tatsächlich auftreten (ebd.).

Eines der größten Probleme der Verwendung automatischer Spracherkennungssysteme zu Zwecken des Fremdsprachenlernens sieht Eskenazi in dem Umstand, dass den Lernenden normalerweise eine passive Rolle zugeschrieben wird. Als Beispiel zeigt sie die Möglichkeiten auf, die bestehen, wenn Lernende aufgefordert werden, auf eine Frage zu antworten: Entweder ist es möglich, den Satz zu wiederholen, oder aber die Lernenden haben die Wahl, aus mehreren vorgegebenen schriftlichen Antworten eine laut vorzulesen (ebd. 65). In beiden Fällen sind die Antworten vorgefertigt, wobei der Wortschatz bestimmt und Syntax arrangiert sind. Als Resultat haben Lernende keine Übung im Konstruieren eigener Äußerungen. Selbst bei einer Auswahl aus vorgegebenen Alternativen konstruieren Lernende nicht aktiv, wenn sie Äußerungen produzieren (ebd.).

Zur Zeit sind Sprachlernumgebungen mit automatischer Spracherkennung nicht in der Lage, die Lernenden frei ihre eigenen Äußerungen produzieren zu lassen, weil die zugrunde liegende Spracherkennung ein hohes Maß an Vorhersagbarkeit benötigt, um verlässlich zu funktionieren. Die Notwendigkeit, zu wissen, was Lernende sagen, begründet sich darauf, dass Spracherkennung, besonders auf der Phonemebene, noch nicht präzise genug ist, um ohne Vorwissen über den Kontext eines Satzes zufriedenstellend zu erkennen, was von fremdsprachigen SprecherInnen gesagt wurde (ebd.). Nach Eskenazi besteht besonders folgende Notwendigkeit für den Umgang mit Spracherkennung:

„We need to deal with imperfect recognition in order to prevent the system from interrupting students to tell them that they were wrong when, in fact, they were right, and in order to not overlook errors made by a student, since these need to be corrected before they become fossilized." (Eskenazi 1999: 65)

Wie zuvor erwähnt sollte ein Spracherkennungssystem in der Lage sein sowohl segmentale Fehler als auch prosodische Fehler zu korrigieren (ebd. 67). Wegen ihrer Unterschiedlichkeit werden diese beiden Typen von Fehlererkennung im Folgenden separat betrachtet. Phonemfehler entstehen nicht nur durch einen Unterschied in der Anzahl und Art der Phoneme in L 1 und L2, sondern auch deswegen, weil der Aussprachespielraum eines gegebenen Phonems in den zwei Sprachen unterschiedlich sein kann. Prosodische Fehler andererseits beziehen Betonung, Tonhöhenverlauf und Pausengliederung ein. Diese Komponenten sind in allen Sprachen zu finden, jedoch ist ihre relative Bedeutung, Funktion and Variabilität von Sprache zu Sprache verschieden, z.B. sind im Französischen Variationen in der Betonung seltener und weisen weniger Unterschiede auf als im Spanischen (ebd.).

Eskenazi benennt in Bezug auf die Oberflächengestaltung Effektivität als wichtiges Kriterium (ebd. 72). In dieser Hinsicht ist u.a. bedeutend, dass effektive Korrektur die Basis einer guten Interaktion darstellt, das System durch die Adaption an Charakteristika der NutzerInnen beruhigender wirkt und damit das Selbstbewusstsein erhöht (ebd.).

Abschließend bleibt festzuhalten, dass sowohl rezeptive Sprachverarbeitung als auch Strategien und Prozesse beim Sprachgebrauch Grundvoraussetzungen für jeden Sprachlernprozess sind (Multhaup, Wolff 1992: 10). Multimedia eignet sich aufgrund seiner medialen Eigenschaften besonders für eine Integration von Sprachrezeption und Sprachproduktion, was aus fremdsprachendidaktischer Sicht an Kommunikationssituationen orientiert sein sollte.

3. Lernen mit Multimedia

In diesem Kapitelabschnitt wird eingangs eine Diskussion der Begrifflichkeiten für Lernangebote vorgenommen, die neue Informations- und Kommunikationstechnologien integrieren (3.1). Der für die vorliegende Untersuchung gewählte Begriff der Lernumgebung wird begründet durch seinen Anspruch auf die Einbeziehung von Kontext. Ziel der Begriffswahl ist es, eine einseitige Ausrichtung auf die technische Seite des Lernens mit neuen Medien zu vermeiden. Im Anschluss geben die verschiedenen Möglichkeiten der Organisation von Informationen in Hypertexten / Hypermedia einen ersten Aufschluss über Möglichkeiten und Grenzen der Gestaltung multimedialer Lernumgebungen (3.2). Im Folgenden wird eine Übersicht über den Forschungsstand zum Lernen mit hypermedialen Lernumgebungen gegeben (3.3). Ausgewählte Studien und ihre Ergebnisse werden im Detail dargestellt, um Schlüsselaspekte zu vertiefen. Angesichts der weitgehenden Integration des Computers in den Alltag der NutzerInnen als Kommunikationsmedium, Arbeitsmittel, Freizeitbeschäftigung und Gegenstand sowie Ressource für das Lernen werden Forschungsergebnisse präsentiert, die zur alltäglichen Computernutzung vorliegen (3.3.1). Üblich ist die Ermittlung unterschiedlicher Typen von NutzerInnen und Nutzungsverhalten, was zu einem differenziertem Bild der NutzerInnen von multimedialen Lernumgebungen beiträgt. Eine wachsende Anzahl von Untersuchungen behandelt Themen, die theoretische und gestalterische Aspekte von offenen, nicht-direktiven Lernumgebungen betreffen. Auf Grundlage der Untersuchung von Land und Hannafin (1997) werden Verstehensprozesse in einer offenen, nicht-direktiven Lernumgebung geschildert (3.3.2). Anhand einer Studie von Barab, Bowdish und Lawless (1997) wird das Navigieren in einem offenen, nicht-direktiven hypermedialen Informationssystem erläutert (3.3.3). Forschungsergebnisse, die zum Fremdsprachenlernen mit Multimedia vorliegen, werden resümiert und mit Blick auf die Fragestellung der vorliegenden Untersuchung kritisch beleuchtet (3.3.4).

3.1 Begriffsbestimmungen

Seit den Kindertagen des computerunterstützten Lernens sind eine Vielzahl von Begriffen geprägt worden. Allgemein ist immer wieder die Rede von den jeweils neuen Medien (z.B. Video in den 60er und 70er Jahren), was wenig begriffliche Schärfe vermittelt. Aufgrund der Tendenzen zu Formen webbasierten Lernens greifen die traditionellen Begriffe des computerunterstützten Lernens, die Lernsoftware oder Lernanwendung, inzwischen zu kurz. Der Begriff Multimedia bezeichnete in den 60er und 70er Jahren die Verbindung mehrerer technischer Einzelmedien, z.B. Video und Diaprojektion, setzt heute allerdings voraus, dass eine Integration verschiedener Darstellungsformen im Computer erfolgt.

„Unter Multimedia wird die Integration von Text und Bild mit zumindest einem dynamischen Informationsmedium, also Ton, Animation oder Video am Computer verstanden" (Hasebrook 1994: 6).

Charakteristisch für multimediale Angebote ist die Möglichkeit, verschiedene Codierungsarten (abbildhaft / symbolisch) und verschiedene Sinnesmodalitäten (auditiv / visuell) zu kombinieren.

Nach Aufenanger (1999: 4) weisen multimediale Texte eine dreifache Struktur auf:
- Multi-medial (verschiedene Medien)
- Multi-codal (verschiedene Codierungen und Symbole)
- Multi-modal (verschiedene Sinne werden angesprochen)

Eine angemessene und optimale Kombination dieser drei Strukturen würde eine gute hypermediale Lernumgebung hervorbringen (ebd.). Neben dieser an den Darstellungsformen, Codierungen und Modalitäten oder der technischen Dimension orientierten Verwendung des Begriffes Multimedia, lässt sich eine Definition ausmachen, die eine Dimension der Anwendung einschließt:

„Multimedia ist auch eine neue Art und Weise der Mediennutzung in Informations- und Lernprozessen. Multimedia ist ein Sammelbegriff für solche hybriden Medien, die auf der Übertragungstechnik, Displaytechnik, Mikroprozessortechnik und Speichertechnik basieren und dabei mehrere Mediendarstellungsformen (Text, Video, Audio usw.) verfügbar machen. Multimedia wird wie alle Neue Medien durch die Eigenschaften der Individualität, Interaktivität, Asynchronität und Multifunktionalität charkaterisiert. Ihre Spezifik spiegelt sich außerdem in folgenden Merkmalen: Adaptivität, Multimodalität (gemeint sind Modi der technischen Darstellung) und Multicodierung." (Issing, Klimsa 1997a: 1f.)

Bezogen auf Lernprozesse ist die Rede von *kognitiven Medien*: kognitive Medien werden als eine Konzeption der Medien und der Mediennutzung verstanden

> „[...], die den Lerner befähigt, die Lernsteuerung und die Lernkontrolle selbst zu übernehmen und einen kreierenden Einfluss auf die Medien auszuüben. Die Aktivität der Lerner ist sowohl eine Voraussetzung als auch eine Folge des Einsatzes dieser Medien. Kognitive Medien sind multimedial. Die theoretische Begründung ihres Einsatzes resultiert aus kognitivistischen und vor allem konstruktivistischen Positionen." (Klimsa 1997: 17)

Im Licht der konstruktivistischen Forschung gelten Exploration, die Anpassung an eigene informationelle Bedürfnisse und die Anwendung in einem von den NutzerInnen selbstdefinierten Lern- und Informationskontext als wichtige Voraussetzungen für einen effizienten Multimediaeinsatz. (vgl. ebd. 15) Die Einbeziehung einer Anwendungsdimension in der Definition von Multimedia erweitert das Verständnis für die idealtypischen Ausprägungen multimedialer Produkte, weist aber für den Zusammenhang dieser Arbeit die Schwäche auf, dass trotz einer die Dimension der Anwendung einbeziehenden Definition der Blick stark auf das Medienprodukt gerichtet bleibt. Es ist also notwendig, einen Begriff zu explizieren und präzisieren, der eine Offenheit bezogen auf die mediale Darstellungsform aufweist und eine Perspektive auf den weiteren Kontext der Mediennutzung eröffnet. Diesen Ansprüchen genügt der Begriff der Lernumgebung, der ebenfalls aus der Perspektive konstruktivistischer Lernphilosophie begründet ist. Der Begriff der Lernumgebung (*learning environment*) wird verwendet „[...], um deutlich zu machen, dass es beim konstruktivistischen Lernen auf das Zusammenspiel von Lehrenden, Lernenden und der Sache selbst ankommt." (Aufenanger 1999: 6) Der Begriffswahl liegen die Annahmen zugrunde

> „[...], dass Lernen ein aktiver und konstruktiver Prozess ist, dass Lernen in Kontexte und Situationen eingebettet sein sollte und dass Lernen ein selbstgesteuerter und sozialer Prozess ist." (ebd.)

Die Verwendung des Begriffes Multimedia in der vorliegenden Arbeit lässt sich durch seine Kürze und relative Eindeutigkeit begründen, alternativ wird auch der Begriff der multimedialen Lernumgebung verwendet.

Gemeinsames Merkmal von Online-/Offline-Lernumgebungen ist die Möglichkeit der Vernetzung von Bildschirmseiten bzw. Dokumenten in vielfältiger Form. Diese eröffnen Lernenden und GestalterInnen von Lernumgebungen eine Vielzahl von Lernwegen bzw. Steuerungsmöglichkeiten, welche im Folgenden skizziert werden.

3.2 Zur Organisation von Informationen in Online-/Offline-Produkten

Im Alltag ist es selten notwendig, dass wir detaillierte Architekturen unseres Wissens produzieren und darstellen, wie diese Informationsstrukturen miteinander verbunden sind. Die Art und Weise, wie Menschen Informationen suchen und nutzen, legt nahe, dass der Umgang mit diskreten Informationseinheiten funktionaler und einfacher ist als der mit langen, undifferenzierten Texten (Lynch, Horton 1999: 24). Wenn Menschen mit neuen und komplexen Informationssystemen konfrontiert sind, bauen sie mentale Modelle auf. Diese Modelle werden dafür genutzt, Verbindungen zwischen Themen zu beurteilen und herauszufinden, wo unbekannte Dinge zu finden sind. Der Erfolg eines Online-/Offline-Produktes wird somit größtenteils davon bestimmt, wie gut das System den Erwartungen der NutzerInnen entspricht. Eine logische Organisation erlaubt es den NutzerInnen zutreffende Vorhersagen darüber zu machen, wo sie Informationen finden. Konsistente Methoden der Informationsdarstellung ermöglichen den NutzerInnen, ihr Wissen von bekannten zu unbekannten ‚Seiten' zu erweitern (ebd. 25). Online-/Offline-Produkte mit sehr flachen Hierarchien müssen ein extrem großes Menü anbieten, was zu einer verwirrenden Auflistung von unzusammenhängenden Informationen führen kann (s. Abb. 7).

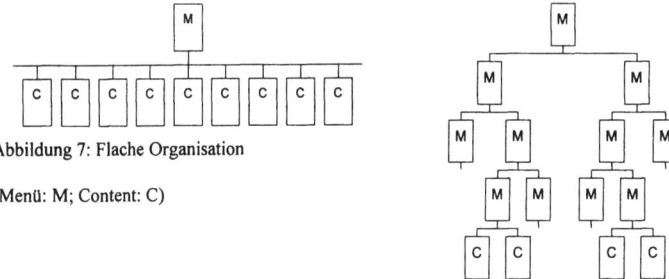

Abbildung 7: Flache Organisation

(Menü: M; Content: C)

Abbildung 8: Verschachtelte Organisation

Ebenso können die Strukturen von Menüs zu tief gehen und die Informationen unter den verschiedenen Schichten begraben. Es wird als frustrierend betrachtet, sich hier zum eigentlichen Inhalt ‚durchzuwühlen' (s. Abb. 8).

Grundlegende Informationsstrukturen bestimmen die Navigationsoberfläche und prägen die mentalen Modelle von NutzerInnen darüber, wie Informationen organisiert sind (ebd. 27). Vier idealtypische Strukturen, die im Folgenden dargestellt werden, können verwendet werden, um Online-/Offline-Produkte zu beschreiben: Sequenzen, Raster, Hierarchien und Netze.

Sequenzen: Ein sequentieller Aufbau ist die einfachste Art des Organisierens von Informationen. Die sequentielle Anordnung kann chronologisch, thematisch (logisches Fortschreiten vom Einfachen zum Besonderen) oder alphabetisch – wie in Indizes, Enzyklopädien oder Glossaren – erfolgen. Für Online-/Offline-Produkte, bei denen von den NutzerInnen erwartet wird, dass sie eine bestimmte Abfolge von Material durcharbeiten, kann eine derartig geradlinige Sequenz angemessen sein (z.B. Training). In diesem Fall sind die einzigen Links diejenigen, die einen linearen Pfad unterstützen, d. h. vorwärts / rückwärts (s. Abb. 9)

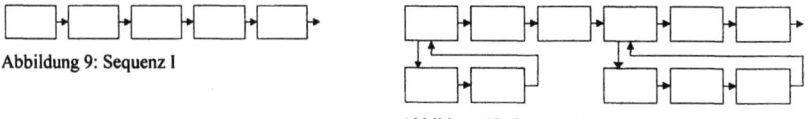

Abbildung 9: Sequenz I

Abbildung 10: Sequenz II

Im Vergleich dazu sind etwas komplexere Online-/Offline-Produkte eventuell ebenfalls in einer logischen Sequenz angeordnet, aber jede Seite in der Hauptsequenz hat möglicherweise Links zu Seiten mit Zusatzinformationen oder thematischen Exkursen (s. Abb. 10).

Raster: Viele Gebrauchsanleitungen, Auflistungen von Kursangeboten sowie medizinische Fallbeschreibungen lassen sich am besten in Form eines Rasters (s. Abb. 11) organisieren (ebd.). Sind NutzerInnen nicht in der Lage, den Beziehungen unter den Informationskategorien zu folgen, dann fällt es ihnen schwer, der Organisation im Sinne eines Rasters zu folgen. Aus diesem Grund sind Raster vermutlich am besten geeignet für erfahrene NutzerInnen mit einem gewissen Verständnis für das Thema und dessen logische Organisation. Für derartig aufgebaute Produkte ist ein grafischer Überblick nützlich, um über die Struktur zu informieren und Navigationsoptionen zu vermitteln (ebd.).

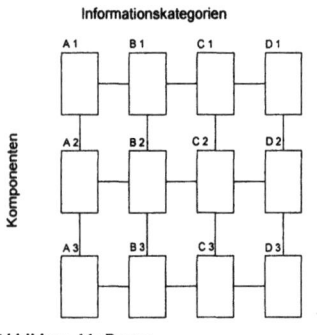
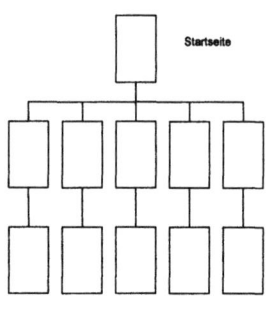

Abbildung 11: Raster

Abbildung 12: Hierarchie

Hierarchien: Die meisten komplexen Informationszusammenhänge lassen sich am besten in Informationshierarchien organisieren (s. Abb. 12). Da Online-/Offline-Produkte meisten um eine einzelne Startseite herum organisiert sind, scheinen hierarchische Schemata für die Organisation besonders geeignet zu sein. Hierarchische Strukturen sind aus anderen Zusammenhängen bekannt und werden normalerweise gut verstanden. Sie zwingen außerdem zu einem analytischem Umgang mit dem Inhalt, da hierarchische Online-/Offline-Produkte nur mit gut organisiertem Material praktikabel sind (ebd.).

Netze: Netzähnliche Organisationsstrukturen beinhalten einige Einschränkungen für die Muster der Informationsnutzung. In dieser Struktur ist häufig das Ziel, assoziatives Denken und den freien Gedankenfluss zu imitieren, um NutzerInnen das Verfolgen ihrer Interessen nach einem einzigartigen, problemlösenden Muster zu erlauben (ebd.). Dieses Organisationsprinzip enthält reichhaltige Angebote an Links zu Inhalten innerhalb und außerhalb des Online-/Offline-Produktes. Obwohl es die Absicht dieser Organisationsform ist, das Potential von Hypertext / Multimedia im Hinblick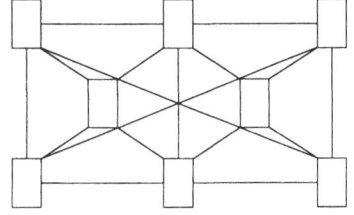

Abbildung 13: Netz

auf Verbindungen voll auszuschöpfen, läuft sie rasch Gefahr zu verwirren. Ironischerweise lassen sich diese assoziativen Organisationsschemata als die unpraktischste Struktur für Online-/Offline-Produkte beschreiben, da es so schwierig ist, sie zu verstehen und Vorhersagen zu treffen. Netzähnliche Organisationsstrukturen funktionieren am besten für kleine Einheiten, die vorwiegend Auflistungen von Links enthalten. Weiterhin sind sie für Angebote geeignet, die auf sehr erfahrene oder ausgebildete NutzerInnen abzielen, die Angebote zur Weiterbildung oder deren Bereicherung aufsuchen, und nicht dafür, ein erstes Grundverständnis von einem Thema zu entwickeln (ebd. 29-30). Die meisten komplexen Online-/Offline-Produkte verfügen über Anteile der verschiedenen genannten Organisationsformen. Basierend auf umfangreichen Praxiserfahrungen lassen sich nach Lynch und Horton die genannten Formen der Organisation im Verhältnis zur Linearität der Erzählung und der Komplexität des Inhalts zusammenfassen (s. Abb. 14).

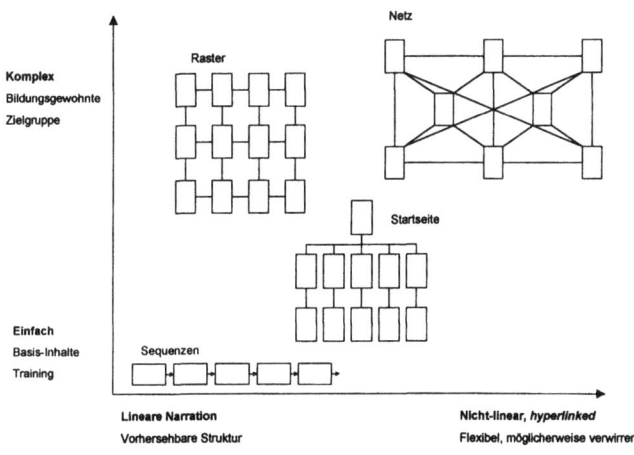

Abbildung 14: Organisationsmodelle im Vergleich I (Lynch, Horton 1999: 30)

In Bezug auf zwei grundlegende Variablen, die typischen Kontaktzeiten der NutzerInnen mit Webseiten und die Linearität der Struktur, lassen sich nach Lynch und Horton (1999) vier thematische Schwerpunkte darstellen:

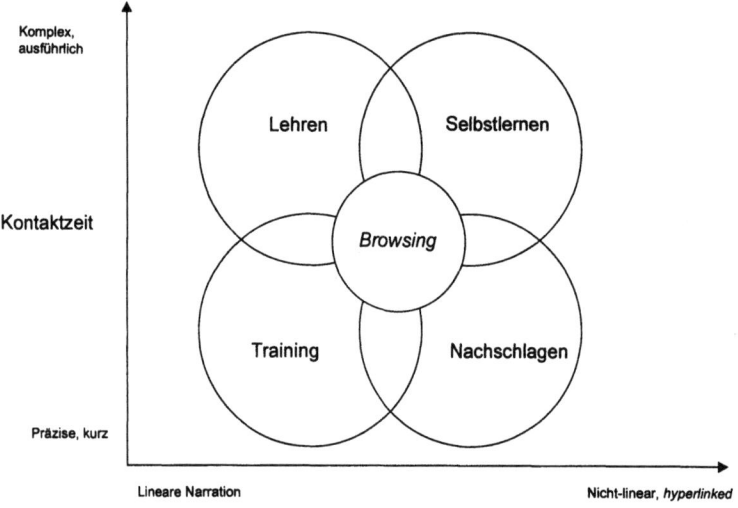

Abbildung 15: Organisationsmodelle im Vergleich II (Lynch, Horton 1999: 31)

Die verschiedenen Möglichkeiten der Organisation von Informationen in hypertextuellen Lernumgebungen geben Aufschluss über Chancen und Grenzen der Gestaltung von Lernumgebungen. Die vier idealtypischen Organisationsformen – Netze, Raster, Hierarchien, Sequenzen – lassen sich den Anforderungen verschiedener Formen des Kontakts zuordnen: die jeweilige Zielsetzung der NutzerInnen erfordert eine spezifische Organisationsform der Information.

3.3 Forschungsergebnisse

Eingangs werden einige Probleme rund um Studien zum Lernen mit neuen Medien aufgezeigt. Viele der Untersuchungen, auf die selbst in aktuellster Literatur Bezug genommen wird, liegen schon eine Weile zurück. Die Aktualität der Ergebnisse und der untersuchten Lernanwendungen lassen häufig zu wünschen übrig. Die Studien „hinken den Entwicklungen immer hinterher" (Aufenanger 1999: 4). Lernumgebungen sind häufig schon veraltet, wenn die Evaluation veröffentlich wird. Des weiteren macht die Komplexität von multimedialen Lernumgebungen es schwer, die relevanten Faktoren für optimales Lernen zu bestimmen. Aufenanger kritisiert darüber hinaus, dass die verwendeten Methoden oftmals fragwürdigen Charakter aufweisen. In einer amerikanischen Metastudie über Methoden in anderen Studien wurde ermittelt, dass die durchschnittliche Kontaktzeit der ProbandInnen mit den multimedialen Lernumgebungen bei etwa 30 Minuten liegt. Daraus entwickelte Aussagen lassen sich nur als wissenschaftlich sehr gewagt bezeichnen (ebd.).

Vergleichende Studien, die sich bemühen, Unterschiede in der Effektivität zwischen verschiedenen Medien zu bestimmen, sind immer wieder zu dem Ergebnis gelangt, dass es keine bedeutsamen Unterschiede in den Lerneffekten von Gruppen gibt, die denselben Stoff mittels verschiedener Medien durchgearbeitet haben (ebd.). Hierzu lässt sich eine bereits klassische Diskussion aus dem Bereich der *Educational Technology* anführen, die die Bedeutung der verwendeten Methoden / Didaktik für das Lernen weitaus höher einschätzt als das Medium. Kurz zusammengefasst lässt sich festhalten, dass die Ergebnisse zu Fragen der Effizienz Folgendes deutlich zeigen: Werden die medienspezifischen Vorteile didaktisch nicht ausgeschöpft bzw. unterstützt, sind Qualitätsvorsprünge durch den Einsatz neuer Medien nicht zu erwarten.

Neben diesen Studien, die vergleichend die Effizienz verschiedener Medien für das Lernen untersuchen, gibt es eine Vielzahl von Untersuchungen, die differenziertere Ergebnisse zu spezifische Bedingungen des Lernens mit multimedialen Lernumgebungen ermitteln. Es kann sich bei der folgenden Auflistung nur um eine Darstellung ausgewählter Ergebnisse handeln, die einen gewissen Trend deutlich machen sollen. (vgl. Aufenanger 1999)

Häufig wurde die Vorstellung vom günstigeren Lernen mit neuen Medien mit einer einfachen Lerntheorie verbunden. Diese besagt, dass die Behaltensleistung beim Lesen nur 10 %, beim Hören 20 %, beim Sehen 30 %, beim Hören und Sehen 50 % und beim Tun 90 % beträgt. Eine derartig naive, wissenschaftlich nicht gestützte Annahme führt zu einer Reduzierung, die der Wirklichkeit des Lernens nicht gerecht wird (ebd.).

Es lassen sich positive Wirkungen von Illustrationen auf das Behalten von Text feststellen. Allerdings helfen den Text ergänzende Bilder nur dann bei der Wissensaufnahme, wenn sie optimal gestaltet sind. Sie sollten anschaulich, gut beschriftet, nicht überladen und nicht zu komplex sein. Für Darstellungen in hypermedialen Anwendungen gelten diese Grundsätze ebenfalls (ebd.).

Salomons Buch *Interaction of Media, Cognition, and Learning* (orig. 1979, Neuauflage 1994) stammt aus den Frühzeiten der Forschung zum Lernen mit audiovisuellen Medien und zeigt ein zentrales Ergebnis: Es werden verschiedene Fertigkeiten für das Lernen mit audiovisuellen Medien benötigt. Als Voraussetzung für den Wissenserwerb mit audiovisuellen Medien nennt Salomon das *literate viewing*, das er wie folgt definiert: „It is a process of information extraction by the active negotiating of the coding elements of the message." (Salomon 1994: 189) Um multimediale Anwendungen zu verstehen müssen ebenso Fähigkeiten zur Decodierung von Symbol- und Codiersystemen vorhanden sein. Eine zentrale Voraussetzung ist demnach die Erfahrung im

Umgang mit derartigen Systemen. Personen, die bereits mit hypermedialen Anwendungen gearbeitet haben, sind in der Lage die symbolische Darstellungsformen und Codes dieser Texte besser zu verstehen (Aufenanger 1999: 5). Zwischen dem thematischen Interesse und dem Wissenserwerb besteht ein enger Zusammenhang. Eine Lernumgebung kann noch so gut aufbereitet sein, sie wird schwerlich etwas bewirken, wenn kein Interesse am Thema vorhanden ist. Eine aktive Auseinandersetzung mit multimedialen Angeboten kann durch Möglichkeiten zur Interaktivität besonders unterstützt und gefördert werden. Die Lernumgebung wird von den NutzerInnen als umso attraktiver sowie motivierender zum Lernen betrachtet, je mehr sich die Lernenden in die Lernumgebung einbringen können. Interaktivität kann unterstützt werden, z.B. durch die Möglichkeit, Anmerkungen oder Kommentare einzufügen, Texte schreiben oder auswählen zu können (ebd.). Eines der wichtigsten Ergebnisse sei nochmals hervorgehoben: Die Methode der Instruktion hat Vorrang vor der Art und Weise der Präsentation. Das bedeutet, dass die Pädagogik im weitesten Sinne immer noch die wichtigste Rolle spielt und selbst eine gelungene Lernumgebung kaum etwas bewirken kann, wenn keine pädagogische Einbettung vorhanden ist (ebd.).

3.3.1 Computer und Alltag

Aus verschiedenen Bereichen liegen empirische Ergebnisse zu Fragen des Umgangs mit Computern sowie der Verwendung zu Lernzwecken vor. Im allgemeinen werden Tendenzen beschrieben, nach denen die NutzerInnen in verschiedene Typen gruppiert werden, je nach Ausrichtung mit Schwerpunkten z.B. auf Strategien oder subjektive Deutungsmuster.

Im Folgenden werden Ergebnisse dieser Forschungsbemühungen aus verschiedenen Bereichen vorgestellt. Im Bereich der Techniksoziologie sind eine Vielzahl von Studien angesiedelt, die unter Einbeziehung sozialwissenschaftlicher Perspektiven die alltägliche Computernutzung untersuchen. (vgl. Rammert, Böhm, Olscha et. al. 1991, Famulla, Gut, Möhle et. al. 1992, Schwab, Stegmann 1999) In der großangelegten Untersuchung von Rammert, Böhm, Olscha et. al. (1991) wird mittels Feldbeobachtungen, explorativer und narrativer Interviews der Frage nachgegangen, wie die Kultivierung des Computers in individuellen Lebenszusammenhängen geschieht. (Rammert, Böhm, Olscha et. al. 1991: 136 ff.) Der Umgang mit der neuen Technik wird unter Rückgriff auf die Perspektive der AlltagsnutzerInnen des Computers rekonstruiert. Die TeilnehmerInnen der Untersuchung zeigen ein breites Spektrum unterschiedlicher Berufsrollen und Altersverteilung auf. Obwohl bei der Erhebung keine statistische Repräsentativität angestrebt wurde, wurde beim sogenannten theoretischen Sampling kontrolliert, ob die NutzerInnen nach Berufsgruppe, Alter und Geschlecht ausreichend repräsentiert sind (ebd. 142).

Die thematischen Kerne der Interviews waren erstens die Motive, die zum Erwerb eines Computers führten, zweitens die Art der Nutzung des Computers, wobei hier sachliche, zeitliche und soziale Bezüge angesprochen wurden, sowie drittens die Veränderungen im alltäglichen Leben, die sich infolge der Computernutzung eingestellt haben (ebd.). In der folgenden Zusammenfassung der Ergebnisse werden besondere Merkmale spezieller Typen von NutzerInnen herausgearbeitet.

Der Computer als lebensstilbildendes Medium

Diese Gruppe von NutzerInnen wird als computerbegeistert bezeichnet. Obwohl inzwischen über 18 Jahre alt, kamen sie bereits während ihrer Kindheit mit der neuen Technik in Berührung. Die Erwerbsmotive und Nutzungsformen sind durch ein soziales Umfeld geprägt, das über ein Bewusstsein für die Zukunft dieser Technologie verfügte. (ebd.145) Als typisch für diese Gruppe von NutzerInnen wird deren Einschätzung angeführt, dass die neuen Kommunikationstechnologien in alle gesellschaftlichen Bereiche eindringen werden und dort wichtige Veränderungen verursachen, was aufmerksame Leute nicht überraschen sollte (ebd. 142). Diese Deutung kann soweit gehen, dass *computer literacy* als ebenso wichtig betrachtet wird wie die konventionelle Fähigkeit des Schreibens. Als Computeravantgardisten werden jene NutzerInnen bezeichnet, die ihre Fertigkeiten im Umgang mit neuen Technologien als kulturelle Qualifikation verstehen. Der Umgang der Computeravantgardisten mit dem Computer weist eine auf quasi natürlichem Wege erworbene Sicherheit und Selbstverständlichkeit auf. Deshalb ist es nicht verwunderlich, wenn NutzerInnen, die bereits als Kinder oder Jugendliche den Computer kennenlernten, das Umgehenkönnen mit der neuen Technik als persönliche Begabung deuten (ebd. 144). Solche Akteure begreifen sich in ihrer Selbsteinschätzung als eingefleischte Computerexperten, als großgeworden mit modernster Technologie. Computeravantgardisten sehen das Problem der Computerlaien, den Eigenschaften des Computers quasi blind gegenüber zu stehen. Die Tendenz zur lebensstilisierenden Überhöhung technischer Kompetenzen wird als typisch für diese Gruppe beschrieben (ebd. 146). Die Unterscheidung zwischen denen, die als ExpertInnen bzw. Laien gelten, lässt sich auf verschiedenen ‚Märkten', z.B. in der Schule, am Arbeitsplatz, im privaten Alltag einsetzen. Die Profilierung zu ComputerexpertInnen gestattet es, sich von Eltern, FreundInnen oder Bekannten, die nicht über den ‚Anwenderstatus' hinaus gelangt sind, abzugrenzen. Außerdem wird hier häufig eine spielerische Einstellung zur Technik, ein lustbetonter Umgang, der Anfang und Ende einer Beschäftigung mit dem Computer von der jeweiligen Stimmung abhängig macht, angetroffen (ebd.). Der Unterschied zu jenem Typus von NutzerInnen, die sich gleichsam von der Pflicht gerufen fühlen und dessen stärker regulierte Aneignung auf externe Hilfen angewiesen ist sowie quasi-institutionelle Züge trägt, äußert sich immer wieder in der Betonung, dass der Umgang mit dem

Computer soviel Spaß macht (ebd.). Der Umgang mit der Technik lässt sich charakterisieren als spielerisch und lustbetont, im Gegensatz zu nüchterner, fremdbestimmter Arbeit, die der Entfaltung individueller Neugierde und spielerischen Entfaltungsbedürfnissen keinen Raum lässt (ebd.). Die Interviews geben Aufschluss über ausgeprägte soziale Beziehungen zwischen den ComputernutzerInnen stilbildender Ausrichtung. Elemente einer Sondersprache und eigenwillige Verhaltensnormen ermöglichen Deutungen, die sich in Beziehung zur Arbeitswelt der AnwenderInnen und dem Technikverständnis von Laien ausdifferenzieren.

„Auf diese Weise gewinnen die Insider selbst eine Orientierungssicherheit in der Unterscheidung zwischen Wissenden und Nichtwissenden, Eingeweihten und Nichteingeweihten, kurz zwischen innen und außen, wobei die zentrale Differenz zwischen einfachem User und wahrem Könner auch innerhalb des ‚Expertenkollektivs' als Selbstbeurteilungsfolie weiter aufgefächert wird, insofern, als sie noch einmal unterscheidet zwischen dem gewöhnlichen ‚Ordensmitglied' und dem ‚Lehrmeister'." (ebd. 148)

Computerkenntnisse werden von dieser Gruppe so betrachtet, dass sie Lebenschancen im Sinne einer Steigerung der persönlichen Attraktivität für unterschiedliche Märkte beinhalten. Es fehlen jedoch Karriereambitionen, wie andere Typen von NutzerInnen sie aufzeigen (ebd.). Durch den als kreativ gedeuteten Umgang mit dem Computer wird eine spezielle Einstellung zur modernen technischen Welt demonstriert. Diese Haltung geht jemandem ab, der oder die sich den Computerbedingungen insbesondere in der Arbeitswelt gezwungenermaßen unterwerfen muss, um den Verlust von Lebenschancen abzuwehren (ebd. 148 f.). Die lebensstilbildende Funktion der Computerkenntnisse der Avantgardisten kann sich in einer ästhetischen Einstellung zur Technik ausdrücken. Der Computer ist dann immer weniger Technik und immer mehr künstlerisches Medium, verhilft sozusagen zu einem KünstlerInnentum, das nicht mehr angewiesen ist auf die Entwicklung von Talent, sondern technisches Wissen erfordert (ebd. 149).

Der Computer als qualifikatorische Ressource

Dieser zweite Typus setzt sich aus jener Gruppe von NutzerInnen zusammen, die primär aus beruflichen Gründen motiviert sind, die neue Technik zu erwerben. Typische Wahrnehmungen und Deutungen der Technik werden deutlich, wenn diese vor dem Hintergrund beruflicher Erfahrungen an Relevanz gewinnen (ebd. 151). Die Erwerbsmotive und Nutzungsformen dieser beruflich motivierten ComputernutzerInnen haben einen präventiven bzw. reaktiven Charakter. Bei dieser Gruppe vollzieht sich die Computeraneignung im Rahmen von Individuierungs- bzw. Kompensationsmaßnahmen vor dem Hintergrund einer EDV-getriebenen Rationalisierung der Arbeitswelt.

„Wenn hier von den Akteuren immer wieder betont wird, dass dem Computer die Zukunft gehöre und sie somit bei ihrem Vorhaben, Anwenderkenntnisse zu erwerben, im Trend der Arbeitsmarktentwicklung liegen würden, dann deshalb, weil hier als berufliches Fernziel die Anpassung an erwartete, befürchtete bzw. bereits eingetretene Veränderungen am Arbeitsplatz dominiert." (ebd. 151)

Idealtypisch lassen sich zwei entgegengesetzte Perspektiven beschreiben. Einerseits wird die Computeraneignung als strategische Option gewertet, um die eigene Position am Arbeitsplatz zu stabilisieren bzw. zu verbessern. Andererseits wird die wahrgenommene Computerisierung als Anpassungsdruck gewertet, da der Verlust des Arbeitsplatzes bzw. der Abstieg in entqualifizierte Arbeitsbereiche befürchtet wird. Im Hinblick auf ihre Erwerbsmotive lassen sich die beruflich motivierten ComputernutzerInnen dementsprechend klar unterscheiden. Zum einen sind jene selbsternannten „Automatisierungsgewinner" zu nennen, deren Motiv im wesentlichen darin besteht, rechtzeitig gewappnet zu sein, also durch entsprechende Kenntnisse den bevorstehenden Veränderungen am Arbeitsplatz nicht ahnungslos ausgeliefert zu sein (ebd. 155). Insgesamt wird der Computerisierung von dieser Gruppe gelassen entgegen gesehen, der strukturelle Umbruch der Berufswelt durch EDV wird nicht als eine Bedrohung persönlicher Positionen und Qualifikationen erlebt. Trotzdem wird Weiterqualifikation als notwendig erachtet, um negativen Entwicklungen vorzubeugen. Im Gegensatz zu dieser Gruppe, gibt es jene NutzerInnen, die sich zu Betroffenen der Automatisierung ohne ausreichende Schutzmaßnahmen stilisieren. Das Erwerbsmotiv besteht darin, von den befürchteten Entwicklungen nicht überrollt zu werden (ebd. 153). Beiden Gruppen gemeinsam ist, dass eine Veränderung innerhalb der Berufswelt wahrgenommen bzw. vermutet wird, wobei angenommen wird, dass man sich ihrer entweder bedienen können oder aber sich ihr nur fügen muss (ebd. 152). Als gemeinsames Kennzeichen aller bisher genannten Typen von ComputernutzerInnen wird beschrieben, dass sie die Computerisierung als Weiterbildungsimperativ im Sinne eines Appells an ihr Eigeninteresse verstehen. Dementsprechend werden Lernerfolge als Realisierung ihrer Verantwortung gedeutet. Entstehen hier überhaupt Ängste, richten sie sich ausnahmslos auf das mögliche Scheitern dieser Aufgabe, zumal sich diese als prinzipiell unabgeschlossen darstellt (ebd. 158).

Der Umgang mit dem Computer als Passion
Dieser Typus wird von jenen Computerbegeisterten verkörpert, die ebenfalls bereits zu einem frühen Zeitpunkt in ihrer Biografie mit dem Computer in Berührung kamen. Die Erwerbsmotive und Nutzungsformen dieser Gruppe kennzeichnen den Computer als Tüftlerobjekt. Technik hatte generell schon immer einen hohen Stellenwert für diesen Typus. Die intensive Beschäftigung mit der Technik seit der Kindheit und die daraus resultierende Erfahrungen und Erlebnisse werden dementsprechend zum integrativen Bestandteil ihrer Persönlichkeit. Die Fertigkeit im Umgang mit der Technik hat hier persönlichkeitsbildende Wirkung, wobei solche Kompetenzen nicht davor geschützt sind zu veralten, so dass es gilt, die Kenntnisse immer wieder auf den neuesten Stand zu bringen (ebd. 159f.). Als zentrale Motive werden beschrieben: die Lust zu entdecken sowie das Bedürfnis nach Neuem, möglichst dem Neuesten, kurz

eine novophile Haltung. Diese Motive deuten an, dass der Computer vordergründig noch konkreten Zwecken dienen soll, aber wer sich als Tüftler bzw. Pionier versteht, ist nicht auf Nutzungen bestimmter Art festgelegt. Es besteht eine Offenheit für die ganze Breite möglicher Verwendungen, deren Ausschöpfung jedoch von dem jeweiligen Kompetenzniveau abhängt (ebd. 161). Im Gegensatz zu eher konkurrenzorientierten NutzerInnen überwiegt hier der Kollektivgedanke (ebd. 163).

Der Computer als intellektuelle Herausforderung

Ein weiterer Typus technikbegeisterter Computernutzerinnen lässt sich dadurch kennzeichnen, dass für sie die Technik weniger relevant ist im Hinblick auf ihre konkrete Anschaulichkeit und Veränderbarkeit. Die intellektuelle Herausforderung steht hier im Mittelpunkt. Dabei fallen insbesondere diejenigen auf, die bereits früh, bevor man von einer Alltagstauglichkeit des Computers sprach, einen ingenieurwissenschaftlichen Zugang zur neuen Technologie entwickelten. Auch bei dieser Gruppe zeigt sich, dass der private Umgang mit dem Computer für das berufliche Leben als nützlich eingestuft wird. Diesmal jedoch nicht im Sinne einer Qualifizierungsressource, sondern als Reproduktionsstrategie, die als sinnvolles, entlastendes und gleichzeitig intellektuelles Vergnügen betrachtet wird (ebd. 168). Hier ist eine innere Nähe zur Technologie zu verzeichnen, die sich in der Benutzung des Computers als Projektionsfläche zur Selbstbespiegelung manifestiert (ebd. 175). Hierbei kommt dem Computer die Funktion eines Introspektionsmediums zu, so dass die Technik zuvor nicht möglich gewesene Einsichten in die Welt der eigenen Gedanken eröffnet. Diese Gruppe wird besonders angesprochen von der Faszination vermeintlich unzweideutiger Objektivierbarkeit und der erreichbaren Transparenz intellektueller Leistungsfähigkeit, deren zusätzliche Vermessbarkeit durch die Schwierigkeitsgrade einzelner Programmiersprachen sowie verschiedenster Anwendungsmöglichkeiten gewährleistet ist. Hier entstehen Problemlagen aufgrund der Tendenz, Einsichten auf den Alltag zu übertragen, die in einer künstlich geschaffenen Welt gewonnen wurden (ebd.). In der Regel bemüht sich dieser NutzerInnentypus, das lebensweltliche Durcheinander mit mehreren Ordnungsebenen zu überziehen, eben „sauberere" und „elegante" Lösungen für praktische Probleme zu finden (ebd.). Hierbei ändert sich der Blick für die alltäglichen Dinge des Lebens, so dass Orientierungsnöte entstehen, weil der ständige Wechsel von den „natürlichen" in den „künstlichen" Aktionsraum es erschwert, einen fundamentalen Erkenntnisstil, dem eine alltagspraktische Vorzugswirklichkeit entspricht, aufrechtzuerhalten.

Ergebnisse zur geschlechtspezifischen Computernutzung

Wird der Computer bzw. die Computertechnik unter geschlechtsspezifischem Gesichtspunkt diskutiert, lassen sich grob vereinfacht zwei unterschiedliche Positionen kennzeichnen. Einerseits wird die Annahme vertreten, dass die Technik generell nicht neutral ist, Männlichkeit und Technik in einem inneren Zusammenhang stehen. Hier werden verschiedene Handlungsstrategien vorgeschlagen, um diese Verbindung zu bekämpfen. Es dominiert die Auffassung, dass es spezifisch weibliche Formen der Technikaneignung und -gestaltung gibt. Im Gegensatz dazu steht die These einer „gestaltungsoffenen" Computertechnik. Hierbei wird von der Annahme ausgegangen, dass die Computertechnologie je nach den vorherrschenden Interessen und Strategien unterschiedliche Ausprägungen annehmen könne (ebd. 176).

In den Interviews mit Frauen wurde festgestellt, dass die vermeintliche „Computerdistanz" und „Technikfeindlichkeit" bei Frauen im berufsfähigen Alter bereits dadurch zumindest überdeckt ist, dass Frauen zu diesem biografischen Zeitpunkt in zunehmendem Maße beruflich mit den neuen Technologien in Berührung kommen oder mit den Folgen der Computerisierung konfrontiert sind. Ein „Ausweichen", wie es schulpflichtigen Mädchen eher möglich ist, verbietet sich in dieser Situation (ebd. 177). Die Autoren bemerken, dass die Frauen vor allem dann, wenn sie qualifizierte Berufe ausüben, auf die Einführung neuer Technologien erstaunlich positiv reagieren. Trotz der geringeren Zahl der in dieser Studie befragten Frauen lässt sich behaupten, dass Frauen durchaus in der neuen Technologie eine Chance für die Realisierung ihrer persönlichen Interessen sehen. Es zeigte sich, dass Frauen aus verschiedenen Berufen in unterschiedlichen Situationen nicht das Vorurteil bestätigen, dass die Technik ihnen feindlich gegenüberstünde. Die Autoren resümieren, dass anscheinend die „vorgebliche" weibliche Technikangst das Resultat gesellschaftlich definierter Selbst- und Fremdzuschreibungen ist und keine genuin weibliche Problematik (ebd. 177). Geschlechtsbedingte Aneignungsunterschiede zeigen sich auch bei Schwab, Stegmann (1999) im Nutzungsprofil der typisierten Gruppen. Der Gruppe der IntensivnutzerInnen – bestehend aus sog. PC-Freaks und ‚Viel-Usern' – wird die Gruppe der ‚Durchschnitts-User' gegenübergestellt. Bei den männlichen intensiven Nutzern wird deutlich, dass sie sich von der Gruppe ‚Durchschnitts-User' durch eine signifikant intensivere Nutzung eines breiteren Nutzungsspektrums unterscheiden. Die Gruppe der Intensivnutzerinnen hebt sich im Vergleich nur durch eine intensivere Nutzung im Kreativbereich der Grafikprogramme und auch Spielen von den Durchschnitts-Userinnen ab. Als Domänen männlicher Intensivnutzer werden Hardwarebasteln, Programmieren etc. benannt. Keine signifikanten Unterschiede lassen sich in den Gruppen der interessierten ‚Nicht-User' und ‚Computer-Distanzierten' finden (ebd.).

3.3.2 Verstehensmuster

In einer Studie von Land und Hannafin (1997) werden Muster des Verstehens in einer sog. offenen, nicht-direktiven Lernumgebung mittels qualitativer Methoden untersucht. In der verwendeten Lernumgebung geht es

um Teilgebiete der mechanischen Physik. Es wird davon ausgegangen, dass neue Informationen und Fertigkeiten in die Vorerfahrungen verankert werden sollen. In der situierten Umgebung aktivieren Lernende ihre kontextrelevanten Vorerfahrungen, manipulieren die Systembestandteile und ziehen Schlussfolgerungen aus Beobachtungen, indem sie zur Interpretation der Ereignisse informelle Konzepte anwenden. Die der Untersuchung zugrunde liegende Lernumgebung zielt darauf ab, dass die NutzerInnen Kenntnisse der mechanischen Physik durch die Konstruktion eines Achterbahnverlaufs vertiefen (Land, Hannafin 1997: 48). Im Mittelpunkt der Untersuchung stehen
- die Verarbeitung von Informationen und Feedback;
- die Handlungsabsichten;
- die Verwendung der Systembestandteile.

Die TeilnehmerInnen waren je zur Hälfte erfahren bzw. mäßig erfahren mit Computern sowie zur Hälfte weiblichen bzw. männlichen Geschlechts (insgesamt vier Fallstudien). Für die Auswertung wurden die während der Sitzungen entstandenen Laut-Denk-Protokolle verwendet sowie leitfadengestützte Interviews herangezogen. Die Vorbereitung beinhaltete nach Erfahrungen aus Testläufen Übungen zum lauten Denken, die die TeilnehmerInnen auf das methodische Verfahren einstimmten, sowie Erklärungen zu den Systembestandteilen, zu denen die Online-Hilfe nicht ausreichend Informationen enthielt. Außerdem erfolgte eine thematische Einstimmung auf die Problematik durch einen Videofilm. Auf Grundlage des Modells von Land und Hannafin (*theories-in-action*), wurden insgesamt acht Muster des Verstehens herausgearbeitet, die zeigen, wie die TeilnehmerInnen die Systemressourcen benutzen, Systemkonzepte und −ereignisse interpretieren und entscheiden, wie Probleme zu lösen sind (ebd. 61). Diese Muster werden im Folgenden zusammengefasst dargelegt:

1. Muster: Wahrnehmungen von Systemereignissen und die Effekte von Aktionen

Alle Lernenden nahmen die Informationen wahr und erkannten die Effekte ihrer Aktionen auf Systemereignisse. Die Lernenden äußerten jedoch auch fehlerhafte Schlussfolgerungen auf Grundlage (falscher) Wahrnehmung der Videosimulationen bzw. visueller Hinweise. Gleichzeitig verließen sich die Lernenden sehr stark auf das Videofeedback (Simulation der Fahrt einer Achterbahn), das von dem System für die Informationen über die Geschwindigkeit generiert wurde, jedoch nur annähernd Echtzeit simuliert (ebd. 62).

2. Muster: Identifizieren, was ‚funktioniert'

Dieses Muster trat typischerweise im anfänglichen Kontakt mit dem System auf, war sehr experimentell ausgerichtet auf das Ausprobieren verschiedener Einstellungen und führte zu einer Aufschichtung gelungener Aktionen, so lange bis ein als ausreichend empfundenes Repertoire bestand. Diese Strategie half den Lernenden, die Schlüsselvariablen ausfindig zu machen, um in der Folge

Erklärungen generieren zu können (ebd. 62). Dementsprechend wurde ein Verständnis entwickelt, das mit der Wahrnehmung erfolgsversprechender Variablen beginnt, dann zur Entwicklung von Absichten und zur Wiederholung erfolgreicher Aktionen fortschreitet, um im Anschluss in Handlungen zu münden, die den ersten Erfolg bestätigen oder widerlegen (ebd. 63).

3. Muster: Konstruieren persönlicher Interpretationen von beobachteten Ereignissen

Die Lernenden produzieren auf dieser Basis weitere Interpretationen, Voraussagen, Bewertungen und Erwartungen über zukünftige Systemereignisse. Die Beobachtungen werden nach einfachen Ursache-Effekt-Beziehungen und Erwartungen organisiert. Charakteristisch für dieses Muster ist demnach das Fortschreiten von der einfachen Wahrnehmung zum Interpretieren, sobald Variablen erkannt und getestet sind (ebd.).

4. Muster: Das Konsolidieren und Generalisieren einer Theorie

Im Verlauf der Arbeit mit der Lernumgebung werden Interpretationen und Regeln konsolidiert und verfeinert. Wenn etwas nicht den Erwartungen gemäß funktioniert, sind die bisherigen Theorien oder Regeln unvollständig, unadäquat oder unzureichend. Dementsprechend tendieren die Lernenden dazu neue Theorien zu entwickeln, um das Ereignis zu erklären. Typischerweise sind solche Theorien intuitive Interpretationen oder informelle Theorien, die häufig der kanonischen Sicht widersprechen (ebd.).

5. Muster: Integration in verwandte persönliche Erfahrungen

Im Vergleich zeigen die Lernenden kaum Belege dafür, dass sie das Systemgeschehen durch Beobachtungen und Schlussfolgerungen integrieren. (ebd. 64) Teilweise weichen die Vorerfahrungen von den Systemerfahrungen ab. In diesem Fall kann das Vorwissen wegen der Inkonsistenz zum Systemgeschehen das Entwickeln von Interpretationen und zukünftigen Handlungsabsichten beeinträchtigen.

6. Muster: Das Erweitern theoretischer Grenzen

Die Grenzen der theoretischen Annahmen werden erweitert, wenn die Lernenden vom Fokus auf das Ziel (einen funktionsfähigen Achterbahnverlauf zu konstruieren) fortschreiten und sich auf das Erforschen der Mittel zum Erreichen des Ziels konzentrieren. Die Auseinandersetzung mit den Mitteln führt dazu, dass die Lernenden die Grenzen möglicher Handlungen im System erforschen, statt das bereits Bekannte zur Problemlösung anzuwenden (ebd.).

7. Muster: Das Verändern der anfänglichen Interpretationen durch Assimilation

Dieses Muster repräsentiert den Beginn eines Modells oder einer einfachen Theorie, die sich aus den Erfahrungen mit dem System und den intuitiven Theorien zusammensetzt. (ebd. 68) Persönliche Theorien sind häufig von Unsicherheit gekennzeichnet und werden schnell aufgegeben, wenn alternative Theorien Ereignisse besser erklären. Im Verlauf der Assimilation veränderten sich die Theorien dahingehend, dass sie konsistenter zu den augenblicklichen Beobachtungen werden. In dieser Phase scheinen Lernende sich mit ihren Theorien nicht auseinander zu setzen und sie auch nicht zu beurteilen (ebd. 67).

8. Muster: Das Erkennen von Inkonsistenzen zwischen Fakten und Theorie

Je nachdem wie die Fakten interpretiert und beurteilt werden, wird das Vertrauen in die verschiedenen Theorien entweder gestärkt oder geschwächt (ebd.). Lernende assimilieren kontinuierlich neue Daten, so lange bis diese als konfligierend mit einer Theorie wahrgenommen werden. Insgesamt werden die Systembestandteile mehrheitlich nicht dazu verwendet, Theorien durch systematisches Testen zu validieren. Dementsprechend werden Gegenbeispiele zur Theorie nicht erkannt, stattdessen wurden sie ignoriert, assimiliert in bestehende Theorien oder eine unabhängige Theorie wird gebildet. Die Wahrnehmung von Dissonanzen ist notwendig für eine meta-konzeptionelle Bewusstheit, d. h. die Erkenntnis, dass Annahmen begrenzt sind. Erfahrene Lernende nehmen häufig wahr, dass Theorien Fehler aufweisen mögen, erkennen graduell das Auftreten von Gegenbeweisen und leiten daraus neue Probleme ab, um die Theorierobustheit systematisch durch verschiedene Problemstellungen zu testen (ebd.).

Als besonders deutliches Ergebnis ihrer Studie werten die beiden AutorInnen, dass die Theorien der Lernenden in hohem Maße resistent gegenüber Veränderungen sind. Die Lernenden verfügen über starke persönliche Theorien, die oft die kognitiven Prozesse und Handlungen dominieren. Die Studie zeigt, dass es Lernenden Schwierigkeiten zu bereiten scheint, über eine einfache Assimilation hinauszukommen. Als Begründung wird angeführt, dass es ihnen nicht gelingt, die Informationen des Systems als inkonsistent mit den existierenden Theorien wahrzunehmen und zu interpretieren. (ebd. 69)

Daraus folgern die AutorInnen unter Berufung auf ähnlich gelagerte Forschungsergebnisse, dass alleine die Präsentation alternativer Sichtweisen nicht ausreicht, um tief verinnerlichte Annahmen zu verändern. Die Dauerhaftigkeit von Fehlannahmen hängt von der Fähigkeit der Lernenden ab, persönliche Überzeugungen zu identifizieren und zu verfestigen, deren Grenzen / Begrenztheit zu erkennen und graduell auf sie aufzubauen (ebd. 69). Als Einschränkung wird angeführt, dass kurzzeitige Arbeit mit Lernumgebungen, wie in dieser Studie untersucht, für konzeptuelle Veränderungen und die Evolution von Theorien unzureichend sein möge.

Die Empfehlungen für die Gestaltung von ‚open-ended learning environments' fokussieren dementsprechend auf diese Problematik. Unzureichende metakognitive Bewusstheit führt zu Schwierigkeiten in der Erkennung von widersprüchlichen Beweisen und dem Aufdecken von voreingenommenen Denken (ebd.). Deshalb sollten Lernumgebungen Gelegenheiten für die intentionale Reflektion von Annahmen, Strategien und Absichten zur

Verfügung stellen. Weiterhin wurde die Tendenz ‚naiver' Lernender, sich auf dominante visuelle Informationen zu verlassen, bestätigt. Untersuchungen zu ExpertInnen und NovizInnen erzielen übereinstimmende Ergebnisse, die die Tendenz aufzeigen, dass NovizInnen sich eher auf die Oberflächenmerkmale als auf die substantiellen Aspekte von Problemen konzentrieren (ebd.).

Daraus wird gefolgert, dass „perceptual cues are linked with important information" (ebd. 69). Willkürlicher Einsatz visueller Effekte führt wahrscheinlich zur Förderung falscher Wahrnehmungen und Missverständnissen (ebd. 69 f.). Dementsprechend mögen ‚naive' Lernende von eingeschränkten Systemen, die die Reichhaltigkeit der Sinnesreize reduzieren, profitieren. Animationen (vs. Videosimulationen) und adaptive Rückmeldungen werden als sinnvolle Techniken zur Reduktion potenzieller Fehlwahrnehmungen genannt (ebd. 70).

Abschließend diskutieren die AutorInnen die neu entfachte Debatte zwischen VertreterInnen der Instruktionstheorie und des Konstruktivismus. Von instruktionistischer Seite wird an konstruktivistischen Ansätzen das Fehlen systematischer Konzepte für das Design und die Leistungsbeurteilung bemängelt. KonstruktivistInnen hingegen kritisieren die traditionellen Ansätze in ihrem Unvermögen, Denken höherer Ordnung und Problemlösefertigkeiten zu unterstützen. Stark strukturierte Ansätze mögen für das Lehren einfacher Informationen und Fertigkeiten funktionieren, aber sie können keine Unterstützung für komplexes Denken und die Entwicklung metakognitiver Fertigkeiten anbieten. Inzwischen hat sich, wie in Kapitel II.1.1.2 dargestellt, aus dieser Debatte eine mittlere Position entwickelt.

3.3.3 Navigation

In einem hypermedialen Informationssystem verfügen die NutzerInnen über die Kontrolle, sich von einer Informationseinheit zur anderen gemäß persönlicher Absichten / Lernziele zu bewegen. Diese Kontrolle durch die Lernenden beinhaltet das Potential, sich entweder aktiv zu involvieren oder auch nicht. Das Wahlverhalten der Lernenden kann inkonsistent zu den von den Lehrenden / EntwicklerInnen gesteckten Lern-/Lehrzielen sein. Dementsprechend haben Studien, die das Navigieren in Hypermedia untersuchen, wiederholt NutzerInnen identifiziert, die interessierter daran waren, die unterstützenden Bilder und Filme anzusehen, als den grundlegenden Inhalt zu lernen (Barab, Bowdish, Lawless 1997: 23-24).

Auf Grundlage einer Darstellung der verschiedenen Möglichkeiten Informationen in Hypermedia zu organisieren (hierarchisch, netzartig etc.), lassen sich Erwartungen an offene Mediensysteme sowie deren Grenzen diskutieren. Häufig wird von der Annahme ausgegangen, dass die Kontrolle der Lernenden ein inhärentes Merkmal der neuen Technologien sei. Diese

Annahme sowie der Glaube daran, dass die Kontrolle von Lernenden generell einen positiven Einfluss auf das Lernen habe, führt zu der Forderung, Möglichkeiten der Kontrolle durch Lernende in die Gestaltung von Hypermedia einfließen zu lassen.

Häufig wird postuliert, dass allein die Verantwortung für die Selektion von relevanten bzw. irrelevanten Informationen durch die Lernenden zu einer aktiven Involviertheit in den Lernprozess führt (Shyu, Brown 1995, in Barab, Bowdish und Lawless 1997). Studierende, die einen Hypertext benutzen, haben das Gefühl über mehr Kontrolle zu verfügen und zeigen höhere Werte bezogen auf ihre intrinsische Motivation auf, als Studierende, die denselben Inhalt mittels Print-Medien erarbeiten (Becker, Dwyer 1994, in ebd.). Dennoch weist Hypermedia potenzielle Probleme auf: je offener im Ausgang die Aktivitäten innerhalb einer Lernumgebung sind, desto mehr Freiheiten bestehen für die Lernenden, sich sinnvoll oder nicht einzubringen. Ironischerweise wird also der größte Pluspunkt von Hypermedia oft zum Problem. Bereits in vielen älteren Untersuchungen zu *computer assisted instruction* werden Fälle genannt, in denen es Studierenden nicht gelang, effektive Strategien anzuwenden und zu kontrollieren (Steinberg 1989, in ebd.). Je komplexer die hypermediale Lernumgebung, desto größer ist das Potential für das Gefühl von Verwirrung oder Desorientierung auf Seiten der Lernenden. Diese Diskussion über allgemein bei Lernenden beobachtete Unterschiede zeigt auf, dass die Kontrolle der Lernenden in offenen Lernumgebungen ein zweischneidiges Schwert sein kann. Auf der einen Seite steht die Vergrößerung der Möglichkeiten für die Lernenden, auf der anderen Seite die Gefahr der Überforderung, des *lost in cyberspace*.

In der im folgenden dargestellten Studie geht es um das Navigieren in einem offenen, nicht-direktiven hypermedialen Informationssystem (Barab, Bowdish, Lawless 1997: 23-41). Die Studie versucht, individuelle Unterschiede zwischen NutzerInnen zu erklären und führt die Ergebnisse in vier Profilen verschiedener „Navigation Performance" zusammen. 66 Studierende verwendeten ein hypermediales Informationssystem, das sie frei erforschen konnten, um eine von fünf zur Wahl gestellten Rechercheaufgaben zu erfüllen. Im Verlauf wurden die Informationen über das Navigieren jeweils in Log-Dateien aufgezeichnet – eine Methode, die den Vorteil aufweist, prozessorientiert zu sein. Darüber hinaus wurden die Ergebnisse im Hinblick auf die Bewältigung der gewählten Aufgabe, die Selbstwirksamkeitseinschätzung der TeilnehmerInnen im Umgang mit dem System, den wahrgenommene Nutzen des Systems und das Interesses einbezogen, um als externe Kriterien die Unterschiede zwischen den Profilen zu validieren. Die Aufgaben wurden in einfache und schwere Probleme unterschieden. Wenn die TeilnehmerInnen der Meinung waren, die Informationen zur Lösung des Problems gefunden zu haben, konnten sie einen entsprechenden Button anklicken. Folgende vier

Unterscheidungen wurden im Zusammenhang mit Zielen und Motivationen der TeilnehmerInnen vorgenommen:
Model user: Dieser Typ von TeilnehmerInnen scheint motiviert zu sein, das Problem zu lösen. Ihr Navigationsverhalten lässt sich als zielorientiert beschreiben.
Cyber cartographers: Diese NutzerInnen scheinen motiviert dazu zu sein, das Informationsangebot zu erforschen. Die Wahl der Navigationsoptionen verfolgt das Ziel, durch das Informationsangebot zu lernen.
Feature explorer. Dieser Typ war anscheinend vor allem daran interessiert, Filme aufzufinden und anzusehen. Die geringere Selbstwirksamkeitseinschätzung legt jedoch Nahe, dass Verwirrung bei der Auswahl der Optionen eine Rolle spielte.
Disenchanted volunteers: Diese Gruppe scheint nicht am Informationsangebot interessiert zu sein, vordringlich war das Interesse am Beenden der Sitzung.

Die Identifizierung dieser verschiedenen Typen des Navigationsverhaltens deckt sich mit einer Reihe vergleichbarer Untersuchungen. Auffällig ist das wiederholte Identifizieren eines dem *feature explorer* vergleichbarem Typ in einer Reihe von Untersuchungen (u.a. bezeichnet als *video hopper, resource junkie*) (Barab, Bowdish, Lawless 1997). Der Zusammenhang zwischen der Nutzung von Ressourcen auf der einen Seite und geringen Ergebnissen bezogen auf die Aufgabe sowie niedriger Selbstwirksamkeitseinschätzung auf der anderen Seite, deutet daraufhin, dass für einige NutzerInnen Video dazu führt, dass sie vom Lernen des grundlegenden Inhalts abgelenkt werden. Diese Ressourcen scheinen eine Rolle zu spielen, die wiederholt bereits in anderen Untersuchungen beobachtet wurde. Dementsprechend wird für derartige Ressourcen häufig die Bezeichnung ‚verführerische Details' verwendet. Diese Beschreibung bezieht sich auf Details die stark aufmerksamkeitserregend sind, jedoch für die Bewältigung eines Interessengebietes von geringer Bedeutung sind. Demzufolge sollte die Gestaltung derartig hervorstechender Details als Aufhänger zur Förderung einer aktiven Beschäftigung mit den Inhalten nutzen. Ein derartiger Aufhänger kann die Bedeutung der Lerninhalte veranschaulichen bzw. das Herstellen eines Zuganges ermöglichen. Nach Barab, Bowdish und Lawless sollten die Ziele und Intentionen der NutzerInnen stärker berücksichtigt werden. Die Frage wie Motivation und Ziele stimuliert und aufrechterhalten werden können, so dass Individuen ein Informationsangebot tatsächlich mehr als nur oberflächlich browsen, kann bei der Frage der Verwendung ‚verführerischer Details' (z.B. Video) ein wichtiger Gedanke sein. Tieferliegend sollte allerdings auch in inhaltlicher Hinsicht ein Stimulieren des Interesses und der Motivation angestrebt werden. Ein Ansatz ist die Verwendung von sogenannten Ankern nach der *Cognition and Technology Group at Vanderbilt* (vgl. Barab, Bowdish, Lawless 1997: 39). Ein Anker bezieht sich demnach auf ein Problem oder ein organisierendes Zentrum, das dazu dient, das Interesse und die Motivation zu fokussieren, zu legitimieren und zu stimulieren. Diese Anker werden in Form von Geschichten präsentiert, die komplexe Problemlagen beinhalten, und dienen normalerweise zum Generieren und zum Lösen mehrerer untergeordneter Probleme. Die extensiven Forschungsbemühungen hierzu deuten darauf hin, dass sorgfältig gestaltete Anker das genuine, langfristige und transferierbare Lernen von Fakten, Methoden und Ideen unterstützen. Im Gegensatz zu der Verwendung ‚verführerischer Details' funktionieren Anker umfassender und dienen dazu, die Annahme von Zielen zu ermöglichen, die das Interesse stimulieren und das gesamte hypermediale Angebot in den Augen von NutzerInnen sozusagen legitimieren. Mit ähnlichen Ergebnissen wartet eine Reihe anderer Untersuchungen auf. Verschiedene Aufgaben mit dementsprechend jeweils unterschiedlichen Zielen beeinflussen das Navigationsverhalten in Hypermedia. Obwohl die Aufgaben nicht so komplex waren wie die Anker nach der *Cognition and Technology Group at Vanderbilt,* unterstützen sie dennoch die Behauptung, dass Aufgaben, die von NutzerInnen angenommen werden, letztendlich das Navigationsverhalten beeinflussen (ebd.).

Zusammenfassend lässt sich festhalten, dass in zahlreichen Untersuchungen verschiedene Typen von Navigationsverhalten demonstriert werden. Ein Navigationsverhalten, das über ein oberflächliches Browsen hinausgeht, wird demzufolge über das Stimulieren von Interessen und der Motivation gefördert. Hier ist die Eignung von Geschichten, sog. Ankern, sowie von problembezogenen Aufgabenstellungen hervorzuheben.

3.3.4 Fremdsprachenlernen

Im Folgenden werden Forschungsergebnisse, die zum Fremdsprachenlernen mit Multimedia vorliegen, mit Blick auf die Fragestellung der vorliegenden Untersuchung kritisch beleuchtet. Besondere Beachtung in der Literatur finden Formen web-basierten Lernens: z.B. kollaboratives Lernen mittels online-Kommunikation (Negretti 1999: 75-87; Singhal 1998; Kasper 2000: 105-128) oder das Ermitteln von Standards für web-basierte, *distance-taught* Angebote zum Fremdsprachenlernen (z.B. Tenberg 2000; Smith, Salam 2000). Daneben sind Forschungsarbeiten anzuführen, die die Integration neuer Medien in den Fremdsprachenunterricht oder das Fremdsprachenstudium thematisieren (z.B. Burston, Monville-Burston 1999). Teilweise werden diese Forschungsarbeiten explizit unter dem Gesichtspunkt der Förderung selbstorganisierten Lernens unternommen (Toyoda 2001). Vogt (2000) führte z.B. eine „Untersuchung zum lernfördernden Potenzial des Internet bei der Einbindung in einen lernerautonomisierenden Fremdsprachenunterricht bei Erwachsenen" durch. Zur Frage der Mediennutzung sowie der Selbstkonzepte als Einstellungen zu (neuen) Medien und zum (Fremdsprachen-) Lernen im universitären Kontext lässt sich die Untersuchung von Biechele, Böttcher und Kittner (2001: 343-368) anführen. Sie kommt zu dem Ergebnis, dass die Verknüpfung von Medienkompetenz und mediendidaktischer Kompetenz in der Ausbildung der Studierenden zu fördern ist und eine Forderung an die Aus- und Fortbildung von Lehrenden darstellt. Oftmals sind Beiträge zu finden, die das Konzept einer Produktentwicklung darlegen, wobei die Evaluation (noch) fehlt (vgl. Hansmeier 1998; Groot 2000; Heidemann 1996; Krüger-Thielmann 1992). Eine Untersuchung von Al-Seghayer (2001: 202-232) geht der Frage nach, welche Formen der multimedialen Annotation beim Wortschatzerwerb als effizienter einzustufen sind. 30 UntersuchungsteilnehmerInnen wurden mit Material konfrontiert, das nur aus einer schriftlichen Erklärung bestand, aus einer schriftlichen Erklärung mit unbewegten Bildern sowie aus einer schriftlichen Erklärung mit Video. Die Ergebnisse der Leistungstest deuten laut Al-Seghayer daraufhin, dass der Wortschatzerwerb durch die Kombination von Bewegtbild, Ton und der schriftlichen Erklärung am effizientesten ist, was der Autor damit erklärt, dass Video für die Lernenden besonders geeignet ist, ein mentales Bild aufzubauen sowie damit, dass es sich motivierend auf die Bereitschaft der tieferen Verarbeitung der Inhalte auswirkt. Im Hinblick auf die Verwendung von Wörterbüchern in der Projektarbeit gibt es erste Ergebnisse, die auf systematischen Beobachtungen fußen (Rüschoff, Wolff 1999: 117f.): demnach zeigt sich, dass Lernende insbesondere gerne zweisprachige Wörterbücher heranziehen, wobei sie wegen der Geschwindigkeit des Mediums den nachgeschlagenen Wortschatz wiederholt aufrufen. Rüschoff und Wolff folgern daraus, dass die Lernenden es versäumen, den nachgeschlagenen Wortschatz für sich selbst weiterzuverarbeiten.

Für den Kontext der vorliegenden Untersuchung lässt sich feststellen, dass empirische Arbeiten mit enger Ausrichtung (z.B. Evaluation des Einsatzes von CALL bei australischen Lernenden asiatischer Sprachen: McMeniman, Evans 1998) kaum Bezüge ermöglichen, da die Spannweite der gelernten Fremdsprachen der muttersprachlich deutschen UntersuchungsteilnehmerInnen verhältnismäßig groß ist.

Zusammenfassend lässt sich festhalten, dass sich vergleichsweise wenige Beiträge der Fremdsprachendidaktik, die empirisch ausgerichtet sind, mit den in dieser Untersuchung verwendeten Medien zum Fremdsprachenlernen beschäftigen (handelsübliche CD-ROMs). Fertiggestellte empirische Studien sind besonders rar, was von vielen AutorInnen kritisch beurteilt wird, wie generell der Mangel an Evaluationen bei Lehr / Lernmaterialien. (vgl. Henrici 1999: 85f.)

Abschließend lässt sich zum Stand der Forschung festhalten, dass die anfängliche Euphorie über das Lernen mit neuen Medien aufgrund der genannten Ergebnisse einer realistischeren Haltung gewichen ist. Fehlentwicklungen haben z.B. gezeigt, dass die Umsetzung der sog. Substitutionsthese, die von „[...] der Vorstellung vom autonomen Selbstlerner, der allein vor seinem Computer einen Lehrstoff erarbeitet", ausgeht, in den meisten Fällen nicht erfolgreich ist (Glowalla, Häfele 1997: 424). Dahingegen haben sich eingebundene Formen bewährt, z.B. in Curricula integrierte sowie halboffene Lernsysteme mit z.B. einer kooperativen Plattform im Internet / Intranet. (vgl. ebd.; Zimmer 1997)

III. Forschungsdesign

In diesem Kapitel wird eingangs die Wahl eines qualitativen Forschungsdesigns für den Gegenstand dieser Arbeit auf Grundlage einer Diskussion wissenschaftstheoretischer Positionen begründet (1.). Die Kennzeichen qualitativer Forschung werden zusammengefasst dargestellt (2.) und Gütekriterien qualitativer Forschung, die im vorliegenden Forschungsdesign zur Anwendung kamen, werden definiert (3.). Ein Überblick über die *Grounded Theory* stellt den für diese Untersuchung ausgewählten Forschungsstil mit seinen Entstehungskontexten vor (4.). Vor diesem Hintergrund wird im Anschluss das theoretische Sampling nach der *Grounded Theory* beschrieben und dessen Anwendung im Forschungsdesign expliziert (5.). Die Methoden der Datenerhebung werden jeweils diskutiert und die Auswahl der Verfahren begründet. Das Verfahren des Lauten Denkens, wie es u.a. in der Zweitsprachenforschung und der Medienrezeptionsforschung zur Anwendung kommt, wird mit seinem theoretischen Hintergrund und seinen Merkmalen beschrieben (6.1). Darüber hinaus wird die Anwendung des Verfahrens in der vorliegenden Untersuchung erläutert und dessen Dokumentation und Transkription beschrieben. Die zweite Methode der Datenerhebung, leitfadengestützte Interviews, wird charakterisiert sowie die Entwicklung und der Einsatz des in der Untersuchung verwendeten Leitfadens dargelegt (6.2). Darüber hinaus werden die Dokumentation der Interviews und deren Zusammenfassung dargestellt sowie die Methode der Datenauswertung expliziert (7.).

1. Forschungsmethodologische Diskussion und Begründung der methodischen Vorgehensweise

Bei der Bestandsaufnahme der forschungsmethodischen Vorgehensweisen in der Literatur, die angewendet werden, um vergleichbare Gegenstände wie den Gegenstand der vorliegenden Arbeit untersuchen zu können, ergibt sich ein höchst uneinheitliches Bild. Auch aufgrund der Vielzahl der betroffenen Fachdisziplinen sind unterschiedliche Forschungstraditionen und Entwicklungen auszumachen.

Wie bereits in Kap. II.2.4 dargelegt wurde, deutet das Paradigma ‚Subjektive Theorien' (vgl. Grotjahn 1998: 33) in der Fremdsprachenerwerbsforschung daraufhin, dass nach einer Phase der Dominanz quantitativer, deskriptiver Verfahren zunehmend die Gewinnung introspektiver Daten berücksichtigt wird und die Integration von quantitativer und qualitativer Forschung angestrebt wird. (vgl. Riemer 1997: 230)

Die Erkenntnisinteressen sowie die Forschungsziele und das jeweilige zugrundegelegte theoretische Modell führen zu Variationen in der methodischen Vorgehensweise, die sich anhand ihrer wissenschaftstheoretischen Positionen als quantitativ, analytisch-nomologisch und qualitativ, bzw. explorativ-interpretativ beschreiben lassen. (vgl. Grotjahn 1995: 459)

König und Bentler (1997: 88-90) unterscheiden diese Konzepte wissenschaftlicher Forschung anhand einer Gegenüberstellung, die im Folgenden zusammengefasst dargestellt wird. Für qualitative Forschung ist das „Beobachter-Modell" zugrunde zu legen.

„Landkarten-Modell"	„Beobachter-Modell"
- Annahme: neben erforschten Gebieten gibt es „weiße Flecken"	- Annahme: wissenschaftliche Ergebnisse können nicht vom Beobachter gelöst gesehen werden
- zugrundeliegendes wissenschaftstheoretisches Paradigma: Empirismus	- zugrundeliegende These: wissenschaftliche Erkenntnisse hängen immer von den Unterscheidungen ab, die ein Beobachter trifft
- Voraussetzung ist die empiristische These, dass es die „Wirklichkeit an sich" gibt	- „Wirklichkeit an sich" ist nicht erkennbar, sondern Erkenntnis hängt immer ab von unseren Anschauungsformen

In Bezug auf diese wissenschaftstheoretischen Grundpositionen ist in Abhängigkeit von der Bezugsdisziplin die Situation höchst unterschiedlich. Mruck benennt in ihrer Darstellung des Standes qualitativer Sozialforschung in Deutschland als Trend die fortdauernde Randständigkeit qualitativer Forschung:

„Was Forschung und Forschungsförderung angeht, werden qualitative Studien – verglichen mit ihrem quantitativen Pendant – weiterhin eher stiefmütterlich behandelt: nur ein Bruchteil vergebener Gelder geht in die Finanzierung von qualitativen Forschungsvorhaben." (Mruck 2000: Absatz 34)

Diese hier beispielhaft skizzierten Grundpositionen werden heute nicht mehr als sich einander ausschließend betrachtet. Zum Stand der deutschsprachigen qualitativen Sozialforschung werden von Mruck z.B. ein Bemühen um die Kombination qualitativer und quantitativer Verfahren angeführt (Mruck 2000: Absatz 14). In der internationalen Fremdsprachenerwerbsforschung hat sich laut Riemer (1997: 82) allgemein die Überzeugung durchgesetzt, dass nichtdichotomisierende, integrierende Positionen zu bevorzugen seien, die die Wahl von Methodologien eng an Erkenntnisinteressen und Untersuchungsgegenständen knüpfen.

„Jedoch ist es – wenn man integrierende methodologische Positionen vertritt und auch eine theoretische Integration unterschiedlicher Forschungsrichtungen anstrebt – eine unabdingbare Voraussetzung, dass Arbeiten, die quantitative Verfahren vorsehen, für Vertreter der explorativ-interpretatorischen Forschungsrichtung gegenstandsangemessen, glaubwürdig, nachvollziehbar und v.a. akzeptabel sind. Das gleiche gilt natürlich auch für den umgekehrten Fall. Nur auf diese Weise können sich die beiden unterschiedlichen

Forschungsrichtungen komplementär ergänzen und gemeinsam Evidenzen bezüglich spezifischer Untersuchungsgegenstände erzeugen." (Riemer 1997: 84-85)
Die Forschung zum computerunterstützten Lernen hat sich intensiv Fragen der Lernwirksamkeit gewidmet. (vgl. Hasebrook 1995: 237ff.) Als zentrale Kategorien dieser Evaluationen und Untersuchungen lassen sich die Kategorien Akzeptanz und Performanz beschreiben. Die in dieser Arbeit untersuchte Frage nach den Anforderungen für das Fremdsprachenlernen mit Multimedia weist eine Nähe zur Kategorie Akzeptanz auf. Die Akzeptanz gibt z.B. an, wie viel Prozent der NutzerInnen eine Funktion als „nützlich" oder „hilfreich" bewerteten (Hasebrook 1995: 255). Hasebrook fordert von Untersuchungen:

„Akzeptanzdaten müssen daher immer an Performanzdaten gemessen werden. Im allgemeinen wird man daher ein Lernsystem dann als optimal ansehen, wenn es bei hoher Akzeptanz durch die Lernenden vergleichsweise gute Behaltensleistungen in relativ kurzer Studierzeit bewirkt." (Hasebrook 1995: 254)

Diese von Hasebrooks erhobene Forderung ist einer quantitativ-deskriptiven Position verpflichtet und setzt in der Regel eine experimentell konstruierte Lernsituation voraus. Selwyn (1997: 305-307) hingegen sieht die Forschung im Bereich der technologiegestützten Bildung als fortdauernd durch die einseitige Wahl quantitativer Verfahren behindert:

„Research into IT in education has also suffered from an over-concentration on quantitative, descriptive methodologies. Throughout the literature there has been a continued methodological preference for either the large scale survey or the more descriptive case study of technological implementation in schools." (Selwyn 1997: 306)

Selwyn wertet die Überbetonung der Verwendung quantitativer Verfahren als eine Beschränkung auf eine begrenzte Perspektive, die der Rolle von Technologien im Kontext von Bildung nicht gerecht wird (ebd.). Der Autor sieht große Vorteile in der Verwendung qualitativer und ethnografischer Verfahren, da:

„A qualitative approach allows researchers to focus on what *does* happen (as opposed to what *could* happen) when computers are used in the classroom; at a "micro" as well as "meso" and "macro" level." (Selwyn 1997: 306, Hervorhebungen durch den Autor)

Qualitative Verfahren sind demnach von Vorteil, weil sie den reziproken Einflüssen der NutzerInnen und Computer aufeinander Beachtung schenken (ebd.). Selwyn kommt für den Kontext technologiegestützter Bildung zu dem Schluss, dass einem quantitativen Verfahren zumindest eine qualitative Analysemethode vorausgehen sollte (ebd.). Es lassen sich jedoch mittlerweile auch zahlreiche qualitative Untersuchungen zur Erforschung von Lern- und Bildungsprozessen mittels Computer ausmachen. Beispielsweise eine Untersuchung zu Suchstrategien im Internet, die auf der Grundlage von wiederholten Interviews während der Suche die *Grounded Theory* anwendet (Hale, Moss 1999). Die in Kap. II.3.3.2 detailliert beschriebene Untersuchung zu Mustern des Verstehens in einer multimedialen Lernumgebung (Land, Hannafin 1997) verwendet z.B. Laut-Denk-Protokolle sowie leitfadengestützte Interviews als Methoden der Datenerhebung. Die Auswertung erfolgte anhand eines vorher festgelegten Kodierschemas mit den Hauptkategorien *processing, intentions, use of system features* (Land, Hannafin 1997: 55).

Im Rahmen der vorliegenden Arbeit wird angestrebt, mit Hilfe der erhobenen Daten zu einem besseren theoretischen Verständnis des außerunterrichtlichen, mediengestützten Fremdsprachenlernens zu gelangen und somit zu einer Verbesserung entsprechender Angebote zum Fremdsprachenlernen beizutragen. Die Untersuchung geht der Frage nach, welche Anforderungen multimediale Lernumgebungen aus der (rekonstruierten) Sicht der NutzerInnen erfüllen sollten, mit denen sie freiwillig und selbstorganisiert den Prozess des Fremdsprachenerwerbs unterstützen.

Aufgrund der fehlenden Forschungsergebnisse zum Fremdsprachenlernen mit Multimedia ist die Wahl eines qualitativen Forschungsdesigns für die vorliegende Untersuchung besonders geeignet. Zudem ist die „natürliche" Lernsituation (im Gegensatz zum Laborexperiment) Gegenstand der Untersuchung, da das Lernen und Handeln der UntersuchungsteilnehmerInnen im Kontext der alltäglichen Verwendung handelsüblicher CD-ROMs im Zentrum des Erkenntnisinteresses steht. Diesem Bedingungsgefüge wird ein qualitatives Forschungsdesign am besten gerecht.

2. Kennzeichen qualitativer Forschung

Dem konkreten Forschungsdesign für das vorliegende Projekt werden im folgenden die Leitgedanken der zugrundeliegenden qualitativen Forschungsmethoden vorangestellt. Wesentliche Kennzeichen qualitativer Forschung sind die Gegenstandsangemessenheit verwendeter Methoden, die Berücksichtigung unterschiedlicher Perspektiven und die Reflexivität des Vorgehens (Flick 1995: 13ff.).

„Ziel der Forschung ist dabei weniger, Bekanntes (etwa bereits vorab formulierte Theorien) zu überprüfen, als Neues zu entdecken und empirisch begründete Theorien zu entwickeln." (ebd. 14)

Das Spektrum der Ansätze und Methoden basiert nicht auf einem einheitlichen theoretischen und methodischen Verständnis darüber, was das Ergebnis verschiedener Entwicklungslinien in der Geschichte qualitativer Forschung ist (ebd. 16). Gemeinsames Merkmal qualitativer Forschung ist jedoch ein spezifisches Verständnis des Verhältnisses von Gegenstand und Methode, das im Ansatz der „gegenstandsbegründeten Theoriebildung" (*Grounded Theory*) (Glaser, Strauss 1967; Strauss, Corbin 1990; Strauss 1991) am deutlichsten entwickelt wurde. Dieses Verständnis räumt den Daten und dem untersuchten Feld Priorität gegenüber theoretischen Annahmen ein. Leitend für die Auswahl der untersuchten Subjekte ist ihre Relevanz für das Thema nicht die Repräsentativität. Dieses Grundprinzip des theoretischen Sampling (Glaser, Strauss 1967) beinhaltet darüber hinaus die Annahme von der Zirkularität des Forschungsprozesses. Diese eröffnet die Möglichkeit der schrittweisen Fall- und Materialauswahl nach konkret-inhaltlichen (statt abstrakt-methodologischen) Kriterien (Flick 1995: 85) (s.a. 5.).

Ein weiterer Leitgedanke qualitativer Forschung ist die Verdichtung von Komplexität durch Einbeziehung von Kontext (Flick 1995: 57). Dies findet besonders in der Triangulation einen Ausdruck. Dieses Stichwort umfasst z.B. die Kombination verschiedener Methoden, verschiedener ForscherInnen, Untersuchungsgruppen, lokaler und zeitlicher Settings sowie unterschiedlicher theoretischer Perspektiven in der Auseinandersetzung mit einem Phänomen (vgl. ebd. 246).

„Die Triangulation wurde zunächst als eine Strategie der Validierung der Ergebnisse, die mit den einzelnen Methoden gewonnen wurden, konzipiert. Der Fokus hat sich jedoch zunehmend in Richtung der Anreicherung und Vervollständigung der Erkenntnis und der Überschreitung der (immer begrenzten) Erkenntnismöglichkeiten der Einzelmethoden verlagert." (ebd. 250)

3. Gütekriterien qualitativer Forschung

Steinke (1998: 49 ff.) hat die Problematik der Qualitätssicherung und der Gütekriterien qualitativer Forschung umfassend diskutiert. In ihrem konstruktivistischen Ansatz geht sie von der These aus, dass in den unterschiedlichen Phasen des Forschungsprozesses die jeweils angenommene Wirklichkeit von den Forschenden und von den Beforschten gemeinsam konstruiert wird. Das beginnt beim Untersuchungsgegenstand, der von Forschenden auf Grundlage von Vorannahmen, der eigenen Biografie, Interessen sowie entsprechend sozialen und historischen Bedingungen ausgewählt wird. Dieser Hintergrund trägt zu der Entwicklung der Fragestellung, der Auswahl und der Art der Erhebungsmethoden sowie der Konstruktion der Daten bei. Ebenso wird nach diesem Verständnis die Dokumentation und die Interpretation der Daten, die Art der Darstellung sowie die entwickelte Theorie beeinflusst. Diese Forschungstätigkeiten sind nach Steinke als ein sukzessiver Prozess von Konstruktionsleistungen zu betrachten. Eine Qualitätssicherung kann demnach erreicht werden, indem die einzelnen Konstruktionsprozesse daraufhin überprüft werden, inwieweit sie bestimmten Qualitätskriterien genügen. Steinke (ebd.) formuliert folgende Kernkriterien qualitativer Forschung:

Intersubjektive Nachvollziehbarkeit
Hierunter wird zum einen die Transparenz des Forschungsprozesses gefasst, d.h. der Forschungsprozess muss entsprechend dokumentiert und nachvollziehbar beschrieben sein. Zum anderen ist von diesem Kriterium die Explizitheit betroffen. Je stärker die verwendeten Deutungsmethoden intuitiv sind, desto weniger sind die Methoden explizit, d.h. der Grad der Explizitheit sollte unter Gesichtspunkten der Qualitätssicherung möglichst groß sein. Hier sieht Steinke jedoch auch ein Spannungsverhältnis, denn qualitative Methoden sind

nicht in allen Einzelheiten, wie z.B. die Durchführung einer Varianzanalyse, explizierbar, sondern es ist sehr oft notwendig, auf kognitive Erfahrungen, soziale Kompetenzen und Intuition zurückzugreifen (ebd.).

Angemessenheit der Methoden und der Prozesse
Weiterhin ist der Grad der Gegenstandsangemessenheit der verwendeten Methoden und Prozesse von Bedeutung, d.h. die Auswahl der Fragestellung, der Methoden und der InformantInnen sollte den jeweiligen Methoden angemessen sein (Samplingstrategien) (ebd.).

Empirische Verankerung
Das Kriterium der empirischen Verankerung betrifft die Theoriebildung, d.h. die Frage wie die Forschenden zu ihrer Theorie, der Überprüfung und der Absicherung der theoretischen Hypothesen gelangen (ebd.).

Limitation
Das Kriterium der Limitation macht das Ausweisen der Grenzen der Untersuchung notwendig, d.h. die Beschreibung der Kontexte, auf die die Ergebnisse anwendbar sind. In der qualitativen Forschung wird nicht davon ausgegangen, dass allgemeingültige Gesetze, die unabhängig von Zeit und Ort gelten, herausgearbeitet werden, sondern die Ergebnisse werden als jeweils abhängig von ihrem Kontext betrachtet. Deswegen sind die Beschreibung des Kontextes und relevanter Aspekte für das Untersuchungsphänomen von großer Bedeutung (ebd.).

Reflexion der eigenen Beteiligung
Das Kriterium der reflektierten Subjektivität bezieht sich auf den gesamten Forschungsprozess: auf das Thema, den Feldeinstieg und die InformantInnen. Hier sind die Gegenübertragung zu berücksichtigen, sowie die Kohärenz der Daten und die Interpretation der Theorie, d.h. die logische Stimmigkeit, die Folgerichtigkeit und schließlich die Relevanz der Fragestellung und der Ergebnisse (ebd.).

In der qualitativen Forschung geht es bei der Qualitätssicherung analog zur internen Validität eben nicht um Koeffizienten, die zahlenmäßig in Form von Gütekoeffizienten eine Einschätzung des Qualitätsstandards erlauben. Statt dessen sind qualitative ForscherInnen darauf angewiesen, sich auf gutachterliche Stellungnahmen anderer an der Forschung beteiligten Personen zu verlassen, um dadurch zu einer Beurteilung über das Einhalten dieser Qualitätsstandards zu kommen (ebd.).

Die hier dargelegten Gütekriterien zeigen, dass sich qualitative Forschung bemüht, den Kriterien der Objektivität, der Reliabilität und der Validität gerecht zu werden. Im Folgenden werden die genannten Gütekriterien auf die methodische Vorgehensweise der vorliegenden Untersuchung bezogen und kritisch diskutiert. Dieses umfasst die Methoden der Datenerhebung (Lautes Denken und Leitfadeninterview) sowie die Auswertung. Anders als beim Test kann die Forderung nach der Unabhängigkeit von den UntersucherInnen nicht in derselben Weise erfüllt werden. Diese Tatsache ist darin begründet, dass die Beziehung der teilnehmenden Beobachterin / Interviewerin für die Motivation der UntersuchungsteilnehmerInnen eine Voraussetzung darstellt, sich zum einen auf das Verfahren des Lauten Denkens sowie im Interview auf die angesprochene Thematik einzulassen. Daher ist die Beziehung ein notwendiger Bestandteil der verwendeten Methoden der Datenerhebung. Durch vorheriges kritisches Reflektieren der eigenen Vorannahmen kann eine aufgeschlossene Haltung auch gegenüber zunächst fremdartig anmutenden Äußerungen erreicht werden. Das wiederum erleichtert es den UntersuchungsteilnehmerInnen, ihre Gedanken und Meinungen offen zu schildern. Darüber hinaus können durch ein entsprechendes Training Beeinflussungseffekte herabgesetzt werden. Da sich die vorliegende Untersuchung auf einen Gegenstand bezieht, der wegen seines sachlichen Charakters als emotional wenig belastend einzuschätzen ist, war die Gefahr der Einmischung von vornherein als eher gering einzuschätzen. Dennoch fand neben der thematischen Einarbeitung eine kritische Reflexion der eigenen Bezogenheit auf das Thema in Form einer Supervision statt. Je nach Fremdsprachenkenntnissen waren die Rollen der ExpertInnen bzw. LaiInnen in der Kommunikationssituation unterschiedlich besetzt. In den Fällen, wo jemand z.B. Englisch lernte, wurde die Forscherin als Expertin der Fremdsprache betrachtet. Wenn die Forscherin keine Kenntnisse in der Fremdsprache besaß, wie in Chinesisch und Isländisch, wurden von den Untersuchungsteilnehmerinnen z.B. Aspekte der jeweiligen Fremdsprache erklärt. Dieser jeweilige Status wurde in Abhängigkeit von der Fremdsprache im Verlauf der ersten Sitzungen ausgehandelt und von der Forscherin reflektiert. Durch die gegensätzlichen Konstellationen bzw. durch die entsprechenden Reflexionen erhöhte sich das Rollenbewusstsein der Forscherin und wurde besonders im Hinblick auf die wahrgenommene Rolle als Pädagogin bewusst gemacht. Diese Selbstwahrnehmung wurde kritisch reflektiert und situationsbedingt hinterfragt. Eine Dominanz des Geschehens war unbedingt zu vermeiden, gleichzeitig gab es Situationen, wo eine Intervention aus einem pädagogischen Verantwortungsgefühl heraus und aus dem Interesse, TeilnehmerInnen nicht aus Gründen der Frustration zu verlieren, sinnvoll erschien. Dieses erforderte ein Abwägen, wobei der Grundsatz, Einmischungen zu vermeiden, leitend war.

Obwohl durch die freiwillige Teilnahme eine wichtige Bedingung erfüllt ist, ist die Situation, in der die Daten der Untersuchung erhoben wurden, nur als eine Annäherung an eine natürliche Lernsituation zu kennzeichnen. Zum einen stellt das Verfahren des lauten Denkens eine ungewohnte kognitive Belastung dar. Es ist zudem anzunehmen, dass das Verfahren des lauten Denkens die Bewusstwerdung von Lernprozessen fördert. Zum anderen ist die (technische) Beratung der Selbstlernenden im Zeitraum der Datenerhebung anzuführen. Beides trägt dazu bei, dass eine Annäherung an natürliche Bedingungen beim selbstorganisierten Lernen einer Fremdsprache mittels Multimedia nur bedingt gegeben ist.

Neben einer Reihe von Selbstversuchen wurde vorab ein Training des Verfahrens des lauten Denkens und der teilnehmenden Beobachtung durchgeführt. Ein Interviewtraining war für diese Untersuchung nicht notwendig, weil auf ausreichende Interviewerfahrung zurückgegriffen werden konnte.

Um der Forderung der inhaltlichen Nachvollziehbarkeit nachzukommen, wurden die gefundenen Hauptergebnisse und das eigene Vorgehen bei der Auswertung der Laut-Denk-Protokolle und der Interviews in der Arbeitsgruppe Qualitative Sozialforschung (http://www.egroups.de/group/qualitative-forschung) vorgestellt und diskutiert sowie erneut zur Diskussion gestellt.

In dieser Untersuchung wurde besonderen Wert darauf gelegt, eine vertrauensvolle Atmosphäre zu schaffen und aufrechtzuerhalten. Aufkommende Verständnisschwierigkeiten wurden umgehend zurückgemeldet, um auf metakognitiver Ebene die Klarheit zu erreichen, die eine solide Basis für ein gutes Verständnis darstellt. Daher kann davon ausgegangen werden, dass günstige Bedingungen geschaffen wurden, um auf diese Weise die Aufrichtigkeit und Mitteilungsbereitschaft der TeilnehmerInnen zu fördern und eine gute Kommunikation zu erreichen. Im Zeitraum der Untersuchung kam es am Ort der Datenerhebung, einer öffentlichen Einrichtung („Selbstlernstudio') der Brandenburgischen Technischen Universität Cottbus, aufgrund verschiedener Umstände größtenteils zu geringem Publikumsverkehr. Der betreffende Computer wurde jeweils durch eine Stellwand leicht abgeschirmt, was einerseits der Schaffung einer entspannteren Situation für die UntersuchungsteilnehmerInnen diente, andererseits die Störung für andere BesucherInnen des Selbstlernstudios reduzieren sollte.

Um die Übereinstimmungs- und Vorhersagefähigkeit der verwendeten Interviews zu erhöhen, wurde der aus ersten Kontaktgesprächen im Feld und einigen theoretischen Überlegungen abgeleitete Fragebogen in der Arbeitsgruppe Selbstorganisiertes Fremdsprachenlernen diskutiert und anschließend überarbeitet. Daher kann davon ausgegangen werden, das alle mit der Interviewfragestellung zusammenhängenden wichtigen Themen weitgehend erfasst werden konnten.

Die Frage, ob sich die in der Untersuchung gefundenen Ergebnisse für die Verbesserung multimedialer Lernumgebungen zum Fremdsprachenlernen nutzen lassen, könnte durch spätere vergleichende Untersuchungen geklärt werden.

4. Die *Grounded Theory* im Überblick

Die *Grounded Theory* ist eine differenzierte Vorgehensweise der qualitativen Sozialforschung. *Grounded Theory* ist ein wissenschaftstheoretisch begründeter Forschungsstil und zugleich ein „abgestimmtes Arsenal von Einzeltechniken" (Legewie 1996: VII), mit denen schrittweise eine in den Daten begründetet Theorie entwickelt werden kann. Sie weist eine Reihe von Merkmalen auf, u.a. das Theoretische Sampling (s. 5.) und gewisse methodologische Leitlinien, wie das kontinuierliche Vergleichen und die Anwendung eines Kodierparadigmas (s. 7.), die darauf abzielen, die Entwicklung und Verdichtung von Konzepten sicher zu stellen (Strauss 1994: 30). Die Analyse qualitativer Daten nach der *Grounded Theory* ist auf die Entwicklung einer Theorie gerichtet, ohne an spezielle Datentypen, Forschungsrichtungen oder theoretische Interessen gebunden zu sein, und versteht sich daher nicht im engeren Sinne als spezifische Methode oder Technik, sondern als ein Stil der Analyse qualitativer Daten (ebd. 29f.).

Diese Herangehensweise wurde in den frühen 60er Jahren von Glaser und Strauss während einer Feldstudie zur Frage, wie Klinikpersonal mit sterbenden PatientInnen umgeht, entwickelt (ebd.). Zwei Arbeits- und Denkrichtungen trugen zur Entstehung der *Grounded Theory* bei: Zum einen die allgemeine Richtung des Amerikanischen Pragmatismus (bes. Arbeiten von John Dewey, George H. Mead und Charles Peirce) mit seiner Orientierung auf Handlung und problematische Situation und seiner Betonung der Notwendigkeit, Methode im Rahmen von Problemlöseprozessen zu verstehen (ebd.). Zum anderen ist die „Chicagoer Schule der Soziologie" zu nennen, die intensiven Gebrauch von Feldbeobachtungen und Interviews als Techniken der Datenerhebung machte und die Forschung im Bereich der Arbeitssoziologie voranbrachte (ebd.). In beiden Traditionen wurde davon ausgegangen, dass Wandel ein konstantes Merkmal des sozialen Lebens ist. Zur Erklärung seiner spezifischen Richtungen rückten beide Traditionen die soziale Interaktion und die sozialen Prozesse in den Mittelpunkt ihrer Betrachtungen (ebd.). Die Chicagoer Schule hob fast von Anfang an die Notwendigkeit hervor, die Standpunkte der Handelnden zu erfassen, um Interaktion, Prozess und sozialen Wandel verstehen zu können (ebd.).

Beim Analysestil der *Grounded Theory* wird vorausgesetzt, dass eine Theorie auf unterschiedlichen Ebenen der Generalisierung unerlässlich ist, um soziale Phänomen besser verstehen zu können, wobei gleichzeitig die Notwendigkeit betont ist, dass Theorien in Daten gründen sollten (ebd. 31). Ausgehend von der Annahme, dass soziale Phänomene komplexe Phänomene sind, wird bei der Methodologie der *Grounded Theory* großen Wert darauf gelegt, dass viele Konzepte einschließlich ihrer Bezüge untereinander erarbeitet werden, um einen großen Teil der Variation zu erfassen, durch die die im

Mittelpunkt des Forschungsprojektes stehenden Phänomene charakterisiert sind (ebd.). Sämtliche Verfahren der Grounded Theory zielen auf das Identifizieren, Entwickeln und In-Beziehung-Setzen von Konzepten ab (Strauss, Corbin 1996: 149).

5. Theoretisches Sampling

Eingangs wird das theoretische Sampling nach der *Grounded Theory* kurz erklärt, um dann die konkreten Samplingstrategien für das vorliegende Forschungsdesign darzulegen. Das theoretische Sampling ist als schrittweise Festlegung der Samplestruktur im Forschungsprozess zu verstehen.

„Dabei werden Entscheidungen über die Auswahl und Zusammensetzung des empirischen Materials (Fälle, Untersuchungsgruppen, Institutionen...) *im* Prozess der Datenerhebung und -auswertung gefällt." (Flick 1996: 81; Hervorhebung durch den Autor)

Die Auswahl orientiert sich an den konkreten Personen, Gruppen oder Feldern, an denen die Theorie entwickelt wird und nicht an den üblichen Kriterien der Stichprobengewinnung und Samplingtechniken, so dass es weder darum geht, die Repräsentativität der Stichprobe durch Zufallsauswahl zu gewährleisten, noch darum eine geschichtete Zusammensetzung zu erreichen (ebd. 82).

Das theoretische Sampling ist die Auswahl einer Datenquelle, eines Falls etc. auf Grundlage der bisherigen Theorieentwicklung, der Konzepte, die eine bestätigte theoretische Relevanz für die sich entwickelnde Theorie besitzen (Strauss, Corbin 1996: 148). Es ermöglicht im Rahmen der Analyse das gezielte Suchen und Erkennen von Indikatoren für die Konzepte in den Daten (ebd.). Augrund der unbegrenzten Möglichkeiten der Einbeziehung weiterer Datenquellen, Fälle etc. sind folgende Kriterien zu nennen: theoriebezogen wird gefragt, wie vielversprechend der jeweilige nächste Fall ist und wie relevant er für die zu entwickelnde Theorie sein dürfte (Flick 1996: 82). Des weiteren ist das Kriterium der „theoretischen Sättigung" einer Kategorie zu nennen, d.h. dass keine weiteren Daten mehr gefunden werden, durch die die Eigenschaften und Aussagekraft der Kategorie weiter entwickelt werden können (ebd. 83).

Für die vorliegende Untersuchung wurde das theoretische Sampling nach den hier dargelegten Prinzipien durchgeführt. Die Auswahl der UntersuchungsteilnehmerInnen erfolgte auf Grundlage folgender Voraussetzungen: Es wurden deutsche MuttersprachlerInnen als UntersuchungsteilnehmerInnen ausgewählt, die interessiert daran waren, mittels multimedialer Lernumgebungen freiwillig zu einer Fremdsprache ihrer Wahl zu arbeiten. Die TeilnehmerInnen meldeten sich auf Aushänge hin und besuchten das Selbstlernstudio an zwei von der Forscherin festgelegten Tagen in der Woche. Leitend war der Gesichtspunkt, dass es zu einer längeren Kontaktzeit der Lernenden mit den multimedialen

Lernumgebungen kommen sollte (anvisiert wurde ein Zeitraum von sechs Monaten bzw. sechs Sitzungen) (vgl. Aufenangers Kritik über Dauer der Kontaktzeit 1999: 4). Abgesehen von diesem Kriterium bestand keine Notwendigkeit, die Auswahl der TeilnehmerInnen zu reduzieren. Aufgrund der Notwendigkeit eine stabile Beziehung zu den UntersuchungsteilnehmerInnen aufzubauen und eine Kontinuität der Lernsituation zu schaffen, wurden dementsprechend Sitzungen durchgeführt und dokumentiert. Der Zeitraum der Datenerhebung umfasste Mai 1999 bis März 2000. Das theoretische Sampling wurde dann im Verlauf der Untersuchung auf das erhobene Datenmaterial nach den obengenannten Prinzipien angewendet.

6. Die Methoden der Datenerhebung

Im Folgenden wird die Diskussion und Begründung der Wahl der Untersuchungsinstrumente vorgenommen. Das Verfahren des Lauten Denkens wird mit Leitfadeninterviews trianguliert, um „die Breite, Tiefe und Konsequenz im methodischen Vorgehen" zu erhöhen (Flick 1996: 251).

6.1 Lautes Denken

Der Entscheidung für die Wahl des Verfahrens des Lauten Denkens gingen Interviewversuche voraus. Diese brachten jedoch weitgehend unergiebige Daten hervor, da den Interviewten die Erinnerung an Details der Interaktion mit der Lernumgebung schwer fiel. Im Vergleich zum Interview liegt die Stärke des Lauten Denkens in der Unmittelbarkeit des Verfahrens und der Perspektive des subjektiven Erlebens.

Die Auswahl deutscher MuttersprachlerInnen als UntersuchungsteilnehmerInnen erfolgte auch aus dem Grund, dass das individuelle Laut-Denk-Verfahren als eine erhebliche kognitive Belastung betrachtet werden muss. Andererseits erfordert die Auswertung von Laut-Denk-Protokollen ein muttersprachliches Hörverständnis.

Das Laute Denken ist eine Methode der Datengewinnung, die sowohl in den Übersetzungswissenschaften, in der Spracherwerbsforschung (vgl. Herrmann 1994) als auch in der Medienrezeptionsforschung (vgl. Luca 1999) angewendet wird. Im Folgenden werden die Probleme und Grenzen der Methode aufgezeigt.

Entscheidendes Merkmal des lauten Denkens ist der Versuch, die die Lernhandlung bzw. Medienrezeption begleitenden Gedanken und Emotionen zu dokumentieren. Die Methode des Lauten Denkens (*thinking aloud method*, *réflexion parlée*) geht auf Claparède (1917) zurück und wurde von Duncker (1926) für die Denkpsychologie aufbereitet (Herrmann 1994: 567). Das laute Äußern ihrer Gedanken bei der Bearbeitung einer Denkaufgabe dient dort dazu, die kognitiven und emotionalen Prozesse beim Problemlösen zu erfassen.

Theoretische Grundlagen für die Zweitsprachenforschung im Hinblick auf das Laut-Denk-Verfahren wurden von Ericsson und Simon (1980) entwickelt (ebd.). Für die Zweitsprachenforschung lassen sich zwei methodologische Ansätze unterscheiden: ein produktorientierter, der zweitsprachliche Äußerungen / Texte analysiert, und ein prozessorientierter Ansatz der Introspektion, zu dem das hier diskutierte Laute Denken zählt. Dieses zielt dort darauf ab, Rückschlüsse auf die jeweiligen Sprachverarbeitungsprozesse zu ziehen (ebd. 566). Ericsson und Simon (1980) greifen zurück auf ein kognitionspsychologisches Modell des menschlichen Denkens als Informationsverarbeitungsprozess mit den Kernkomponenten Langzeitgedächtnis und Kurzzeitgedächtnis und differierenden Ebenen sprachlicher Codierung (level 1: sprachlich; level 2: nicht-sprachlich; level 3: durch „Filter" beeinflusste Verbalisierungen) (ebd. 568f.). Demnach können nur Informationen, die sich gerade im Kurzzeitgedächtnis befinden bzw. im Aufmerksamkeitsbereich einer Person liegen, auch verbalisiert werden. Es wird zwar nicht davon ausgegangen, dass Verbalisierungen exakte Abbildungen von mentalen Prozessen sind, jedoch wird erwartet, dass die Verbalisierungen beim Lauten Denken auch tatsächlich die ablaufenden Prozesse widerspiegeln, sofern obengenannte Bedingung erfüllt ist. Die Autoren betonen, dass dieses Verfahren sehr wertvolle und valide Daten liefern kann, falls folgende Faktoren beachtet werden:

„Die Vp sollte durch die Aufgabenlösung kognitiv nicht überlastet sein.
Die zu erfassenden Denkprozesse sollten nicht automatisiert sein.
Die zu erfassenden Informationen sollten noch im Kurzzeitgedächtnis gespeichert sein.
Die im KZG befindlichen Informationen sollten bereits sprachlich kodiert sein („level 1"-Verbalisierung)" [...]. (Herrmann 1994: 568)

In der Literatur zur prozessorientierten Spracherwerbsforschung wird im Gegensatz zu Medienrezeptionsforschung stärker das gruppengesteuerte Laut-Denk-Verfahren favorisiert. Nach Legenhausen (1993: 219) verlangt individuelles lautes Denken einen „unnatürlich-ungewohnte Aktivität" und stelle hohe kognitive Anforderungen an die jeweiligen ProbandInnen. Bei der Bezeichnung Retrospektives Verfahren wird nach Ericsson und Simon davon ausgegangen, dass die Informationen bereits ins Langzeitgedächtnis übertragen und dort gespeichert worden sind (Herrmann 1994: 568). Zuverlässige Daten können demnach insbesondere bei der unmittelbaren Retrospektion gewonnen werden.

In der Medienrezeptionsforschung (insbesondere zum Filmerleben) wird das Verfahren entsprechend auch mit der Bezeichnung des „Nachträglich Lauten Denkens" verwendet (Luca 1999: 46). Dort wird, vergleichbar zur vorliegenden Untersuchung, von einer nur begrenzten Parallelität von Medienrezeption bzw. Lernhandlung und Lautem Denken ausgegangen.

Idealtypisch wird während der Medienrezeption demnach die Frage gestellt: „Was geht ihnen / dir durch den Kopf?" Diese allgemeine Instruktion bzw.

Leitfrage sollte bei allen gleich sein und über eben diese Formulierung nicht hinausgehen (ebd.). In der vorliegenden Untersuchung wurde dieses Prinzip grundlegend berücksichtigt, wobei jedoch im Sinne der teilnehmenden Beobachtung (Friebertshäuser 1997a: 503ff.) auf die „Natürlichkeit" der Kommunikationssituation großen Wert gelegt wurde und aufkommende Verständnisschwierigkeiten umgehend zurückgemeldet wurden. Das Laute Denken benötigt insbesondere eine einfühlsame und vor allem nicht wertende Gesprächsleitung (Luca 1999: 46). Auf Seiten der UntersuchungsteilnehmerInnen ist mit einer breiten individuellen Spanne der Gesprächsbereitschaft zu rechnen. Die soziale Situation, interne Faktoren (kognitive Belastung, Konzentration) oder Interaktionen mit Elementen der Lernumgebung (Sprechen oder Hören in der Fremdsprache) können das Laute Denken hemmen oder fördern. Die Umsetzung von Gedanken, Bildern, Wahrnehmungen und Emotionen in Sprache birgt potenziell, wie bereits angesprochen, ein Problem in sich. Nur das, was wahrgenommen wird und somit bewusst ist, kann verbalisiert werden. Einzelnen fehlen die Worte, insbesondere für Empfindungen, die mehr oder weniger klar sind (ebd.). Die Dokumentation des Lauten Denkens erfolgte in der vorliegenden Untersuchung auf der Tonspur eines Videobandes. Die Videokamera diente zur gleichzeitigen Aufnahme des Monitors, um die Äußerungen der Lernenden später im Kontext des Geschehens am PC-Bildschirm auswählen und auswerten zu können.

Regeln der Transkription

Im Folgenden wird zum einen dargelegt, welche Aspekte der spezifischen Situation in den Transkriptionen erfasst wurden. Zum anderen werden die in den Transkriptionen verwendeten Zeichen und Bedeutungen aufgeführt. Augrund des nutzerInnenorientierten Erkenntnisinteresses der vorliegenden Untersuchung wurde entschieden, bei der Transkription die Äußerungen der Fremdsprachenlernenden während der Arbeit mit den multimedialen Lernumgebungen vorrangig zu berücksichtigen. Diese Entscheidung beinhaltet, dass auf die Transkription von Hörtexten und Geräuschen der Lernumgebung, wenn die Lernenden in ihren sprachlichen Äußerungen nicht unmittelbar darauf eingingen, weitestgehend verzichtet wurde. Insofern bedeutet diese Einengung auf die Perspektive der NutzerInnen entsprechend der Zielsetzung der Untersuchung eine Reduktion in der Darstellung des komplexen situativen Interaktionsgeschehens. An Stellen, wo Lernende und Interviewerin sprechen und gleichzeitig ein Hörtext der Lernumgebung läuft, werden Überlappungen analog zum Simultansprechen nicht aufgeschlüsselt, sondern höchstens kommentiert. Aufgrund der situativen Bedingungen in einer öffentlichen Einrichtung sind weiterhin Interaktionen der Interviewerin mit anderen Personen sowie Hintergrundgeräusche zu berücksichtigen, die in den Transkriptionen kommentiert aber nicht aufgezeichnet wurden (z.B. Anfragen an die Interviewerin wegen Schlüsseln, Telefon o.ä.). Die genannten situativen Bedingungen und die Charakteristika des Lauten Denkens (z.B. leises Murmeln) produzierten vergleichsweise große Mengen unverständlicher Anteile in den Äußerungen der Lernenden, die entsprechend der Transkriptionszeichen und deren Bedeutungen (s. Tabelle 2) wiedergegeben wurden. Neben den deutschsprachigen Äußerungen der UntersuchungsteilnehmerInnen wurden deren fremdsprachige Äußerungen transkribiert. In Fällen, wo die Fremdsprachenkenntnisse für eine annähernd korrekte Wiedergabe nicht ausreichten, wurden sie lautmalerisch nachempfunden (bes. Isländisch und Chinesisch) und i. d. R. durch Hinzufügen der Markierung „ETWA" entsprechend den untengenannten Regeln wiedergegeben. Die Laut-Denk-Äußerungen wurden auf Grundlage der Transkriptionsempfehlungen von Böhm, Legewie und Muhr (1992: 72) transkribiert, wobei nach einer Empfehlung von Flick (1996: 193f.) darauf geachtet wurde, dass die Genauigkeit der Transkription den Anforderungen der zu untersuchenden Fragestellung entspricht. Es wird entsprechend diesem Grundsatz davon ausgegangen, dass die inhaltliche Wiedergabe des Sinns und die Lesbarkeit im Rahmen dieser Untersuchung Vorrang vor der genauen Wiedergabe der mündlichen Sprache haben.

Zeichen	Bedeutung
„.-?!	Wie in Schriftsprache
XXxx (Großschreibung einer Silbe)	Betonung (sinnstiftend u. auffällig)[3]
*	Kurzpause
**	Längere Pause
x	Pause über 2 Sek. mit Längenangabe
//	Wortabbruch, Satzabbruch
#	Simultansprechen
xyyyx	Dehnung (sinnstiftend u. auffällig)[1]
(XXX)	Kommentar, z.B. (SEUFZT)
(x)	unverständliche Silbe
(UNV.,)	Unverständliche Textpassagen; mit Längenangabe bei einer Passage die mehrere Sätze umfasst
ETWA:...)	Unverständliche Textpassagen, die lautmalerisch nachempfunden werden
[...]	Auslassung

Tabelle 2: Zeichen und deren Bedeutungen in der Transkription

---

[3] Nicht die normalen sprecherischen Betonungen/ Dehnungen.

Nicht oder begrenzt erfasst wurden dementsprechend dialektale Einfärbungen sowie Verschleifungen. Andere Merkmale mündlicher Sprache wie Wort- und Satzabbrüche sowie Pausen wurden aufgezeichnet. Sämtliche Laut-Denk-Äußerungen wurden vor Beginn der Auswertung durch Korrekturhören auf sinnentstellende Fehler überprüft. Im Prozess des theoretischen Sampelns wurden Transkriptionsausschnitte bestimmt und Auslassungen kenntlich gemacht. Die Verwendung von weiteren Abkürzungen und deren Bedeutungen sind dem Abkürzungsverzeichnis zu entnehmen.

6.2 Interviews

Die verschiedenen Interviewtechniken lassen sich dadurch unterscheiden, inwieweit durch das jeweilige Verfahren die Antworten vorstrukturiert werden. Friebertshäuser (1997: 371-395) unterscheidet die beiden Kategorien „Leitfadeninterviews" und „erzählgenerierende Interviews". Diese Kategorisierung ist insofern problematisch, als häufig auch Leitfadeninterviews darauf abzielen, Erzählungen zu generieren. Leitfadeninterviews werden häufig auch als halbstandardisierte Interviews bezeichnet. Zentrales Merkmal von Leitfadeninterviews ist, dass durch das Abfassen von vorformulierten Fragen oder Themen die Interviewthematik eingegrenzt wird und einzelne Themenkomplexe vorgegeben werden. Der Leitfaden dient dazu, eine gewisse Vergleichbarkeit der Ergebnisse der verschiedenen Interviews zu gewährleisten.

Auf Grundlage dieser Unterscheidungen werden im Folgenden die Vorbereitung und Vorgehensweise der Interviews der vorliegenden Untersuchung expliziert. Die Zielsetzung der geplanten Befragung orientierte sich an der für ExpertInneninterviews üblichen Wissenselizitierung. (vgl. Meuser, Nagel 1997: 481ff.) Es wurde (in der Rekonstruktion) darauf abgezielt, eine chronologische Darstellung sämtlicher bisheriger Aktivitäten zum Fremdsprachenlernen zu erzielen. Dementsprechend lautet die Leitfragestellung für das Interview:

Welche Erfahrungen, Motivationen und Aktivitäten in Bezug auf das Fremdsprachenlernen (mit Multimedia) benennen die UntersuchungsteilnehmerInnen?

Der Interviewleitfaden enthält zu Beginn die offene Erzählaufforderung „Erzählen Sie / Erzähl doch mal von deinen Erfahrungen mit dem Fremdsprachenlernen bisher." Für jede bisher gelernte Fremdsprache wurde versucht zu ermitteln, wann, wo, wie (Medien / Methoden) sie gelernt wurde. Darüber hinaus wurde versucht, die auf das betreffende Fremdsprachenlernen bezogenen Einstellungen (im Sinne von Ansätzen einer subjektiven Theorie) sowie die jeweilige(n) Motivation(en) zu erfassen. Zum Abschluss wurden diese Informationen, soweit unvollständig, durch immanente Nachfragen vervollständigt. Darüber hinaus enthält der Leitfaden zwei exmanente

Nachfragen zur Selbsteinschätzung im Umgang mit einem PC sowie zu den Vorkenntnissen hinsichtlich der Verwendung von Lernsoftware. Der Leitfaden ist im Anhang dokumentiert. (s. Anhang I.7.)

In der Folge fanden Probe-Interviews statt und der Leitfaden wurde mehrfach überarbeitet. Die Interviews unterliegen dem Datenschutz, was Anonymisierung, Vertraulichkeit und den Schutz der Befragten einschließt. Die Interviews wurden ausschließlich jeweils nach der Durchführung einer größeren Zahl von Sitzungen mit den Beteiligten durchgeführt, so dass eine größere Vertrautheit und offene Gesprächshaltung zwischen Interviewerin und Interviewten bestand.

Die Dokumentation der Interviews erfolgte ebenso mittels einer Videokamera, die zu diesem Zeitpunkt bereits ein vertrauter Gegenstand war. Es wurde jedoch nur die Tonspur zur Aufnahme der Äußerungen genutzt. Von den Interviews wurden in der Folge Zusammenfassungen vom Band angefertigt (s. Anhang II.5. http://www.sw2.euv-frankfurt-o.de/widok/mniehoff/), was im Interviewziel und dem Erkenntnisinteresse der Untersuchung begründet ist.

7. Die Methode der Datenauswertung

Zunächst wird eine Diskussion möglicher Auswertungsverfahren für die Interviews sowie im Anschluss für das Laute Denken unternommen. Bei Betrachtung der Fachliteratur zeigt sich, dass Interviews besonders dort, wo sie den Kern der Erhebungsmethode darstellen, in der Regel vollständig transkribiert werden. Häufig wird z.B. auf das Aufdecken narrativer Strukturen abgezielt oder auf die Rekonstruktion einer Biografie (vgl. Kraimer 1997: 459; Schulze 1997: 323). In der Methodenliteratur existieren eine Reihe von Beschreibungen, die einen Überblick über Auswertungstechniken und -ansätze geben (vgl. z.B. Flick 1996; Hoffmeyer-Zlotnik 1992). Für Leitfadeninterviews lassen sich zwei inhaltsanalytische Verfahrensweisen anführen, die „hermeneutisch-interpretierende" und die „empirisch-erklärende" Inhaltsanalyse (Schmidt 1997: 545). Diese Auswertungstechniken lassen sich im Gegensatz zur *Grounded Theory* als „theorieorientiert" bezeichnen, was bedeutet, dass sie sich auf Theorietraditionen beziehen und auch darauf abzielen, Hypothesen zu überprüfen (ebd.). Aufgrund der mangelnden Theorietradition im Bereich des computerunterstützten Fremdsprachenlernens sind diese Methoden daher für die Auswertung der Interviews der vorliegenden Untersuchung nicht geeignet. Der Ansatz der *Grounded Theory* betont hingegen eine weitgehende theoretische Offenheit und versteht sich als explorativ, hypothesen- und theoriegenerierend (ebd.), was für den Gegenstand der vorliegenden Untersuchung daher besonders geeignet ist.

Als Auswertungsverfahren für Laut-Denk-Protokolle lassen sich zum einen die bereits beschriebenen Ansätze der Zweitsprachenforschung anführen. Dort werden zwei methodologische Ansätze unterschieden: ein produktorientierter Ansatz, der zweitsprachliche Äußerungen / Texte analysiert, und ein prozessorientierter Ansatz der Introspektion. Die Auswertung zielt dort darauf ab, Rückschlüsse auf die jeweiligen Sprachverarbeitungsprozesse zu ziehen (Herrmann 1994: 566), wozu sie sich besonders auf die sprachlichen Oberfläche konzentrieren. Des weiteren sind Ansätze zu nennen, die auf die Ermittlung subjektiver Theorien (vgl. Grotjahn 1998), auf das Aufdecken von Verstehensmustern (Land, Hannafin 1997) oder das Typologisieren von NutzerInnen (vgl. z.B. Cottmann 1998: 141ff.) abzielen. In der vorliegenden Untersuchung wird davon ausgegangen, dass es unter Anerkennung individueller kognitiver Stile und Lernstile möglich ist, nutzerInnenübergreifende Anforderungen für das computerunterstützte Fremdsprachenlernen zu ermitteln, die sich als bereichsspezifische Theorie abbilden lassen. Hier ist insbesondere auch auf die Kulturgebundenheit von Lerntraditionen hinzuweisen, wie sie von Hu in der Untersuchung „Lernen als kulturelles Symbol" aufgezeigt wurde (Hu 1996). Auswertungstechniken, die auf das Ermitteln von Typen der Nutzung abzielen, sind aufgrund der genannten Annahme als ungeeignet zu betrachten.

Daher wird für die Auswertung der erhobenen Daten das Verfahren des theoretischen Kodierens (Glaser, Strauss 1967; Strauss 1994; Corbin, Strauss 1996) angewendet, das im Folgenden beschrieben wird. Die theoretische Kodierung wird verstanden als

„die Operationen, mit denen Daten aufgebrochen, konzeptualisiert und auf neue Weise wieder zusammengesetzt werden. Dies ist der zentrale Prozess, durch den Theorien aus Daten aufgebaut werden". (Strauss, Corbin 1990: 57)

Nach einer Globalauswertung, die nach Böhm, Legewie und Muhr (1992) der thematischen Erschließung des erhobenen Textmaterials diente, wurden die Laut-Denk-Protokolle und die Interviews mit Hilfe der Kodierverfahren (offenes Kodieren, axiales Kodieren und selektives Kodieren) einer eingehenden Analyse unterzogen.

Diese Kodiervorgänge sind nicht als klar voneinander trennbare Vorgehensweisen zu verstehen, sondern als verschiedene Umgangsweisen mit Texten, „zwischen denen der Forscher bei Bedarf hin- und herspringt und die er miteinander kombiniert" (Flick 1996: 197). Der Interpretationsprozess beginnt jedoch immer mit dem offenen Kodieren. Im Verständnis der *Grounded Theory* beinhaltet Kodierung den ständigen Vergleich zwischen Fällen, Begriffen etc. sowie das Formulieren von Fragen an den Text, um die „theoretische Sensibilität" zu erhöhen (Strauss, Corbin 1996: 56f.). Durch die Anwendung der verschiedenen Kodierformen wird – ausgehend von den Daten – in einem Prozess der Abstraktion die Theorie entwickelt (ebd.).

Das offene Kodieren zielt in einem ersten Schritt durch das Segmentieren der Daten darauf ab, ein tieferes Verständnis für den Text zu entwickeln und das Aufbrechen, Untersuchen, Vergleichen, Konzeptualisieren und Kategorisieren der Daten zu erreichen (ebd.; Strauss, Corbin 1996: 43). Das axiale Kodieren umfasst eine Reihe von Verfahren, durch die die Daten auf neue Art zusammengesetzt werden, indem Verbindungen zwischen Kategorien erstellt werden (ebd. 75). Das umfasst den Einsatz eines Kodierparadigmas, das sich aus Bedingungen, Kontext, Handlungs- und interaktionalen Strategien und Konsequenzen zusammensetzt (ebd.). Das selektive Kodieren setzt das axiale Kodieren auf einem höheren Niveau fort. Das selektive Kodieren beinhaltet das Integrieren der gesamten interpretativen Arbeit, wobei die Auswahl einer Kernkategorie und das In-Beziehung-Setzen aller Hauptkategorien zur Kernkategorie und untereinander im Zentrum des Verfahrens steht (ebd. 117). Durch die Anwendung des Kodierparadigmas und die entsprechende Gruppierung der Daten, wird der Theorie Spezifität verliehen und ermöglicht zu „sagen: Unter diesen (zu benennenden) Bedingungen passiert dieses, wogegen unter jenen Bedingungen jenes vorkommt" (Strauss, Corbin 1990: 130f.; n. Flick 1996: 203).

Das Auswertungsverfahren des theoretischen Kodierens wurde entsprechend der hier erläuterten Schritte durchgeführt. Die Belegstellen für die erarbeiteten Konzepte sind in Anhang I.5. dieser Arbeit dokumentiert. Die nach den Prinzipien des theoretischen Samplings ausgewählten Transkriptionen sowie die Zusammenfassungen der Interviews sind in Anhang II dokumentiert, der im Internet verfügbar ist (http://www.sw2.euv-frankfurt-o.de/widok/mniehoff/).

IV. Darstellung der Ergebnisse

Die folgende Darstellung des auf Grundlage der Daten ermittelten theoretischen Modells sei einleitend in seiner Reichweite beschrieben: das Modell lässt sich als bereichsbezogenes theoretisches Modell charakterisieren, d.h. es wird nicht der Anspruch einer formalen Theorie erhoben.

Als zentrales Phänomen wurde das ‚Bedürfnis- und erfolgsorientierte Fremdsprachenlernen mit Multimedia' ermittelt. Die folgenden Ausführungen zeichnen den Weg zu diesem Ergebnis nach und zeigen dabei Aspekte und Dimensionen des selbstorganisierten Fremdsprachenlernens mit Multimedia aus der (rekonstruierten) Sicht der Lernenden auf.

Eingangs werden demografische Informationen, die Erfahrungen der UntersuchungsteilnehmerInnen mit dem Fremdsprachenlernen, ihre Erfahrungen hinsichtlich der Bedienung von Computern und dem Lernen mittels Computern sowie ihre jeweiligen Fremdsprachen und Lernaktivitäten im Zeitraum der Untersuchung geschildert (1.). Im Anschluss werden die in der Untersuchung verwendeten multimedialen Lernumgebungen zum Fremdsprachenlernen anhand grundlegender Eigenschaften (2.) sowie der Untersuchungsort, das Selbstlernstudio der Brandenburgischen Technischen Universität Cottbus, skizziert (3.). Die Tätigkeiten der Fremdsprachenlernenden sowie deren Anforderungen an multimediale Lernumgebungen werden in der Globalanalyse dargelegt (4.).

Die grafische Darstellung des theoretischen Modells zum bedürfnis- und erfolgsorientierten Fremdsprachenlernen mit Multimedia gibt im Anschluss eine erste Zusammenfassung der zentralen Kodierungen (5.). Im Folgenden werden die persönlichen Bedingungen (5.1) und die äußeren Voraussetzungen dargestellt (5.2). Danach wird das als zentral ermittelte Phänomen ‚Bedürfnis- und erfolgsorientiertes Fremdsprachenlernen mit Multimedia' beschrieben (5.3). Im Anschluss werden die mit dem zentralen Phänomen in Wechselwirkung stehenden Strategien dargelegt (5.4). Im nächsten Schritt werden die im Hinblick auf das zentrale Phänomen hinderlichen bzw. förderlichen Bedingungen auf Seiten der Lernumgebungen angeführt (5.5). Die Darstellung des theoretischen Modells wird mit den ermittelten Konsequenzen abgeschlossen (5.6). Die genannten Teile der Darstellung enthalten jeweils zusammenfassende Auflistungen zur Übersicht über sämtliche Kodierungen, deren Belegstellen im Anhang aufgeführt sind (Anhang I.5.). Ein Prozessmodell ergänzt abschließend das theoretische Modell um die Darstellung der aufeinanderfolgenden Phasen des bedürfnis- und erfolgsorientierten Fremdsprachenlernens (6.).

1. Beschreibung der UntersuchungsteilnehmerInnen

Eingangs werden die demografischen Angaben der TeilnehmerInnen angeführt und ihre individuell differierenden Erfahrungen mit dem Lernen verschiedener Fremdsprachen umrissen. Des weiteren werden die Fremdsprachen genannt, in denen die TeilnehmerInnen im Kontext der Untersuchung schwerpunktmäßig eine Erweiterung ihrer Kenntnisse und Fertigkeiten anstreben. Darüber hinaus werden die weiteren Aktivitäten der Lernenden zum (gesteuerten) Fremdsprachenerwerb im Zeitraum der Untersuchung bzw. zeitnah zur Untersuchung angeführt und ihre Erfahrungen hinsichtlich der Bedienung von Computern und der Verwendung eines Computers zu Lernzwecken dargestellt.

Die Alterspanne der TeilnehmerInnen reicht von 20 bis 58 Jahren. Sämtliche TeilnehmerInnen sprechen als Muttersprache Deutsch und stammen zu relativ gleichen Teilen aus Ostdeutschland (5) bzw. Westdeutschland (4). Es überwiegt der Anteil an Frauen (6) im Vergleich zu Männern (3).

Die TeilnehmerInnen sind mit Ausnahme einer Geisteswissenschaftlerin in den Schwerpunkten Naturwissenschaft, Technik und Wirtschaft ausgebildet worden oder befinden sich noch in der Ausbildung: Studierende verschiedener Ingenieurswissenschaften (Fachrichtungen: Wirtschaftsingenieur-, Bauingenieur-, Architekturwesen); zwei Berufstätige mit wirtschaftswissenschaftlicher Ausbildung; eine an der Universität angestellte Schlosserin; ein Teilnehmer im Übergang Schule-Beruf, der beabsichtigt ein naturwissenschaftliches Studium aufzunehmen. Was die studierenden TeilnehmerInnen betrifft, so ist anzumerken, dass sich zum Zeitpunkt der Untersuchung alle am Ende ihres Hauptstudiums befanden. Im Hinblick auf den eindeutigen Schwerpunkt im beruflichen Hintergrund der UntersuchungsteilnehmerInnen sei an dieser Stelle nochmals darauf hingewiesen, dass es sich bei dem Ort der Datenerhebung um eine technische Universität handelt (s. 3.).

Tabelle 3 enthält eine Zusammenfassung der demografischen Daten der UntersuchungsteilnehmerInnen. Zur Anonymisierung wurden alle Namen geändert und die Altersangaben leicht gerundet.

Die Erfahrungen mit dem Fremdsprachenlernen, die die TeilnehmerInnen im Verlauf ihrer Biografie gemacht haben, sind einerseits höchst individuell und andererseits durch die jeweilige staatliche Bildungspolitik geprägt. Die TeilnehmerInnen verfügten, bis auf eine Person, für die die betreffende Fremdsprache die zweite Fremdsprache war, über umfangreiche Erfahrung mit dem Lernen von Fremdsprachen. In Abhängigkeit vom Bildungsabschluss hatten sie in der Schulzeit in der Regel bereits mindestens drei Fremdsprachen gelernt. Nach dem Schulabschluss machten die TeilnehmerInnen weitere Erfahrungen mit dem Fremdsprachenlernen: Studium einer oder / mehrerer Fremdsprachen an der Universität, Sprachkurse an der Universität,

Auslandssemester, Erwachsenenbildung, Bildungsurlaub oder Sprachkurstourismus. Auch sind unterschiedliche Formate im Hinblick auf den Stundenumfang z.b. pro Woche zu berücksichtigen. Darüber hinaus sammelten die TeilnehmerInnen verschiedene Erfahrungen in der Nutzung von Medien zum gesteuerten und informellen Fremdsprachenlernen und in der Anwendung von Fremdsprachenkenntnissen und erlebten verschiedene interkulturelle Kommunikationssituationen. Der überwiegende Teil der TeilnehmerInnen war auch im Zeitraum der Untersuchung mit dem Erweitern oder dem Erhalten von Kenntnissen in anderen Fremdsprachen beschäftigt.

Name	Alter	Beruf
Tanja Agena	37 Jahre	Geisteswissenschaftlerin
Alexander Berndt	20 Jahre	Schüler / Zivildienstleistender
Britt Degener	26 Jahre	Schlosserin
Sonja Mersmann	33 Jahre	Ökonomin
Nadine Markwardt	24 Jahre	Studentin Ingenieurswissenschaften
Carla Neuhaus	26 Jahre	Studentin Ingenieurswissenschaften
Ralf Pavlovski	28 Jahre	Student Ingenieurswissenschaften
Dirk Rolf	26 Jahre	Student Ingenieurswissenschaften
Martina Zimmer	58 Jahre	Ökonomin

Tabelle 3: UntersuchungsteilnehmerInnen: Demografische Informationen

In folgenden Fremdsprachen strebten die TeilnehmerInnen im Kontext der Untersuchung schwerpunktmäßig eine Erweiterung ihrer Kenntnisse und sprachlichen Fertigkeiten an: Chinesisch, Englisch, Französisch, Isländisch, Niederländisch, Spanisch.

Der überwiegende Teil der TeilnehmerInnen verfügte bereits vor Beginn der Untersuchung über geringe bis gute Vorkenntnisse in der jeweiligen Fremdsprache. Die Isländisch- sowie die Niederländischlernende lassen sich im engeren Sinn als sog. TotalanfängerInnen charakterisieren, obwohl die eine sich z.B. bereits mit Selbstlernmaterial und die andere sich mit einer literaturwissenschaftlichen Darstellung der Unterschiede zwischen Deutsch und Isländisch intensiv beschäftigt hatte.

Bezogen auf die im Rahmen der Untersuchung gewählte(n) Fremdsprache(n), lassen sich eine Vielzahl von Aktivitäten der TeilnehmerInnen anführen, die parallel betrieben wurden (z.B. Kursteilnahme, Selbstlernmaterial). Im Verlauf der Untersuchung sind drei TeilnehmerInnen (Dirk,

Tanja, Sonja) im zielsprachigen Ausland gewesen. Die folgende Tabelle enthält die von den jeweiligen TeilnehmerInnen behandelten Fremdsprachen und deren weitere, über die Arbeit mit den multimedialen Lernumgebungen hinausgehenden Aktivitäten zum (gesteuerten) Fremdsprachenerwerb im Zeitraum der Untersuchung bzw. zeitnah zur Untersuchung.

Name	Fremdsprache(n)	weitere Aktivitäten
Tanja Agena	Niederländisch	Selbstlernmaterial: Buch + Audiokassette, Lernsoftware, Auslandsaufenthalt
Alexander Berndt	Spanisch, Chinesisch, Japanisch	Sprachkurse, Selbstlernmaterial: Buch + Audiokassette
Sonja Mersmann	Französisch	Sprachkurs, Sprachkursaufenthalt im Ausland
Britt Degener	Englisch	Sprachkurs
Nadine Markwardt	Französisch	Vorangegangener Studienaufenthalt im Ausland
Carla Neuhaus	Isländisch, Englisch	Selbstlernmaterial: Buch + Audiokassette, Internet, Vorbereitung eines Arbeitsaufenthalts im Ausland
Ralf Pavlovski	Chinesisch	Sprachkurs, Selbstlernmaterial: Buch + Audiokassette, Auslandsaufenthalt in der Vergangenheit
Dirk Rolf	Spanisch	Sommersprachkurs in Spanien (aktuell und in der Vergangenheit), Lernsoftware
Martina Zimmer	Englisch	Sprachkurs, Kinderliteratur, Auslandsaufenthalt in der Vergangenheit, geplanter Auslandsaufenthalt

Tabelle 4: Fremdsprachen und Aktivitäten im Zeitraum der Untersuchung

Sämtliche TeilnehmerInnen verfügten über Erfahrung mit Computern, wobei der Stand der Kenntnisse variierte zwischen Basiskenntnissen und fortgeschrittenen Kenntnissen als AnwenderInnen bis hin zu Expertenkenntnissen der Informatik. Bei den TeilnehmerInnen mit geringer Computererfahrung waren ausgehend von den beruflichen Tätigkeiten die Kenntnisse jeweils beschränkt auf bestimmte Anwendungen (z.B. Textverarbeitung). Unterschiede lassen sich auch im Hinblick auf die Nutzung des Internet feststellen; für eine Teilnehmerin war das Internet Neuland.

Bezüglich des Lernens mit dem Computer sind die Vorerfahrungen der TeilnehmerInnen ebenso individuell verschieden. Der überwiegende Teil der

TeilnehmerInnen verfügte über keine Vorerfahrungen in diesem Bereich, während andere TeilnehmerInnen in unterschiedlichem Umfang Erfahrungen mit Sprachlernsoftware oder anderer Lernsoftware besaßen. Die folgende Tabelle stellt die Erfahrungen der jeweiligen TeilnehmerInnen mit Lernsoftware zu Beginn der Untersuchung dar.

Name	Erfahrung mit Lernsoftware
Tanja Agena	Gelegentlich: Sprachlernsoftware
Alexander Berndt	Erfahrung mit einer Sprachlernsoftware
Sonja Mersmann	keine
Britt Degener	keine
Nadine Markwardt	keine
Carla Neuhaus	Lernsoftware zur Softwarebedienung, Schreibmaschinenschreiben, Buchführung
Ralf Pavlovski	Gelegentlich: Sprachlernsoftware
Dirk Rolf	Einmal: Sprachlernsoftware, (Experte in Computerspielen, „computerspielesüchtig")
Martina Zimmer	keine

Tabelle 5: Erfahrung mit Lernsoftware

Zusammenfassend lässt sich festhalten, dass sämtliche TeilnehmerInnen bereits Erfahrungen mit der jeweiligen Fremdsprache gemacht hatten und auf dem Niveau der Grundstufe anzusiedeln waren. Die Untersuchungsteilnehmer-Innen verfügten mit Ausnahme einer geisteswissenschaftlichen Ausrichtung über berufliche Schwerpunkte in den Bereichen Naturwissenschaft, Technik und Wirtschaft. Es handelt sich um bildungsgewohnte TeilnehmerInnen, denen eine grundsätzliche Technikaffinität zugeschrieben werden kann. Sämtliche TeilnehmerInnen waren in variierendem Ausmaß erfahren im Umgang mit Computern. Im Hinblick auf die Erfahrungen mit Lernsoftware bleibt festzuhalten, dass die TeilnehmerInnen insgesamt über geringe Vorkenntnisse in diesem Bereich verfügten. Es zeigt sich, dass die TeilnehmerInnen über die Teilnahme an der Untersuchung hinaus eine Vielzahl von Aktivitäten zum Fremdsprachenlernen betrieben und über geringe bis umfangreiche Fremdsprachenkenntnisse in verschiedenen anderen Fremdsprachen verfügten.

2. Beschreibung der multimedialen Lernumgebungen

Eine Auflistung der CD-ROMs, die in dieser Untersuchung zum Einsatz gekommen sind, findet sich im Anhang (I.8.). Es handelt sich bei den verwendeten Lernumgebungen um handelsübliche Software, wie sie in Buchhandlungen etc. zu erhalten ist. Der Markt für Lernumgebungen zum Fremdsprachenlernen stellt sich durch Lizenznahmen oder Verkäufe unübersichtlich dar. Viele der verwendeten CD-ROMs verfügen über den selben Programmtyp, der – meist in den Fremdsprachen Englisch, Spanisch, Französisch und Deutsch – in jeweils identischer Form angeboten wird.

Entsprechend dem Niveau der TeilnehmerInnen hatte der Großteil der Lernumgebungen Grundstufenniveau. Problematisch stellt sich die Verfügbarkeit von Material für bestimmte Fremdsprachen dar: Die Größe des Angebots ist in Abhängigkeit von der jeweiligen Fremdsprache extrem unterschiedlich. Für Englisch gibt es auch auf fortgeschrittenem Niveau ein unübersichtlich großes Angebot. Für Isländisch hingegen lässt sich nur ein einziges Angebot finden, das durch ein EU-Programm für selten gesprochene Sprachen gefördert wurde. Die folgenden Ausführungen unternehmen eine Darstellung zentraler Beobachtungen im Hinblick auf die verwendeten Lernumgebungen. Aufgrund der nutzerInnenorientierten Forschungsperspektive der vorliegenden Untersuchung wird vom Typologisieren der verwendeten Software abgesehen, jedoch sollen einige zentrale Merkmale genannt werden, die die Unterscheidung grundlegender Gruppen ermöglichen:

Die erste Gruppe lässt sich anhand ihrer Einsprachigkeit bestimmen. Die gesamte Lernumgebung basiert auf der Zielsprache, es werden Bildwörterbücher angeboten. Ein Teil der auf Einsprachigkeit basierenden Lerngebungen verfügte über die Möglichkeit, aus einer Reihe von Sprachen auszuwählen, um ausschließlich die Aufgabenstellungen und Hilfetexte in der gewählten Sprache darzustellen.

Bei der zweiten Gruppe lässt sich ein zweisprachiger Ansatz als grundlegendes Merkmal anführen. Diese Lernumgebungen weisen unterschiedliche Anteile einer anderen Sprache als der Zielsprache auf, es werden Übersetzungen zwischen Ausgangs- und Zielsprache angeboten. Innerhalb dieser Gruppe lässt sich eine Differenzierung hinsichtlich der Art der Übersetzung anstellen: häufiger werden ausschließlich sinngemäße Übersetzungen ermöglicht, seltener sind zwei Übersetzungsarten, eine sinngemäße sowie eine wortgenaue Übersetzung, enthalten.

Die dritte Gruppe wird hier als vollständig *Edutainment*-orientiert bezeichnet: Damit werden diejenigen Lernumgebungen bezeichnet, die grundlegend ein Unterhaltungsprinzip umsetzen (z.B. der Krimi ‚*Who is Oscar Lake?*' oder die *Movie Talk*-Reihe), die in der Regel zweisprachig ausgerichtet sind. Der unterhaltende Anteil steht in diesen Fällen im Vordergrund und wird ergänzt um sprachbezogene Übungen, die den Charakter eines Zusatzes haben. Spielerische Anteile finden sich in verschiedenen Lernumgebungen, bei dieser Gruppe jedoch bezieht sich der unterhaltende Anteil nicht auf ein überschaubares, verhältnismäßig kleines Spiel sondern ist grundlegendes Prinzip.

Weiterhin sind anhand ihrer Produkteigenschaften Lernumgebungen mit oder ohne Spracherkennung sowie mit oder ohne Möglichkeit der Audio-Aufnahme zu unterscheiden. Innerhalb dieser vierten Gruppe lassen sich Unterscheidungen anstellen im Hinblick auf die Form der Verwendung von Spracherkennung oder der Aufnahmemöglichkeit: zum einen ist das Nachsprechen einzelner Wörter oder Phrasen, zum anderen das Nachsprechen einer von mehreren Alternativen nach dem Prinzip des Rollenspiels zu nennen.

Zusammenfassend lässt sich festhalten, dass die Verfügbarkeit von handelsüblicher Software in Abhängigkeit von der jeweiligen Fremdsprache sehr unterschiedlich ist. Die weltweite Vermarktung einer einsprachigen Lernumgebung und die Wiederverwendung desselben Programmtyps für verschiedene Fremdsprachen, deuten darauf hin, dass zielgruppenspezifische, regionale Aspekte in der Softwareentwicklung unberücksichtigt bleiben.

3. Beschreibung des Selbstlernstudios der BTU Cottbus

Das Selbstlernstudio der Brandenburgischen Technischen Universität Cottbus war zum Zeitpunkt der Untersuchung ein Projekt des Lehrstuhls Interkulturalität, Fremdsprachen, Fachdidaktik.

Die BTU Cottbus ist eine sog. Campus-Universität mit ca. 4500 Studierenden vorwiegend technisch-naturwissenschaftlicher Studiengänge. Die kreisfreie Stadt Cottbus hat ca. 110 800 EinwohnerInnen, liegt ca. 160 Kilometer südöstlich von Berlin nahe der Grenze zu Polen. Die vergleichsweise kleine Campus-Universität und die überschaubare Größe der Stadt Cottbus sind im Kontext der vorliegenden Untersuchung im Hinblick auf das Selbstlernstudio zu berücksichtigen. Die universitätsinternen TeilnehmerInnen waren in mehreren Fällen miteinander bekannt oder kannten sich flüchtig.

Im Zeitraum der Untersuchung bestand am Ort der Datenerhebung, einer öffentlichen Einrichtung der BTU Cottbus, aufgrund verschiedener Umstände größtenteils geringer Publikumsverkehr. Der betreffende Computer wurde jeweils durch eine Stellwand leicht abgeschirmt, was einerseits der Schaffung einer entspannteren Situation für die UntersuchungsteilnehmerInnen diente, andererseits die Störung für andere BesucherInnen des Selbstlernstudios reduzieren sollte. Es kam im Verlauf der Untersuchung zu unterschiedlichen Interaktionen mit anderen BesucherInnen des Selbstlernstudios und den NutzerInnen der anliegenden Räume (Seminarraum und Multimedialabor). Folgende Skizze veranschaulicht die räumliche Situation im Selbstlernstudio:

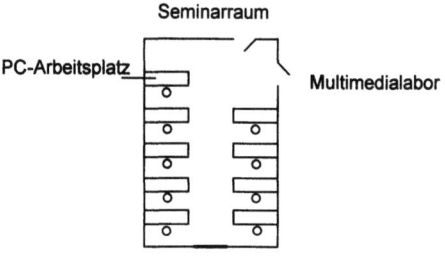

Abbildung 16: Skizze des Selbstlernstudios der BTU Cottbus

4. Tätigkeiten und Anforderungen aus Sicht der Fremdsprachenlernenden (Globalanalyse)

Wenn die Entscheidung eine Fremdsprache zu lernen, wie im Fall der TeilnehmerInnen der vorliegenden Untersuchung, aus freien Stücken getroffen wird, stellt sich die Frage, auf welche Weise, wie, wann und mit welchem Kostenaufwand die Fremdsprache gelernt wird. Um eine Fremdsprache zu lernen, besuchen die TeilnehmerInnen vorzugsweise Sprachkurse soweit sie in der Fremdsprache der Wahl vor Ort verfügbar sind. Weiterhin werden Medien zum gesteuerten Fremdsprachenerwerb (Selbstlernmedien, Audiokassetten, Kurslehrwerke), Informationen über Sprache und Kultur und / oder authentische Medientexte (Originalliteratur, Filme) organisiert und verwendet.

Die Globalauswertung der Tätigkeiten, Interessen und Bedürfnisse aus Sicht der TeilnehmerInnen ergibt folgendes Bild: Die bildungsgewohnten TeilnehmerInnen verfügen durch die im Verlauf ihrer Biografie erworbenen Kompetenzen hinsichtlich des eigenen Fremdsprachenlernens über Selbststeuerungskompetenzen, die sie als „LernexpertInnen" kennzeichnen.

Formen des selbstorganisierten Lernens werden von den TeilnehmerInnen als Ergänzung betrachtet, die es in sinnvolle Verbindung mit der Teilnahme an einem Kurs oder einem Aufenthalt im Zielsprachenland zu bringen gilt. Selbstorganisiertes Lernen fungiert zeitweise als Ersatz, wenn es kein Kursangebot für diese Fremdsprache gibt und Kontakte zu SprecherInnen der Zielsprache bestehen oder ein Aufenthalt in einem entsprechenden Land geplant ist.

Die folgende Abbildung illustriert anhand eines fiktiven Beispiels den Zusammenhang zwischen Motivation und Aktivitäten zum Fremdsprachenlernen und den Umstand, dass es aus Sicht der TeilnehmerInnen verschiedene Aktivitäten zum Fremdsprachenlernen zu koordinieren gilt. Die Darstellung ließe sich durch weitere Differenzierungen erweitern, z.B. informelle

Lernsituationen, Kontakte, Aufenthalte im Zielsprachenland oder zeitliche Differenzierungen. Zudem muss generell von einem nur im Einzelfall bestimmbaren Faktorenkomplex beim Fremdsprachenlernen ausgegangen werden. Die überdauernde Motivation ist für das selbstorganisierte Fremdsprachenlernen der TeilnehmerInnen ein entscheidender Faktor.

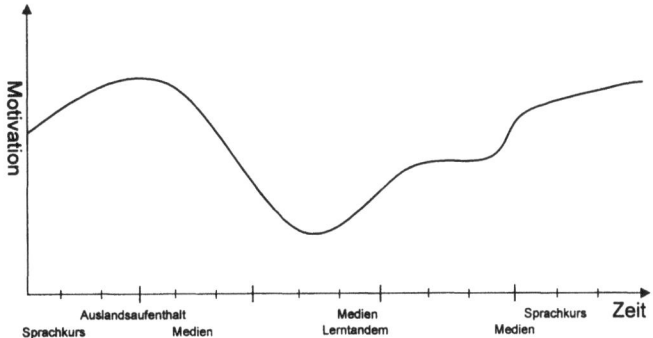

Abbildung 17: Fiktives Beispiel zur Illustration der Situation der Fremdsprachenlernenden

Die Motivation von freiwillig lernenden Erwachsenen muss über einen längeren Zeitraum erhalten, gefördert und durch Erfolgserlebnisse gestärkt werden, um den angestrebten Grad der Beherrschung der Fremdsprache zu erreichen. Die verschiedenen Aktivitäten im Zusammenhang mit dem Lernen der Fremdsprache sind daher auch immer unter dem Gesichtspunkt der Motivation und Zielerreichung zu sehen: Bezogen auf das Fremdsprachenlernen mit multimedialen Lernumgebungen gehen die Lernenden zum einen davon aus, dass eine zusätzliche Aktivität eine Kompetenzbestätigung bzw. einen Kompetenzgewinn mit sich bringt, zum anderen, dass sie einen motivationserhaltenden Effekt nach sich zieht. Als erfolgreich empfundene Aktivitäten stärken in längerfristiger Perspektive aus Sicht der Fremdsprachenlernenden die Motivation, für schlecht befundene Angebote hingegen führen zum Abbrechen der Beschäftigung, was in der Konsequenz einen sich gegenseitig beeinflussenden Mangel an Motivation und Erfolgserlebnissen zur Folge haben kann. Die Situation von Fremdsprachenlernenden, die freiwillig, selbstorganisiert und multimedial unterstützt ihre Fremdsprachenkenntnisse erweitern, lässt sich als ausgesprochen anspruchsvoll und komplex kennzeichnen. Für diese Form des Lernens charakteristisch ist eine Tendenz zur Destabilisierung der Kontinuität der Lernsituation bzw. das Abbrechen / Unterbrechen des Lernprozesses. Demgegenüber stehen Tätigkeiten auf Seite der Fremdsprachenlernenden, die der Fortführung und der Optimierung des Lernprozesses dienen, so dass eine Stabilisierung und Kontinuität in dem Prozess des Fremdsprachenlernens erreicht wird. Allgemein vergleichbar ist diese Situation mit den Aufgaben von ManagerInnen: selbstorganisiertes Fremdsprachenlernen erfordert erfolgsorientiertes, strategisches Handeln, die Führung und Organisation des eigenen Lernens, das Anpassen an sich verändernde Bedingungen, effizientes und handlungsfähiges Zusammenführen der verschiedenen Aktivitäten, das Formulieren von Zielen und Kontrollieren des Erreichten. Die Lenkung des selbstorganisierten Fremdsprachenlernens bedeutet, die bereits bestehenden Kenntnisse zu erhalten und zu optimieren sowie dort auszubauen, wo den subjektiven oder objektiven Anforderungen an die Fremdsprachenkenntnisse genüge getan werden muss. Es ist notwendig, den Ablauf des selbstorganisierten Fremdsprachenlernens durch die aufgabenorientierte Gestaltung der einzelnen Lernprozesse zu organisieren. Das selbstorganisierte Fremdsprachenlernen lässt sich analog zu Managementaufgaben als ein kontinuierlicher Prozess beschreiben, der verschiedene Gestaltungs- und Lenkungsaktivitäten umfasst. Dies beinhaltet die Suche und Realisation neuer Zielvorgaben und Verhaltensweisen, die Förderung der Lernfähigkeit sowie die Schaffung von Rahmenbedingungen, die ein sinnvolles Entwickeln der kommunikativen Kompetenz in der Fremdsprache erlauben. (vgl. Meyers Lexikon A-Z, Schlagwort Manager, Management, http://www.iicm.edu/MeyersLexikon)

Von Seiten der Lernumgebung lassen sich auf Grundlage der beschriebenen Tätigkeiten der Lernenden die Individualisierung bzw. Personalisierung des Mediums sowie des weiteren die Autonomisierung der Lernenden als zentrale Dimensionen anführen. Die Globalauswertung zeigt, dass die Fremdsprachenlernenden beim computerunterstützten Lernen keinen Kurs im engeren Sinne wollen. Sie wünschen sich ein Lernangebot, das auf ihre spezifischen Bedürfnisse und Interessen ausgerichtet ist. Durch interaktive Personalisierung des Mediums werden die individuellen Bedürfnisse der NutzerInnen unterstützt bzw. werden sie in die Lage versetzt, das Medium an ihre Bedürfnisse anzupassen. So unterstützt z.B. eine individuelle Ergebnissicherung innerhalb der Lernumgebung die Fremdsprachenlernenden in der Effizienz ihres Handelns. Die Fremdsprachenlernenden benötigen angemessene Angebote zur Semantisierung, daher sind fehlende oder mangelhafte Übersetzungen sowie eine einseitig, symbolhaft-bildlich kodierte Repräsentation fremdsprachigen Wortschatzes sowie allgemein eine mangelnde Sprachkontrastivität zu vermeiden. Für das Erreichen ihrer Zielsetzung benötigen die Lernenden fremdsprachliche Inhalte, die Merkmale einer „Diskursivität" der Sprache aufweisen. Durch variierende Kontexte sowie kontextualisierte Sprache ist es den Lernenden möglich, Sinnzusammenhänge für die Inhalte zu erzeugen. Vielfältige Modalitäten der Präsentation und der Übung ermöglichen die Integration verschiedener Fertigkeiten sowie Sinne und verhindern Einseitigkeit sowie mangelnde Herausforderung. Formen der Kontrolle durch die Lernumgebung oder / und die Selbstkontrolle (z.B. anhand einer Musterlösung) ist für die selbstorganisiert Lernenden von besonders hoher Bedeutung, da sie durch das Kontrollieren eine Sicherheit über ihre erbrachte Leistung gewinnen und damit die Aufrechterhaltung ihrer Motivation unterstützen. Information und Transparenz ermöglichen es den NutzerInnen wesentlich, die Arbeit mit der Lernumgebung in ihre Gesamtstrategie zum Fremdsprachenlernen einzubinden. Um innerhalb der Lernumgebung strategisch handeln zu können, müssen sie sich einen Überblick über das Angebot verschaffen können, was den Aufbau und die Ziele des Angebots betrifft. Zugriffsmöglichkeiten auf bestimmte Inhalte erleichtern den Lernenden die Abstimmung auf ihre weiteren Aktivitäten zum Fremdsprachenlernen und damit die Integration in eine erfolgreiche Gesamtstrategie zum Fremdsprachenlernen.

5. Theoretisches Modell zum selbstorganisierten Fremdsprachenlernen mit Multimedia

Die Darstellung des theoretischen Modells zum selbstorganisierten Fremdsprachenlernen erfolgt zunächst in grafischer Form, um eingangs einen Überblick darzustellen. Im Anschluss werden die persönlichen Bedingungen der Lernenden, die u.a. die Motivation, die Ziele und die Erfahrungen mit dem Fremdsprachenlernen umfassen, dargelegt (5.1). Die äußeren Voraussetzungen beschreiben in der Folge die kontextuellen Bedingungen, die auf die Kernkategorie einwirken (5.2). Anschließend wird die Kernkategorie ‚Bedürfnis- und erfolgsorientiertes Fremdsprachenlernen mit Multimedia' beschrieben (5.3). Darauf aufbauend werden die Strategien im Hinblick auf das bedürfnis- und erfolgsorientierte Fremdsprachenlernen mit Multimedia dargestellt (5.4.1 – 5.4.6). Die hinderlichen und förderlichen Bedingungen der Lernumgebungen werden aufgeführt (5.5.1 – 5.5.2) und abschließend werden die resultierenden Konsequenzen aus Sicht der Fremdsprachenlernenden dargelegt (5.6).

In der folgenden Grafik wird ein erster Überblick über das zentrale Phänomen ‚Bedürfnis- und erfolgsorientiertes Fremdsprachenlernen mit Multimedia' und die ihm zugeordneten Kodierungen gegeben.

Abbildung 18: Theoretisches Modell zum selbstorganisierten Fremdsprachenlernen mit Multimedia

5.1 Persönliche Bedingungen

Die persönlichen Bedingungen sind im Hinblick auf das als zentral ermittelte Phänomen des ‚Bedürfnis- und erfolgsorientierten Fremdsprachenlernens mit Multimedia' als ursächliche Bedingungen zu verstehen. Ursächliche Bedingungen verweisen auf die Ereignisse oder Vorfälle, die zum Auftreten oder zur Entwicklung des Phänomens beitragen.

Motivation
Die Fremdsprachenlernenden lernen zum einen freiwillig und selbstmotiviert eine oder mehrere Fremdsprache(n) und verfügten zum anderen bereits vor Beginn der Untersuchung über geringe bis fortgeschrittene Vorkenntnisse in der jeweiligen Fremdsprache im Bereich der Grundstufe. Zum Teil besuchen sie parallel einen Sprachkurs, haben zeitnah einen besucht oder werden in näherer Zukunft einen Sprachkurs beginnen, ggf. verbunden mit einem Aufenthalt im Zielsprachenland.

Die Vorgabe der Untersuchung, das Selbstlernstudio der TU Cottbus an zwei Tagen der Woche zu relativ flexiblen Zeiten aufzusuchen und dabei bei Bedarf (technische) Beratung zu erhalten, ist im Hinblick auf Fragen der Motivation grundlegend zu berücksichtigen. Es ist davon auszugehen, dass durch die darzulegenden äußeren Voraussetzungen eine Wirkung auf die Motivation der TeilnehmerInnen ausgeübt wird.

Die TeilnehmerInnen verfügen über unterschiedliche Motivationen bezogen auf das Fremdsprachenlernen (mit Multimedia), die sich individuell jeweils als ein Bündel von Motivationen kennzeichnen lassen. Die Äußerungen der TeilnehmerInnen weisen auf ein allgemeines Interesse an Fremdsprachen als grundlegende Motivation hin. Weiterhin sind Kontakte zu SprecherInnen der Zielsprache als motivierender Faktor für das Erlernen von Fremdsprachen zu identifizieren sowie der Wunsch nach beruflicher Qualifikation.

Hohe Bedeutung für die Motivation der Fremdsprachenlernenden haben Aufenthalte im Zielsprachenland. Einerseits wird in ihnen die Möglichkeit gesehen, rasche und große Lernfortschritte zu erzielen, andererseits können sie auch als frustrierend erlebt werden, z.B. aufgrund von Erfahrungen mit Dialekten. Im Verlauf der Untersuchung waren drei TeilnehmerInnen (Dirk, Tanja, Sonja) im zielsprachigen Ausland. Nadine bereitete einen Studienaufenthalt im Ausland nach: ihr Interesse daran, weiterhin Französisch zu lernen, ist erst durch den Aufenthalt geweckt worden.

Viele der Aktivitäten, die die TeilnehmerInnen im Verlauf ihrer Fremdsprachenlern-Biografie unternehmen, werden rückblickend als nicht erfolgreich oder frustrierend bezeichnet (z.B. zu große Kurse, schlechte Qualität). Die Fremdsprachenlernenden kritisieren teilweise an ihren Sprachkursen ein mangelhaftes Eingehen auf ihre Bedürfnisse, wie z.B. ständiges Korrigieren beim Sprechen, seltenes „Drankommen". In diesen Fällen wird das selbstorganisierte Fremdsprachenlernen auch als Kompensation der mangelnden Möglichkeit zu Aktivität im Sprachkurs verstanden.

Ziel(e)
Als übergeordnetes Ziel der Fremdsprachenlernenden ist „die Freiheit, sich in der Sprache zu bewegen" auszumachen. Dies umfasst in den Augen der Fremdsprachenlernenden einen flexiblen Einsatz sprachlicher Mittel in der Zielsprache sowie Souveränität in mündlichen Kommunikationssituationen. Die Zielsetzung der Lernenden lässt sich demnach als das Entwickeln interkultureller kommunikativer Kompetenz beschreiben. Die jeweils subjektive Definition der Zielsetzung variiert z.B. im Hinblick auf den Anspruch an sprachliche Korrektheit, den Grad der Kompetenz in der betreffenden Schriftsprache oder die Bedeutung einer guten Aussprache. Übergeordnetes Ziel ist jedoch immer die erfolgreiche Bewältigung von Kommunikationssituationen in der Fremdsprache, d.h. die Anwendung der Kenntnisse und Fertigkeiten in der Fremdsprache.

Das zugrunde liegende Ziel nach Entwicklung kommunikativer Kompetenz in der Fremdsprache enthält bereits eine Zielvorstellung im Sinne eines Gesamtziels. Dieses Gesamtziel wird von Seiten der TeilnehmerInnen der Untersuchung individuell differenziert, in Teilziele heruntergebrochen und konkretisiert (wie z.B. einen Einstufungstest für einen Sprachkurs erfolgreich durchführen, Gespräche mit fremdsprachigen BesucherInnen am Arbeitsplatz besser bewältigen).

Teilziele werden auch im Kontext anderer Aktivitäten zum Fremdsprachenlernen entwickelt, so dass beim selbstorganisiertem Fremdsprachenlernen das jeweilige Lernmaterial von den Fremdsprachenlernenden im Hinblick auf momentane Teillernziele sowie das Gesamtziel selektiv wahrgenommen wird. Die Bestimmung von Zielen und Teilzielen ist darüber hinaus abhängig von der individuellen Leistungsorientierung der Fremdsprachenlernenden.

Erfahrungen / subjektive Theorien
Die Erfahrung mit dem Fremdsprachenlernen, die die TeilnehmerInnen im Verlauf ihrer Biografie gemacht haben, sind einerseits höchst individuell und andererseits durch die jeweilige staatliche Bildungspolitik geprägt. Im allgemeinen lässt sich für die TeilnehmerInnen aus den alten Bundesländern der BRD der Kanon aus den Wahl- und Pflichtfächern Englisch, Französisch, Latein ausmachen. Die Fremdsprachenlernenden aus den neuen Bundesländern beschreiben ihre damalige Entscheidung für eine Fremdsprache als getroffen aufgrund von Zufall (abhängig von der Schule) oder Pflicht mit der Standardkombination Russisch, Französisch, Englisch, Latein u.a.. Zudem hat dort ein rascher Schwenk in der Bildungspolitik von Russisch auf Englisch stattgefunden. Die Erfahrungen mit den schulischen Methoden des

Fremdsprachenlernens sind sowohl durch individuelles Erleben als auch spezifische staatliche Vorgaben geprägt.

Es lassen sich folgende didaktische Ansätze in den geschilderten Erfahrungen der TeilnehmerInnen ausmachen: Grammatik-Übersetzungsmethode, audio-linguale Methode, kommunikativer Fremdsprachenunterricht. Darüber hinaus haben die Lernenden Erfahrungen in der Nutzung verschiedenster Medien zum Fremdsprachenlernen.

Nach der Schulzeit werden die Erfahrungen der TeilnehmerInnen mit dem Fremdsprachenlernen sehr viel unterschiedlicher: Studium einer oder / mehrerer Fremdsprachen an der Universität, Sprachkurse an der Universität, Auslandssemester, Erwachsenenbildung, Bildungsurlaub oder Sprachkurstourismus. Auch sind unterschiedliche Formate, was die Stundenzahl betrifft, zu berücksichtigen. Darüber hinaus sammelten die TeilnehmerInnen verschiedene weitere Erfahrungen in der Nutzung von Medien zum gesteuerten und informellen Fremdsprachenlernen sowie Situationen der Anwendung von Fremdsprachenkenntnissen.

Insgesamt lassen sich bei den TeilnehmerInnen umfangreiche Erfahrungen mit Methoden des konventionellen Fremdsprachenlernens sowie mit verschiedenen Fremdsprachen ausmachen. Auf Grundlage der dargestellten möglichen Erfahrungen sind Ansätze subjektiver Theorien über das eigene Fremdsprachenlernen bei den TeilnehmerInnen entstanden, auch ein Wissen um die individuellen Bedürfnisse beim Fremdsprachenlernen.

Andere Aktivitäten zum Fremdsprachenlernen

Andere Aktivitäten zum Fremdsprachenlernen umfassen insbesondere die parallel zur Untersuchung stattfindende Teilnahme an Sprachkursen. Die Lernenden besuchen häufiger Sprachkurse und investieren Zeit in die Vor- und Nachbereitung, als ausschließlich mittels Selbstlernmedien Fremdsprachenkenntnisse zu erweitern. Im letzteren Fall ist immer ein Aufenthalt im Zielsprachenland geplant oder gerade vergangen. Als Ersatz für einen Sprachkurs wird das selbstorganisierte Fremdsprachenlernen dann betrachtet, wenn es vor Ort in der entsprechenden Fremdsprache kein Angebot gibt, das Angebot als unzureichend empfunden wird oder Ferienzeiten zu überbrücken sind. Des weiteren ist der überwiegende Teil der Lernenden parallel zu der Untersuchung mit dem Erweitern oder dem Erhalten der Kenntnisse in verschiedenen anderen Fremdsprachen beschäftigt.

Lernbedarf kennen / benennen

Weitere persönliche Voraussetzung ist, dass die TeilnehmerInnen ihren Lernbedarf kennen, dass sie den Stand ihrer Kenntnisse und Fertigkeiten in der betreffenden Fremdsprache einzuschätzen wissen. Der eigene Lernbedarf wird vor dem Hintergrund der Erfahrungen und der Zielsetzung formuliert. Zu unterscheiden sind Nennungen des Lernbedarfs, die aus dem Umgang mit der Lernumgebung resultieren, Nennungen, denen eine gefestigte Annahme über den eigenen Lernstil zugrunde liegt, und schließlich Nennungen eines Lernbedarfs, der im Rahmen anderer Aktivitäten zum Fremdsprachenlernen begründet ist.

Kenntnisse zur Bedienung von Computern / Affinität zum Medium
Die TeilnehmerInnen verfügen über individuelle Kenntnisse zur Bedienung von Computern und eine individuelle Affinität zum Medium. Eine gewisse Affinität zum Medium erhöht die Bereitschaft, sich neben der Erweiterung von Fremdsprachenkenntnissen außerdem um die Erweiterung der Kenntnisse zur Softwarebedienung zu bemühen.

Sämtliche TeilnehmerInnen verfügen über Kenntnisse zur Bedienung von Computern, wobei der Stand der Kenntnisse variiert zwischen Basiskenntnissen und fortgeschrittenen Kenntnissen als AnwenderInnen bis hin zu Expertenkenntnissen der Informatik. Bei den TeilnehmerInnen mit geringer Computererfahrung sind ausgehend von den beruflichen Tätigkeiten die Kenntnisse jeweils beschränkt auf bestimmte Anwendungen (z.B. Textverarbeitung).

Die Vorerfahrungen der TeilnehmerInnen im Hinblick auf das Lernen mit dem Computer variieren. Der überwiegende Teil der TeilnehmerInnen verfügt über keine Vorerfahrungen in diesem Bereich, während andere TeilnehmerInnen in unterschiedlichem Umfang Erfahrungen mit Sprachlernsoftware oder anderer Lernsoftware besitzen. Die bisherigen Kenntnisse prägen die Erwartungen und Annahmen über Funktionsweisen des Computers und der Lernumgebung.

Die genannten Kodierungen beschreiben die persönlichen Voraussetzungen der Fremdsprachenlernenden. Sie werden im Folgenden nochmals zusammengefasst angeführt:

- Motivation
- Ziel(e)
- Erfahrungen / subjektive Theorien
- Andere Aktivitäten zum Fremdsprachenlernen
- Lernbedarf kennen / benennen
- Kenntnisse zur Bedienung von Computern / Affinität zum Medium

5.2 Äußere Voraussetzungen

Die äußeren Voraussetzungen umfassen den spezifischen Satz an äußeren Bedingungen und Eigenschaften, die zum Phänomen des bedürfnis- und erfolgsorientierten Fremdsprachenlernens mit Multimedia gehören.

Zugang zu Hardware / Software

Die TeilnehmerInnen hatten im Rahmen der Untersuchung Zugang zu Hard- und Software im Selbstlernstudio der Universität Cottbus. Drei der TeilnehmerInnen hatten keinen Zugang zu einem Computer im privaten Umfeld, nutzten Computer jedoch an ihrem Arbeitsplatz. Der Wunsch, sich privat einen Computer anzuschaffen, ist begleitet von der Frage nach den dazu notwendigen Kenntnissen zur Bedienung und den Kosten. Interessant für den Kontext dieser Untersuchung ist die Unterscheidung, die die Fremdsprachenlernenden hinsichtlich des Ortes unternehmen, an dem am Computer gelernt wird. Die TeilnehmerInnen setzen für Lernaktivitäten am Computer zu Hause teils deutlich andere Schwerpunkte. Besonders augenfällig war dies im Hinblick auf ausgesprochene Edutainment-Produkte (*Oscar Lake, Movie Talk*), die durchgängig als geeignet für zu Hause bezeichnet wurden. Der Zugang zu Hard- und Software in einer öffentlichen Einrichtung wird von den TeilnehmerInnen stärker mit zielstrebigem Lernen als mit Unterhaltung assoziiert.

Verfügbarkeit von Lernumgebungen

Die Verfügbarkeit multimedialer Lernumgebungen ist abhängig von der zu erlernenden Fremdsprache, z.B. gibt es für Englisch ein unübersichtlich großes Angebot, während sich für Isländisch nur ein einziges Angebot finden lässt. Aus diesem Grund wich die Isländisch lernende Teilnehmerin letzten Endes auf Englisch aus, da die angekündigte Fortsetzung im betreffenden Zeitraum nicht erschien und sie den anstehenden Aufenthalt in Island auch unter dem Gesichtspunkt sah, dort Englisch zu sprechen. Ebenso hat ein Chinesisch lernender Teilnehmer mit Spanisch angefangen, da erst zu einem späteren Termin Lernumgebungen für Chinesisch verfügbar waren. Ein weiterer Aspekt der Verfügbarkeit von Lernumgebungen ist die Frage, ob z.B. eine Lernumgebung für Chinesisch, die Englisch als Vermittlungssprache verwendet, für in diesem Falle deutsche MuttersprachlerInnen eine Option darstellen kann.

(Technische) Beratung

In Abhängigkeit von den Vorkenntnissen zur Bedienung von Computern sowie den auftretenden technischen Problemen, variierte der Bedarf und das Ausmaß an notwendig gewordener technischer Unterstützung. Da Vorkenntnisse zur Bedienung von Computern keine Voraussetzung für die Teilnahme an der Untersuchung darstellten, war im Hinblick auf die unerfahrenen NutzerInnen ein beratendes Eingreifen nicht zu vermeiden. Das betraf insbesondere die Installation und technische Probleme mit der Audiokonfiguration sowie schwere Bedienungsprobleme bei der Navigation (wie z.B. nicht zurückfinden, nicht rauskommen, irrtümlicher Abbruch).

Im Hinblick auf auftretende Probleme, wie Verständnisschwierigkeiten bei einsprachigen Lernumgebungen, zeigten die Lernenden die Tendenz, die teilnehmende Beobachterin nach einer Übersetzung zu fragen. Dieses Problem wurde dadurch gelöst, dass parallel zur Lernumgebung eine Übersetzungssoftware installiert wurde, so dass die TeilnehmerInnen selbst eine Übersetzung aufrufen konnten.

Folgende Kodierungen benennen zusammenfassend die äußerlichen Voraussetzungen:

- Zugang zu Hardware / Software
- Verfügbarkeit von Lernumgebungen
- (Technische) Beratung

5.3 Kernkategorie: ‚Bedürfnis- und erfolgsorientiertes Fremdsprachenlernen mit Multimedia'

Im Folgenden wird das als zentral ermittelte Phänomen ‚Bedürfnis- und erfolgsorientiertes Fremdsprachenlernen mit Multimedia' begründet und mit den zugehörigen Kodierungen dargestellt.

Es ist vorweg zu stellen, dass grundlegende Bedürfnisse der Fremdsprachenlernenden, wie z.B. die Verfügbarkeit von Übersetzungen, in den Lernumgebungen nicht immer berücksichtigt werden. Gewisse Aspekte sind daher nur über die Nicht-Erfüllung eines Bedürfnisses zu thematisieren. Bedürfnisse werden zudem insbesondere dann von den TeilnehmerInnen benannt, wenn deren Deckung nicht gewährleistet ist. Grundlegend zu berücksichtigen ist zudem, dass Bedürfnisse beim Fremdsprachenlernen aufgrund von Faktoren wie Alter, Vorkenntnissen, Zielen und Persönlichkeitsvariablen wie Leistungsorientierungen individuell ausgeprägt sind.

Die starke Orientierung der TeilnehmerInnen auf die je individuellen Bedürfnisse beim Fremdsprachenlernen zeigt sich insbesondere beim Auswählen einer Lernumgebung sowie beim Auswählen einzelner Inhalte oder Methoden. Die Lernenden treffen bei der Auswahl eine strategische Entscheidung, die sich an den jeweiligen Bedürfnissen orientiert. Sie bemühen sich darum, eine größtmögliche Deckung ihrer Bedürfnisse zu erreichen.

Das Treffen einer bedürfnisgerechten Auswahl umfasst das vergleichende Auswählen aus verschiedenen Lernumgebungen sowie die Entscheidungen hinsichtlich der Vorgehensweise, Inhalte und Methoden innerhalb einer Lernumgebung.

Innerhalb der Lernumgebung sind von den Fremdsprachenlernenden auf Basis einer immer wieder zu gewinnenden Orientierung komplexe Entscheidungen zu treffen. Durch das Auswählen aus dem Angebot der Lernumgebung versuchen die Lernenden, eine größtmögliche Deckung ihrer momentanen Bedürfnisse, Interessen und Ziele zu erreichen. Dabei ist entscheidend, dass die möglicherweise von den Lernenden erkannte inhärente Logik der Lernumgebung nicht einfach befolgt wird, sondern sie als Steinbruch für die Deckung der eigenen Bedürfnisse verwendet wird. Im Hinblick auf die verschiedenen medialen Darbietungsformen und Methodenvarianten treffen die Fremdsprachenlernenden Entscheidungen, die dem individuellen Lernbedarf unter Berücksichtigung des angestrebten Ziels und der Spezifik der jeweiligen Fremdsprache und Kultur gerecht werden. Dabei werden Übungen z.B. ausgelassen und die Funktion von Texten erweitert (z.B. lautes Lesen), so dass die Angebote der Lernumgebung entsprechend dem eigenen Bedarf bearbeitet werden, um eine subjektive Optimierung des Lernprozesses zu erreichen. Dieselben Zielsetzungen werden mit dem Vergleichen und Auswählen aus verschiedenen Lernumgebungen verfolgt. Von den Fremdsprachenlernenden werden diejenige(n) Lernumgebung(en) ausgewählt, die der subjektiven Optimierung des Lernprozesses am ehesten gerecht werden. Das schließt die Kombination verschiedener Lernumgebungen durch abwechselndes Bearbeiten ein. Das Entscheiden zwischen verschiedenen Lernumgebungen manifestiert sich durch das Abbrechen der weiteren Arbeit mit einer Lernumgebung, weil zentrale Bedürfnisse der Lernenden (z.B. Übersetzungen) nicht ausreichend berücksichtigt sind.

Wie wir gesehen haben, handeln die Fremdsprachenlernenden im Umgang mit der Lernumgebung auch nach strategischen Gesichtspunkten. Sie verfügen über geringe zeitliche Kapazitäten, die sie effizient und sinnvoll zur Erreichung ihres Ziels nutzen möchten. Daher wägen sie die Kosten – hier im Sinne von Arbeits- und Zeitaufwand zu verstehen – und den Nutzen im Hinblick auf das angestrebte Ziel gegeneinander ab. Durch negative Erfahrungen mit Fremdsprachenunterricht oder Medien zum (selbst-)gesteuerten Fremdsprachenerwerb sind die TeilnehmerInnen kritisch gegenüber Lernangeboten.

Um innerhalb der Lernumgebung eine bewusste und richtungsweisende Entscheidung zu treffen, sind die Fremdsprachenlernenden darum bemüht, sich einen Überblick zu verschaffen, indem sie nach Informationen über die Zielsetzungen der Lernumgebung sowie deren Funktionsweisen / Bedienung suchen und durch Ausprobieren vorläufige Handlungskonzepte entwickeln. Das Wissen oder mindestens Annahmen über die Ziele der Lernumgebung sind notwendig, damit die Fremdsprachenlernenden bestimmen können, inwieweit die Lernumgebung ihren Bedürfnissen entspricht. Interessant in diesem Zusammenhang ist die geringe Motivation der NutzerInnen, sich vor Verwendung der Lernumgebung mit schriftlichem Begleitmaterial wie Bedienungsanleitungen oder Handbüchern zu beschäftigen. Diese werden erst eingesetzt, wenn die Fremdsprachenlernenden mit der Bedienung der Lernumgebung nicht erfolgreich sind oder ihren Informationsbedarf nicht am Bildschirm decken können. Der ausgeprägte Aktivitätsdrang der NutzerInnen konzentriert sich stark auf das Geschehen am Bildschirm.

Wenn die Fremdsprachenlernenden daran interessiert sind, bestimmte Lernvorhaben zu realisieren, die mit anderen Aktivitäten, wie z.B. der Teilnahme an einem Sprachkurs zusammenhängen, favorisieren sie die Möglichkeit, gezielt auf entsprechende Inhalte zugreifen zu können. Verfügen die Lernenden über einen wenig spezifischen Lernbedarf, sind sie besonders daran interessiert, für die Arbeit mit dem Lernangebot Informationen über Lernwege zu erhalten.

Die bedürfnis- und erfolgsorientierte Verwendung multimedialer Lernumgebungen kennzeichnet sich des weiteren durch das Interesse der Fremdsprachenlernenden, Lernorganisation zu betreiben. Das betrifft insbesondere den Wunsch nach Orientierung über bereits bearbeitete Inhalte, gezieltes Wiederholen durch individuelles Speichern von Vokabular sowie die Bilanzierung des Erreichten. Die Planung weiterer Lernschritte, wie z.b. gezieltes Wiederholen, kann darauf aufbauend stattfinden.

Zentrales Bedürfnis der Fremdsprachenlernenden ist es, die fremdsprachlichen Inhalte der Lernumgebung sowie die Bedienung der Lernumgebung zu verstehen. Differenziert betrachtet umfasst das Verstehen der fremdsprachlichen Inhalte durch die TeilnehmerInnen das Hörverstehen, das Leseverstehen sowie das Sehverstehen. Die Fremdsprachenlernenden verfügen über einen Rezeptionsstil, der ausschließlich auf das Detailverstehen abzielt.

Aufgrund des von den Fremdsprachenlernenden angestrebten Detailverstehens reagieren sie ablehnend auf Lernumgebungen, die sie dabei nicht unterstützen, da sie z.B. keine Übersetzung anbieten. Die Lernenden sind auf muttersprachliche Übersetzungen angewiesen, wobei fallweise auch eine Übersetzung in eine andere Fremdsprache als Möglichkeit der Verständnissicherung genutzt werden kann.

Zum Erschließen der Fremdsprache benötigen die Fremdsprachenlernenden eine wortgenaue bzw. zeichengenaue Übersetzung. Sinngenaue Übersetzungen werden von den Lernenden eher als hinderlich für das Erreichen von Verstehenserfolgen betrachtet. Sinngenaue Übersetzungen führen dazu, dass die Fremdsprachenlernenden keine andere Möglichkeit haben, als z.B. Phrasen als Einheit auswendig zu lernen. Da die TeilnehmerInnen außerdem das Ziel verfolgen, fremdsprachliche Mittel flexibel einsetzen zu können, werden sinngenaue Übersetzungen auch unter dem Gesichtspunkt der Anwendung abgelehnt.

Ebenso wird eine einseitig symbolhaft-bildlich kodierte Repräsentation fremdsprachigen Wortschatzes in der Lernumgebung von den Fremdsprachenlernenden zum Erreichen von Verstehenserfolgen als unzureichend empfunden, da ihr Bildverstehen in der Regel von Zweifeln geprägt ist. Bilder werden jedoch als visuelle Gedächtnisstütze zur Übersetzung begrüßt.

Zum Erreichen von Erfolgen beim Fremdsprachenlernen sind die TeilnehmerInnen auf die schriftliche Darstellung von Übersetzung und Fremdsprache angewiesen. Die schriftliche Darstellung wird für das Einprägen sowie das Überprüfen der Wortschatzkenntnisse benötigt. Die schriftliche Darstellung von Übersetzung und Fremdsprache wird von den TeilnehmerInnen einerseits bei Bedarf so direkt wie möglich aufgerufen und genutzt. Andererseits wird gleichzeitig eine kompakte, ausdruckbare schriftliche Darstellung von Wortschatz sowie anderen Informationen gewünscht.

Die Fremdsprachenlernenden sind stark daran interessiert, eine Bestätigung darüber zu erhalten, dass sie ihre Kenntnisse und Fertigkeiten in der Fremdsprache erfolgreich erweitert, gefestigt oder aktiviert haben. Daher ist die Möglichkeit, innerhalb der Lernumgebung eine Überprüfung zu erhalten und sich selbst zu überprüfen von hoher Bedeutung. Durch das Überprüfen erfahren die Fremdsprachenlernenden Erfolgserlebnisse, die wiederum die Motivation fördern. Gleichzeitig ermöglicht es ihnen im Hinblick auf ihr Fremdsprachenlernen strategisch zu handeln, indem sie z.b. Wiederholungen planen können.

Ausbleibende oder missverständliche Rückmeldungen durch die Lernumgebung werden als stark verunsichernd erlebt. Irritationen entstehen für die Fremdsprachenlernenden darüber hinaus, wenn das System nicht in der Lage ist, intelligente Rückmeldungen zu geben. Das betrifft insbesondere die Variabilität sprachlicher Mittel, wenn es nur eine richtige Antwort gibt sowie die Genauigkeit der Fehlerangabe und die Qualität der Rückmeldung hinsichtlich der Unterstützung der Fremdsprachenlernenden bei der Fehleranalyse.

Die Aktivitäten mit einer multimedialen Lernumgebung stellen für die TeilnehmerInnen eine Möglichkeit unter anderen dar, ihr Ziel der Entwicklung von Kommunikationsfähigkeit in der Fremdsprache zu verfolgen. Zentrales Anliegen der Fremdsprachenlernenden ist die Integration des Mediums in eine erfolgreiche Gesamtstrategie.

Die folgende Auflistung der zugrundeliegenden Kodierungen benennt die von den Fremdsprachenlernenden geäußerten Teilaspekte der Kernkategorie ‚Bedürfnis- und erfolgsorientiertes Fremdsprachenlernen mit Multimedia':

- Bedürfnisgerechte Auswahl treffen
- Vergleichen von Lernumgebungen
- Auswählen von Lernumgebungen
- Auswählen innerhalb der Lernumgebung
- Kombinieren von Lernumgebungen
- Abwägen von Kosten / Nutzen
- Suchen nach bedürfnisgerechten Erfolgen
- Kreativer Umgang mit den Angeboten (z.B. Abwandeln von Übungen)

5.4 Strategien

Im Folgenden werden die Strategien der Fremdsprachenlernenden, die in Wechselwirkung mit der Kernkategorie stehen, mit den zugehörigen Kodierungen dargestellt. Die aufgeführten Strategien der NutzerInnen führen zu einem bedürfnis- und erfolgsorientierten Fremdsprachenlernen mit Multimedia, das seinerseits den Einsatz der hier bestimmten Strategien erforderlich macht. Abschließend werden sämtliche Strategiekodierungen in Form einer Auflistung zusammenfasst.

Einleitend ist zur Darstellung der Strategien und Kodierungen grundsätzlich Folgendes anzumerken. Zum einen ist zu berücksichtigen, dass die Strategien zeitlich gesehen Parallelität und Überschneidungen aufweisen. Zum anderen sind bei den Strategien, die als ein Geflecht aus Zielen, Wegen und Mitteln zu kennzeichnen sind, über den rationalen Prozess hinausgehend emotionale Prozesse in Betracht zu ziehen.

Die Zuordnung der Strategienkodierungen zu einem übergeordneten Strategienkomplex wird aufgrund eines Schwerpunkts im jeweiligen Bereich vorgenommen, wie u.a. am Beispiel der Strategien des *Monitoring* und der Reflexion deutlich wird. Als deren vorrangige und übergeordnete Strategie ist das Integrieren und Elaborieren (neuen) Wissens zu betrachten. An diesem Beispiel zeigt sich, wie Lernenden verschiedene Strategien parallel anwenden.

Für den Einsatz der Strategien lassen sich folgende grundlegende Zielsetzungen der Fremdsprachenlernenden auf den Ebenen der Nutzung des Mediums sowie des Fremdsprachenlernens bestimmen.
- Beherrschung der Bedienung der Lernumgebung
- Wissen über Inhalte und Funktionsweisen der Lernumgebung
- Orientierung in der Lernumgebung
- Erweiterung, Festigung und Aktivierung der Kenntnisse und Fertigkeiten in der Fremdsprache

Die individuell ausgeprägte Erfahrenheit der Lernenden mit dem Fremdsprachenlernen und der Bedienung von Computern zeigt sich durch einen in unterschiedlichem Maße flexiblen Einsatz verschiedener Strategien, z.B. des *Monitoring*. Diese bei allen TeilnehmerInnen zu beobachtende Strategie wird in unterschiedlicher Ausprägungsart eingesetzt. TeilnehmerInnen mit weniger Bedienungserfahrung benötigen mehr Zeit / (technische) Beratung als erfahrenere NutzerInnen.

5.4.1 „Sich Vertraut Machen"

Die im folgenden angeführte Kodierung „Sich Vertraut Machen" beinhaltet die Subkodierungen ‚Orientieren', ‚Anklicken' sowie ‚Handlungskonzepte entwickeln'.

Die Strategie des „Sich Vertraut Machens" ist durch die hohe Aktivität der NutzerInnen gekennzeichnet. Die Handlungen der Fremdsprachenlernenden zielen darauf ab, sich mit dem System vertraut zu machen. Hierbei ist das rasche Anklicken als kurzfristige Taktik hervorzuheben. Eine Teilnehmerin bezeichnet diese Taktik als „Rumkurven". Sie verlangt einerseits eine gewisse Robustheit auf Seiten des Systems, andererseits ist sie besonders anfällig für

Fehlereffekte, die eine kurzfristige Desorientierung bzw. das Empfinden von (unüberwindbaren) Schwierigkeiten mit der Bedienung zur Folge haben können.

Das Orientieren in der Lernumgebung wird als eine Strategie angewendet, die auf die effiziente und bedürfnisgerechte Auswahl aus dem Angebot der Lernumgebung abzielt. Das erfolgreiche Orientieren, das Verschaffen eines Überblicks über das Angebot, wird durch Informationen über zu erwartende Inhalte und die Transparenz des Aufbaus sowie der Ziele auf Seiten der Lernumgebung gefördert. Kommt kein Gefühl der Orientierung zustande, wird die Akzeptanz des Angebotes unmittelbar kritisch. Schriftliche Bedienungsanleitungen oder Handbücher zur Lernumgebung werden nur dann nachgefragt, wenn es den NutzerInnen nicht gelingt, sich am Bildschirm entsprechend ihrer Bedürfnisse zu orientieren.

Die Fremdsprachenlernenden entwickeln auf Grundlage der wiederholten und ineinandergreifenden Anwendung der Strategien Handlungskonzepte, die im weiteren Verlauf angepasst werden. Bereits bestehende Erwartungen, Annahmen und eine individuell unterschiedlich ausgeprägte Tendenz zum Festhalten an bestehende Handlungskonzepte erschweren deren Revision und damit die Anpassung der Handlungskonzepte an die Bedingungen der Lernumgebung. An Fehlannahmen wird daher möglicherweise über beträchtliche Zeiträume – wie z.B. mehrere Arbeitssitzungen mit der Lernumgebung – hartnäckig festgehalten. Dieses betrifft zum einen Handlungskonzepte zur Verwendung der Inhalte (z.B. Übersetzung Erst- und Zielsprache), zum anderen die Handlungskonzepte zur Navigation und Bedienung von Elementen (z.B. Verwendung von Aufnahmefunktion oder Vokabeltrainer).

Die entwickelten Handlungskonzepte der Fremdsprachenlernenden zielen jeweils darauf ab, die Lernumgebung entsprechend der eigenen Bedürfnisse zu nutzen, z.B. durch das Vermeiden nicht bedürfnisgerechter Angebote. Handlungskonzepte, die im Kontext einer bestimmten Lernumgebung entwickelt wurden, führen bei einer anderen nicht unbedingt zum Ziel. Als hinderliche Bedingung von Seiten der Lernumgebung ist eine mangelnde Information und Transparenz, als eine förderliche Bedingung sind Zugriffsmöglichkeiten auf bestimmte Inhalte zu nennen.

Folgende Kodierungen umfassen den Strategienkomplex „Sich Vertraut Machen":

- Orientieren
- Anklicken
- Handlungskonzepte entwickeln

5.4.2 Suchen

Die vorliegende Kodierung erfasst das Suchen der Lernenden nach Informationen zum Inhalt, nach bestimmten Inhalten / Methoden (Aktivitäten), eines Weges (Navigation) sowie das beiläufige Suchen und das Suchen nach einer Möglichkeit zum Speichern der Ergebnisse.

Das Durchführen einer Suche in der Lernumgebung kann mehr oder weniger gezielt bzw. beiläufig erfolgen. Diese verschiedenen Modi des Suchens sind auf einem Kontinuum anzusiedeln und ergänzen sich. Das beiläufige Suchen ist zu verstehen als ein beiläufiges Betrachten, dem ein wenig spezifisches Informationsbedürfnis zugrunde liegt. Im Gegensatz dazu basiert das gezielte Suchen darauf, dass die NutzerInnen eine genaue Vorstellung davon haben, wonach sie suchen, worin ihr Problem besteht. Die bewusste Problemformulierung verhilft den NutzerInnen im ersten Schritt der Suche zu einem mentalen Suchbild.

Das Suchen von Informationen zu dem Inhalt und den Zielen der Lernumgebung unterstützt die Orientierungsbemühungen der Fremdsprachenlernenden, dient dem Aufbau von Erwartungen und ermöglicht eine bedürfnisgerechte und effiziente Auswahl.

Das Suchen bestimmter Inhalte oder Methoden (Aktivitäten) ist eine Tätigkeit die auf die Beschaffung von bestimmtem Material und Informationen zur Deckung eines spezifischen, momentanen Bedürfnisses abzielt (z.B. die Suche nach Hörtexten, Möglichkeiten zum Nachsprechen oder Schreiben, deklaratives Sprachwissen). Zum einen sind durch andere Aktivitäten zum Fremdsprachenlernen (z.B. Sprachkurs) initiierte Suchen zu nennen, die auf das Koordinieren und Abstimmen der Lernaktivitäten im Rahmen einer Gesamtstrategie abzielen. Zum anderen werden Suchen mit dem Ziel durchgeführt, individuelle Schwächen zu bearbeiten.

Das beiläufige Suchen bzw. das beiläufige Betrachten identifiziert weniger gezielt ein spezifisches Problem, sondern geschieht tendenziell unbewusst parallel zu anderen Aktivitäten und ist im Ergebnis stärker zufallsabhängig. Aufgrund dieser Eigenschaften ist es schwieriger zu erfassen als die bewusste Problemformulierung.

Ein bestimmtes Suchziel zu erreichen und bedürfnisorientiert auf die Inhalte der Lernumgebung zuzugreifen, wird durch mangelnde Transparenz und ein mangelhaftes Informationsangebot auf Seiten der Lernumgebung behindert.

Des weiteren sind aufgrund eines als unklar empfundenen Navigationsschemas Suchen der Fremdsprachenlernenden zu nennen, die darauf abzielen, einen bestimmten Knotenpunkt in der hypermedialen Lernumgebung zu erreichen (wie z.B. „rauskommen").

Eine weitere Suchstrategie der Fremdsprachenlernenden, die besonders auf dem Hintergrund mangelnder Information und Transparenz innerhalb der Lernumgebung nachvollziehbar ist, sind direkte Fragen an die teilnehmende

Beobachterin (vgl. 5.2). Dieses Suchen durch Fragen dient den Lernenden gewissermaßen als eine Abkürzung im Suchprozess, wie im folgenden Beispiel zu sehen ist.

D: [...] Kann ich das jetzt irgendwie speichern, wo ich schon war?
I: *4* Bietet er einem nicht * an, ne? **
D: Wie, und wie merk ich mir das * [...]. (Dirk [S 1], Z. 165-170)

Das Beispiel belegt zudem das Suchen nach der Möglichkeit, die individuellen Ergebnisse der Arbeit innerhalb der Lernumgebung zu sichern. Das Sichern der Ergebnisse dient der kognitiven Entlastung und damit der Konzentration auf das Wesentliche, wodurch es potenziell als Basis für das erfolgsorientierte Weiterarbeiten mit der Lernumgebung fungiert.

Folgende Subkodierungen sind in der Kodierung Suchen zusammengeführt enthalten:

- Suchen nach Informationen zum Inhalt
- Suchen nach bestimmten Inhalten / Methoden (Aktivitäten)
- Suchen eines Weges (Navigation)
- Beiläufiges Suchen
- Suchen nach einer Möglichkeit zum Speichern der Ergebnisse

5.4.3 Strategien der Lernorganisation

Die Kodierung ‚Strategien der Lernorganisation' enthält die Subkodierungen ‚Planen', ‚Erinnern des Bearbeiteten' sowie ‚Punkte sammeln'. Die Strategien der Lernorganisation lassen sich beschreiben als Versuche der Lernenden, die jeweilige Lernumgebung unter strategisch-organisatorischen Gesichtspunkten zu verwenden. Diesen Bemühungen stehen Bedingungen der verschiedenen Lernumgebungen gegenüber, die als ausgesprochen defizitär zu kennzeichnen sind. Dementsprechend zielen einige der angewendeten Strategien der Lernenden auf das Kompensieren der Defizite der Lernumgebung.

Das betrifft zum einen Versuche, den Arbeits- und Zeitaufwand sowie den inhaltlichen Umfang zu bestimmen, was aufgrund mangelnder Informationen durch Schätzung erfolgt:

D: [...] Ja, das müssten jetzt ja vierzig Lektionen halt sein. ** Und wenn ich jetzt zwei Lektionen in anderthalb Stunden halt * gemacht hab, ** dann ist das jetzt also so'n vierzig Stunden- *6* -kurs *8* Aber vielleicht wird man auch schneller. [...] (D [S 1], 221-226)

Zum anderen muss von den Lernenden kontinuierlich erinnert werden, was sie bereits bearbeitet haben, was sich als Kompensationsstrategie kennzeichnen lässt. Das Erinnern dessen, was sie bereits bearbeitet haben, bildet für die NutzerInnen die Grundlage für die fortgesetzte Planung der weiteren Schritte innerhalb der Lernumgebung. Über die fehlende Kennzeichnung bereits bearbeiteter Teile hinaus sind zudem ‚Überschriften' bzw. Hyperlinks, die aus Nummern bestehen und keinerlei Aufschluss über dahinterliegende Inhalte geben, als hinderlich anzuführen. Alles in allem sind diese ständigen Kompensationsbemühungen der Lernenden unter unverhältnismäßigem kognitiven Aufwand mit dem Ziel verbunden, planvoll vorzugehen.

Auf Grundlage der Kenntnis über den eigenen Lernbedarf werden von den Fremdsprachenlernenden Lernvorhaben und Teilziele formuliert, eine Abfolge bestimmt sowie Wiederholungen geplant.

Als weitere Strategie der Lernorganisation ist das Sammeln von Punkten zu nennen, soweit dieses von der Lernumgebung angeboten wird. Diese Strategie zielt einerseits durch die vom Medium ermöglichte Selbstverstärkung auf die Aufrechterhaltung der Motivation ab, indem das Erfolgsempfinden der Nutzerinnen gestärkt wird. Das Sammeln von z.B. Punkten stellt andererseits eine Strategie der Lernenden dar, Organisation und Planung der weiteren Arbeit mit der Lernumgebung zu betreiben, indem es auch ermöglicht, Ziele zu setzen. Das Erreichen eines Punktestandes und dessen Speicherung bietet den Lernenden darüber hinaus eine Form der Protokollierung ihrer Arbeit.

C: [...] so in den einzelnen Übungen da, wo ich dann weiß, okay, es gibt 50 Punkte [...], dass man da eben weiß, okay, also ob sie nun Punkte oder ob sie Prozente angeben oder so, aber * dass man da schon so'ne Bestätigung kriegt, ob man da eben alles geschafft hat oder nicht, [...] (C [S 3], 225-231)

In den Strategien der Lernorganisation sind folgende Kodierungen zusammengeführt:

- Planen
- Erinnern des Bearbeiteten
- Punkte sammeln

5.4.4 Wahrnehmen und Verstehen

Die Kodierung ‚Wahrnehmen und Verstehen' umfasst Subkodierungen, die die Über- und Unterforderung der Wahrnehmung betreffen. Darüber hinaus sind das Filtern der Inhalte anhand subjektiver Bedeutsamkeit, das Hör-, Lese- und Sehverstehen sowie das Übersetzen in diesem Strategienkomplex zusammengeführt.

Wahrnehmung und Aufmerksamkeitszuwendung sind Voraussetzungen für Prozesse des Verstehens. Mit den Strategien des Wahrnehmens und Verstehens der Lernumgebung und ihrer Inhalte zielen die Lernenden darauf ab, sich die Fremdsprache durch aktive Konstruktionsprozesse zu erschließen. Die Wahrnehmung der Fremdsprachenlernenden ist bei der Arbeit mit der Lernumgebung insbesondere auditiv und visuell kontinuierlich gefordert. Abgesehen von der allgemeinen Verwendung von Worten, die Aktivitäten der

Wahrnehmung kennzeichnen, werden von den Fremdsprachenlernenden insbesondere Wahrnehmungsschwierigkeiten zum Anlass genommen, Prozesse der Wahrnehmung zu thematisieren.

Über- und Unterforderung der Wahrnehmung

Es ist davon auszugehen, dass eine Überforderung der Wahrnehmung, die mit akutem Empfinden von Stress einhergeht, ungünstig für die Verstehens- und Aneignungsprozesse des Lernens sind. Ebenso als ungünstig zu betrachten ist eine unterforderte Wahrnehmung, z.B. wie im Fall der Isländischlernenden, bei deren Arbeit mit der Lernumgebung zu einem bestimmten Zeitpunkt „nichts Neues" mehr wahrgenommen werden konnte.

Für das entspannte Lernen hinderlich sind auch mangelnde Kontrollmöglichkeiten, da es bei den Fremdsprachenlernenden zum Entstehen von Stress führt. Zur Unterforderung der Lernenden trägt die Abgeschlossenheit einer CD-ROM bei, da sie ab einem gewissen Punkt keine neuen Wahrnehmungsreize durch weiterführende Inhalte anbietet.

Für Lernenden einer kleinen Sprache, wie z.B. in dieser Untersuchung Isländisch, kommt erschwerend hinzu, dass kaum Lernumgebungen verfügbar sind, wodurch die Möglichkeiten für selbstorganisiertes Fremdsprachenlernen mittels Multimedia stark eingeschränkt werden.

Filtern anhand subjektiver Bedeutsamkeit

Das Filtern der Inhalte anhand subjektiver Bedeutsamkeit ist eine Strategie der Lernenden, die auf die Deckung der eigenen Bedürfnisse abzielt. Durch das Filtern ist die Bereitschaft und Fähigkeit, subjektiv als nicht bedeutsam wahrgenommene Lexik zu verstehen und zu integrieren herabgesetzt, wie im folgenden Beispiel zu sehen:

C: [...] ja, es sind zum Teil jetzt aber auch einfach äh, Sätze, und Floskeln, die ** die mir aber auch so ein bisschen * abgehen, wo ich jetzt auch den, den Sinn nicht verstehe, hier mit irgendwie, „jemand hat mir meinen Pass gestohlen" oder irgendwie so was, das * da hab ich jetzt irgendwie auch ne Sperre, glaub ich, den zu lernen, weil * der mich einfach auch nicht so richtig interessiert, [...]. (Carla [S 2], 172-179)

Das Filtern der Inhalte anhand subjektiver Bedeutsamkeit wird besonders bei kontextarmem Sprachmaterial aktiviert, da keine Sinnzusammenhänge für die jeweilige Lexik erzeugt werden können und damit auch die subjektiv empfundene Sinnhaftigkeit und der Nutzen des Sprachangebots in Frage steht. Die Zielsetzung der Fremdsprachenlernenden, Kommunikationssituationen in der Fremdsprache zu bewältigen, kann mit isolierten Wörtern oder als beliebig empfundenen Phrasen nicht erreicht werden. Umgekehrt bewirkt das Wahrnehmen und Verstehen von Sinnzusammenhängen durch z.B. eine Geschichte und ein gewisses Maß an Redundanzen in der Lexik für die Fremdsprachenlernenden Wiedererkennungseffekte und Verstehenserfolge.

D: [...] also man erinnert sich halt dann doch schon eben dran, wo es eben drum ging, also hier * da zum Beispiel um * no tengo bastante dinero, da weiß was man jetzt schon genau, wer es eben war, der das eben gesagt hat, das find ich eigentlich ganz gut. ** So'n ** Erinnerungseffekt. [...] (Dirk [S 2], Z. 154-159)

Im Folgenden werden die Strategien der Fremdsprachenlernenden im Hinblick auf das Hör-/Lese- und Sehverstehen beschrieben. Diese Strategien sowie das Übersetzen zielen auf das Detailverständnis des jeweiligen Textes ab, wobei eine individuell variierende Ambiguitätstoleranz zu berücksichtigen ist. Die verschiedenen Strategien des Verstehens ergänzen sich und bereiten die Integration und Elaboration der Kenntnisse und Fertigkeiten in der Fremdsprache vor.

Hörverstehen

Das Hörverstehen der UntersuchungsteilnehmerInnen ist als Verstehensstrategie häufig von Misserfolgsempfinden begleitet und wird als besondere Schwierigkeit betrachtet. Kennzeichnend ist das Anwenden des detaillierten Hörverstehens, wobei Hörtexte im Detail erfasst werden. Es werden zu diesem Zweck von den Fremdsprachenlernenden auch Wiederholungen durchgeführt und schriftliche Darstellungen des Hörtextes herangezogen. Die Kontrolle über die Geschwindigkeit des Hörtextes wird von den Fremdsprachenlernenden potenziell als förderlich für die Verstehenssicherung und das Erreichen von Verstehenserfolgen betrachtet. Das Hörverstehen steht in engem Zusammenhang mit den Strategien des Nachsprechens und der Aussprache, variierend nach individueller Ziel- und Prioritätensetzung.

Leseverstehen

Strategien des Leseverstehens dienen in diesem Kontext zum einen dem Detailverständnis der fremdsprachigen Texte, zum anderen dem Informieren über Bedienung, Inhalte und Zielsetzung der Lernumgebungen. Ist das Schriftsystem der Fremdsprache stark abweichend von der Erstsprache, wie in diesem Fall bei Chinesisch die Zeichensprache, wird die Bedeutung des Leseverstehens besonders deutlich:

R: [...] man muss sich halt wirklich damit auseinandersetzen, weil wenn, wenn du dahin kommst, da stehen nun mal solche Zeichen, da, da spricht keiner äh, Einbahnstraße, das Schild vor. [...] (Ralf [S 3], Z. 75-79)

Das Leseverstehen setzt die Nutzung einer schriftlichen Darstellung fremdsprachiger Inhalte voraus. Die schriftliche Darstellung sowohl der erst- und fremdsprachigen Inhalte als auch der Informationen zur Lernumgebung werden im Gegensatz zur rein auditiven oder rein bildhaft-symbolischen Präsentation von den Lernenden favorisiert.

T: [...] also dies Programm find ich insofern tatsächlich ganz angenehm, als es also absolut deutlich sagt, was man zu tun hat irgendwie ne, und das auch immer ** ähmmm * ja, mit relativ viel Worten versehen irgendwie, ne. [...] (Tanja [S 3], Z. 7-11)

Sehverstehen
Aufgrund des Vorhandenseins bildhaft-symbolisch kodierter Information in den Lernumgebungen verwenden die NutzerInnen Strategien des Sehverstehens. Das Sehverstehen ist individuell sowie kulturell bestimmt und führt daher zu potenziell variierenden Interpretationen. Das Sehverstehen wird in verschiedenen Situationen eingesetzt, wobei im Folgenden Situationen im Mittelpunkt stehen, in denen es zu Problemen kommt.

Das Sehverstehen wird von den Fremdsprachenlernenden in Ergänzung zu anderen Verstehensstrategien potenziell als motivierend und unterstützend empfunden. Die Zielgerichtetheit des Sehverstehens lässt sich selten eindeutig bestimmen, da es in der Regel beiläufig geschieht und in hohem Maße kontextabhängig ist.

Problematisch wird das Sehverstehen der Lernenden einerseits, wenn die bildhaft-symbolische Repräsentation das einzige Angebot zur Semantisierung von Seiten der Lernumgebung ist. Andererseits werden Angebote, die einseitig das Seh- bzw. Bildverstehen ansprechen von den Lernenden als nicht bedürfnisgerecht empfunden. Die Lernenden haben den Eindruck, „auf Bilder getrimmt" zu werden, zudem ist das Sehverstehen der Fremdsprachenlernenden in der Regel von Zweifeln geprägt:

T: [...] Die Bilder sind ja auch manchmal bisschen komisch. (ETWA: Alstublieft) könnte jetzt natürlich ebenso gut ein Hund sein. (LACHT, M.W.U.) Na, zum Glück weiß ich's ja was es heißt. [...] (Tanja [S 2], Z. 15-18)

Beim einseitigen Einsatz der Strategie des Sehverstehens sind Verstehenserfolge und das erfolgsorientierte Üben der Fremdsprachenlernenden potenziell gefährdet. Zum einen ist kein eindeutiges Verstehen gewährleistet, wenn bildhaft-symbolisch kodierte Informationen das einzige Mittel zur Semantisierung sind. Zum anderen ist das erfolgsorientierte Üben der Kenntnisse und Fertigkeiten in der Fremdsprache beeinträchtigt, wenn ein eindeutiges Sehverstehen Voraussetzung für das erfolgreiche Durchführen einer Übung ist, wie im folgenden Beispiel:

N: [...] ob das jetzt hier der Flur sein soll oder nicht, ** bisschen doof zu beantworten, nicht, weil man halt das nicht verstanden hat, (I: Hm, hm) sondern einfach nur die Bilder da nicht so eindeutig sind. [...] (Nadine [S 1], Z. 151-155)

Für die Bedienung der Lernumgebung stellen sich vergleichbare Probleme. Bei einseitig bildhaft-symbolisch kodierter Information (z.B. Icons) muss deren Bedeutung erst gelernt werden, was mit kognitiver Belastung einhergeht.

Es zeigt sich, dass das Sehverstehen der Fremdsprachenlernenden in diesem Sinne als *Priming* (unbewusstes Erinnern) zu kennzeichnen ist, d.h. ein erleichtertes und wahrscheinlicheres (Hör-) Sehverstehen von Bildern und deren Bedeutung infolge einer vorangegangenen Wahrnehmung derselben Kombination. Folgendes Beispiel zeigt, wie eine leistungsorientierte Teilnehmerin diese Form des unbewusste Erinnerns erlebt und kritisiert:

C: [...] also manchmal merk ich eben selber, dass ich mich anhand der Bilder, da hab ich ne grobe Ahnung, zu dem Wort war irgendwas Helles oder so, dann, dann weiß ich nur noch irgendwie, dann schließ ich so das kleinste Übel aus und denke, ich weiß nicht, was es ist, aber das könnte es am ehesten sein, und dann rate ich doch wieder eher, als dass ich jetzt wirklich was weiß, [...]. (Carla [S 2], Z. 244-251)

Übersetzen

Als weitere Verstehensstrategie ist das Übersetzen anzuführen: das Übersetzen zielt als Verstehensstrategie darauf ab, Verständnis zu sichern, Verstehenserfolge zu erzielen. Die Erstsprache oder fallweise auch eine andere Fremdsprache stellen die bestehenden Wissensstrukturen der Lernenden dar, die durch das Übersetzen aktiviert werden. Für die Lernenden dieser Untersuchung ist das Übersetzen eine zentrale Strategie zum Verstehen und Integrieren neuen Wissens. Notwendige Bedingung für das Übersetzen ist ein entsprechendes Angebot auf Seiten der Lernumgebung, insbesondere eine wortgenaue bzw. zeichengenaue Übersetzung. Übersetzen bietet den Fremdsprachenlernenden im Gegensatz zur Alternative des Ratens die Möglichkeit, vorhandene Wissensstrukturen zu aktivieren und zu nutzen, sowie Sicherheit und damit das Gefühl von Handlungsfähigkeit herzustellen.

Dem Übersetzen als Strategie der Lernenden kommt insofern über das Erzielen von Verstehenserfolgen hinaus ein wichtige Funktion für das im Folgenden beschriebene Integrieren und Elaborieren zu.

Zuvor eine zusammenfassende Auflistung der Kodierungen zum Strategienkomplex Wahrnehmen und Verstehen:

- Überforderung der Wahrnehmung
- Unterforderung der Wahrnehmung
- Filtern anhand subjektiver Bedeutsamkeit
- Hörverstehen
- Leseverstehen
- Sehverstehen
- Übersetzen

5.4.5 Integrieren und Elaborieren

Die Darstellung der Strategien des Integrierens und Elaborierens beschreibt zunächst Strategien des *Monitoring* und der Reflexion, wie Selbstüberwachung und –kontrolle. Die untergeordnete Kodierung ‚Bewusste Sprachbetrachtung' umfasst Aspekte, wie das Ziehen von Analogieschlüssen, das Nutzen anderer Fremdsprachenkenntnisse sowie das Bilden von Hypothesen bzw. das Suchen von sprachlichen Regularitäten. Des weiteren wird die Kodierung ‚Sprechen – Aussprache' mit den untergeordneten Kodierungen ‚Imitierendes Sprechen / Nachsprechen', ‚Lautes Lesen' sowie ‚Vergleichen (Audio-Aufnahme / Musterbeispiel) dargelegt. Abschließend wird die Kodierung ‚Wortschatzstrategien' vorgestellt.

Auf der Grundlage des Verstehens wird von den Lernenden die tiefere Verarbeitung der fremdsprachlichen Inhalte durch Strategien des Integrierens und Elaborierens verfolgt. Die Fremdsprachenlernenden nutzen dazu gezielt verschiedene Sinnesmodalitäten bzw. Modalitäten der Präsentation mit dem Ziel, eine tiefere und damit potenziell überdauernde Integration (neuen) Wissens in die bestehenden Wissensstrukturen zu erreichen.

Monitoring **und Reflexion**

Die Strategien des *Monitoring* und der Reflexion umfassen metakognitive und kognitive Strategien des Integrierens und Elaborierens. Dieses geschieht in Abhängigkeit von den persönlichen Voraussetzungen der Fremdsprachenlernenden in unterschiedlichem Ausmaß und steht durch die planvollen und reflektierenden Anteile in engem Zusammenhang mit den Strategien der Lernorganisation. Die Wichtigkeit des *Monitoring* und der Reflexion für das (Fremdsprachen-)lernen und insbesondere das selbstorganisierte Lernen liegt in deren Bedeutung für die Selbstregulation und damit für die Optimierung des Lernprozesses durch die Lernenden. Das *Monitoring* der Fremdsprachenlernenden bei der Arbeit mit der multimedialen Lernumgebung zielt auf die Erweiterung, Aktivierung und Festigung der Kenntnisse und Fertigkeiten in der Fremdsprache, indem das Integrieren und Elaborieren kontrolliert wird, wie im folgenden Beispiel zu sehen.

A: [...] Ich hab jetzt kurz bevor ich weggeschaltet hab, noch gedacht, „Mensch, das könnte ich mir ja merken". Nicht bloß nachplappern, sondern merken, deswegen hab ich noch mal * bei mir hier oben umgeschaltet auf speichern. ** (I: Mhm) Und dann auf das todavía. Und qué salida es und so was. [...] (Alexander [S 2], Z.22-27)

Monitoring ermöglicht z.B. die Kontrolle mit welcher Geschwindigkeit die Inhalte der Lernumgebung bearbeitet werden und welche Fortschritte im Hinblick auf individuell wahrgenommene Schwächen gemacht werden. Die persönlichen Voraussetzungen der TeilnehmerInnen zeigen, dass sie fähig sind, selbstreguliert zu lernen. Sie nutzen ihr metakognitives Wissens und wenden metakognitive Strategien an. *Monitoring* erleichtert den Fremdsprachenlernenden die bedürfnisorientierte Verwendung der Lernumgebung, wirkt somit ausgleichend zu tendenziell hinderlichen Bedingungen der Lernumgebung, wie z.B. das Fehlen von Sinnzusammenhängen und Wiederholungen, Einseitigkeit und ein ungünstiges Verhältnis von Verarbeitungstiefe und Zeit bzw. Tempo.

M: [...] Man kann dann nachklicken und so, und dann wird das * jedenfalls ist es bei mir so, so automatisch, * aber es bleibt nicht haften. [...] (Martina [S 3], Z. 108-111)

Wie bereits die Strategien der Lernorganisation zeigen, werden von den in dieser Untersuchung verwendeten Lernumgebungen Planungs- und Organisationsstrategien der Fremdsprachenlernenden behindert. Die für das selbstregulierte Lernen so bedeutsamen Metakognitionen werden weder durch Möglichkeiten der Lernorganisation praktisch unterstützt noch explizit thematisiert, wie z.B. im Sinne des lernen Lernens. Strategien der Reflexion bezeichnen hier kognitive Strategien, die auf eine tiefe Verarbeitung neuen Wissens und die Integration in bestehende Wissensstrukturen abzielen. Die reflektierende, bewusste Sprachbetrachtung der Fremdsprachenlernenden umfasst z.b. das Bilden von Hypothesen und das Suchen von sprachlichen Regularitäten. Zur Überprüfung und Bestätigung von Annahmen über die Fremdsprache sind die Lernenden auf Informationen angewiesen. Die Lernenden nutzen ihre anderen Fremdsprachenkenntnisse aktiv, indem sie z.B. Analogieschlüsse ziehen. Die Erstsprache und die Zielsprache werden von den Fremdsprachenlernenden reflektierend miteinander in Beziehung gesetzt. Hinderlich sind Bedingungen auf Seiten der Lernumgebung, die die Erst- und Fremdsprache nicht miteinander in Beziehung setzen. Werden die Lernendenstrategien des Reflektierens über Unterschiede und Ähnlichkeiten zwischen den Sprachen, und damit des Integrierens und Elaborierens des Wissens, von der Lernumgebung nicht entsprechend berücksichtigt, ist deren Akzeptanz gefährdet: Die Fremdsprachenlernenden ärgern sich über die Notwendigkeit von „Doppeltlernen" aufgrund der mangelhaften Sprachkontrastivität des Angebots.

C: [...] Und da find ich eigentlich gerade schade, denn wenn man schon so'ne Ähnlichkeit hat zwischen Deutsch und Isländisch, dann// also mit diesen Fällen, und dem Ganzen, die haben auch vier Fälle, und äh, irgendwie werden die Endungen dann auch ähnlich so wie bei uns mit Genitiv, Dativ, und so was alles gemacht, und so was könnte man dann eben viel leichter herauskehren. Also ich glaub, das ist dann für einen Deutschen viel einfacher zu lernen als für einen Spanier oder so, oder für einen * Engländer. [...] (Carla [S 2], Z.404-413)

Sprechen - Aussprache

Das Sprechen und die Aussprache der Fremdsprache ist bei den Fremdsprachenlernenden in unterschiedlichem Maße von Hemmungen und variierenden persönlichen Bedingungen wie z.B. Alter, Erfahrungen und Zielsetzungen abhängig. Die bedürfnisorientierte Verwendung der Lernumgebung durch die TeilnehmerInnen zeigt sich in der individuellen Anwendung von verschiedenen Übungsstrategien des Sprechens in variierendem Umfang. Das z.B. explizite Ziel einer guten Aussprache, wird parallel zu anderen Zielsetzungen verfolgt, d.h. der integrative Umgang mit den verschiedenen Strategien der Sprachrezeption und -produktion steht im Vordergrund. Beim imitierenden Sprechen der Lernenden ist z.B. der Wechsel zwischen Strategien des Hörverstehens und des Nachsprechens kennzeichnend. Darüber hinaus wenden die Fremdsprachenlernenden je nach Bedarf die Strategie des lauten Lesens an, oder machen freie Äußerungen (z.B. auch in anderen Fremdsprachen), was durch die äußeren Voraussetzungen sicherlich gefördert wurde. Das Sprechen ist darüber hinaus eine Strategie die je nach persönlichen Bedingungen auch lustvoll erlebt wird und daher stimulierende und motivierende Aspekte beinhaltet. Im Rahmen des selbstorganisierten Lernens mit Multimedia wird von den Fremdsprachenlernenden durch die Übungsstrategien des Sprechens zum einen die Verarbeitungstiefe der Fremdsprache, und zum anderen der Abbau von Hemmungen bzw. das Aufbauen von Mut zum Sprechen in der Fremdsprache in realen Situationen gefördert. Von Seiten der Lernumgebung werden bezogen auf das Nachsprechen oder das reproduktive Sprechen in der Regel eine Aufnahme- und Abhörmöglichkeit sowie Musterbeispiele angeboten und / oder Spracherkennung. Das Vorhandensein von Kontrollmöglichkeiten über die Dauer und die Zeitpunkte von Nachsprechpausen und SprecherInnenstimmen, Informationen über die Phonetik / Rechtschreibung der Fremdsprache und Transparenz der Maßstäbe der Spracherkennung sind als förderliche Bedingungen zu nennen.

Wortschatzstrategien

Die Fremdsprachenlernenden verfolgen mit den verschiedenen und einander ergänzenden Wortschatzstrategien das Ziel einer Integration und der Festigung der fremdsprachlichen Lexik. Entsprechend ihrer kommunikationsorientierten Zielsetzung streben sie den flexiblen Einsatz ihrer Wortschatzkenntnisse an.

Die Integration – in dem Sinne, dass nach einer labilen Phase der Akquisition und Konsolidierung eine Gedächtnisspur (in neuronalen Netzen) entsteht – wird von den Lernenden durch eine Vielzahl von Strategien verfolgt, welche in der geschlossenen Lernumgebung, in einer bedürfnisorientierten Mischung potenziell zur wiederholten Anwendung derselben Strategien führen (s.a. Gezieltes Wiederholen). Teilweise wird sie durch Einseitigkeit der Lernumgebung erzwungen.

Die Fremdsprachenlernenden bemühen sich, durch Konzentrieren und Einprägen die Integration in ihre bestehenden Wissensstrukturen zu erreichen. Auch Hörverstehen, Übersetzen, Schreiben, Lautes Denken im Sinne von Sich-Vorsprechen, Sehen von Geschriebenem, Sich-Selber-Testen (Abfragen) sind Wortschatzstrategien, die kognitiv unter Ausbildung und Verfestigung von Gedächtnisspuren vollzogen werden.

Des weiteren konzentrieren sich die Fremdsprachenlernenden auf neue oder als schwierig empfundene Lexik und bemühen sich mehr oder weniger gezielt darum, neue Wortschatzelemente in einen Zusammenhang mit den bestehenden Wissensstrukturen zu stellen. Durch die im weiteren Verlauf beschriebene Strategie des gezielten Wiederholens wird besonders die als neu oder schwierig empfundene Lexik fokussiert. Die Lernenden nutzen verschiedene Modalitäten der Präsentation der fremdsprachlichen Lexik, soweit die jeweilige Lernumgebung solche Möglichkeiten bietet. Ebenso wenden sie vorzugsweise verschiedene Strategien der (Re-)aktivierung der Wortschatzkenntnisse an, d.h. es werden von den Fremdsprachenlernenden bedürfnisgerechte Formen des Übens gesucht, auch indem die Einseitigkeit der Lernumgebung durch kreatives Abwandeln der Angebote kompensiert wird. Für das Erweitern der Wortschatzkenntnisse wenden die Fremdsprachenlernenden Strategien an, die im alltäglichen Leben zur weiteren Vertiefung praktiziert werden, wie z.B. gezieltes Memorieren vor dem Einschlafen und das Durchspielen imaginativer Situationen. Durch das Ausdrucken der Inhalte der Lernumgebung wird die für die Integration als besonders wichtig hervorgehobene ständige Verfügbarkeit des Wortschatzes erreicht, auch wenn der Computer ausgeschaltet ist.

Folgende Auflistung der Kodierungen zum Strategienkomplex Integrieren und Elaborieren gibt eine zusammenfassende Übersicht:

Monitoring und Reflexion
- Selbstüberwachung, -kontrolle
- Bewusste Sprachbetrachtung

Sprechen – Aussprache
- Imitierendes Sprechen / Nachsprechen
- Lautes Lesen
- Vergleichen (Audio-Aufnahme / Musterbeispiel)

Wortschatzstrategien

5.4.6 Erfolgsorientiertes Üben

Das erfolgsorientierte Üben enthält die Kodierung ‚Ausführen von Übungen', die u.a. das Problem der Anwendung sprachlicher Variation umfasst. Daneben sind das Abrufen von Korrekturen / Lösungen, die Selbstkorrektur und die Fehleranalyse der Lernenden, das Antizipieren des Transfers sowie das gezielte Wiederholen in dieser Kodierung erfasst.

Die Strategie des erfolgsorientierten Übens umfasst Übungsstrategien, mit denen die Fremdsprachenlernenden auf das subjektive Erleben von Erfolg bei der Arbeit mit der multimedialen Lernumgebung abzielen, wie im folgenden Beispiel zu sehen:

T: [...] Also was ich da wirklich gut finde, ist, dass man 'n gewisses, also wirklich 'n gewisses Erfolgserlebnis verspürt, wenn, wenn man jetzt sagen wir mal, aus dem Gedächtnis sich so das äh * also richtig vergleichen kann, hab ich's getroffen oder nicht mit ihr, ne. [...] (Tanja [S 3], Z. 219-223)

Ausführen von Übungen

Das Ausführen von Übungen beinhaltet die Eingabe einer Lösung mittels Tastatur, das Nachsprechen in Kombination mit der Aufzeichnung oder einer Spracherkennung sowie Anklicken oder *drag & drop*. Die Bedingungen sind in Abhängigkeit von der Lernumgebung verschieden: Unterschiede bestehen hinsichtlich der vorwiegend angebotenen Art der Übungsmethoden. Diese Einseitigkeit wird von den Lernenden als hinderlich für das erfolgsorientierte Üben erlebt, da eine Aktivierung der Kenntnisse und Fertigkeiten in verschiedenen Kontexten und Übungsformen bevorzugt wird. Förderlich ist weiterhin das Vorhandensein von angemessenen Informationen zur Ausführung der Übung sowie die komfortable Verfügbarkeit von Informationen, „Handwerkszeug", für die erfolgreiche Durchführung, u.a. für die Eingabe fremdsprachiger ‚Sonderzeichen'.

> D: [...] Und bei dem anderen hätt's zum Beispiel ganz toll eben sein können, dass er halt drauf hinweist, wie man das eben eingibt. Weil das ein normaler Mensch eben nicht weiß. [...] (Dirk [S 2], 242-245)

Die Strategie sprachlicher Variation ist als zu fördernde Kommunikationsstrategie zu betrachten. Die Fremdsprachenlernenden wenden diese Strategie zur erfolgreichen Ausführung der Übung an, werden jedoch potenziell mit einer Fehlermeldung konfrontiert, wie anhand von Beispielen im folgenden Abschnitt zu sehen sein wird.

Korrekturen / Lösungen abrufen

Das Ausbleiben einer Rückmeldung nach dem Ausführen einer Übung führt zu Irritationen auf Seiten der Lernenden. Die Möglichkeit sich selbst kontrollieren zu können, indem eine Korrektur bzw. Lösung abgerufen wird, ist für die selbstorganisiert lernenden TeilnehmerInnen von grundlegend wichtiger Bedeutung. Sie zeigen ein hohes Maß an Sicherheitsorientierung im Kontext der Arbeit mit der Lernumgebung. Lösungen und Korrekturen werden von ihnen vorzugsweise unmittelbar im Anschluss an die Ausführung auch von Teilen der Übung abgerufen, soweit es möglich ist.

Eine sofortige, automatische Korrektur unmittelbar im Anschluss an das Ausführen der Übung ist insbesondere beim Anklicken sowie der erfolgreichen Spracherkennung gegeben. Diese Art der Korrektur nach dem Prinzip richtig oder falsch ist allgemein kennzeichnend für die angebotenen Rückmeldungen. Die Fremdsprachenlernenden erkennen diese reduzierte Form der Rückmeldung, dessen Beschränktheit.

> M: [...] Raum. *4* Ach so, halt, das heißt ja Zimmer. *11* Aber man will immer nur das, wie es genau ist, ja? (I: Hm) Ich werde (SCHREIBT) (P: Correct). Aha, * so. * [...] (Martina [S 5], Z. 4-6)

Die Lernenden akzeptieren so in gewissem Maße die Beschränktheit der Lernumgebung bzw. des Computers, erleben jedoch, dass der Versuch als Fehler bewertet wird, wie das folgende Bespiel zeigt:

> D: [...] Also zum Beispiel bei den Kartoffeln, dann * hab ich dann halt * eingegeben und hab die, „nicht billig" halt * das wollte er gar nicht * wissen, sondern die sind sehr teuer. [...] (Dirk [S 4], Z. 41-44)

Neben einer mangelnden Rechtschreibfehlertoleranz sind mangelnde Hinweise auf die Art des Fehlers als weitere hinderliche Bedingung auf Seiten der Lernumgebung zu nennen. Auch eine mangelnde Transparenz im Hinblick auf die Bewertungsgrundlagen der Spracherkennung ist als hinderlich zu bezeichnen.

Selbstkorrektur
Die Strategie der Selbstkorrektur zielt auf das subjektive Empfinden von Erfolg. Die Selbstkorrektur der Fremdsprachenlernenden erfolgt vorrangig auf Basis eines Vergleichs (z.b. mit einem bestimmten mentalen Klangbild, oder durch Anhören, Nachsprechen-Aufnehmen, Anhören, Vergleichen). Die Strategie der Selbstkorrektur steht in engem Zusammenhang mit den Strategien des *Monitoring* und der Reflexion: Lernende, die viel Metakognitionen anwenden, verfügen auch häufiger über die Strategie der Selbstkorrektur.

Gewissermaßen ein Zwang zur Selbstkorrektur nach dem Versuch-Irrtums-Prinzip wird von der Lernumgebung ausgeübt, wenn z.B. bei einer Eingabe mittels Tastatur, kein Hinweis auf den Fehler gegeben wird und alles als fehlerhaft markiert ist; oder bei der Eingabe mittels Mikrofon, wenn diese durch die Spracherkennung nicht akzeptiert wird und keine weiteren Angaben bereitgestellt werden. Diese Art der ratenden Selbstkorrektur ist als hinderlich zu betrachten, wie das folgende Bespiel zeigt:
> T: [...] du weißt ja nicht, in welcher Hinsicht du sie verbessern sollst, ne. (I: Hmm) Kannst eigentlich nur zählen, wie oft du// * wie oft es daneben geht, ne. [...] (Tanja [S 5], Z. 116-118)

Demgegenüber sind folgende Bedingungen der Lernumgebung, die Selbstkorrektur ermöglichen, als förderlich zu betrachten: Spezifische Angaben zum Fehler, die Möglichkeit, Eingaben rückgängig zu machen sowie Angebote, die Vergleiche ermöglichen.

Fehleranalyse
Ebenso wie die Strategie der Selbstkorrektur ist die Fehleranalyse als Tätigkeit zu kennzeichnen, die von den Lernenden vermehrt angewendet wird, die geübter in der Anwendung von Metakognitionen auf das eigene Lernen sind.

Die Strategie der Fehleranalyse zielt auf das Erkennen der Ursache für eine als fehlerhaft empfundene oder von der Lernumgebung als fehlerhaft rückgemeldete Eingabe. Folgende Beispiele zeigen Ergebnisse einer Fehleranalyse, wobei die Ursachen z.B. in der Interferenz mit einer anderen Fremdsprache oder in einem Tippfehler bestimmt werden:
> A: [...] einmal ist mir aufgefallen, hatte ich so ein, so ein, halt japanisches (xx) so als „l" gesprochen gehabt einmal. [...] (Alexander [S 1], Z. 291-293)
> S: [...] Und hier hab ich mich einfach nur ver- ** verklickt oder vertippt, [...]. (Sonja [S 3], Z. 202-203)

Antizipieren des Transfers
Die Strategie des Antizipierens des Transfers zielt auf die Bestimmung der Erfolgsaussichten für die Anwendung der angebotenen Inhalte der Lernumgebung in realen Situationen und dient somit auch zur kritischen Überprüfung, inwieweit die Angebote der Lernumgebung für die Zielsetzung

des erfolgreichen Bewältigens von Kommunikationssituationen in der Fremdsprache dienlich ist.

Zum anderen wird durch das antizipierende Üben und die folgende Festigung der Kenntnisse die Erhöhung der Aussichten für den erfolgreichen Transfer angestrebt. Die Strategie ‚Antizipieren des Transfers' wirkt darüber hinaus vermutlich selbstmotivierend. Folgendes Beispiel belegt das Antizipieren des Transfers:

> A: [...] So, und wenn ich das jetzt zum Beispiel lese, cuántas idiomas, okay, versteh ich das. Wenn ich jetzt irgendwo in Spanien wär und würde jetzt jemanden fragen, wüsste ich jetzt gar nicht mehr, hätte ich schon wieder vergessen, ob das jetzt// ob die jetzt männlich oder weiblich sind, da hätte ich unter Umständen// gut, die würden's mir nicht krumm nehmen, hätte ich vielleicht gemacht, cuántas idiomas, oder cuan// [...]. (Alexander [S 1], Z. 595-603)

Weiterhin wird das antizipierende Üben im Sinne des Durchspielens imaginativer Situationen von einzelnen Fremdsprachenlernenden möglicherweise über die Arbeit mit der Lernumgebung hinausgehend im Alltag angewendet, „damit man die Zeit, die man hat, auch nutzt".

> M: [...] dann versuch ich auch immer, wenn ich Zähne putze, na, wie würdest du denn das nun sagen, ich putze Zähne, wenn hier die Enkeltochter stände [...]. (Martina [S 1], Z. 129-132)

Das Antizipieren des Transfers verweist durch den kritischen Vergleich von Zielsetzung und Lernangebot auf förderliche Bedingungen der Lernumgebung. Die übergeordnete Zielsetzung der Fremdsprachenlernenden, die Kenntnisse und Fertigkeiten in realen Kommunikationssituationen flexibel einsetzen zu können, wird durch das Auftreten der fremdsprachigen Inhalte in variierenden Kontexten unterstützt.

> R: [...] Wenn, wenn jetzt mich in China einer fragt, * ähm, ** nicht WER ist das, * sondern äh ** mhm, so, meinetwegen, wohin gehst du oder so, und der Satz ist hier nicht bei gewesen, dann hab ich keine Chance, weil ich nie gelernt habe, die einzelnen Wörter zusammenzufügen. [...] (Ralf [S 3], Z. 231-236)

Die Angebote der Lernumgebung werden mit Blick auf die Antizipation des Transfers auch nach individuellem Bedarf abgewandelt, wie im folgenden Beispiel, wo die Lernende einen Hörtext, in dem jemand seine Adresse nennt, als Anlass nimmt, sie handschriftlich zu erfassen.

> M: [...] ich jetzt dort wäre, und es würde mich einer ansprechen, dann würde ich mir das ja aufschreiben, #so denk ich, die Adresse, [...]. (Martina [S 2], Z. 130-132)

Gezieltes Wiederholen

Das gezielte Wiederholen ist durch das wiederholte Ausführen der verschiedenen Strategien in enger Verbindung mit den bereits genannten Strategien der Lernenden zu sehen.

Der Strategie des gezielten Wiederholens als Strategie des Integrierens liegt die Annahme eines dynamischen Gedächtnis' zugrunde. Das Gedächtnis wird so als ständig im Fluss befindlich betrachtet. Erinnerung wird dabei als eine Eigenschaft des Gehirns, die sich ständig erneuert, gefasst. Das gezielte

Wiederholen wird als eine Strategie betrachtet, die durch Einsatz von Metakognitionen anstrebt, die Erinnerung an die Fremdsprache zu verbessern sowie kognitiv effizient zu handeln, wie an den folgenden Beispielen, belegt werden soll. Ein Teilnehmer vergleicht Kassettenkurse mit Lernsoftware:

> A: [...] ich hab's bisher nur mit Kassetten gelernt, also * da ist * wie gesagt dieses Wiederholen mehr drin, und da geh ich einfach immer durch, und da ist das automatisch mit drin. Und hier muss ich// * sind nicht unbedingt// also, für manche ist das vielleicht leichter, hier muss ich's immer noch mal selber wiederholen, weil sonst rase ich da durch, * bchh, und * weiß jetzt gar nicht mehr, (LACHT BISSCHEN) was ich gelernt hab. [...] (Alexander [S 1], Z. 756-764)

Indem durch das gezielte Wiederholen jeweils das Vorwissen aktiviert wird und Wiedererkennungseffekte entstehen, erweitern die Fremdsprachenlernenden ihre Wissensstrukturen, teils jedoch unter beträchtlicher Behinderung durch die Bedingungen der Lernumgebungen. Im Umgang mit dem Lernangebot erkennen die Lernenden auf Grundlage ihres Vorwissens, welche Elemente der Inhalte zum Fremdsprachenlernen ihnen nicht bekannt sind und nehmen sie in diesem Kontext als „Lücke" wahr.

> R: [...] Ja, schade (RÄUSPERT SICH) schade ist im Prinzip, dass wenn man schon Vorkenntnisse hat oder sich die erworben hat, dass man praktisch äh, eventuell einzelne Wörter nicht auf Deutsch übersetzen lassen kann. Also nur die Lücke, die man auch wirklich hat, weil die anderen Wörter kannt' ich ja [...]. (Ralf [S 3], Z. 3-9)

Die Lernenden betrachten es als Erfolg, in Bezug das Fremdsprachenlernen kognitive Effizienz zu erreichen. Durch das geringe Zeitbudget der erwachsenen Fremdsprachenlernenden, haben sie ein besonderes Interesse daran, ein effizientes Verhältnis von Arbeits- und Zeitaufwand zu erreichen.

Die Strategie des gezielten Wiederholens weist eine große Nähe zu den Strategien der Lernorganisation auf, da zum gezielten Wiederholen bereits bearbeitete Inhalte von den Fremdsprachenlernenden erinnert werden müssen und Aspekte der Planens betroffen sind, was im folgenden Beispiel gezeigt wird:

> D: [...] Dann wüsste ich halt auch nachher, was ich halt vielleicht noch mal wiederhole dann * nachher, wenn ich schon bisschen was dazugelernt hab. [...] (Dirk [S 1] Z. 308-311]

Auf Seiten der Lernumgebung ist als bedeutsamste Bedingung das Bereitstellen einer individuellen Ergebnissicherung zu nennen, d.h. die Speicherung und damit die Erweiterung der Lernumgebung um subjektiv als bedeutsam empfundene Inhalte.

Darüber hinaus ist als weitere Bedingung die Bereitstellung von angemessener Redundanz (in verschiedenen sprachlichen Kontexten) bei gleichzeitiger Berücksichtigung von Effizienz anzuführen. Die Interaktivität einer Lernumgebung wird von den TeilnehmerInnen als förderlich für das gezielte Wiederholen von Wortschatz o.ä. betrachtet, da sie das interaktive Wiederholen im Vergleich zu anderen Lernerfahrungen als stärker aktivierend erleben.

C: [...] dieses Wiederholen, das macht man sonst auch wahrscheinlich nicht so aktiv, dass man sich da nur irgendwie das hohl auf dem Blatt ankuckt, (I: Hm) also dieses Interaktive ist schon ganz schön, [...]. (Carla [S 3] Z. 41-45)

Als hinderliche Bedingung für das gezielte Wiederholen sind auf Seiten der Lernumgebung mangelnde Zugriffsmöglichkeiten auf bestimmte Inhalte anzuführen. Das gezielte Wiederholen wird erschwert, wie die folgende Teilnehmerin im Vergleich zu ihren Lernerfahrungen mit Büchern darstellt.

M: [...] Dass zum Beispiel, naja, wie so, so ein Register * eine Art ist, in den * in den Büchern immer ist. Ich kucke hinten und sage, ja, jetzt werde ich das Wissen mal festigen, das hatten wir, und jetzt muss ich das lernen, das hab ich noch nicht so richtig begriffen, (I: Hm, hm) dass man ganz gezielt * Bestimmtes * ja? * Dass man * (I: Hm) immer wieder zurückgreifen kann. [...] (Martina [S 2], Z.83-90)

Abschließend wird eine Auflistung der gesamten Strategienkodierungen als Zusammenfassung angeführt:

- **„Sich Vertraut Machen"**
  - Orientieren
  - Anklicken
  - Handlungskonzepte entwickeln
- **Suchen**
  - Suchen nach Informationen zum Inhalt
  - Suchen nach bestimmten Inhalten / Methoden (Aktivitäten)
  - Suchen eines Weges (Navigation)
  - Beiläufiges Suchen
  - Suchen nach einer Möglichkeit zum Speichern der Ergebnisse
- **Strategien der Lernorganisation**
  - Planen
  - Erinnern des Bearbeiteten
  - Punkte sammeln
- **Wahrnehmen und Verstehen**
  - Überforderung der Wahrnehmung
  - Unterforderung der Wahrnehmung
  - Filtern anhand persönlicher Relevanz
  - Hörverstehen
  - Leseverstehen
  - Übersetzen
  - Sehverstehen
- **Integrieren und Elaborieren**
- *Monitoring* und Reflexion
  - Selbstüberwachung, -kontrolle
  - Bewusste Sprachbetrachtung
- Sprechen – Aussprache
  - Imitierendes Sprechen / Nachsprechen
  - Lautes Lesen
  - Vergleichen (Audio-Aufnahme / Musterbeispiel)
- **Wortschatzstrategien**

- **Erfolgsorientiertes Üben**
  - Ausführen von Übungen
  - Korrekturen / Lösungen abrufen
  - Selbstkorrektur
  - Fehleranalyse
  - Antizipieren des Transfers
  - Gezieltes Wiederholen

Tabelle 6: Übersicht über Strategiekodierungen

5.5 Bedingungen der Lernumgebung

Im Anschluss an die einleitenden Ausführungen werden die ermittelten, hinderlichen und förderlichen Bedingungen der Lernumgebung vorgestellt. Die Kodierungen werden abschließend zusammengefasst angeführt.

Die persönlichen Voraussetzungen und Strategien der Lernenden haben gezeigt, dass Unterschiede im Vergleich der NutzerInnen untereinander festzustellen sind. In Abhängigkeit von den jeweiligen Erfahrungen mit dem Medium sind ihre Bewältigungsstrategien im Umgang mit dem Medium beim Fremdsprachenlernen ebenso individuell.

Die zu nennenden Bedingungen der Lernumgebung sind in Abhängigkeit der Begriffsdefinition unter den Begriff der BenutzerInnenfreundlichkeit zu fassen (hier zu verstehen als BenutzerInnenfreundlichkeit für multimediale Produkte zum Fremdsprachenlernen).

5.5.1 Hinderliche Bedingungen

Mangelnde Information und Transparenz

Die Kodierung mangelnde Information und Transparenz umfasst folgende Subkodierungen: mangelnde Transparenz des Aufbaus und der Ziele, mangelnde Transparenz der Bewertungsgrundlagen für Korrekturen / Spracherkennung, fehlende / unzureichende Informationen zum Inhalt, fehlende Informationen zur Eingabe fremdsprachiger ‚Sonderzeichen', fehlende Informationen über Phonetik / (Recht-) Schreibung / Grammatik der Fremdsprache sowie ein mangelndes *Advance Organising*.

Mangelnde Transparenz über das Angebot der Lernumgebung lässt sich ebenso als ein Mangel an Informationen charakterisieren. Transparenz setzt voraus, dass es Informationen gibt, daher bezeichnet Transparenz hier, dass die Lernumgebung Informationen zu ihrem Aufbau und ihren Zielen anbietet.

Die mangelnde Transparenz des Aufbaus und der Ziele der Lernumgebung erschwert den Fremdsprachenlernenden das Auswählen aus dem Angebot, da die eigenen Bedürfnisse und Ziele mit dem Angebot der Lernumgebung nicht verglichen werden können. Ohne Informationen darüber, welcher Aufbau und welche Ziele von den ProduzentInnen der Lernumgebung verfolgt wurden, müssen die Lernenden „alles durchwühlen", was ihren Vorstellungen von effizientem Lernen widerstrebt. Zugleich sind fehlende Angaben über den Arbeits- und Zeitaufwand, den das Bearbeiten der Lernumgebung und ihrer verschiedenen Teile erfordert, Merkmal einer mangelnden Transparenz.

Mangelnde Transparenz der Bewertungsgrundlagen für Korrekturen und der Spracherkennung beeinträchtigt die Lernenden, wie mit dem folgenden Bespiel veranschaulicht werden soll:

> T: [...] man hat den Eindruck, man macht sich zum Narren und weiß gar nicht so richtig äh, was soll das Ganze, ne, und wie ist es aufgebaut, und äh, (I: Hmm) wonach wird gemessen und wonach wird gekuckt, und also zum Beispiel, einem zu sagen, na wissen Sie, im ersten Schwierigkeitsgrad erkennt der alles, was Sie sagen, ne, wenn Sie nicht gerade Hoppelpoppel sagen oder so, ne, und und * solche, also so'n bisschen die Transparenz halt, ne, fehlt mir da. [...] (Tanja [S 5], Z. 243-251)

Fehlende oder unzureichende Informationen zum Inhalt behindern ebenso das erfolgreiche Suchen und den bedürfnisorientierten Zugriff auf die Inhalte der Lernumgebung, wie im folgenden Beispiel zu sehen.

> N: [...] Bloß halt auch, dass man, also wenn man jetzt GEZIELT was lernen will, das kann man halt nicht mit der, da müsste man * alles * durchwühlen, [...] (Nadine [S 3], Z. 165-168)

Die Fremdsprachenlernenden benötigen aufgrund ihres individuellen Interesses an strategischem Handeln in Bezug auf ihr Fremdsprachenlernen Informationen, die ihnen eine Vorstellung davon ermöglichen, was sie erwartet, welche Ziele, Methoden und Inhalte die Lernumgebung ihnen anbietet. Der (gezielte) Zugriff ist eingeschränkt, wenn die Fremdsprachenlernenden keine Vorstellung über zu Erwartendes entwickeln können.

> N: [...] oder dass# sie wenigstens den Inhalt so angeben, also in dieser Übung wird das und das und das gelehrt, (I: Hm) aber das machen sie ja auch nicht. [...] (Nadine [S 3], Z. 175-177)

Unzureichende Informationen behindern darüber hinaus das Entwickeln von angemessenen Handlungskonzepten, was insbesondere die Bedienung, z.B. Navigation betrifft. Besonders fehlende Informationen zur Eingabe von fremdsprachigen Sonderzeichen auf einer nicht dafür ausgelegten Tastatur werden von den Fremdsprachenlernenden als hinderlich empfunden, da es das erfolgsorientierte Üben verhindert. Ebenso beeinträchtigen fehlende Informationen über die Phonetik sowie Rechtschreibung das übende Sprechen der Fremdsprachenlernenden, insbesondere bei denen, die sehr geringe Vorkenntnisse aufweisen.

> C: [...] Da hab ich jetzt * aber immer noch nicht * verstanden eigentlich, wie, wie das mit diesen Buchstaben ist, wann die am Ende ausgesprochen werden, wann nicht, also * das bezieht sich jetzt auch alles glaub ich sehr auf die Satzmelodien, also mal ganz interessant, aber * irgendwie fehlt mir immer noch so grober Überblick, ähm, wann, wann hier bei diesem U, R, ist es mal mit auf uth oder ith (LISPELT ÄHNLICH WIE IM ENGLISCHEN) und mal auf urr, das ** hab ich immer noch (I: Hmm) nicht so richtig raus, was// wann da was ist. [...] (Carla [S 2], Z. 133-142)

Auf Grund von Informationsmangel kommt es auch dazu, dass vorhandene

Angebote der Lernumgebung aufgrund unzureichender Information und Transparenz nicht (sofort) wahrgenommen werden und die Akzeptanz der Lernumgebung damit herabgesetzt ist.

Folgende Auflistung gibt eine Zusammenschau der unter dieser Kodierung zusammengeführten Subkodierungen:

- Mangelnde Transparenz des Aufbaus und der Ziele
- Mangelnde Transparenz der Bewertungsgrundlagen für Korrekturen / Spracherkennung
- Fehlende / Unzureichende Informationen zum Inhalt
- Fehlende Informationen zur Eingabe fremdsprachiger ‚Sonderzeichen'
- Fehlende Informationen über Phonetik / Rechtschreibung / Grammatik der Fremdsprache
- Mangelndes *Advance Organising*

Mangelnde Kontrollmöglichkeiten

Mangelnde Kontrollmöglichkeiten beschreiben im Folgenden Bedingungen der Lernumgebung, die von den Lernenden als Verlust der Kontrolle erlebt werden. Zunächst sind mangelnde Kontrollmöglichkeiten über Zeitpunkte und Dauer der Audio-Aufnahme zu nennen. Des weiteren ist die mangelnde Kontrolle über die Geschwindigkeit der Hörtexte anzuführen sowie die mangelnde Verfügbarkeit alternativer SprecherInnenstimmen.

Da mangelnde Kontrollmöglichkeiten über die Bedingungen der Lernumgebung von den Fremdsprachenlernenden als Kontrollverlust erlebt werden, führen sie bei den Lernenden zu Ärger, Motivationsverlust und einer herabgesetzten Akzeptanz. Als mangelnde Kontrollmöglichkeiten werden solche bezeichnet, die eine Anpassung an die individuellen Bedürfnisse der Fremdsprachenlernenden, z.B. beim Hören und Sich-Aufnehmen behindern. Es wird angenommen, dass die erfolgreiche Selbstregulation der Fremdsprachenlernenden eine Auswahl an Kontrollmöglichkeiten benötigt.

Die Verfügbarkeit alternativer SprecherInnenstimmen wird insbesondere von den Lernenden gewünscht, die sich aufgrund einer von ihnen als zu groß empfundenen Diskrepanz zwischen der eigenen Stimme und der Sprecher-Innenstimme der Lernumgebung nicht in der Lage sehen, erfolgreich zu agieren. Es zeigt sich, dass das Empfinden von Erfolg beim imitierenden Sprechen stark abhängig ist vom Maß an Übereinstimmung in der Tonlage zwischen der Vorbildstimme und der nachahmenden Stimme, wie im folgenden Beispiel zu sehen:

> R: [...] Hm, ja, und das einzige Problem, was eventuell noch wäre, dass man vorher einstellen kann, ob man Männlein oder Weiblein ist, weil wenn die nette Frau hier so HOCH spricht, das krieg ich nie hin. [...] (Ralf [S 1], Z. 315-319)

Die mangelnde Kontrolle über die Geschwindigkeit der Hörtexte verhindert ebenso, dass die Lernenden sich im Umgang mit der Fremdsprache als erfolgreich empfinden. Bezogen auf die Geschwindigkeit von Hörtexten und SprecherInnenstimmen bedeutet eine mangelnde Kontrolle für die selbstorganisiert Lernenden, dass sie keine Möglichkeit zum Erhören des Materials erhalten. Das verlangsamte Sprechen der SprecherInnenstimmen der Lernumgebung ermöglicht Verstehenserfolge[4]. Zu berücksichtigen ist hierbei auch die starke Tendenz zum ausschließlich verwendeten Hörstil mit dem Ziel des Detailverstehens. Insofern stellt die Kontrolle über die Geschwindigkeit der Hörtexte eine mögliche unterstützende Bedingung dar, die im Rahmen einer Hörverstehensdidaktik mit ihren Kenntnissen über Hörstile / –ziele und Übungen begründet werden sollte. Die Fremdsprachenlernenden sind davon abhängig, dass ihnen ausreichend Zeit zur Verfügung steht, um das reproduktive / imitierende Sprechen erfolgreich zu bewältigen.

> T: [...] Ist verdammt kurz, ne, weil Schrecksekunde und überlegen und wirklich schnell regeln, ne, (I: Hmm, hmm, hmm, hmm) und es schneidet mich ja ab, wenn ich nicht * punktgenau// [...] (Tanja [S 3], Z. 83-86)

Folgende Zusammenfassung führt die in der Kodierung ‚Mangelnde Kontrollmöglichkeiten' enthaltenen Subkodierungen nochmals an:

- Mangelnde Verfügbarkeit alternativer SprecherInnenstimmen
- Keine Kontrolle über Geschwindigkeit der Hörtexte
- Mangelnde Kontrollmöglichkeiten über die Audio-Aufnahme

Kontextarme Sprache

Die im Folgenden beschriebene Bedingung ‚Kontextarme Sprache' beschreibt einen Mangel an variierenden Kontexten, eine Tendenz zu isolierten Wörtern und Phrasen sowie mangelnde Sinnzusammenhänge im Angebot der Lernumgebung. Der Mangel an variierenden Kontexten, in denen die fremdsprachliche Lexik angeboten wird, beeinträchtigt das Erfolgsempfinden der Fremdsprachenlernenden, wie im folgenden Bespiel problematisiert wird:

> A: [...] dass es halt verschiedene Dialoge jetzt gäbe, und dann// oder dass das auch öfter vorkommt. Und in dem Fall sagt er, mir duele la cabeza, und dann beim nächsten Mal fragt er eben, tut dir der Kopf weh, nein, mir tut der Bauch weh oder so. (I: Hmm) Oder irgendwas, weiß ich nicht. [...] (Alexander [S 1], Z. 352-357)

Isolierte Wörter und Phrasen verhindern, dass die Fremdsprachenlernenden einen übergeordneten Sinnzusammenhang sehen können. Die Zielsetzung der Lernenden, Kommunikationssituationen in der Fremdsprache zu bewältigen, kann nicht durch das Auswendiglernen isolierter Wörtern und Phrasen erreicht werden, wie Ralf darlegt:

> R: [...] Aber ich komm hier nicht mit, mit neunzig Standardsätzen da über die Runden. Weil DIE müsst ich ja dann wieder, um auf neue Sätze zu kommen, müsst ich ja die erst mal auseinander pflücken wieder. [...] (Ralf [S 4], Z. 267-270)

---

[4] In der Kommunikation mit L1-SprecherInnen sind Strategien der sog. guten Lernenden auf das ‚Kontrollieren' in einem vergleichbaren Sinn ausgerichtet, mit dem Ziel eine für sie verständliche Äußerung hervorzurufen.

Die Fremdsprachenlernenden können ohne Kontexte keine subjektive Bedeutsamkeit für das Angebot empfinden. Wenn kein Sinnzusammenhang für die jeweilige Lexik erzeugt werden kann, wird der Nutzen des Sprachangebots und die subjektiv empfundene Sinnhaftigkeit des eigenen Handelns von den Fremdsprachenlernenden bezweifelt:

T: [...] Und was mich schon etwas * stört, ist auch einfach diese völlige Beliebigkeit der * der hintereinander folgenden Phrasen, ne. [...] 'n bisschen mehr Zusammenhang könnten sie vielleicht doch miteinander haben, ne. [...] (Tanja [S 3], Z. 121-127)

C: [...] Ja, das ist 'n bisschen ärgerlich, dass hier also einige Sätze dabei sind, wo ich dann auch denke, die brauch ich NIE oder so, das ist dann halt auch, also * da hab ich dann gleich 'n Motivationsproblem, das zu lernen, also frag ich mich dann auch gleich, was das soll. [...] (Carla [S 4], Z. 102-107)

Ein Mangel an Sinnzusammenhängen setzt die Bereitschaft und Fähigkeit der Lernenden, subjektiv als nicht bedeutsam wahrgenommene Lexik zu verstehen und zu integrieren, herab.

Im Folgenden sind die Subkodierungen zur Kodierung ‚Kontextarme Sprache' zusammenfassend angeführt:

- Mangel an variierende Kontexten
- Isolierte Wörter und Phrasen
- Mangelnde Sinnzusammenhänge

Unzureichende Angebote zur Semantisierung

Unter unzureichenden Angebote zur Semantisierung werden fehlende oder mangelhafte Übersetzungen sowie eine einseitig, symbolhaft-bildlich kodierte Repräsentation fremdsprachigen Wortschatzes gefasst.

Auf Grund des von ihnen angestrebten Detailverstehens reagieren die Fremdsprachenlernenden ablehnend auf Lernumgebungen, die über unzureichende Angebote zu Semantisierung (Bedeutungsvermittlung) verfügen. Solche mangelhaften Angebote behindern die Strategien des Verstehens und Elaborierens der Fremdsprachenlernenden derart, dass die Akzeptanz der Lernumgebung in Frage steht, oder sie es für erforderlich halten, parallel eine Übersetzungssoftware zu verwenden.

Die Fremdsprachenlernenden dieser Untersuchung sind auf muttersprachliche Übersetzungen angewiesen, wobei von Fall zu Fall auch eine Übersetzung in eine andere Fremdsprache als Möglichkeit der Verständnissicherung genutzt werden kann, z.B. Chinesisch-Englisch. Die Erstsprache oder auch eine andere Fremdsprache stellen die bestehenden Wissensstrukturen der Lernenden dar, die durch das Übersetzen aktiviert werden. Zum Erschließen der Fremdsprache benötigen die selbstorganisiert lernenden NutzerInnen eine wortgenaue bzw. zeichengenaue Übersetzung. Sinngenaue Übersetzungen werden von den Fremdsprachenlernenden als unzureichend empfunden, da sie ihnen keine andere Möglichkeit lassen als z.B. Phrasen auswendig zu lernen, ohne die einzelnen Wörter bestimmen zu können.

Entsprechend der in IV.2. skizzierten Eigenschaften der in der Untersuchung verwendeten Software lassen sich einsprachige Lernumgebungen mit ausschließlich bildhaft-symbolischen Angeboten zur Semantisierung (z.B. Bildwörterbücher) anführen, wobei fallweise die Möglichkeit besteht, Aufgabenstellungen und Hilfetexte in einer anderen Sprache anzeigen zu lassen. Die einsprachigen Lernumgebungen werden von den Lernenden abgelehnt, da es ihnen auf dieser Basis nicht gelingt, Sicherheit über die Wortbedeutung zu erlangen und damit das Gefühl von Handlungsfähigkeit herzustellen:

M: [...] Ja, aber raten (ETWA: nutzt) in einer Sprache nichts. Raten ist nicht gut. (I: Ja) ** Das kann man dann einfach, wenn man da nicht irgendwie sich was Richtiges anlernen will. (I: Ja) * Ja, * hier, er ist ein * ja, was heißt das hier, er ist ein *9* es müsste doch da hinten die deutsche Übersetzung irgendwo sein. [...] (Martina [S 7], Z. 4-9)

Durch einseitig, symbolhaft-bildlich kodierte Semantisierungsangebote werden Verstehenserfolge behindert. Die ausschließlich symbolhaft-bildlich kodierte Repräsentation fremdsprachigen Wortschatzes in der Lernumgebung wird von den Lernenden als unzureichend empfunden, da das individuell und kulturell bestimmte Sehverstehen der Fremdsprachenlernenden in der Regel von Zweifeln geprägt ist (s. 5.4.4). Grafische Darstellungen und Videos werden von den Fremdsprachenlernenden als visuelle Gedächtnisstütze ergänzend gewünscht. Es zeigt sich jedoch, dass sie als alleiniges Angebot zur Semantisierung von den Lernenden als unzureichend empfunden werden, da sie wegen der genannten Eigenschaften von den Lernenden als wenig effizient empfunden werden:

R: [...] Deswegen wundert mich das schon ein bisschen. ** Also mit Bildern arbeiten, ist ja ganz lieb und nett, aber * also vom LERNeffekt her kommt da nicht viel hinzu. [...] (Ralf [S 1], Z. 62-65)

Andere Lernumgebungen verfügen über einen zweisprachigen Ansatz, es werden Übersetzungen zwischen Ausgangs- und Zielsprache angeboten. Hinsichtlich der Übersetzungsart lassen sich eine sinngemäße sowie eine wort- bzw. zeichengenaue Übersetzung unterscheiden, die entweder in Kombination oder als einzelnes Angebot zur Verfügung stehen. Die wort- bzw. zeichengenaue Übersetzung wird der Zielsetzung der Fremdsprachenlernenden, vom Verstehen und Integrieren zu einem flexiblen Einsatz der sprachlichen Mittel zu gelangen, eher gerecht.

C: [...] Weil hier auch oft gerade bei so Phrasen gar nicht so übertragbar sind, die heißen ja dann was anderes, da kann ich mir das nicht Wort für Wort erschließen. [...] (Carla [S 1], Z. 69-71)

Übersetzungen der Fremdsprache in die Erstsprache oder auch in andere Fremdsprachen sind als ein sprachkontrastives Angebot zu betrachten, da Übersetzungen auch die vergleichende Sprachbetrachtung ermöglichen. Die im folgenden beschriebene Kodierung ‚Mangelnde Sprachkontrastivität' greift diesen wichtigen Aspekt nochmals auf.

Die zwei wesentlichen Subkodierungen der Kodierung ‚Unzureichende Angebote zur Semantisierung', die hier herausgearbeitet wurden, sind:

- fehlende / mangelhafte Übersetzungen (wort- bzw. zeichengenau)
- einseitig, symbolhaft-bildlich kodierte Repräsentation fremdsprachigen Wortschatzes

Mangelnde Sprachkontrastivität

Mangelnde Sprachkontrastivität wird hier verwendet als übergreifende Kodierung, die sich auch durch mangelnde Informationen und mangelnde Verfügbarkeit von Übersetzungen ausdrücken kann. Andererseits greift sie den Gedanken auf, dass mangelnde sprachkontrastive Angebote für die Fremdsprachenlernenden ein „Doppeltlernen" bedeuten (s. 5.4.5).

Mit der Ausnahme einer Teilnehmerin sind die gewählten Fremdsprachen für die Lernenden dieser Untersuchung mindestens die dritte Fremdsprache, die sie erlernen. Unter dem Gesichtspunkt, dass im Kopf der Lernenden die verschiedenen Sprachen nicht abgeschottet voneinander gespeichert werden, ist daher eine mangelnde Sprachkontrastivität für das Lernen einer weiteren Fremdsprache potenziell als hinderlich zu betrachten. Die Erstsprache und andere Fremdsprachen dienen den Lernenden als bestehende Wissensstrukturen, die für das Fremdsprachenlernen idealerweise genutzt werden, um neues Wissen mit den vorhandenen Gedächtnisinhalten zu verknüpfen. Die Lernenden suchen nach Möglichkeiten Unterschiede und Ähnlichkeiten zwischen Ziel- und Ausgangssprache zu erfassen. Ist dieses nicht möglich, wie im folgenden Bespiel zu sehen, ist ein starker Mehraufwand erforderlich:

C: [...] Ich weiß nur komischerweise über die Grammatik halt viel, weil ich da auch so'n, so'ne literaturwissenschaftliche Abhandlung, wie die Ähnlichkeiten zwischen Deutsch und Isländisch halt sind. Und das ärgert mich jetzt 'n bisschen, dass ich eben dann das doppelt lernen muss, weil ich jetzt nicht weiß, was die Artikel sind und so was. [...] (Carla [S 3], Z. 394-400)

Für die Lernenden ist es daher mit Schwierigkeiten verbunden, wenn die Lernumgebung keine Angebote aufweist, die die Erst- und Fremdsprache miteinander in Beziehung setzen. Das prozedurale und deklarative Sprachwissen der Fremdsprachenlernenden wird häufig vergleichend aktiviert. Sprachvergleichende Betrachtungen der Lernenden sind oft von der Frage nach dem ‚Wie' einer Äußerung in der Fremdsprache geleitet, was insbesondere Bereiche der kulturkontrastiven Pragmatik berührt.

M: [...] Und dann ist eben die Fragestellung, (I: Hm) wichtig ist immer das Fragen, ja? Das ist, und dann sich hinein hören. Ich werde mir mal das im Zusammenhang ab// dann einfach bloß hören, und versuchen, dann gleich zu übersetzen, [...]. (Martina [S 6], Z. 107-111)

Mangelnde sprachkontrastive Angebote der Lernumgebung werden von den

NutzerInnen als wenig effizient empfunden und abgelehnt, wie Carla im Folgenden darlegt:

C: [...], da hab ich dann schon während des Lernens irgendwie so ein ungutes Gefühl und denke, ach Mann, das musst du dir noch mal ankucken, das ist ein Doppeltlernen, weil ich noch nicht weiß, worum es eigentlich geht, und das ist ein bisschen ärgerlich. [...] (Carla [S 3], Z. 371-376)

Mangelnde Fehleranalyse
Die Kodierung ‚Mangelnde Fehleranalyse' umfasst eine fehlende Rechtschreibfehlertoleranz, nicht vorhandene Möglichkeiten sprachlicher Variation sowie das Fehlen von Hinweisen auf die Art des Fehlers.

Rückmeldungen der Lernumgebung, die Korrekturen enthalten, sind bei den in dieser Untersuchung verwendeten Produkten beschränkt auf die Angabe richtig oder falsch. Diese Art der Korrektur enthält keine Fehleranalyse, gibt keine Hinweise auf die Art des Fehlers oder Verbesserungsmöglichkeiten. Zudem wird die Strategie der sprachlichen Variation der Lernenden behindert, indem nur eine Antwort als richtig gilt.

Sind die Rückmeldungen nach diesem Prinzip auch noch mit immer denselben sprachlichen Äußerungen versehen, so entsteht, wie im folgenden Beispiel zu sehen, Verärgerung gegenüber den an sich positiven Rückmeldungen der Lernumgebung:

T: [...] Du gehst mir auf die Nerven mit deinem Ja. [...] (Tanja [S 3], Z. 57)

Dieses einförmige Prinzip, das nur Zustimmung oder Ablehnung enthält, wird von den Lernenden der Untersuchung in seiner Beschränktheit erkannt und bemängelt:

D: [...] also * das hätte ja recht komplex halt eigentlich * sein müssen, weil ich fand schon, dass ich auch * auch richtige Antworten eingegeben hab. ** Und das extra noch mal im Vokabular halt nachgeschlagen hab, und trotzdem, * also es ist halt ja klar, dass halt der Computer halt nur bestimmte Einträge da halt als richtig * durchgehen lassen will. * Also schon ein bisschen doof. [...] (Dirk [S 2], Z. 109-116)

Die mangelnde Fehleranalyse wirkt sich auf das Erfolgsempfinden der Lernenden hinderlich aus, indem ihre Bemühungen ohne weitere Angabe von der Lernumgebung abgelehnt werden. Selbstkorrekturen der Lernenden werden ebenso behindert, da ohne Hinweise auf die Art des Fehlers oder Verbesserungsmöglichkeiten nur das Raten nach dem Versuch-Irrtums-Prinzip möglich ist, was Frustration nach sich zieht.

D: [...] dass halt dann immer gleich alles falsch ist, das ist natürlich immer ärgerlich. Das ist also schade, dass er einen auf solche Fehler nicht drauf hinweist, also auf einzelne. [...] (Dirk [S 3], Z. 90-93)

Die Bedeutsamkeit der Korrekturen bzw. Rückmeldungen und Angebote zur Fehleranalyse durch die Lernumgebung zeigt sich z.B. dadurch, dass ausbleibende Rückmeldungen als verunsichernd erlebt werden. Für die selbstorganisiert Lernenden ist die Möglichkeit, ihre Kenntnisse und Fertigkeiten überprüfen zu können, von grundlegend wichtiger Bedeutung.

Musterlösungen werden von den Fremdsprachenlernenden soweit verfügbar vorzugsweise unmittelbar im Anschluss an die Ausführung eines Übungsteils abgerufen, da sie ihnen die Möglichkeit bietet, Fehlerhaftes selbst zu entdecken und Selbstkorrektur anzuwenden. Der Vergleich zu einer Musterlösung ermöglicht den Lernenden Reparaturen anzuwenden und eine positive Rückmeldung zu erreichen, wie im folgenden Beispiel zu sehen:

> N: [...] ich find die Möglichkeit auch ganz gut, dass man das korrigieren kann, bevor man die Lösung ankuckt, also nicht, dass sie dann gleich die * Lösungen zeigen, so dass man das nicht noch mal probieren kann oder so. Ich finde, dadurch merkt man das auch fast noch * besser. [...] (Nadine [S 2], Z. 73-78)

Folgende Zusammenfassung der Kodierungen führt die genannten Subkodierungen der mangelnden Fehleranalyse an:
- Fehlende Rechtschreibfehlertoleranz
- Keine Förderung sprachlicher Variation
- Keine Hinweise auf die Art des Fehlers

5.5.2 Förderliche Bedingungen

Unterstützung von Installation und Konfiguration

In Abhängigkeit von den Erfahrungen der NutzerInnen ist die Installation und Konfiguration der Audiokomponenten der erste potenziell kritische Schritt bei der Arbeit mit einer Lernumgebung zum Fremdsprachenlernen.

Der Ort der Datenerhebung, eine öffentliche Einrichtung mit zu Verfügung stehender technischer Beratung ermöglicht auch unerfahrenen Fremdsprachenlernenden den Zugang zum Lernen mit Multimedia.

Insbesondere die Audiokomponenten benötigen eine fachgerechte Unterstützung, um die Qualität der Aufnahme sicherzustellen und die Erkennung durch die Spracherkennung zu gewährleisten.

Zugriffsmöglichkeiten auf bestimmte Inhalte

Die Fremdsprachenlernenden haben aus verschiedenen Gründen Interesse daran, auf bestimmte Inhalte, Methoden bzw. Aktivitäten zugreifen zu wollen. Die Strategie des gezielten Wiederholens der Lernenden erfordert Zugriffsmöglichkeiten auf bestimmte Inhalte, ohne den gesamten Bestand „durchwühlen" zu müssen. Die Lernenden bemühen sich im Umgang mit der Lernumgebung darum, ihre Handlungen auf ihre weiteren Aktivitäten zum Fremdsprachenlernen abzustimmen. Daher sind Auswahlmöglichkeiten von bestimmten Inhalten, die zur Deckung eines spezifischen, momentanen Bedürfnisses führen, als förderlich zu betrachten, da sie die Integration des Mediums in eine erfolgreiche Gesamtstrategie erleichtern.

Vielfältige Modalitäten der Präsentation und der Übung
Die Kodierung ‚Vielfältige Modalitäten der Präsentation und der Übung' beinhaltet Aspekte, die das Interesse der Lernenden nach Abwechslung und Herausforderung betreffen.
   Zur Erklärung der Kodierung sei Folgendes gesagt: Steht die Abwechslung sowie der integrative Umgang mit den verschieden Modalitäten der Präsentation und verschiedenen Fertigkeiten im Vordergrund dieser Kodierung, so werden auch zwei Subkodierungen umfasst, die einen mündlich-auditiven und schriftorientierten Bereich unterscheiden. Zum einen werden Bedingungen, die das Hören, Sprechen und die Aussprache betreffen, erfasst. Zum anderen werden Bedingungen hinsichtlich schriftlicher Darstellungen und dem Schreiben dargestellt.
   Vielfältige Modalitäten der Präsentation und der Übung bedeuten, dass das Angebot Abwechslung aufweist, d.h. Einseitiges vermieden wird. Darüber hinaus ermöglichen sie den Fremdsprachenlernenden, abwechselnd verschiedene Sinnesmodalitäten und Fertigkeiten anzuwenden und so eine tiefere und damit potenziell überdauerndere Integration neuen Wissens in die bestehenden Wissensstrukturen zu erreichen.
   N: [...] Weil's auch, äh ** ja, weil man jetzt nur hören kann und nicht gleich darauf das üben kann oder so, das kommt dann jetzt erst wieder später. Das find ich auch 'n bisschen * doof, 'n bisschen langweilig auch. [...] (Nadine [S 3], Z. 108-111)
   Einseitige Übungsformen werden von den Fremdsprachenlernenden abgelehnt und durch kreatives Abwandeln der Übungen kompensiert. Das Kombinieren verschiedener Lernumgebungen – soweit verfügbar – dient den NutzerInnen auch dazu, die Einseitigkeit einzelner Lernumgebungen auszugleichen, d.h. vielfältige Modalitäten der Präsentation und der Übung zu erhalten und somit das bedürfnis- und erfolgsorientierte Fremdsprachenlernen zu unterstützen. Vielfältige Modalitäten der Übung verhindern das einseitige Ansprechen bestimmter Sinne, wie z.B., wenn die Lernenden sich durch die Lernumgebung einseitig als auf „Bilder getrimmt" erleben. Diese Form von Übung, die ein erleichtertes und wahrscheinlicheres (Hör-) Sehverstehen von Bildern und deren Bedeutung infolge einer vorangegangenen Wahrnehmung derselben Kombination beinhaltet, bietet, wenn einseitig verwendet, zu geringe Herausforderung und Abwechslung:
   C: [...], dass man wirklich die Memory-Fähigkeiten haben musste. Ist ja jetzt gar nicht so sprachlich der ** Hammer. [...] (Carla [S 2] Z. 206-208)
   Bezogen auf die Modalitäten der Präsentation ist davon auszugehen, dass Abwechslung wichtig ist, um zu große Redundanzen in Bild und Ton zu vermeiden, da sie nicht als förderlich für das Verstehen und Integrieren von neuem Wissen gelten.

Hören - Sprechen - Aussprache
Auch bei diesem Bereich stehen von Seiten der Lernenden der integrative

Umgang und der bedürfnisorientierte Wechsel der Strategien im Vordergrund. Die Kodierungen ‚Mangelnde Kontrollmöglichkeiten' sowie ‚Mangelnde Fehleranalyse' beinhalten bereits wichtige Aspekte, die die Übungen im Bereich Hören, Sprechen und Aussprache betreffen, wie z.B. die Kontrolle über die Geschwindigkeit der Hörtexte und die Verfügbarkeit alternativer Sprecher-Innenstimmen.

Den besonderen Schwierigkeiten der Lernenden beim Hörverstehen und ihrer Tendenz zum Detailverständnis stehen variierende Bedingungen der Lernumgebung gegenüber. Das gängige Mittel zur Verständnissicherung, das von Seiten der Lernumgebungen angeboten wird, ist eine schriftliche Darstellung von Hörtexten. Darüber hinaus sind häufig keine unterstützenden didaktischen Angebote zu beobachten, obwohl sie in der Didaktik des Hörverstehens seit längerem diskutiert werden. Hörverstehen wird in den Lernumgebungen häufig so behandelt, dass nach dem Anhören eines Hörtexts, eine richtige Auswahl getroffen werden soll, z.B. indem das richtige Bild angeklickt wird oder Textelemente in der einen oder anderen Form gewählt werden. Diese interaktiven Übungen zum Hörverstehen, die als Lernspiele zu charakterisieren sind, werden von den Fremdsprachenlernenden als förderlich betrachtet, wenn die Vielfalt der Übungsformen und ausreichende Informationsangebote gewährleistet sind. Das Sprechen in der Fremdsprache geht für Erwachsene häufig mit Hemmungen einher. Bis auf einen Teilnehmer waren die Fremdsprachenlernenden in dieser Untersuchung lebhaft, was das Sprechen in der Fremdsprache betraf. Sie nutzten die Angebote der Lernumgebung ausgiebig, wie z.B. Nachsprechen, Aufnehmen und Anhören. Darüber hinaus entwickelten sie Übungsformen, indem sie aus eigenem Antrieb laut lasen und unaufgefordert nachsprachen. Das imitierende Nachsprechen wird durch Musterbeispiele und Möglichkeit der Audio-Aufnahme gefördert. Im Vergleich zu ihren Erfahrungen in Sprachkursen (z.B. Korrekturen durch Lehrende, seltenes „Drankommen") scheinen die Fremdsprachenlernenden, das entsprechende Interesse am übenden Sprechen vorausgesetzt, die Möglichkeit zur Selbstkorrektur und zur bedürfnisorientierten Wiederholung besonders zu schätzen.

M: [...] Find ich gut. Und man kann es gleich wieder vorneweg sprechen. Beispielsweise, ob man sich SELBER kontrolliert, ja? Und dann * prüft, ist es richtig. Oder umgekehrt, ihn erst mal sprechen lassen, und so weiter. Find ich gut. [...] (Martina [S 1], Z. 254-258)

Schriftliche Darstellungen - Schreiben

Die Fremdsprachenlernenden sind für das Verstehen und Integrieren der fremdsprachlichen Inhalte auf die schriftliche Darstellung von Übersetzung und Fremdsprache angewiesen. Die schriftliche Darstellung ist für das Einprägen sowie das Überprüfen der Wortschatzkenntnisse als förderlich zu betrachten. Neben der schriftlichen Darstellung von Übersetzung und Fremdsprache ist eine kompakte, ausdruckbare schriftliche Darstellung von Wortschatz sowie anderer Informationen als förderlich einzuordnen, da sie auch bei

ausgeschaltetem Computer den Zugriff auf die Inhalte bietet:
A: [...] Nicht bloß, wenn der Computer an ist oder so, sondern * wo man einfach raufkucken kann mal fünf Minuten [...]. (Alexander [S 2], Z. 168-170)

Den Lerngewohnheiten der Fremdsprachenlernenden kommen schriftliche Darstellungen im Gegensatz zur rein bildhaft-symbolischen Repräsentation von Inhalten entgegen. Ebenso ist die Verwendung von Schrift durch die Lernenden selbst für sie eine wichtige, gewohnte Strategie des Integrierens und Elaborierens neuen Wissens.

Bei nicht bedürfnisgerechter Einseitigkeit der Lernumgebung zeigt es sich, dass NutzerInnen durch handschriftliches Schreiben oder die Kombination verschiedener Lernumgebungen, soweit verfügbar, diesem Bedürfnis nachgehen, wie in den folgenden Beispielen deutlich wird:
N: [...], weil ich immer am Besten dann noch lerne, wenn ich das auch schreiben muss oder so. [...] (Nadine [S 2], Z. 71-73)
C: [...] irgendwie hab ich immer noch so das Bedürfnis, was aufschreiben zu müssen, [...]. (Carla [S 2], Z. 312-313)
T: [...] #Aber dass ich jetzt halt, dass ich tatsächlich im Sinne einer# Vokabelübung für mich zumindest ein paar * #aufschreiben würde, ne. Genau.# [...] (Tanja [S 2], Z. 72-74)

Als ein weiterer Vorteil der Unterstützung des Schreibens ist zu nennen, dass die Genauigkeit bei der Überprüfung auch geschätzt wird:
C: [...] Naja, und ähm, das wäre dann auch äh * schwerer, sich dann da eben so durch zu wurschteln. Also manchmal kann man eben wirklich raten und dann mal schnell so ein Bild anklicken. Aber wenn man jetzt eine Antwort schreiben müsste, da kann man nicht so schnell raten, (I: Hmm) also da liegt man entweder richtig oder falsch. [...] (Carla [S 2], Z. 321-327)

Abschließend bleibt noch auf den Zusammenhang von Schrift und Aussprache hinzuweisen. Die Lernenden lehnen es ab, Wörter auszusprechen, von denen sie nicht wissen, wie sie geschrieben aussehen. Darüber hinaus nutzen sie das Schriftbild als Gedächtnisstütze und zur Unterscheidung gleichklingender Wörter, wie das Beispiel zeigt:
M: [...] wenn ich Vokabeln lerne, dann schreibe ich die erst auch einmal, ja, und dann hab ich das so innerlich, wie es auch geschrieben wird, und * (I: Hmm, hmm) das ist dann manchmal auch gut, zum Beispiel bei „hear", ja, das kann ja einmal hier heißen und einmal hören heißen, und * dann, wenn man das aber weiß, dann ist das, denke ich mir so, ist das ein bisschen besser. [...] (Martina [S 1], Z. 22-28)

Folgende Kodierungen erweitern die Kodierung ‚Vielfältige Modalitäten der Präsentation und der Übung':

- Hören - Sprechen - Aussprache
- Schriftliche Darstellungen - Schreiben

Individuelle Ergebnissicherung
Die individuelle Ergebnissicherung umfasst neben der Protokollierung der Arbeit und der Kennzeichnung bereits bearbeiteter Teile, die Speichermöglich-

keit für subjektiv bedeutsame Inhalte und die Vergabe von Punkten durch die Lernumgebung. Sie ist für die selbstorganisiert Lernenden als förderlich zu betrachten, da sie ihnen ermöglicht, im Hinblick auf ihr Fremdsprachenlernen strategisch zu handeln, indem sie z.b. Wiederholungen planvoll anwenden können. Somit wird ihre Lernorganisation unterstützt.

Mittels der Protokollierung der Arbeit und der Kennzeichnung bereits bearbeiteter Teile wird die kognitive Belastung der Fremdsprachenlernenden, die ansonsten gezwungen sind, bereits Bearbeitetes laufend zu erinnern, vermindert. Damit wird die Konzentration der Fremdsprachenlernenden auf das Wesentliche gefördert. Fehlt hingegen diese Form der Ergebnissicherung, so sind die Fremdsprachenlernenden kontinuierlich damit beschäftigt zu überlegen, was sie bereits bearbeitet haben, wie im folgenden Beispiel zu sehen, wo ein Teilnehmer vergleichend zu seinen Erfahrungen mit Audiokassetten Folgendes bemerkt:

A: [...] weil ich mir jetzt immer merken muss, (LACHT BISSCHEN) was ich gerade schon hatte und was nicht, bei der Kassette weiß ich noch, bis zu der Stelle oder so, und ** und da ist das irgendwie, die wiederholen das immer// [...]. (Alexander [S 1], Z. 752-756)

Da die Lernumgebungen keinen Ablauf vorschreiben und ihr Hypertextmuster entsprechend nicht-linear aufgebaut ist, werden die Fremdsprachenlernenden bei fehlender Protokollierung und Kennzeichnung des Bearbeitungsstandes kognitiv unnötig belastet. Auf Grundlage des Wissens um die bereits bearbeiteten Inhalte organisieren die NutzerInnen die Planung ihrer weiteren Schritte.

Die Vergabe von Punkten oder auch äquivalenten Formen durch die Lernumgebung ist in mehrfacher Hinsicht bedeutsam. Die Fremdsprachenlernenden sind stark daran interessiert, eine Bestätigung darüber zu erhalten, dass sie ihre Kenntnisse und Fertigkeiten in der Fremdsprache erfolgreich erweitert, gefestigt oder aktiviert haben, um eine Vorstellung über die erreichte Leistung zu gewinnen. Daher empfinden sie es als förderlich, durch einen Punktestand eine Kontrolle über die geleistete Arbeit zu erhalten. Durch die Vergabe von z.B. Punkten erfahren die Lernenden Erfolgserlebnisse, die wiederum die Motivation fördern. Die Vergabe von Punkten unterstützt die Strategie der Lernenden, Organisation und Planung der weiteren Arbeit mit der Lernumgebung zu betreiben, indem sie auch ermöglicht, Ziele zu setzen und Wiederholungen vorzunehmen, wie im folgenden Beispiel deutlich wird:

D: [...] * und * echt so'n Punktestand * halt. * Oder an dem man halt dann so seine * Note halt quasi * ablesen könnte. Oder vielleicht auch einzeln für die * Lektionen halt. *3* Dann wüsste ich halt auch nachher, was ich halt vielleicht noch mal wiederhole dann * nachher, wenn ich schon bisschen was dazugelernt hab. [...] (Dirk [S 2], Z. 305-311)

Die Speichermöglichkeit für subjektiv bedeutsame Inhalte ermöglicht eine individuell bedürfnisorientierte Erweiterung der Lernumgebung. Insbesondere für die Erweiterung und Festigung des Wortschatzes wird von den

Fremdsprachenlernenden die Möglichkeit, subjektiv als bedeutsam wahrgenommene Lexik zu speichern, als förderlich betrachtet. Ein derartiges Angebot erlaubt die Fokussierung von Neuem und Schwierigem, was die NutzerInnen als Voraussetzung für das Erleben von Erfolg sehen.

> R: [...] Ja, wie gesagt, so wie beim letzten Mal, wenn man die Wörter, die man nicht kennt, extra rausfiltern könnte hier, durch so'ne Zeitung oder so hier neben, wär schon, wär schon nicht übel.
> I: In so'n No- in so'n Notizbuch quasi?
> R: Ja, genau, genau. Wo man dann auch selber Einträge löschen kann, wenn man die halt öfter mal ** gehört hat, dass man die dann halt weiß. [...] (Ralf [S 4], Z. 4-13)

Folgende Subkodierungen sind in der Kodierung ‚Individuelle Ergebnissicherung' zusammengeführt:

- Protokollierung der Arbeit
- Kennzeichnung bereits bearbeiteter Teile
- Vergabe von Punkten o.ä.
- Speichermöglichkeit für subjektiv bedeutsame Inhalte

Förderung von Metakognitionen

Die Kodierung ‚Förderung von Metakognitionen' wird durch die Kodierung ‚Förderung der Selbstkorrektur der Fremdsprachenlernenden' erweitert.

Es zeigt sich, dass Lernende, die über eine Vielfalt von Lernstrategien verfügen, ihren Lernbedarf einzuschätzen wissen und den Lernprozess durch Metakognitionen unterstützen, erfolgreicher auch vom Lernen mit multimedialen Lernumgebungen profitieren können. Die Bedeutung der Metakognitionen für das Lernen (von Fremdsprachen) und insbesondere das selbstorganisierte Lernen liegt in deren Funktion für die Selbstregulation und damit für die Optimierung des Lernprozesses durch die Lernenden. Die Förderung von Metakognitionen beim Fremdsprachenlernen ist daher als förderliche Bedingung auf Seiten der Lernumgebung zu benennen.

Die für das selbstregulierte Lernen so bedeutsamen Metakognitionen der Fremdsprachenlernenden, die sich in den Strategien des *Monitoring* und der Reflexion zeigten, werden durch die Unterstützung planvoller und reflektierender Strategien gefördert (wie z.B. durch Förderung des Nachdenkens über das eigene Lernen im Sinne des lernen Lernens). Durch Möglichkeiten der Lernorganisation werden sie praktisch unterstützt.

Die Selbstkorrektur der Fremdsprachenlernenden wird durch bestimmte Bedingungen der Lernumgebung gefördert, wie z.B. durch Angebote, die Vergleiche ermöglichen, durch spezifische Angaben zum Fehler sowie durch die Möglichkeit, Eingaben rückgängig zu machen. Die Strategie der Selbstkorrektur steht in engem Zusammenhang mit den Strategien des Monitoring und der Reflexion: Lernende, die viel Metakognitionen anwenden,

verfügen auch häufiger über die Strategie der Selbstkorrektur.
Die Kodierung ‚Förderung von Metakognitionen' enthält die folgende Subkodierung:

- Förderung der Selbstkorrektur der Fremdsprachenlernenden

Interaktivität und Personalisierung
Die Interaktivität einer Lernumgebung wird von den Fremdsprachenlernenden im Vergleich zu anderen Lernerfahrungen potenziell als aktivierend empfunden und ist folglich als förderlich zu betrachten. Die Personalisierung der Lernumgebung setzt Interaktivität voraus. Daher werden die Bedingungen Interaktivität und Personalisierung in einer gemeinsamen Kodierung zusammengeführt.

Allerdings erfordern auch die bereits genannten Bedingungen, wie z.b. die Möglichkeit, individuell bedeutsame Inhalte (bes. Lexik) filtern zu können, eine personalisierte Interaktivität auf Seiten der Lernumgebung.

Interaktivität und Personalisierung der Lernumgebung ermöglichen eine Anpassung an die Bedürfnisse der Fremdsprachenlernenden und tragen zu deren subjektiven Erfolgsempfinden bei.

Zentrales Moment ist hierbei die Personalisierung des Mediums durch persönliche Ansprache sowie Lernprofile, die die jeweils individuelle Bearbeitung der Lernumgebung durch die NutzerInnen erfassen.

D: [...] Na gut, aber wenn jetzt doch halt einfach unten, also erst mal, wenn ich jetzt halt schön * eintippe halt, *8* dass ich eben halt * Dirk heiße, dann könnte er halt auch sagen, er heißt eben Bernardo, kann er auch „Hola, Dirk" könnte er dann wahrscheinlich auch sagen, * wär ein bisschen persönlicher, [...]. (Dirk [S 1], Z. 296-302)

Eine personalisierte Interaktivität trägt potenziell auch zur Deckung der emotionalen Bedürfnisse der NutzerInnen bei, da sie sich als Lernende wahrgenommen fühlen. Das bedürfnis- und erfolgsorientierte Fremdsprachenlernen wird durch personalisierte Interaktivität unterstützt und trägt durch die je individuelle Gestaltung der Lernumgebung zur Selbstaktualisierung der Lernenden bei. Demgemäß sind Formen personalisierter Interaktivität als fördernd einzuschätzen, die den NutzerInnen Gestaltungsspielraum anbieten und die Strategie des gezielten Wiederholens unterstützen, indem z.B. der Wortschatz von Lernspielen durch die Lernenden selbst bestimmt werden kann.

Redundanz und Effizienz
Redundanz als Bedingung ist in mehrfacher Hinsicht zu thematisieren: zum einen wird im Kontext der parallelen Präsentation derselben Inhalte in verschiedenen Modalitäten von Redundanz gesprochen. Hierbei ist davon auszugehen, dass eine angemessene und förderliche Redundanz zeitlich versetzt durch das Aufrufen einer weiteren Präsentationsmodalität erfolgt. Die Verfügbarkeit von verschiedenen Modalitäten der Präsentation (Ton, Schrift, Bild)

wird von den Fremdsprachenlernenden, wie in der Kodierung ‚Vielfältige Modalitäten der Präsentation und der Übung' ausgeführt, als notwendig betrachtet, da sie eine tiefere Verarbeitung neuen Wissens anstreben.

Zum anderen ist Redundanz im Hinblick auf die Inhalte für die Fremdsprachenlernenden von Bedeutung. Dabei wird von den Lernenden eine Redundanz als förderlich betrachtet, die z.B. dazu führt, dass derselbe Wortschatz in verschiedenen Kontexten präsentiert und sprachliche Variabilität demonstriert wird. Davon betroffen ist über die Präsentation hinaus im selben Sinne das Übungsangebot. Die Lernenden benötigen eine angemessene Redundanz, um ein überdauerndes Behalten zu erreichen. Obwohl die Notwendigkeit ausreichender Redundanz besteht, wird ein zu großes Ausmaß an Redundanz aufgrund der bedürfnisorientierten Konzentration auf Neues und Schwieriges von den Fremdsprachenlernenden als lästig empfunden und behindert das Empfinden von Erfolg, wie im folgenden Beispiel zu sehen:

R: [...] Das ist halt schade, dass man, ich sag mal, die die Fehler, oder die Unkenntnisse, die man hat, nicht beiseite legen kann. Also im Prinzip um, um// * müsst ich jetzt noch mal die gan- den ganzen Dialog hier noch mal durchlaufen lassen, um zu überprüfen, ob ich denn das Wort noch kenne, * schade. [...] (Ralf [S 3], Z. 29-34)

Für die NutzerInnen bedeutet Effizienz ein angemessenes Verhältnis von Arbeits- und Zeitaufwand im Umgang mit der Lernumgebung und fördert somit das subjektive Empfinden von Erfolg. Die folgenden Auflistung der hinderlichen und förderlichen Bedingungen fasst die in diesem Abschnitt dargelegten Kodierungen zusammen:

Hinderliche Bedingungen
- **Mangelnde Information und Transparenz**
    - Mangelnde Transparenz des Aufbaus und der Ziele
    - Mangelnde Transparenz der Bewertungsgrundlagen für Korrekturen / Spracherkennung
    - Fehlende / Unzureichende Informationen zum Inhalt
    - Fehlende Informationen zur Eingabe fremdsprachiger ‚Sonderzeichen'
    - Fehlende Informationen über Phonetik / Rechtschreibung / Grammatik der Fremdsprache
    - Mangelndes *Advance Organising*
- **Mangelnde Kontrollmöglichkeiten**
    - Mangelnde Verfügbarkeit alternativer SprecherInnenstimmen
    - Keine Kontrolle über Geschwindigkeit der Hörtexte
    - Mangelnde Kontrollmöglichkeiten über die Audio-Aufnahme

- **Kontextarme Sprache**
    - Mangel an variierenden Kontexten
    - Isolierte Wörter und Phrasen
    - Mangelnde Sinnzusammenhänge

- **Unzureichende Angebote zur Semantisierung**
    - Fehlende / mangelhafte Übersetzungen (wort- bzw. zeichengenau)
    - Einseitig, symbolhaft-bildlich kodierte Repräsentation fremdsprachigen Wortschatzes

- Mangelnde Sprachkontrastivität
- Mangelnde Fehleranalyse
  - Fehlende Rechtschreibfehlertoleranz
  - Keine Förderung sprachlicher Variation
  - Keine Hinweise auf die Art des Fehlers

Förderliche Bedingungen

- Unterstützung von Installation und Konfiguration
- Zugriffsmöglichkeiten auf bestimmte Inhalte
- Vielfältige Modalitäten der Präsentation und der Übung
  - Hören - Sprechen - Aussprache
  - Schriftliche Darstellungen - Schreiben
- Individuelle Ergebnissicherung
  - Protokollierung der Arbeit
  - Kennzeichnung bereits bearbeiteter Teile
  - Vergabe von Punkten o.ä.
  - Speichermöglichkeit für subjektiv bedeutsame Inhalte
- Förderung von Metakognitionen
  - Förderung der Selbstkorrektur der Fremdsprachenlernenden
- Interaktivität und Personalisierung
- **Redundanz und Effizienz**

Tabelle 7: Übersicht über Bedingungskodierungen

5.6 Konsequenzen

Das bedürfnis- und erfolgsorientierte Fremdsprachenlernen führt zur Aktivierung, Festigung und Erweiterung der Kenntnisse und Fertigkeiten der Lernenden. Weitere Konsequenzen sind ein subjektives Empfinden von Erfolg sowie die Aufrechterhaltung der Motivation. Fühlen sich die NutzerInnen beim bedürfnis- und erfolgsorientierten Fremdsprachenlernen angemessen unterstützt, erfährt die Lernumgebung eine hohe Akzeptanz. Als weitere Konsequenz wird abschließend der Transfer der Kenntnisse und Fertigkeiten in der Fremdsprache thematisiert.

Aktivierung, Festigung und Erweiterung der Kenntnisse und Fertigkeiten

Zunächst wird das Ergebnis der Lernanstrengungen der NutzerInnen, die Aktivierung, Festigung und Erweiterung der Kenntnisse und Fertigkeiten in der Fremdsprache, dargelegt. Darüber hinaus wird die zunehmend kompetentere

Nutzung des Mediums als eine weitere Konsequenz, die in Abhängigkeit von den persönlichen Bedingungen steht, geschildert.

Die Fremdsprachenlernenden erzielen durch ihre Anstrengungen im Rahmen anderer Aktivitäten zum Fremdsprachenlernen und im Kontext der Arbeit mit multimedialen Lernumgebungen eine Erweiterung, Festigung und Aktivierung ihrer Kenntnisse und Fertigkeiten in der Fremdsprache.

Die Festigung und Aktivierung mehr oder weniger bewusst vorhandener Kenntnisse durch die Arbeit mit einer multimedialen Lernumgebung wird von den Fremdsprachenlernenden als besonders aussichtsreich bewertet. Die Arbeitsweise am Computer scheint der Anwendung bestehender Fremdsprachenkenntnisse besonders entgegen zu kommen. Zur Integration neuen Wissens sind die anderen Aktivitäten zum Fremdsprachenlernen bzw. Aktivitäten, die nicht am (Untersuchungs-) Computer durchgeführt wurden, für die Lernenden von großer Bedeutung. In Abhängigkeit von den individuellen Faktoren wird die Integration neuen Wissens in die bestehenden Wissensstrukturen von den Lernenden beim ausschließlichen Gebrauch einer multimedialen Lernumgebung potenziell als unzureichend erlebt.

Die Fremdsprachenlernenden gewinnen im Verlauf der Arbeit mit den multimedialen Lernumgebungen zunehmend Kenntnisse und Fertigkeiten, die die Inhalte und Funktionsweisen der Lernumgebung betreffen. Durch die Strategie des „Sich Vertraut Machens" und das dadurch gesammelte Erfahrungswissen erreichen die NutzerInnen eine Orientierung in der Lernumgebung. Nach mehrmaliger Nutzung lässt sich dementsprechend eine erleichterte Bedienung der Lernumgebung durch die Fremdsprachenlernenden sowie eine durch das Wissen über die Inhalte und Funktionsweisen der Lernumgebung fundierte bedürfnisorientierte Verwendung des Angebots beobachten.

Die mit der Bedienung von Computern unerfahrenste Teilnehmerin zeigte im Verlauf der Untersuchung einen Zuwachs an Kenntnissen und Fertigkeiten, was z.B. die Installation einer Lernumgebung betrifft.

Subjektives Erfolgsempfinden

Die folgenden Ausführungen zeigen auf, dass die Lernenden ihr Handeln durch das bedürfnis- und erfolgsorientierte Fremdsprachenlernen und die entsprechenden Strategien zur Realisierung als erfolgreich erleben.

Wenn die Lernenden parallel andere Lernvorhaben verfolgen, so ist das subjektive Erfolgsempfinden besonders abhängig davon, dass die Integration ihrer Arbeit mit der multimedialen Lernumgebung in ihre jeweilige Gesamtstrategie zum Fremdsprachenlernen gelingt.

Weiterhin wird das subjektive Erfolgsempfinden gestärkt, indem die NutzerInnen durch das Treffen einer bedürfnisgerechten Auswahl die subjektive Optimierung ihres Lernprozesses erreichen. Das beinhaltet aufgrund der begrenzten zeitlichen Ressourcen der NutzerInnen ein subjektiv als effizient empfundenes Verhältnis von Arbeits- und Zeitaufwand. Dazu benötigen die Lernenden Informationen, die die Zielsetzungen der Lernumgebung transparent machen sowie direkte Möglichkeiten des Zugriffs auf die Inhalte. Als angemessen empfundene Informationsangebote werden von den Fremdsprachenlernenden als effizient erlebt, da durch sie eine bedürfnisspezifische Informationssättigung erreicht wird.

Durch vielfältige Übungsangebote, die verschiedene Modalitäten abdecken, und / oder durch selbstregulierende Handlungen, die Einseitigkeit vermeiden, empfinden die Fremdsprachenlernenden im Resultat subjektiv Erfolg, da sie durch die angemessene Tiefe der Verarbeitung der Fremdsprache annehmen, dass ihnen eine überdauernde Integration des Wissens in ihre bestehenden Wissensstrukturen gelingt. Ebenso verschaffen sich die Lernenden durch das gezielte Wiederholen Erfolgserlebnisse, indem sie sich eine als effizient empfundene Redundanz beschaffen. Das subjektive Erleben von Erfolg wird durch mangelnde Hinweise auf Fehler, das Nicht-Zulassen sprachlicher Variabilität und unzureichende Angebote zur Semantisierung beeinträchtigt. Mangelnde Möglichkeiten zur Selbstkorrektur werden von den Fremdsprachenlernenden als erfolgsmindernd erfahren.

Das subjektive Empfinden von Erfolg der Fremdsprachenlernenden, das eben auch durch ein effizientes Verhältnis von Arbeits- und Zeitaufwand erzielt wird, wird des weiteren durch die Möglichkeit der individuellen Ergebnissicherung und der interaktiven Personalisierung des Mediums potenziell verstärkt.

Werden die Angebote der Lernumgebung von den selbstlernerfahrenen TeilnehmerInnen, als zu wenig herausfordernd erlebt, so wird das subjektive Erfolgsempfinden erheblich beeinträchtigt. Die Lernenden können es als Widerspruch erleben, wenn ihre Ansprüche an die eigene Leistung nicht angemessen berücksichtigt sind. So entstehen Irritationen, wenn bei geringer Anforderung regelrecht euphorische Rückmeldungen von Seiten der Lernumgebung gegeben werden. Hier zeigt sich, dass das subjektive Erfolgsempfinden der NutzerInnen wesentlich auch durch die jeweils individuelle Leistungsorientierung bedingt wird. Im folgenden Beispiel ist zu sehen, wie eine Teilnehmerin mit hoher Leistungsorientierung Angebote der Lernumgebung beurteilt, die sich als basierend auf *Priming* kennzeichnen lassen:

C: [...] so dass man ja auch * dann schnell Erfolgserlebnisse hat. (I: Hmm) Also insofern ist es// also man kommt jetzt da hier locker durch und denkt sich, yeah!, aber * ich glaube, letztendlich hat man gar nicht so viel gelernt, weil man doch hier sehr viel Hilfestellung bekommt, und dann das besser rüberkommt, als man es tatsächlich behalten hat. [...] (Carla [S 2], Z. 252-258)

Aufrechterhaltung der Motivation
Wie bereits expliziert, ist davon auszugehen, dass durch die in den äußeren

Voraussetzungen festgelegten Bedingungen eine Wirkung auf die Motivation der UntersuchungsteilnehmerInnen ausgeübt wird. Die Vorgabe der Untersuchung, das Selbstlernstudio der TU Cottbus an zwei Tagen der Woche zu relativ flexiblen Zeiten aufzusuchen und dabei bei Bedarf (technische) Beratung zu erhalten, lässt nur eingeschränkte Aussagen im Hinblick auf Fragen der Motivation zu. Die Arbeit mit der multimedialen Lernumgebung ist im Rahmen einer Gesamtstrategie, die auch andere Aktivitäten zum Fremdsprachenlernen umfasst, als eine von mehreren Aktivitäten, die potenziell zur Aufrechterhaltung der Motivation beitragen, zu betrachten. In Fällen, in denen in der betreffenden Fremdsprache kein Kursangebot vor Ort, wenig andere Selbstlernangebote oder die ferienbedingte Unterbrechung eines Kurses etc. vorliegen, hat die Arbeit mit multimedialen Lernumgebungen für die NutzerInnen tendenziell einen überbrückenden Charakter, der besonders auch auf die Aufrechterhaltung der Motivation abzielt. Indem die Fremdsprachenlernenden eine bedürfnisgerechte Auswahl treffen und entsprechende Erfolge suchen, verstehen sie es, durch Selbstverstärkung für die Aufrechterhaltung der Motivation zu sorgen, wie das folgende Beispiel zeigt:

A: [...] kann man so als krönenden Abschluss so einen Dialog, das ist dann schon schöner, wenn man dann das * fließender versteht, das ist dann so eine Art M- ** Motivation mehr, weil man denkt, aha, ich versteh es, ist ja cool, geil. [...] (Alexander [S 2], Z. 616-620)

Akzeptanz der Lernumgebung

Gelingt es den Fremdsprachenlernenden bei der Arbeit mit den multimedialen Lernumgebungen nicht, entsprechend ihrer Bedürfnisse vorzugehen, ist die Akzeptanz der Lernumgebung gefährdet. Liegt eine Auswahl an Lernumgebungen in der betreffenden Fremdsprache vor, so wird von den Lernenden bei gefährdeter Akzeptanz die Arbeit potenziell abgebrochen, um ein anderes Angebot auf seine Möglichkeiten zur Deckung der Bedürfnisse zu testen. Eine mangelnde Erfolgsaussicht wegen z.B. mangelnden Semantisierungsangeboten oder kontextarmer Sprache führt die Fremdsprachenlernenden dazu, das Angebot zu verwerfen.

Auf Grundlage der im Verlauf der Arbeit mit den multimedialen Lernumgebungen gewonnenen Kenntnissen und Fertigkeiten die Inhalte und Funktionsweisen der Lernumgebung betreffend, wird eine zu Beginn spontane Akzeptanz im späteren Verlauf häufig revidiert: Es wird zuerst in der Regel von den Fremdsprachenlernenden davon ausgegangen, dass ihre Erwartungen an das Angebot erfüllt werden. Zunächst werden also möglicherweise die später als mangelhaft wahrgenommenen Bedingungen von den Lernenden nicht realisiert. Umgekehrt nimmt die Akzeptanz der Lernumgebung möglicherweise auch im zeitlichen Verlauf zu, wenn die NutzerInnen realisieren, dass ein zunächst als fehlend wahrgenommenes Angebot doch vorhanden ist.

Die Akzeptanz ist unter dem Gesichtspunkt der Geschlossenheit der

Lernumgebung und mangelnder Vielfalt für die NutzerInnen generell ein zeitlich befristetes Phänomen. Zwar wird von den Lernenden möglicherweise zu einem sehr viel späteren Zeitpunkt zu Zwecken der Reaktivierung nochmals auf die Lernumgebung zurückgegriffen. Jedoch stellt sich wie im Falle der Isländischlernenden bei mangelnder Verfügbarkeit von weiteren Lernumgebungen in der betreffenden Sprache zwangsläufig das Problem, dass keine Erweiterung der Kenntnisse und Fertigkeiten mehr möglich ist. Durch die mangelnde Herausforderung durch Neues wird die Akzeptanz der Lernumgebung zu dem entsprechenden Zeitpunkt stark gemindert, wie im folgenden Beispiel deutlich wird:

C: [...] Ja, na also es kommt nichts Neues mehr dazu, also es * (I: Ja) macht das 'n bisschen * langweilig dann, wenn man jetzt nicht// keine neuen Herausforderungen mehr hat. [...] (Carla [S 4], Z. 189-192)

Transfer

Der erfolgreiche Transfer von Kenntnissen und Fertigkeiten in die interkulturelle Kommunikation ist für die Fremdsprachenlernenden ein zentrales Thema, wie sich auch durch die dargelegte Strategiekodierung ‚Antizipieren des Transfers' zeigt. Im Rahmen der vorliegenden Untersuchung wurde insbesondere im abschließenden Interview die Frage des Transfers thematisiert, wenn es im Verlauf für die Lernenden Gelegenheit gab, interkulturelle Kommunikationssituationen zu erleben. Die Isländischlernende berichtete zudem per E-Mail von ihren Erfahrungen während ihres mehrmonatigen Islandaufenthaltes.

Die erwachsenen Fremdsprachenlernenden sind je nach persönlichen Voraussetzungen unterschiedlich stark von Hemmungen in der interkulturellen Kommunikation betroffen. Daneben sind u.a. die je individuelle Erfahrenheit in der Bewältigung interkultureller Kommunikationssituationen, die Verwendung von Kommunikationsstrategien in Situationen des Transfers sowie der jeweilige Kompetenzumfang und die Spezifika der Fremdsprache zu berücksichtigen.

Die Fremdsprachenlernenden machten in unterschiedlichem Maße Angaben über den Transfer der Kenntnisse und Fertigkeiten: Dirk absolvierte erfolgreich den Einstufungstest für den Sprachkurs; Sonja und Tanja gelang die Anwendung des Erlernten in mündlichen Kommunikationssituationen im Urlaub; Carla scheiterte zunächst weitgehend in der mündlichen Anwendung des Isländischen, konnte jedoch erfolgreich Zeitungen lesen; Alexander, Britt, Martina, Ralf und Nadine berichteten im Verlauf der Untersuchung über keine konkreten Situationen, die Gelegenheit zum Transfer boten.

Die Anwendung der Kenntnisse und Fertigkeiten der Fremdsprache in Abhängigkeit von den genannten Faktoren der Lernenden ist häufig angstbesetzt, wie im folgenden Beispiel deutlich wird:

M: [...] da hab ich mir gedacht, na, ist ja gar nicht so schlimm, wenn du mit deiner

Aussprache (LACHT) nicht so klarkommst. Wenn so viel Klangfarben drin sind, und so verschieden gesprochen ist, und zum Beispiel 'bad' ja, wir sagen ja * nicht bad (SPRICHT DEUTSCH AUS) sondern 'bad' - 'schlecht', ja? (I: Hm) Also dann ist ja auch nicht falsch, ja? (LACHT) Dann dacht' ich, wenn die Lehrerin da wieder korrigiert, nicht so// nee, eben einfach draufLOS sprechen, glaub ich. [...] (Martina [S 4], Z. 19-28)

Die Gelegenheit, individuell und ohne eine Korrektur durch Lehrende ihre Kenntnisse und Fertigkeiten in der Arbeit mit Multimedia aktivieren und erweitern zu können, wird je nach Ausmaß ihrer Hemmungen von den Fremdsprachenlernenden auch in Abhängigkeit von sonstigen Aktivitäten (z.B. Kurs etc.) als potenziell besonders unterstützend für Situationen des Transfers erlebt.

Im Folgenden werden die Kodierungen, die als Konsequenzen des bedürfnis- und erfolgsorientierten Fremdsprachenlernens ermittelt wurden, nochmals zusammengefasst angeführt:

- Aktivierung, Festigung und Erweiterung der Kenntnisse und Fertigkeiten
- Subjektives Erfolgsempfinden
- Aufrechterhaltung der Motivation
- Akzeptanz der Lernumgebung
- Transfer

6. Prozessmodell zum selbstorganisierten Fremdsprachenlernen mit Multimedia

In der folgenden Abbildung wird der Prozess des bedürfnis- und erfolgsorientierten Fremdsprachenlernens mit Multimedia veranschaulicht. Das Modell stellt in Anlehnung an den hermeneutischen Zirkel dar, wie die Lernenden ihre Kenntnisse und Fertigkeiten sukzessive erweitern.

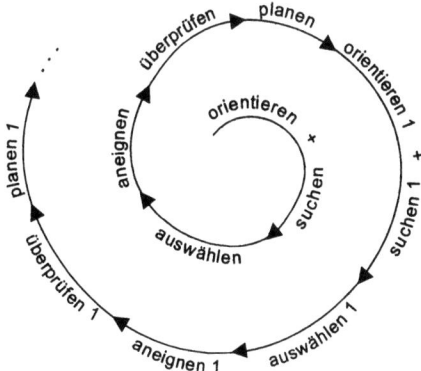

Abbildung 19: Prozessmodell zum bedürfnis- und erfolgsorientierten Fremdsprachenlernen mit Multimedia

Orientieren und Suchen
In der Phase des Orientierens und Suchens müssen die Lernenden zunächst ein Verständnis dafür entwickeln, wie die Lernumgebung hinsichtlich ihrer Inhalte, Methoden und Ziele aufgebaut ist. Die Handlungen der Lernenden zielen darauf ab, sich mit dem System vertraut zu machen. Die sich orientierenden NutzerInnen bilden und testen erste Hypothesen über die Bedienung und den Inhalt der multimedialen Lernumgebung zum Fremdsprachenlernen und suchen einen bedürfnisgerechten Einstiegspunkt, sobald sie mit einer Bildschirmseite konfrontiert sind. Die in dieser Phase ausgeführten Tätigkeiten zur Orientierung in der Lernumgebung sind mehr oder weniger systematisch oder spontan. In Abhängigkeit von den individuellen Erfahrungen mit der Bedienung von Computern und Software variieren die Erwartungen an das System. Diese Erwartungen sind Annahmen, die u.a. aus den Erfahrungen mit anderen Medien zum Fremdsprachenlernen resultieren. Stück für Stück werden im Hinblick auf Bedienung, Funktionsumfang und Inhalte die Annahmen der Fremdsprachenlernenden bestätigt, revidiert oder enttäuscht. Wenn diese Annahmen über grundlegende Aspekte sich zum Wissen über die Software verfestigt haben, sind in der Folge weniger einschneidende Konflikte zwischen Erwartung und Realität zu erwarten. Bei einem nicht zustande kommenden Gefühl von Orientierung wird die Akzeptanz des Angebots unmittelbar kritisch. Besteht eine Auswahl an Alternativen wird die Lernumgebung in diesem Fall sehr rasch verworfen und eine andere gewählt. Gelingt es den NutzerInnen in dieser Phase eine zumindest grundlegende Orientierung zu gewinnen, sind sie an der weiteren Beschäftigung mit der Lernumgebung interessiert.

Auswählen
Auf Basis einer gewonnenen Orientierung sind von den Lernenden in der Folge komplexe Entscheidungen zu treffen, um ihren subjektiv wahrgenommenen Lernbedarf mit dem Angebot abzustimmen sowie sich bezüglich der Art und des Umfangs der Lernaktivitäten zu entscheiden. Die NutzerInnen bestimmen einen bedürfnisgerechten Einstiegspunkt, der durch das Leistungsniveau, die Art der angebotenen Aktivitäten oder durch bestimmte Inhalte vor dem Hintergrund der individuellen Gesamtstrategie zum Fremdsprachenlernen geeignet erscheint. Die Vielfalt der Optionen, die sich durch die nicht-lineare Darbietung des Lernangebots ergibt, gilt es hinsichtlich der Abfolge auf die subjektiv als möglichst optimal empfundene Variante zu reduzieren. Dabei ist entscheidend, dass die Lernumgebung als Steinbruch für die eigenen Interessen verwendet wird. Dementsprechend wird von den NutzerInnen eine Auswahl getroffen, z.B. werden Sequenzen übersprungen. Ebenso sind im Hinblick auf die verschiedenen medialen Darbietungsformen und Methodenvarianten Entscheidungen zu treffen, die dem individuellen Lernbedarf unter Berücksichtigung des angestrebten Ziels und der Spezifik der jeweiligen Fremdsprache

und Kultur gerecht werden. Zusammenfassend lässt sich festhalten, dass diese zu leistenden Steuerungsprozesse hohe Anforderungen an die Lernenden stellen. Lernende, die in der Anwendung von Metakognitionen auf das eigene Lernen geübt sind, verfügen über bessere Voraussetzungen, um diese Selbstregulation zu leisten.

Aneignen
Die folgende Phase umfasst das aktive Aneignen des Mediums und der Fremdsprache durch die Lernenden. Die Lernenden eignen sich die Inhalte der Lernumgebung durch die Strategien des Wahrnehmens und Verstehens, Integrierens und Elaborierens sowie Strategien des erfolgsorientierten Übens an. Im Gegensatz zur Phase der Orientierung sind die Tätigkeiten stärker auf die Möglichkeiten des Fremdsprachenlernens als auf das Kennenlernen des Systems fokussiert. Dabei wird die Lernumgebung von den Lernenden entsprechend ihren Bedürfnissen genutzt und kreativ für die eigenen Zwecke abgewandelt. Das hohe mögliche Maß an Eigenaktivität wird von den Lernenden als motivierend bezeichnet. Von TeilnehmerInnen, die parallel einen Sprachkurs besuchen, in dem sie sich unterfordert fühlen, wird dieser Aspekt stark hervorgehoben. Die Lernenden nutzen vielfältige Modalitäten der Präsentation und der Übung, um eine dauerhafte Integration des Wissens in die bestehenden Wissensstrukturen zu erreichen. Zur erfolgreichen Aneignung der fremdsprachlichen Inhalte sind die Lernenden dieser Untersuchung auf eine angemessene Sprachkontrastivität wie auch auf ausreichende Übersetzungen angewiesen. Stellt die Lernumgebung keine entsprechenden Angebote zu Verfügung, kann deren Akzeptanz nur durch das parallele Verwenden z.B. einer Übersetzungssoftware aufrecht erhalten werden.

Überprüfen
In dieser Phase bemühen sich die Lernenden, eine Rückmeldung auf ihre Aktivität zu erhalten oder sich selbst zu überprüfen. Die Lernenden sind stark daran interessiert, sich eine Bestätigung darüber zu verschaffen, dass sie ihre Kenntnisse und Fertigkeiten in der Fremdsprache erfolgreich erweitert, gefestigt oder aktiviert haben und damit eine Vorstellung über die erreichte Leistung zu gewinnen. Eine Überprüfung durch Selbstkontrolle oder die Lernumgebung ist für die selbstorganisiert Lernenden von besonderer Bedeutung. Sie erlangen durch die Kontrolle eine Sicherheit über ihre erbrachte Leistung und unterstützen damit die Aufrechterhaltung ihrer Motivation. Durch Anwendung von Selbstkorrektur anhand von Musterlösungen erzielen die Lernenden eine positive Rückmeldung und stärken so das Empfinden von Erfolg. Mangelnde Fehleranalyse durch die Lernumgebung stellt eine große Beeinträchtigung für Lernende dar, die mittels sprachlicher Variation eine Lösung entwickeln.

Planen
Die Lernenden haben ein Interesse daran, im Hinblick auf ihr Fremdsprachenlernen strategisch zu handeln, indem sie z.b. Wiederholungen planvoll anwenden und Ziele bestimmen. Auf Grundlage des Wissens um die bereits bearbeiteten Inhalte organisieren die NutzerInnen die Planung ihrer weiteren Schritte. Die mangelnde Unterstützung der Lernorganisation durch die Lernumgebungen erschweren den Lernenden eine kognitiv effiziente Planung, da sie sich z.B. ständig daran erinnern müssen, welche Inhalte sie bereits bearbeitet haben. In ihren Bemühungen planvoll vorzugehen werden die Lernenden potenziell insbesondere durch Möglichkeiten der individuellen Ergebnissicherung unterstützt. Unterstützende Formen der individuellen Ergebnissicherung beinhalten von Seiten der Lernumgebung u.a. die Protokollierung der Arbeit, die Kennzeichnung bereits bearbeiteter Teile, die Speichermöglichkeit für subjektiv bedeutsame Inhalte sowie die Vergabe von Punkten o.ä.. Das planvoll-strategische Handeln der Fremdsprachenlernenden zeigt sich im Formulieren von Lernvorhaben und Teilzielen, der Bestimmung der Abfolge weiterer Schritte und der Festlegung von Wiederholungen.

Die zeitlich aufeinanderabfolgenden Phasen des Orientierens und Suchens, des Auswählens und Aneignens, des Überprüfens sowie des Planens werden von den Fremdsprachenlernenden immer wieder durchlaufen, wobei die bereits gesammelten Erfahrungen mit der Lernumgebung und die daraus resultierenden Annahmen jeweils als Grundlage für das weitere Handeln der Fremdsprachenlernenden dienen.

V. Fazit

Die Ergebnisse der Untersuchung werden im Folgenden auf dem Hintergrund des in Kapitel II dargelegten Forschungsstandes sowie hinsichtlich der methodischen Vorgehensweise kritisch diskutiert (1.).

Im Rahmen der vorliegenden Arbeit wurde angestrebt, mit Hilfe der erhobenen Daten zu einem besseren theoretischen Verständnis des außerunterrichtlichen, mediengestützten Fremdsprachenlernens zu gelangen, und somit zu einer Verbesserung entsprechender Angebote zum Fremdsprachenlernen beizutragen. Die leitende Fragestellung war: Welche Anforderungen sollten multimediale Lernumgebungen aus der (rekonstruierten) Sicht der NutzerInnen erfüllen?

Die theoretische Reflexion der Ergebnisse soll auch eine Diskussion der Stärken und Schwächen möglicher Entwicklungsansätze unterstützen und in Empfehlungen zur Verbesserung zukünftiger pädagogisch-didaktischer Entwicklungsarbeiten münden. Die vorliegende Arbeit strebte dabei an, den nichttechnischen Aspekten sowie der Perspektive der NutzerInnen Vorrang einzuräumen. Daher wurde eine qualitative Vorgehensweise zur Ermittlung von Anforderungen an multimediale Lernumgebungen zum Fremdsprachenlernen gewählt.

Die Anforderungen an multimediale Lernumgebungen zum Fremdsprachenlernen sowie didaktische Konsequenzen für vergleichbare pädagogische Kontexte werden benannt und die Rolle von Didaktik im Kontext von Evaluation und Forschung wird kritisch diskutiert (2.). Eine Zusammenfassung der zentralen Inhalte und Ergebnisse der vorliegenden Arbeit bündelt die gewonnenen Erkenntnisse (3.). Die Idee des lebenslangen Lernens, konzeptionell verbunden mit der Idee der *learning society* (Alheit 1998) ist im Zusammenhang mit dem Stichwort der Informalisierung des Lernens (mit Medien) im Sinne eines Ausblicks auf neue Aufgaben für die Mediendidaktik und offene Forschungsfragen von Interesse (4.).

1. Diskussion

Die Ergebnisse der Untersuchung werden durch den dargelegten theoretischen, empirischen Forschungsstand weitgehend unterstützt. Besonders ergiebige Anknüpfungspunkte bieten die pädagogische Psychologie und die Forschung zum selbstorganisierten Lernen. Vergleichsweise wenig Anknüpfungspunkte lassen sich zu mediendidaktischen Modellen aufzeigen. Die mangelnde empirische Begründung didaktischer Modelle ist ein generelles Problem didaktischer Theoriebildung (Henrici 1999: 85f.). Riemer formuliert überspitzt folgende Perspektiven:

„Für die einen ist „Empirie" ein Reizwort oder Synonym für Praxisblindheit, die anderen verbinden mit „Praxis" ein Hantieren mit empirisch und theoretisch unbegründeten Moden und Rezepturen [...]." (Riemer 1997: 238)

Auf Basis der vorliegenden Ergebnisse ist sicherlich keine geschlossene Methodenkonzeption abzuleiten. Die zu fordernde konsequente Individualisierung von Fremdsprachenlernprozessen durch Beratung und Mediennutzung im Kontext des selbstorganisierten Lernens muss gerade variabel sein (s.2.).

In der vorliegenden Untersuchung wurde aufgezeigt, dass der Fähigkeit und der Bereitschaft zum selbstorganisierten Lernen für die Mediennutzung zu Bildungszwecken eine zentrale Rolle zukommt, was unter dem Gesichtspunkt des lebenslangen Lernen erst seine volle Bedeutung erhält. Daher sind empirisch begründete, erprobte Ansätze der impliziten und expliziten Förderung selbstorganisierten Lernens (vgl. Straka, Stöckl 1999) hervorzuheben. Die Kombination der beiden Arten der Förderung ist als besonders aussichtsreich zu bewerten. Zur Bedeutung von Verantwortungs- und Handlungsspielräumen sowie Motivationen und sozialer Einbindung liegen ebenso Untersuchungsergebnisse vor, die Förderungsmöglichkeiten aufzeigen (Greif, Kurtz (Hrsg.) 1996; Bos, Tarnai 1996).

Im Hinblick auf die methodische Vorgehensweise der vorliegenden Untersuchung bleibt festzustellen, dass der gewählte interpretative-explorative Ansatz sowie die Triangulation der Methoden (Lautes Denken und Interviews) breite und tiefe Einsichten in die Befindlichkeiten von Subjekten erlaubten. Die Entscheidung, eine längere Kontaktdauer der Lernenden mit dem Medium anzustreben, ist im Hinblick auf die interne Validität der Interpretationen als positiv zu beurteilen. Die Methodenkombination von Lautem Denken und Interviews hat sich sogar als unverzichtbar erwiesen, um Umweltaspekte umfassend berücksichtigen zu können. Das Laute Denken ist als bewährtes Verfahren, das in der Lage ist, ausgezeichnete Daten hervorzubringen, auch in diesem Kontext herauszustellen.

Als grundlegender Kritikpunkt an dieser Vorgehensweise ist die medienwissenschaftliche Forderung anzuführen, Medienrezeption nicht losgelöst von der Medienproduktion zu betrachten. Die Eingrenzung der Perspektive auf die der NutzerInnen ist insofern als problematisch zu bezeichnen. Für zukünftige Forschungsarbeiten ist eine stärkere Integration dieser beiden Perspektiven anzustreben.

Die Überprüfung des in Kapitel II.1.5 dargelegten Kriterienkataloges für multimediale Lernumgebungen (zum Fremdsprachenlernen) zeigt Folgendes: eine Vielzahl von Kriterien der didaktischen Prüfung und der medienpädagogischen Prüfung werden von den Ergebnissen der vorliegenden Untersuchung bestätigt. Allerdings zeigt sich auch, dass der beträchtliche Umfang dazu führt, dass eine Vielzahl von Kriterien angeführt sind, die in vielen Fällen keine Relevanz haben. Der Kritik von Meier, dass derartige Kataloge häufig wenig benutzerInnenfreundlich sind, ist daher zuzustimmen

(Meier 1995: 180 ff.).

Interessante Diskussionspunkte liefert die Frage, ob die Verwendung eines Computers zu Bildungszwecken einen spezifischen Rezeptionsstil bedingt. Insbesondere im Kontext des Internets wird vom Wandel der Rezeptionsweisen und Kommunikationsstrukturen gesprochen (vgl. Röll 2001: 61). Auf Basis der vorliegenden Untersuchung ist folgende Feststellung zu machen: Die Strategie des „Sich Vertraut Machens" der Lernenden weist Ähnlichkeiten zu der in der Kognitionsforschung als *bottom-up*-Methode bezeichneten Vorgehensweise auf, die Röll folgendermaßen charakterisiert:

„Die Kenntnisse eines Programms werden nicht über Gebrauchsanweisungen, Top-Down-Modelle und kognitive Strukturen angeeignet, sondern über die Methode des *trial-and-error*." (Röll 2001: 60, Hervorhebung durch den Autor)

Auch im Hinblick auf die Sprachverarbeitungsstrategien der TeilnehmerInnen dominieren sog. *bottom-up*-Prozesse, mit denen Texte Wort für Wort erschlossen werden. Auf dem Kenntnisstand der TeilnehmerInnen ist diese Strategie sowie das ausgeprägte Ziel des Detailverstehens üblich. Jedoch ist bei der Sprachverarbeitung gerade die Förderung von *top-down*-Prozessen, wie in Kapitel II.2.4.1 am Beispiel des Hörverstehens dargelegt wurde, besonders erfolgsversprechend für den Erwerb fremdsprachlicher Kompetenz.

Es stellt sich im Hinblick auf *bottom-up*-Strategien bei der Medienverwendung die Frage, ob dieser Rezeptionsstil durch das Medium zusätzlich gefördert wird. Möglicherweise fördert auch die zielorientierte Lernhaltung der TeilnehmerInnen (in einer öffentlichen Einrichtung) diesen spezifischen Rezeptionsstil.

In Bezug auf zwei grundlegende Variablen, den typischen Kontaktzeiten der NutzerInnen und die Linearität der Struktur lassen sich nach Lynch und Horton (1999) vier thematische Schwerpunkte darstellen: Anhand zweier grundlegender Variablen, den typischen Kontaktzeiten der NutzerInnen und der Linearität der Struktur lassen sich demnach die vier thematischen Schwerpunkte Lehren, Selbstlernen, Training und Nachschlagen unterscheiden. Training und Nachschlagen werden als präzise, kurze Form des Medienkontakts charakterisiert. *Browsing* wird von den AutorInnen einer mittleren Position zugeordnet. (s. Kap. II.3.2 Abbildung 15) Die UntersuchungsteilnehmerInnen hatten besondere Schwierigkeiten mit der Integration des Mediums in eine erfolgreiche Gesamtstraegie zum Fremdsprachenlernen, da das Nachschlagen als Form der Medienverwendung in der Regel nicht unterstützt wurde. Grundsätzlich lässt sich bestätigen, dass die Form des Kontakts, das Ziel der Lernenden, eine spezifische Organisationsform der Informationen erfordert.

Die vorliegende Arbeit ging davon aus, dass das Thema Medien im Kontext des Lernens von Fremdsprachen eine interdisziplinäre Vorgehensweise erfordert, d.h. dass die Nutzung von Medien hinausgehend über die Funktion als didaktisches Mittel, die Rolle von Medien auf gesellschaftlicher, kultureller und individueller Ebene berücksichtigen muss. Dabei gilt es auch zu berücksichtigen, dass die Abhängigkeit von der Verfügbarkeit technischer Ressourcen für die Nutzung von Medien zum Fremdsprachenlernen eine politische Dimension hat und Fremdsprachenlernende / Zielgruppen dementsprechend ein- bzw. ausgegrenzt werden.

Daher lässt sich die Bedeutsamkeit von Einrichtungen herausstreichen, die, vergleichbar zu der in der vorliegenden Untersuchung, Angebote zum selbstorganisierten Lernen machen und so auch computerunerfahrenen Lernenden die Nutzung entsprechender Bildungsangebote ermöglichen. Auffällig sind im Zusammenhang des selbstorganisierten Lernens die Unterschiede zwischen bildungsgewohnten und –ungewohnten Gruppen. Empirische Ergebnisse zeigen, dass die Bereitschaft und Fähigkeit zum selbstorganisierten Lernen vor allem bei besser Qualifizierten und denjenigen mit einem höheren beruflichen Status auftritt, z.B. sind un- und angelernte ArbeiterInnen ebenso deutlich unterrepräsentiert wie über 50jährige (in informellen Formen der beruflichen Weiterbildung) (Kuwan 1996: 108ff.; vgl. Opaschowski 1999: 8f.). Es wurde daher das Schlagwort ‚Informationselite' geprägt; selbstorganisiertes Lernen wird hier als ein Ansatz bezeichnet, der sich besonders mit einem Mittelklasse-Denken bzw. -Habitus verträgt (vgl. ebd.; Bischof 1999: 11-15).

Die Bedeutung ‚niedrigschwelliger' Angebote zum selbstorganisierten Lernen, der Zugang zu entsprechenden Ressourcen, liegt daher auch in deren Potenzial, zum Verringern eines *Digital Divide* beizutragen. Mit dem Trend zur individuellen Selbststeuerung des Qualifikationsprozesses, dem schleichenden Entformalisierungstrend zeigt sich auch ein bildungspolitisches Risiko: „Bildung als individuelles Reproduktionsrisiko" – „*Entpflichtung* der öffentlichen Bildungsaufgaben" (Piening 2002) (http://www.erill.uni-bremen.de/apel/doc/bbj.html).

2. Didaktik im Kontext von Praxis, Evaluation und Forschung

Im Folgenden werden auf der Basis der gewonnen Ergebnisse didaktische Konsequenzen für die Praxis von PädagogInnen / Fremdsprachenlehrenden formuliert, die als Ableitungen von Empfehlungen in Form von „Prinzipien" zu verstehen sind. Aufgrund des Bedingungsgefüges der vorliegenden Untersuchung lassen sich insbesondere Empfehlungen für vergleichbare Kontexte ableiten, d.h. (öffentliche) Einrichtungen, die Angebote zum selbstorganisierten Fremdsprachenlernen bereitstellen. Weiterhin werden aus den Untersuchungsergebnissen Anforderungen an multimediale Produkte zum Fremdsprachenlernen abgeleitet sowie Empfehlungen für zukünftige Entwicklungsarbeiten formuliert. Die Anforderungen und Empfehlungen sind grundsätzlich auf den Bereich der Offline-Produkte zu beschränken. Des weiteren wird die Rolle von Didaktik im Kontext von Evaluation und Forschung kritisch diskutiert.

Die vorliegende Untersuchung zeigt, dass die Fremdsprachenlernenden beim computerunterstützten Lernen keinen Kurs im engeren Sinne wollen. Sie wünschen sich ein Lernangebot, das sich an ihre spezifischen Bedürfnisse und Interessen anpassen lässt. Daher erscheint es aus pädagogisch-didaktischer Sicht zentral, keine allgemeingültige didaktische Lösung anzunehmen, sondern die konsequente Individualisierung von Lernumgebungen zum Fremdsprachenlernen im Hinblick auf Inhalte und Ausgangssprache anzustreben und so das bedürfnis- und erfolgsorientierte Fremdsprachenlernen zu unterstützen.

Aus der Perspektive von PraktikerInnen sind Qualitätsbeurteilungen multimedialer Lernumgebungen zum Fremdsprachenlernen sowie die Implementation eines Angebotes zum selbstorganisierten Lernen in bestehende Kontexte von besonderem Interesse. Daher werden im Folgenden auf Basis der gewonnenen Ergebnisse Prinzipien formuliert, die selbstorganisiertes Fremdsprachenlernen mit Multimedia in derartigen Kontexten potenziell unterstützen.

Grundsätzlich sind für eine spezifische Methodik in diesen Kontexten immer die konkrete Zielgruppe bzw. die jeweiligen Individuen zu berücksichtigen, d.h. eine individuelle Beratung sollte stattfinden. Ausgehend von den Erfahrungen der NutzerInnen sollte die (technische) Beratung so viel Unterstützung wie notwendig, und so wenig wie möglich anbieten, um die Fähigkeit und Bereitschaft der Lernenden zum selbstorganisierten Lernen implizit und angemessen zu fördern. Darüber hinaus sind explizite Formen der Förderung selbstorganisierten Lernens, das unter Berücksichtigung des lebenslangen Lernens erst seine volle Bedeutung erfährt, besonders zu empfehlen; dieses erfordert eine kontinuierliche Entwicklung, um dauerhaft zu Veränderungen zu führen (vgl. Straka, Stöckl 1999).

Ebenso ist auf die Notwendigkeit des Erwerbs von Medienkompetenz hinzuweisen. Medienpädagogische Grundsätze sollten in diesem Bereich grundlegender Bestandteil von pädagogisch-didaktischen Überlegungen sein. Die Entwicklung von Medienkompetenz sollte angestrebt werden. Medienkompetenz umfasst folgende Dimensionen: Fähigkeit zu Medienkritik und Medienkunde; Mediennutzung (rezeptiv, anwendend und interaktiv, anbietend) sowie Mediengestaltung (innovativ und kreativ) (Baacke 1997: 98-99).

Beispielsweise kann bewusstes Reflektieren der Schwächen und Stärken der jeweiligen Lernumgebungen in der Beratung oder im Kurs auf dem Hintergrund der Bedürfnisse sowie des Wissens über Lerngewohnheiten der jeweiligen Lernenden dazu beitragen, medienkompetentes Wissen zu vergrößern und die bewusste Nutzung von Medien (zum Fremdsprachenlernen) zu fördern. Zusammenfassend zu diesen beiden Punkten lässt sich festhalten, dass die **implizite und explizite Förderung von Medienkompetenz und selbstorganisiertem Lernen** integraler Bestandteil entsprechender Angebote sein sollte.

In diesem Sinne ist ausgehend von den Erfahrungen der jeweiligen Lernenden insbesondere die Strategie des „Sich vertraut Machens" mit einer oder verschiedenen Lernumgebungen unterstützend zu begleiten, um die erfolgreiche, autonome Nutzung von Medien zum Fremdsprachenlernen zu fördern. Die bewusste ‚Überwachung' des eigenen Lernens geschieht durch das Anwenden von Metakognitionen auf das eigene Lernen, was u.a. die Planung von Lernvorhaben, das Setzen von (Teil-) Zielen sowie die Strategie des gezielten Wiederholens betrifft. Dieses erfordert die Reflexion der eigenen Vorgehensweise durch die Lernenden und resultiert in erfolgreicher Selbststeuerung.

Es zeigte sich, dass Lernende, die über eine Vielfalt von Lernstrategien verfügen, ihren Lernbedarf einzuschätzen wissen und den Lernprozess durch Metakognitionen unterstützen, erfolgreicher auch vom Lernen mit multimedialen Lernumgebungen profitieren können. Die Bedeutung der Metakognitionen für das Lernen (von Fremdsprachen) und insbesondere das selbstorganisierte Lernen liegt in deren Funktion für die Selbstregulation und damit für die Optimierung des Lernprozesses durch die Lernenden.

Metakognitionen bezeichnen die Bewusstheit, über die man im Hinblick auf die eigenen kognitiven Strategien verfügt. Metakognitionen ermöglichen den Menschen, zu reflektieren, zu beurteilen und kognitive Aktivitäten effektiv zu steuern. Metakognitionen beeinflussen anscheinend, wie oder ob Menschen ihre Lernbedürfnisse identifizieren und überwachen, was für erfolgreiches offenes Lernen essentielle Fertigkeiten sind. Daher sind Ansätze besonders geeignet, die die Eigenaktivität und Selbststeuerung betonen, aber den Lernenden soviel Unterstützung wie nötig anbieten (gemäßigt konstruktivistisch).

In Abhängigkeit von den Erfahrungen der NutzerInnen ist die Installation und Konfiguration (der Audiokomponenten) der erste potenziell kritische Schritt bei der Arbeit mit einer Lernumgebung zum Fremdsprachenlernen. Insbesondere die Audiokomponenten benötigen eine fachgerechte Unterstützung, um die Qualität der Aufnahme sicherzustellen bzw. die Erkennung durch die Spracherkennung zu optimieren.

Übersetzungen sind für Lernende des Kenntnisstandes dieser Untersuchung (TotalanfängerInnen bis ca. Grundstufenniveau III) von grundlegender Bedeutung, wie auch generell eine **angemessene Sprachkontrastivität**; d.h. Produkte, die entsprechende Merkmale aufweisen, z.B. (wortgenaue) Übersetzung, Bezug zur bzw. eine Didaktisierung auf Grundlage der Ausgangssprache (L1), von Fall zu Fall auch anderer Fremdsprachen (L2), weisen aus fremdsprachendidaktischer Sicht Vorteile auf, da zentrale Strategien der Fremdsprachenlernenden so unterstützt werden und die Anknüpfung an die bestehenden Wissensstrukturen der Lernenden gefördert wird.

Angemessene Sprachkontrastivität kann sich durch Informationen und der

Verfügbarkeit von Übersetzungen ausdrücken. Sprachkontrastive Angebote, die auf einem Vergleich von Ausgangs- und Zielsprache beruhen, sind als ungleich effizienter als unspezifische Angebote einzuschätzen. Die Lernenden suchen nach Möglichkeiten, Unterschiede und Ähnlichkeiten zwischen Ziel- und Ausgangssprache zu erfassen. Ist dieses nicht möglich, ist ein starker Mehraufwand erforderlich.

Daher sind insbesondere auch **angemessene Angebote zur Semantisierung** (Bedeutungsvermittlung) zu nennen, die eine schriftliche Darstellung sowie idealerweise eine wortgenaue Übersetzung beinhalten. Die erwachsenen Lernenden der vorliegenden Untersuchung sind auf entsprechende Angebote angewiesen, um das selbstständige Erschließen der Fremdsprache und die Festigung der Kenntnisse zu erreichen.

Die genannten Kriterien von Schiffler (1999: 206ff.) (s.II.2.4) für die optimierte Textgestaltung von Selbstlernmaterialien zum Fremdsprachenlernen werden im Wesentlichen durch die Ergebnisse der vorliegenden Untersuchung unterstützt. Insbesondere die Forderung nach Verständlichkeit durch eine direkt verfügbare Interlinearübersetzung, d.h. wortgenaue Übersetzung, ist zu bestätigen. Durch die Wort-für-Wort-Übersetzung erhalten die Lernenden eine ungefähre Äquivalenz für jedes Wort und es werden gleichzeitig implizit strukturelle grammatische Hilfen gegeben (ebd. 210).

Zugriffsmöglichkeiten auf bestimmte Inhalte, die die Integration verschiedener Aktivitäten zum Fremdsprachenlernen potenziell fördern, sind darüber hinaus als vorteilhaft zu betrachten. Eine derartige Nachschlagefunktionalität ermöglicht es den Lernenden, parallel zum Fremdsprachenlernen mit Multimedia betriebene Aktivitäten aufeinander abzustimmen und die Strategie des gezielten Wiederholens mit Erfolg zu verfolgen.

Ebenso sind angemessene Information und Transparenz der Inhalte und Methoden einer Lernumgebung dafür geeignet, zur Integration von verschiedenen Aktivitäten zum Fremdsprachenlernen beizutragen, da es die gezielte Auswahl bedürfnisgerechter Inhalte und Methoden ermöglicht. Das betrifft u.a. auch Formen des *Advance Organising*, welches das strategische Entscheiden durch die Lernenden im Hinblick auf die jeweiligen Ziele und Bedürfnisse erleichtert.

Kontextualisierte Sprache: Hierunter sind variierende Kontexte, das Vermeiden einer Tendenz zu isolierten Wörtern und Phrasen sowie das Anbieten von Sinnzusammenhängen im Angebot der Lernumgebung zu fassen. Es ist eine Bedingung der Lernumgebung die maßgeblich zur Akzeptanz einer Lernumgebung zum Fremdsprachenlernen beiträgt, da sie für die Lernenden die Möglichkeit schafft, überhaupt einen Sinnzusammenhang im Angebot wahrzunehmen und Verstehenserfolge zu erfahren. Damit wird das Interesse der Lernenden zur vertieften Auseinandersetzung mit den Inhalten gefördert. Auf der Gegenseite führt dekontextualisierte Sprache, wie z.B. isolierte Phrasen, bei den Lernenden zu einer deutlichen herabgesetzten Bereitschaft und Fähigkeit, neues Wissen in bestehende Wissensstrukturen zu integrieren.

Lernpsychologisch und linguistisch begründet lässt sich die Forderung aufstellen, dass die Schaffung von Kontexten für die angebotene Lexik zwingend notwendig ist. Dieses erfordert eine Dramaturgie in der Lernumgebung, die die „Diskursivität" natürlicher Sprachen grundlegend berücksichtigt. Im Gegensatz zu anderen Formen symbolischer Kommunikation (z.B. Bildkommunikation) ist „Diskursivität" ein Merkmal des verbalen Symbolismus:

„Die Bedeutungen werden nacheinander verstanden und erst dann zu einem Ganzen zusammengefasst; Die Bedeutungen aller anderen symbolischen Elemente, die zusammen ein größeres, artikuliertes Symbol bilden, werden nur durch die Bedeutung des Ganzen verstanden, durch ihre Beziehung innerhalb der ganzheitlichen Struktur. Dass sie überhaupt als Symbole fungieren liegt daran, dass sie alle zu einer simultanen, integralen Präsentation gehören." (Langer 1987: 103)

Isolierte Wörter und Phrasen verhindern, dass die Fremdsprachenlernenden einen übergeordneten Sinnzusammenhang sehen können. Die Zielsetzung der Lernenden, Kommunikationssituationen in der Fremdsprache zu bewältigen, kann nicht durch das Auswendiglernen isolierter Wörtern und Phrasen erreicht werden, die es den Lernenden zudem unmöglich machen, einen subjektiven Bezug zum Inhalt herzustellen. Die Fremdsprachenlernenden können ohne Kontexte keine subjektive Bedeutsamkeit für das Angebot empfinden. Eine Dramaturgie, die z.B. Geschichten und eine multiperspektivische Darstellung der Inhalte aufweist, ist daher für das Fremdsprachenlernen besonders geeignet.

Die **angemessene Redundanz und Effizienz** beinhaltet aus Sicht der Lernenden ein effizientes Verhältnis von Arbeits- und Zeitaufwand. Die Lernenden benötigen eine angemessene Redundanz, um ein überdauerndes Behalten zu erreichen. Obwohl die Notwendigkeit ausreichender Redundanz besteht, wird ein zu großes Ausmaß von den Fremdsprachenlernenden mit ihrer bedürfnisorientierten Konzentration auf Neues und Schwieriges als lästig empfunden.

Redundanz als Bedingung ist in mehrfacher Hinsicht zu thematisieren: Zum einen ist Redundanz für die Fremdsprachenlernenden im Hinblick auf die Inhalte von Bedeutung. Dabei werden von den Lernenden Wiederholungen als förderlich betrachtet, die z.B. dazu führen, dass derselbe Wortschatz in verschiedenen Kontexten präsentiert und sprachliche Variabilität demonstriert wird.

Zum anderen wird im Kontext der parallelen Präsentation derselben Inhalte in verschiedenen Modalitäten von Redundanz gesprochen. Hierbei ist davon auszugehen, dass eine angemessene und förderliche Redundanz eher zeitlich versetzt durch das Aufrufen einer weiteren Präsentationsmodalität erfolgt.

Insbesondere für die Verwendung von Video zu (Fremdsprachen-) Lernzwecken liegen umfangreiche Forschungsergebnisse vor, die Fragen der

Redundanz und Effizienz berühren (vgl. Bufe, Deichsel, Dethloff (Hrsg.) 1984; Meutsch 1989; Strittmatter 1994; Salomon 1994); und an dieser Stelle nur zusammengefasst wiedergegeben werden können:
- verbale Informationen sind für die Informationsaufnahme bedeutungsvoller als visuelle Informationen, sie steuern außerdem die Bilddetailselektion (Strittmatter 1994: 190);
- die Informationsaufnahme wird durch zum Text[5] komplementäre Bilder gefördert;
- der Aufbau von Information wird durch die Reihenfolge ‚erst Bild dann Text' gefördert;
- die Aufnahme von Information wird durch redundante und / oder mehrdeutige Bilder gestört;
- die Intensität der Bildverarbeitung wird durch einen redundanten Text eventuell verstärkt (Meutsch 1989: 32); (vgl. Niehoff 1996)

Bezogen auf die Modalitäten der Präsentation ist daher davon auszugehen, dass Abwechslung wichtig ist, um zu große Redundanzen in Bild und Ton zu vermeiden, da sie nicht als förderlich für das Verstehen und Integrieren von neuem Wissen gelten.

Vielfältige Modalitäten der Präsentation und der Übung sind darüber hinaus in hohem Maße dazu geeignet, die Anstrengungen der Fremdsprachenlernenden zu motivieren und zu unterstützen. Durch vielfältige Modalitäten der Präsentation und der Übung werden der dauerhafte Erwerb neuen Wissens, der flexible Einsatz fremdsprachlicher Mittel und eine überdauernde Motivation gefördert.

Auf Grundlage der Stärken und Schwächen der jeweiligen Produkte und ggf. vorhandener Tendenzen zur Einseitigkeit, z.B. in der Übungsform, lässt sich daher für den Bereich institutioneller Verwendung feststellen, dass die Verfügbarkeit verschiedener Lernumgebungen besonders geeignet ist, um vielfältige Modalitäten der Präsentation und der Übung sicherzustellen. Parallel zur Verfügbarkeit verschiedener Produkte sind ergänzende Angebote, wie z.B. Übersetzungsprogramme / Wörterbücher oder Vokabeltrainer, in Erwägung zu ziehen. Diese bieten Funktionen, die die Grenzen bestimmter Lernumgebungen kompensieren bzw. erweitern können.

Vielfältige Modalitäten der Präsentation und der Übung ist eine Anforderung, die das Interesse der Lernenden nach Abwechslung und Herausforderung betrifft, was beinhaltet, dass das Angebot Abwechslung aufweist, d.h. Einseitiges vermieden werden kann. Darüber hinaus ermöglichen sie den Fremdsprachenlernenden, abwechselnd verschiedene Sinnesmodalitäten und Fertigkeiten anzuwenden und so eine tiefere und damit potenziell überdauerndere Integration neuen Wissens in die bestehenden Wissensstrukturen zu erreichen.

Vielfältige Modalitäten der Präsentation und der Übung sind als besonders wichtig für den erfolgreichen Transfer zu bezeichnen. Sie beinhalten daher die

---

[5] In der vorliegenden Arbeit wird von einem Textbegriff ausgegangen, der verbale Informationen, audiovisuelle Medientexte und schriftliche Darstellungen einschließt.

multiperspektivische Aufbereitung des Lernangebots bei gleichzeitig angemessenem Gestaltungsspielraum.

„Der Schwerpunkt lagert sich dabei weg von der Passivität der Lernenden in eine Aktivität, mit der Wissen konstruiert wird. Entscheidend hierbei sind die Lernsituationen, die genügend Freiheit, aber auch Anregungen und Bezug zum Leben haben sollten, damit sich das Lernen entfalten kann." (Aufenanger 1999: 8)

Auf dem Hintergrund der vorliegenden Untersuchung lässt sich sagen, dass insbesondere die Bereiche Hör-(Seh-)Verstehen, Sprechen / Aussprache und Wortschatzerwerb für Lernende dieses Kenntnisstandes vielversprechende Möglichkeiten bieten, von ihnen entsprechende Aktivitäten potenziell als motivierend empfunden werden und mit Begeisterung verfolgt werden.

Wie Eggers (1996) festhält, ist lange Zeit die isolierte Vermittlung sprachlicher Fertigkeiten im Kontext des Lehrens und Lernens fremder Sprachen betrieben worden. Deshalb ist es notwendig, auf die inzwischen erkannte Bedeutung der Verzahnung der verschiedenen sprachlichen Fertigkeiten hinzuweisen, denn einer der Vorteile von Multimedia ist, dass es die Integration dieser Fertigkeiten geradezu herausfordert.

Ebenso ist die Verwendung von Schrift durch die Lernenden selbst für sie eine wichtige, gewohnte Strategie des Integrierens und Elaborierens neuen Wissens. Als ein weiterer Vorteil der Unterstützung des Schreibens ist zu nennen, dass die Genauigkeit bei der Überprüfung geschätzt wird. Die Lernenden lehnen es auch ab, Wörter auszusprechen, von denen sie nicht wissen, wie sie geschrieben aussehen. Darüber hinaus nutzen sie das Schriftbild als Gedächtnisstütze und zur Unterscheidung gleichklingender Wörter. Neben der schriftlichen Darstellung von Übersetzung und Fremdsprache ist eine kompakte, ausdruckbare schriftliche Darstellung von Wortschatz sowie anderer Informationen zu fordern, da sie auch bei ausgeschaltetem Computer den Zugriff auf die Inhalte bietet.

Das Sprechen in der Fremdsprache geht für Erwachsene häufig mit Hemmungen einher. Bis auf einen Teilnehmer waren die Fremdsprachenlernenden in dieser Untersuchung lebhaft, was das Sprechen in der Fremdsprache betraf. Sie nutzten die Angebote der Lernumgebung ausgiebig, wie z.B. Nachsprechen, Aufnehmen und Anhören. Darüber hinaus entwickelten sie Übungsformen, indem sie aus eigenem Antrieb laut lasen und unaufgefordert nachsprachen. Das imitierende Nachsprechen wird durch Musterbeispiele, die Möglichkeit der Audio-Aufnahme sowie die Verwendung von Spracherkennung gefördert.

Die nach Eskenazi angeführten fünf grundlegende Prinzipien für die Situation des Ausspracheelernens mit rechnergestützter automatischer Spracherkennung lassen sich bestätigen (Eskenazi 1999: 62-76) (s.II.2.4.2). Für den Bereich des Sprechens bzw. der Aussprache ist nach Eskenazi die Verwendung von automatischer Spracherkennung vor dem Hintergrund der (noch) unzureichende Erkennungsleistung insbesondere dahingehend zu überprüfen, dass Lernende nicht fälschlicherweise vom System unterbrochen werden sowie umgekehrt, dass die Fossilisierung von Aussprachefehlern verhindert wird (1999: 65).

Das Diagramm zeigt beispielhaft mögliche Reaktionen auf Hörverstehensaufgaben, um die Vielfalt möglicher Hörverstehensaufgaben zu demonstrieren.

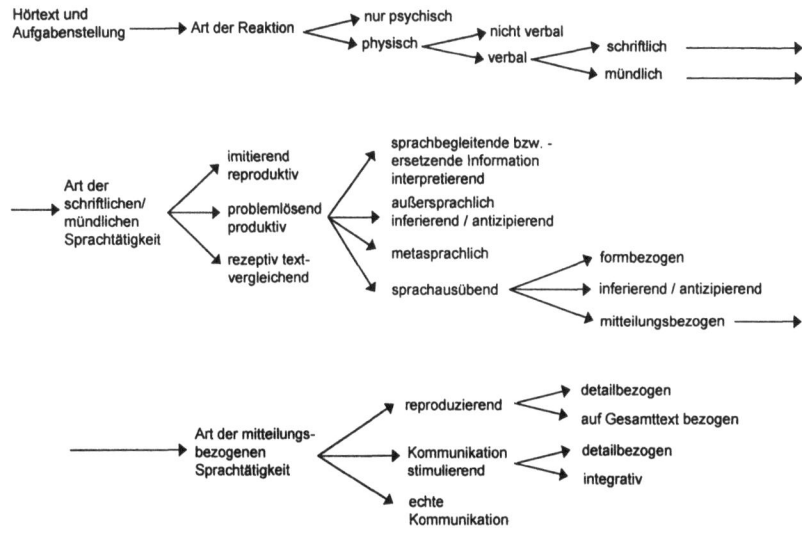

Diagramm 1: Verzeichnis möglicher Reaktionen auf Hörverstehensaufgaben (Solmecke 1999: 320)

Angemessene Kontrollmöglichkeiten umfassen Möglichkeiten, wie z.B. die Geschwindigkeit von Hörtexten zu kontrollieren oder SprecherInnenstimmen auswählen zu können. Durch die Kontrolle über die Geschwindigkeit von Hörtexten wird das Erhören des Materials gefördert, was für Lernende diesen Niveaus eine große Unterstützung bedeutet. Durch die Auswahl alternativer SprecherInnenstimmen wird die Anpassung an die Voraussetzungen der Lernenden bzw. die Stimmlage ermöglicht, was ein von subjektivem Erfolgsempfinden begleitetes imitierendes Sprechen unterstützt. Zudem wird das didaktisch sinnvolle Hören variierender Aussprachevarianten ermöglicht. Zu berücksichtigen ist hierbei auch die starke Tendenz zum ausschließlich verwendeten Hörstil der Lernenden mit dem Ziel des Detailverstehens. Insofern stellt die Kontrolle über die Geschwindigkeit der Hörtexte eine mögliche unterstützende Bedingung dar, die im Rahmen einer Hörverstehensdidaktik mit ihren Kenntnissen über Hörstile und –ziele sowie angemessener Hörverstehensübungen begründet werden sollte.

Eine **individuelle Ergebnissicherung** beinhaltet das Anlegen spezifischer

Profile, die individuelle Präferenzen berücksichtigen. Die individuelle Ergebnissicherung umfasst neben der Protokollierung der Arbeit und der Kennzeichnung bereits bearbeiteter Teile, die Speichermöglichkeit für subjektiv bedeutsame Inhalte und die Vergabe von Punkten o.ä. durch die Lernumgebung. Sie ist für die selbstorganisiert Lernenden zu fordern, da sie ihnen ermöglicht, im Hinblick auf ihr Fremdsprachenlernen strategisch zu handeln, indem sie z.B. Wiederholungen planvoll anwenden können und in ihren Strategien der Lernorganisation unterstützt werden.

Mittels der Protokollierung der Arbeit und der Kennzeichnung bereits bearbeiteter Teile wird die kognitive Belastung der Fremdsprachenlernenden, die ansonsten gezwungen sind, bereits Bearbeitetes laufend zu erinnern, vermindert. Damit wird die Konzentration der Fremdsprachenlernenden auf das Wesentliche gefördert. Auf Grundlage des Wissens um die bereits bearbeiteten Inhalte organisieren die NutzerInnen die Planung ihrer weiteren Schritte.

Die Fremdsprachenlernenden sind stark daran interessiert, eine Bestätigung darüber zu erhalten, dass sie ihre Kenntnisse und Fertigkeiten in der Fremdsprache erfolgreich erweitert, gefestigt oder aktiviert haben und damit eine Vorstellung über die ereichte Leistung zu gewinnen. Daher empfinden sie es als förderlich, durch einen Punktestand eine Kontrolle über die geleistete Arbeit zu erhalten. Durch die Vergabe von z.B. Punkten erfahren die Lernenden Erfolgserlebnisse, die wiederum die Motivation fördern. Die Vergabe von Punkten unterstützt die Strategie der Lernenden, Organisation und Planung der weiteren Arbeit mit der Lernumgebung zu betreiben, indem sie auch ermöglicht, Ziele zu setzen und Wiederholungen strategisch zu planen. Insbesondere für den Wortschatzerwerb sind derartige Formen des individuellen Wissensmanagements als besonders förderlich zu betrachten.

Interaktivität und Personalisierung der Lernumgebung ermöglichen eine Anpassung an die Bedürfnisse der Fremdsprachenlernenden und tragen zu deren subjektivem Erfolgsempfinden bei. Zentrales Moment ist hierbei die Personalisierung des Mediums durch persönliche Ansprache sowie Lernprofile, die die jeweils individuelle Bearbeitung der Lernumgebung durch die NutzerInnen erfassen. Es sind Formen personalisierter Interaktivität zu fordern, die den NutzerInnen Gestaltungsspielraum anbieten und Strategien des gezielten Wiederholens unterstützen, indem z.B. der Wortschatz von Lernspielen durch die Lernenden selbst bestimmt werden kann.

Eine **angemessene Fehleranalyse** beinhaltet verbessernde Rückmeldungen zur mündlichen oder schriftlichen Eingabe, die Hinweise über die Art des Fehlers und adäquate Tipps zu Verbesserung. Insbesondere wünschenswert ist es, dass die Strategie der sprachlichen Variation (z.B. nicht billig an Stelle von teuer) gefördert wird. Aus fremdsprachendidaktischer Sicht ist die Strategie sprachlicher Variation als zu fördernde Kommunikationsstrategie zu betrachten und entsprechend zu berücksichtigen. Die Fremdsprachenlernenden wenden diese Strategie zur erfolgreichen Ausführung der Übung an, werden jedoch ohne angemessene Fehleranalyse mit einer Fehlermeldung konfrontiert. Hier sind bei den verwendeten Lernumgebungen dieser Untersuchung ausgesprochene Defizite auszumachen, da ausschließlich unintelligente Rückmeldungen eingesetzt werden. Einerseits ist die automatische Spracherkennung noch nicht in der Lage, derartige Prozeduren zu unterstützen, andererseits ist es durchaus möglich, auf Grundlage der Analyse von Ausgangs- und Zielsprache begründete Antizipationen anzustellen und eine begrenzte Variation von Eingaben zu unterstützen.

Zur Förderung der Motivation tragen insbesondere **spielerische Anteile und Gestaltungsspielraum** bei: die wiederholte, interaktive Auseinandersetzung mit den Inhalten wird hierdurch gefördert. Die Anpassung an die individuellen Bedürfnisse erhöht das subjektive Erfolgsempfinden bei der Arbeit mit entsprechenden Lernumgebungen.

Im Folgenden führt eine zusammenfassende Übersicht sämtliche genannten didaktischen Konsequenzen und Anforderungen an Lernumgebungen zum Fremdsprachenlernen an:

- Implizite und explizite Förderung von Medienkompetenz und selbstorganisiertem Lernen
- Unterstützung von Installation und Konfiguration
- Angemessene Sprachkontrastivität
- Angemessene Angebote zur Semantisierung (Bedeutungsvermittlung)
- Zugriffsmöglichkeiten auf bestimmte Inhalte
- Angemessene Information und Transparenz
- Kontextualisierte Sprache
- Angemessene Redundanz und Effizienz
- Vielfältige Modalitäten der Präsentation und der Übung
- Angemessene Förderung des Hörverstehens und des Sprechens
- Angemessene Kontrollmöglichkeiten
- Individuelle Ergebnissicherung
- Interaktivität und Personalisierung
- Angemessene Fehleranalyse
- Spielerische Anteile und Gestaltungsspielraum

Die Bedienungsfreundlichkeit weist bei vielen der verwendeten Lernumgebungen Mängel auf, wobei bei den wiederholten und eklatanten Schwierigkeiten deutlich wird, dass hier nicht oder nicht in ausreichendem Umfang getestet bzw. evaluiert wurde. Außerdem ist Klagen fremdsprachendidaktischer AutorInnen zuzustimmen, die die teilweise einfallslose und wenig zeitgemäße Didaktik bei Sprachlernumgebungen auf CD-ROM bemängeln. (z.B. Hess 1998: 54-71) Diese Einschätzung soll jedoch keinesfalls entmutigen, denn das Lernen mit den „alten Medien" ist ja auch nicht annähernd so erfolgreich, wie die traditionelle Schule weismachen will (Aufenanger 1999: 8).

Die frühzeitige Einbeziehung der Zielgruppe in den Entwicklungsprozess gilt als förderlich für die Qualität des Produktes sowie dessen Akzeptanz und trägt wesentlich dazu bei Fehlentwicklungen zu verhindern. Die Spannbreite der theoretischen Ansätze aus den Bereichen des Instruktionsdesigns, der Benutzerschnittstellengestaltung und der Organisationsentwicklung ist weit. Das Maß an erforderlicher Mitwirkung der Betroffenen wird nach Carr (1997: 8) am besten daran festgemacht, ob es sich um ein eingegrenztes, punktuelles Problem oder das Herbeiführen eines systemischen Wandels handelt und inwieweit Widerstände der Betroffenen zu erwarten sind. Zentrale Aufmerksamkeit erfordern ihrer Meinung nach die Machtbeziehungen zwischen Leitenden, Betroffenen und Entwickelnden.

Evaluation gilt als ein wichtiger Bestandteil einer jeden Entwicklung von Lernangeboten. Ohne Evaluation ist keine Einschätzung des Erfolges und keine Qualitätsbewertung möglich. Auch kann ohne eine permanente Evaluation während des gesamten Projektes kein Ergebnis optimiert werden. Diese Bedeutung von Evaluation entspricht jedoch nicht der Praxis. Häufig wird zwar der Versuch gemacht, durchgeführte Maßnahmen irgendwie zu bewerten, aber oft fehlt es an theoretischen Hintergründen für eine angemessene Auswahl oder die richtige Anwendung der zur Verfügung stehenden Verfahren (Schenkel 1995: 13). Evaluationen werden häufig gefordert, aber selten durchgeführt. Bei multimedialen Lernumgebungen gibt es zwei Bereiche, die bevorzugt evaluiert werden. Zum einen die technische Seite der Software, durch Tests wird versucht zu vermeiden, dass sich Lernende irgendwann nur noch mit ‚Escape' befreien können oder die Lernumgebung abstürzt. Zum anderen steht die Akzeptanz im Mittelpunkt der Evaluation, weil Lernumgebungen, bei deren Bearbeitung Lernende z.B. einschlafen, verzweifelt aufgeben oder auf weitere Bearbeitungsversuche verzichten, nicht zum kommerziellen Erfolg führen können (ebd.).

Bereits während der Entwicklung sollte durch formative Evaluation bzw. wissenschaftliche Begleitforschung alles unternommen werden, um Fehlentwicklungen rechtzeitig zu erkennen, zu vermeiden und zu beseitigen. Es wird unterschieden zwischen summativen, abschließenden Evaluationen und formativen, prozessbegleitenden Evaluationen. Der formativen Evaluation kann besondere Bedeutung zugeschrieben werden, da ein Projekt idealerweise kontinuierlich evaluiert wird, um zu vermeiden, dass zum Ende des Projektes deutlich wird, dass falsche Ziele oder ein falscher Weg angenommen wurden. In diesem Sinne ist Evaluation ein permanenter Prozess mit unterschiedlichen Akzenten während der gesamten Laufzeit eines Projektes. Eine Evaluation von

Lernumgebungen ist stets eine formative und eine summative Evaluation. Die summative Evaluation sollte hierbei auf die Ergebnisse der projektbegleitenden formativen Evaluation aufbauen (ebd. 14). Summative Evaluationen beinhalten sehr viel seltener Fragen nach dem Lernerfolg, der didaktischen Konzeption, den Lerninhalten oder dem Lernarrangement (ebd. 15).

Für die Evaluation von Lernumgebungen dürfte kennzeichnend sein, dass Theorie und Praxis der Evaluation weit voneinander getrennt sind. Die Praxis bevorzugt ein pragmatisches Vorgehen, theoretische Ansätze sind nicht immer auf praktische Probleme übertragbar. Beide Standpunkte weisen sehr deutliche Grenzen auf, die nur zu überwinden sind, wenn eine Verbindung geschaffen wird, z.B. kann die Theorie-Praxis-Spanne mittels partizipativer Begleitforschung reduziert werden.

Erfahrungen zeigen, wie wichtig die hierarchische Zielbestimmung eines Projektes ist. Die Zielvorstellungen sind für die Evaluation von Bedeutung, da genaue Ziele bestehen müssen, um Erfolge ermitteln zu können. Trotzdem zeigt es sich, dass eine detailliertere Zielbestimmung eher die Ausnahme ist. Es zeigt sich bei multimedialen Lernumgebungen immer wieder, dass die Ziele der Lernumgebung nicht klar genug beschrieben und damit auch nicht klar evaluiert werden (Behrendt, Kromrey 1995: 23-38).

Zu jedem Evaluationsziel sind detaillierte Fragestellungen und Evaluationsmethoden zu entwickeln, d. h. es gibt nicht eine optimale Methode, sondern eine Methodenvielzahl, die den jeweiligen Fragestellungen angemessen ist. Zur Evaluation des didaktischen Designs zeigt Jansen (1995) auf, dass es eben nicht um eine abschließende Bewertung vorliegender Ergebnisse geht, sondern um eine in das Projekt integrierte, formative Evaluation des didaktischen Konzeptes. In diesem Sinne ist die Evaluation des didaktischen Designs bereits Bestandteil des didaktischen Konzeptes. (vgl. ebd.)

3. Zusammenfassung

Die Arbeit begann mit einer Übersicht über mediendidaktische Begrifflichkeiten, Entwicklungslinien und Problemfelder. Zunächst wurden anhand verschiedener Definitionen zum Begriff der Mediendidaktik mögliche pädagogisch orientierte Beschäftigungen mit Medien aufgezeigt sowie kontroverse Einschätzungen zur Verortung der Disziplin Mediendidaktik präsentiert. Es zeigte sich, dass die Mediendidaktik als interdisziplinäre Fachrichtung in ein Geflecht verschiedener Fachdidaktiken, der Lern- und Wahrnehmungspsychologie und einer Vielzahl von Bezugsdisziplinen einzuordnen ist. Für die vorliegende Arbeit wurde der Begriff Mediendidaktik nach der medienpädagogischen Definition verwendet, die Mediendidaktik als integrierten Bestandteil der Medienpädagogik beschreibt (Hüther 1997: 211).

Die Rolle und Funktion von Medien wurde anhand von Modellen des Instruktionsdesigns bzw. der Allgemeinen Didaktik diskutiert. Die verschiedenen Definitionen des Begriffes Instruktionsdesign zeigen die Elemente, welche Modelle des Instruktionsdesigns in der Regel enthalten. Es wurde gezeigt, dass der Fokus von Modellen der Allgemeinen Didaktik bzw. des Instruktionsdesigns variiert (Orientierung auf Unterricht, Produkt oder systemische Zusammenhänge). Als Elemente sämtlicher produktbezogener Modelle wurden die Analyse, Planung, Entwicklung, Evaluation und Revision dargelegt. Für die Fragestellung der vorliegenden Arbeit waren diese Modelle durch ihren Blickwinkel auf den Prozess der Produktentwicklung insbesondere im Hinblick auf die Evaluation von Relevanz.

Die Rolle und Funktion von Medien in verschiedenen Modellen des Instruktionsdesigns wurde zusammenfassend dargestellt. Es ist zu resümieren, dass sich mittlerweile eine „pragmatische Zwischenposition" abzeichnet, die als „Instruktionales Design der zweiten Generation" bezeichnet wird (Strittmatter, Mauel 1997: 55). Diese Position ist nach Tulodziecki (1999: 11) dadurch gekennzeichnet, dass einerseits die Bedeutung von Lernen in Problem- bzw. Handlungszusammenhängen betont wird, dass andererseits aber von der Sinnhaftigkeit eines Aufbaus kognitiver Strukturen durch geeignete Instruktionen (im Sinne kognitionstheoretischer Ansätze) ausgegangen wird.

Ausgewählte Beispiele neuerer Instruktionsmodelle, die darauf abzielen, die Idee des „situierten Lernens" (*situated cognition*) umzusetzen, führten in der Folge zu einer vertieften Übersicht. Die Grundrichtung des situierten Lernens wird „als eine Synthese aus kognitiven Theorien, die personeninterne Prozesse fokussieren, und Verhaltenstheorien, die ihr Hauptaugenmerk auf situationale Verhaltensdeterminanten richten" charakterisiert (Mandl, Gruber, Renkl 1997: 168). Lernen wird demnach immer als situierter Prozess aufgefasst, wobei eine Wechselbeziehung zwischen personeninternen Faktoren und den personenexternen, situativen Faktoren besteht.

Die Darstellung zentraler Entwicklungslinien der neueren Geschichte der Mediendidaktik skizzierte kontroverse mediendidaktische Positionen. Es zeigten sich Übereinstimmungen bei der Einschätzung fehlerhafter Entwicklungen innerhalb vergangener bildungstechnologischer Innovationsschübe. Zum einen war deutlich geworden, dass eine nennenswerte Integration von Medien in reale Unterrichtsprozesse und Lernfelder nicht gelungen war, zum anderen, dass die hohen Entwicklungs- und Implementationskosten nicht automatisch zu einer qualitativen Verbesserung der Lehr-/Lernverhältnisse führten (Döring, Ritter-Mamczek 1998: 26). Das Erleben misslungener mediendidaktischer Projekte in den letzten dreißig Jahren hat zu einer kritischeren Einschätzung beigetragen. Zu kritisieren ist demnach ein Verständnis von NutzerInnen als isolierte Objekte, das Bezüge zu deren Lebenszusammenhängen und der Gesellschaft weitgehend außer acht lässt. Nach

Döring ist im Rückblick auf die Erfahrungen der sechziger und siebziger Jahre eine Mediendidaktik zu fordern, welche die sozialwissenschaftliche Basis von Lernprozessen berücksichtigt, d.h. sozialpsychologische, individualpsychologische, sozialisationstheoretische und lernpsychologische Perspektiven des Lernens Erwachsener (Döring, Ritter-Mamczek 1998: 27). Darüber hinaus ist die sozialwissenschaftlich abzusichernde Umsetzungsproblematik (Qualitäts- und Transfersicherungsfrage) einzubeziehen (ebd. 26-30).

Die Darstellung widmete sich im Folgenden einem Kernproblem der Mediendidaktik, der Klassifikation didaktischer Medien. Es wurde deutlich, dass es sich einerseits um eine historische Diskussion innerhalb der sich in den siebziger Jahren konstituierenden Mediendidaktik handelt. Andererseits handelt es sich bei diesem Klassifikationsproblem der Medien in der Didaktik um ein aktuelles Problem. Der Anspruch eine hierarchische Ordnung didaktischer Medien zu errichten ist eher dem Typologisieren von Medien in didaktischen Zusammenhängen gewichen (mit hierarchischen Einsprengseln).

Die Mediendidaktik ist auch als ein integraler Bestandteil der Fremdsprachendidaktik zu betrachten. Verschiedene mediendidaktische Positionen im Kontext der Fremdsprachendidaktik wurden daraufhin betrachtet, welche fremdsprachendidaktischen Einschätzungen hinsichtlich mediendidaktischer Problemfelder auszumachen sind. Ein Überblick über die wenigen Literaturbeiträge zu den in der vorliegenden Untersuchung verwendeten Medien (handelsübliche CD-ROMs) zeigte gleichzeitig den großen Forschungsbedarf. Die Diskussion der Vor- und Nachteile von Kriterienkatalogen für multimediale Lernumgebungen führte zu der Darstellung eines unter der Mitwirkung der Autorin auf Grundlage einer Checkliste von Schröder (1998: 97-102) erarbeiteten Kriterienkataloges für multimediale Lernumgebungen (zum Fremdsprachenlernen) und zeigte so erste Hypothesen den Forschungsgegenstand betreffend auf. Kritisch anzumerken ist die Tendenz derartiger Kataloge, wenig benutzerInnenfreundlich zu sein, da sie eine Vielzahl von Kriterien anführen, deren Relevanz für die BenutzerInnen in vielen Fällen fragwürdig ist.

Die Betrachtung verschiedener Perspektiven, Problembereiche und Aufgaben der Mediendidaktik (im Kontext des Lehrens und Lernens fremder Sprachen) wurde durch die Präzisierung der Fragestellung und die Darlegung der Forschungsperspektive abgeschlossen. Die Auswertung der Literatur zur Mediendidaktik zeigte einerseits die Technik- und Produktfixierung von Modellen des Instruktionsdesigns. Andererseits zeigte sich die mangelnde empirische Verankerung didaktischer Annahmen, was als ein generelles Problem didaktischer Theoriebildung zu kennzeichnen ist. Daher wurde die Fragestellung dahingehend präzisiert, dass das Ermitteln von Anforderungen an multimediale Lernumgebungen zum Fremdsprachenlernen aus der (rekonstruierten) Sicht der NutzerInnen zu erfolgen hat.

Dementsprechend strebte die vorliegende Arbeit an, den nicht-technischen Aspekten sowie der Perspektive der NutzerInnen Vorrang einzuräumen. Aus den genannten Gründen wurde entschieden, dass eine qualitative Vorgehensweise besonders geeignet ist. Entsprechend der Anforderung an qualitative Forschungsarbeiten, die Einbindung in die jeweilige theoretische Perspektive transparent zu machen, wurde das zugrundegelegte theoretische Modell der Medien- und Kommunikationsforschung nach Baacke (1989: 87-134) dargelegt. Als Kennzeichen dieses sozialökologischen Modells sind die wissenschaftliche und praktische Arbeit an „natürlichen" Lebenssituationen, ein beratender Anspruch (Transfer von Forschungsergebnissen), eine interdisziplinäre Ausrichtung, die Erweiterung des Kontextes statt Reduktion von Komplexität sowie die Berücksichtigung verschiedener Umweltaspekte mit dem Ziel der Integration in Hinsicht auf ganzheitliche und übergreifende Sichtweisen anzuführen. Dementsprechend wurde für die vorliegende Arbeit das Ziel formuliert, auf Grundlage eines besseren theoretischen Verständnisses des außerunterrichtlichen, mediengestützten Fremdsprachenlernens zu einer Verbesserung entsprechender Angebote zum Fremdsprachenlernen beizutragen. Die theoretische Reflexion der Ergebnisse sollte demnach eine Diskussion der Stärken und Schwächen möglicher pädagogisch-didaktischer Entwicklungsansätze unterstützen und in Empfehlungen zur Verbesserung zukünftiger Entwicklungsarbeiten münden.

In der Folge wurden entsprechend dieser Perspektive auf die NutzerInnen multimedialer Lernumgebungen, interne und externe Faktoren der Lernenden in den Mittelpunkt der Darstellung gerückt. Zunächst wurden Begriffsbestimmungen für das selbstorganisierte Lernen sowie das (Fremdsprachen-) Lernen diskutiert und die Verwendung der Begriffe für die vorliegende Untersuchung bestimmt. Es bleibt festzuhalten, dass Ansätze selbstorganisierten Lernens propagieren, Lernen als eigenverantwortliches, planvolles Handeln zu begreifen und dieses zu fördern (Edelmann 1996: 411).

Zunächst wurden die zentralen Aspekte des selbstorganisierten (Fremdsprachen) -Lernens aus der Perspektive der Pädagogischen Psychologie vertieft. Die menschliche Informationsverarbeitung wurde unter dem Gesichtspunkt von Gedächtnis und Behalten thematisiert. Das Mehrspeichermodell und das Einspeichermodell des Gedächtnisses, die beteiligten geistigen Prozesse sowie ein Überblick über die verschiedenen Gedächtnissysteme wurden präsentiert sowie zentrale Faktoren für die Gedächtnisleistung benannt. Der dargelegte Ansatz des gerichteten Neugierverhaltens erklärt das Explorationsbedürfnis von Menschen anhand der drei wichtigsten Faktoren relative Neuheit, Komplexität und Ungewissheit. Eine Reihe weiterer grundlegender Modelle der Motivationspsychologie – anreiztheoretische, entscheidungs- und austauschtheoretische Ansätze – wurden skizziert. Die Leistungsmotivation wurde definiert sowie die Bedeutung von Gefühlen im Rahmen von Motivationsprozessen dargelegt. Der Prozess der Informationsverarbeitung wurde als ein Zusammenwirken kognitiver und emotionaler Prozesse beschrieben. Die Bedeutung von Wiederholung und Übung wurde ausgehend von den Gegenpolen sinnvoll / mechanisch unterschieden und Formen der Übung in ihrer Funktion bestimmt. Im Hinblick auf den Transfer des Gelernten auf neue Situationen wurden die strukturalistisch-transfertheoretischen Vorstellung von Lernübertragung, die Transfertheorie des bedeutungserzeugenden Lernens sowie neuere kognitionspsychologische Ansätze, die zwischen analogem und / oder metakognitivem Transfer unterscheiden, dargelegt. Kognitive Stile, Lernstile und Lernstrategien wurden definiert sowie Konzepte von Lern- und Sprachverarbeitungsstrategien zusammenfassend dargelegt. Am Beispiel der sog. LernexpertInnen wurden zentrale lernpsychologische Aspekte angeführt, die mit Blick auf das selbstorganisierte Lernen von besonderer Bedeutung sind. LernexpertInnen wird die Nutzung metakognitiven Wissens und metakognitiver Strategien zugeschrieben.

Für das selbstorganisierte Lernen zeigen kognitiv orientierte Forschungsarbeiten die Bedeutung von u.a. Lernstrategien und verschiedenen Wissensbeständen auf. Für erfolgreiches (Selbst-)lernen sind demnach metakognitive Strategien wichtig, weil sie die bewusste Reflexion von Lernvorgängen und -bedürfnissen ermöglichen. Selbstgesteuertes Lernen umfasst eine motivationale und eine tätigkeitsbezogene Dimension. Die tätigkeitsbezogene Dimension wird als Konstrukt „Lernstrategien" verstanden und wurde bislang mehr beachtet als die motivationale. Zur Bedeutung von Verantwortungs- und Handlungsspielräumen sowie Motivationen wurden Untersuchungsergebnisse vorgestellt (Greif, Kurtz 1996; Bos, Tarnai 1996): Die Wahrscheinlichkeit selbstbestimmten bzw. interessierten Handelns nimmt zu, wenn Personen bei ihrem Handeln Kompetenz, Autonomie und soziale Einbindung erleben. In diesem Fall erfahren sich Personen als VerursacherInnen des eigenen Handelns, die ihre Ziele weitgehend selbst festgelegen und Handlungsentwürfe selbst bestimmen. Weiterhin sehen sie sich Anforderungen, die sie selbst oder andere an sie richten, gewachsen und erfahren sich bei ihrer Durchführung als fähig und erfolgreich (vgl. Deci, Ryan 1993: 94).

Grundlegend unterschieden wurden nach Straka und Stöckl (1999) die Bereitschaft und Fähigkeit zum selbstorganisierten Lernen. Strategien des selbstorganisierten Lernens wurden differenziert dargelegt und den Strategien des individuellen Wissensmanagements gegenüber gestellt. Nach Straka und Stöckl (ebd.) wurde ein erprobtes Konzept der Förderung des selbstorganisierten Lernens mit seinen grundlegenden Unterscheidungen von impliziter und expliziter Förderung im Kontext verschiedener Arten von Lernumgebungen erläutert. Das Konzept zur Förderung selbstorganisierten Lernens von Straka und Stöckl wurde als ein wichtiger Beitrag zur Differenzierung der Voraussetzungen und Unterstützungsmöglichkeiten selbstorganisierten Lernens bestimmt. Abschließend wurde das selbstorganisierte Lernen aus entwicklungspsychologischer Perspektive mit der Fähigkeit zum lebenslangen Lernen in Verbindung gesetzt, wobei sich feststellen ließ, dass insbesondere unter dem Gesichtspunkt lebenslangen Lernens die Förderung selbstorganisierten Lernens systematisch mitbedacht werden sollte.

Ein Überblick über Ansätze der (Zweit-) Spracherwerbsforschung / Sprachlehrforschung vermittelte den Fokus der verschiedenen Forschungsrichtungen. Die Unterscheidungen, die beim Fremdsprachenlernen zu treffen sind, sowie individuelle Einflüsse im Fremdsprachenerwerb wurden dargelegt. Der Forschungsstand wurde resümiert und zeigte auf, dass die lerngerechte Gestaltung von Selbstlernmaterialien zwar ein Aspekt der fremdsprachendidaktischen Diskussion ist, jedoch nur vereinzelt empirische Studien vorliegen. Nach Schiffler wurden Kriterien für die optimierte Textgestaltung im Kontext des autonomen Fremdsprachenlernens benannt (1999: 206ff.). Aktuelle Bemühungen der Zweitsprachenerwerbsforschung / Sprachlehrforschung in Deutschland wurden charakterisiert. Zum einen wollen sie zur stärkeren Integration von quantitativer und qualitativer Forschung beitragen. Zum anderen hat das Paradigma ‚Subjektive Theorien' die Kognitionen von Fremdsprachenlernenden und –lehrenden in den Mittelpunkt des Forschungsinteresses gestellt (Scheele, Groeben 1998: 25-26).

Die im Kontext der vorliegenden Untersuchung zentralen Bereiche des Hör-(Seh-)Verstehens sowie des Sprechens, der Aussprache (mit Spracherkennungssystemen) wurden in der Folge detailliert ausgeführt. Zunächst wurde anhand zweier grundlegender Gesichtspunkte nach Schwerdtfeger (1989) das Seh-Verstehen beschrieben. Schwerdtfeger zeigt die Bedeutung der visuellen Wahrnehmung für Sprechfähigkeit und Sprechlust im Zusammenhang von Wahrnehmung, Kognition und Emotion auf (Schwerdtfeger 1989: 24). Die Schwierigkeiten fremdsprachlicher Lernender beim Hörverstehen wurden beschrieben sowie das Hörverstehen als Interaktion zwischen Text und Hörenden mit den daran beteiligten Prozessen charakterisiert. Die unterschiedlichen Hörstile und Hörziele wurden vorgestellt sowie die Möglichkeiten der Förderung der Entwicklung des Hörverstehens aufgezeigt. Das Hörverstehen ist nicht nur als eigenständige Fertigkeit, sondern als unverzichtbare Basis für das Sprechen zu betrachten, wobei sich nicht die isolierte Vermittlung, sondern die Verzahnung als wechselseitig positiv beeinflussend herausgestellt hat (ebd. 9, Eggers 1996: 16).

Für den Bereich des Sprechens bzw. der Aussprache wurde nach Eskenazi die Verwendung von Spracherkennungssystemen anhand von pädagogischen Prinzipien diskutiert (1999: 62-76). Nach Eskenazi ist die Verwendung von automatischer Spracherkennung vor dem Hintergrund der (noch) unzureichenden Erkennungsleistung insbesondere dahingehend zu überprüfen, dass Lernende nicht fälschlicherweise vom System unterbrochen werden sowie umgekehrt, dass die Fossilisierung von Aussprachefehlern verhindert wird (1999: 65). Es wurde festgestellt, dass sich Multimedia aufgrund seiner medialen Eigenschaften besonders für eine Integration von Sprachrezeption und Sprachproduktion eignet. Sowohl rezeptive Sprachverarbeitung, als auch Strategien und Prozesse beim Sprachgebrauch sind Grundvoraussetzungen für jeden Sprachlernprozess (Multhaup, Wolff 1992: 10).

Den empirischen Forschungsergebnissen zur Nutzung von multimedialen Lernumgebungen wurde eine begriffliche Diskussion vorangestellt, wobei die Begriffswahl ‚Lernumgebung' für die vorliegende Arbeit durch seinen Anspruch auf die Einbeziehung von Kontext begründet wurde. Diese Begriffsbestimmung wurde um die Darstellung grundlegender Organisationsprinzipien von Informationen in Online-/ Offline-Produkten ergänzt. Die verschiedenen Möglichkeiten der Organisation von Informationen in hypertextuellen Lernumgebungen geben Aufschluss über Chancen und Grenzen der Gestaltung von Lernumgebungen. Die vier idealtypischen Organisationsformen – Netze, Raster, Hierarchien, Sequenzen – lassen sich den Anforderungen verschiedener Verwendungssituationen zuordnen und in einen Zusammenhang mit den Vorerfahrungen der NutzerInnen stellen. Forschungsergebnisse, die zur alltäglichen Computernutzung vorliegen, zeigen verschiedene Nutzungstypen. Diese Differenzierung zeigte exemplarisch die Lebenswelten und das Selbstverständnis von Computer-NutzerInnen.

In der dargestellten Studie von Land und Hannafin (1997) werden Muster des Verstehens in einer offenen, nicht-direktiven Lernumgebung untersucht. Im Mittelpunkt der Untersuchung stehen die Verarbeitung von Informationen und von Feedback durch die Lernenden, deren Handlungsabsichten und die Verwendung der Systembestandteile. Die herausgearbeiteten Muster geben Aufschluss über Lernprozesse in einer multimedialen Lernumgebung. Als besonders deutliches Ergebnis ihrer Studie werten die beiden AutorInnen, dass die Theorien der Lernenden in hohem Maße resistent gegenüber Veränderungen sind. Die Lernenden verfügen über starke persönliche Theorien, die oft die kognitiven Prozesse und Handlungen dominieren. Die Studie zeigt, dass es Lernenden Schwierigkeiten zu bereiten scheint, über eine einfache Assimilation hinauszukommen. Als Begründung wird angeführt, dass es ihnen nicht gelingt, die Informationen des Systems als inkonsistent mit den existierenden Theorien wahrzunehmen und zu interpretieren. Daraus folgern die AutorInnen unter Berufung auf ähnlich gelagerte Forschungsergebnisse, dass alleine die Präsentation alternativer Sichtweisen nicht ausreicht, um tief verinnerlichte Annahmen zu verändern. Die Dauerhaftigkeit von Fehlannahmen hängt von der Fähigkeit der Lernenden ab, persönliche Überzeugungen zu identifizieren, deren Grenzen / Begrenztheit zu erkennen und graduell auf sie aufzubauen. Weiterhin wurde die Tendenz ‚naiver' Lernender, sich auf dominante visuelle Informationen zu verlassen, ermittelt. Untersuchungen zu

ExpertInnen und NovizInnen erzielen übereinstimmende Ergebnisse, die die Tendenz aufzeigen, dass NovizInnenn sich eher auf die Oberflächenmerkmale als auf die substantiellen Aspekte von Problemen konzentrieren (ebd.).

Forschungsergebnisse, die sich der Frage der Kontrolle durch die Lernenden mittels der Untersuchung des Navigationsverhaltens nähern, wurden anhand einer Studie von Barab, Bowdish und Lawless (1997) erläutert. In dieser Studie wird das Navigieren in einem offenen, nicht-direktiven hypermedialen Informationssystem untersucht. Die Studie versucht, individuelle Unterschiede zwischen NutzerInnen zu erklären und führt die Ergebnisse in vier Profilen verschiedener „Navigation Performance" zusammen. Zusammenfassend lässt sich festhalten, dass verschiedene Typen von Navigationsverhalten demonstriert werden. Ein Navigationsverhalten, das über ein oberflächliches Browsen hinausgeht, wird demzufolge über das Stimulieren von Interessen und der Motivation gefördert. Hier ist die Eignung von Geschichten, sog. Ankern, sowie von problembezogenen Aufgabenstellungen hervorzuheben. Eine aktive Auseinandersetzung mit multimedialen Angeboten wird durch Möglichkeiten zur Interaktivität besonders unterstützt und gefördert. Je mehr Lernende sich in Lernanwendungen ‚einbringen' können, desto attraktiver sowie motivierender zum Lernen wird sie betrachtet. Interaktivität kann unterstützt werden, z.B. durch die Möglichkeit, Anmerkungen oder Kommentare einzufügen, Texte schreiben oder auswählen zu können. Es lässt sich feststellen, dass hinsichtlich der Fähigkeiten der Lernenden Informationsangebote strukturieren zu können, Unterschiede bestehen. Deshalb profitieren schwache Lernende eher von einer hochstrukturierten Lernanwendung, starke Lernende hingegen sind besser in der Lage, auch von wenig strukturierten Lernanwendungen zu profitieren. Multimediale Lernangebote, die die Möglichkeit bieten, sich selbst einen Lernweg zu wählen bzw. zusammenzustellen, beinhalten für unerfahrene / schwache Lernende die schwierige Aufgabe der Strukturierung des Angebotes.

Im Anschluss an die Darstellung theoretischer Aspekte und empirischer Ergebnisse zum selbstorganisierten (Fremdsprachen-) Lernen mit Multimedia wurde die Wahl eines qualitativen Forschungsdesigns für den Gegenstand dieser Arbeit auf Grundlage einer Diskussion wissenschaftstheoretischer Positionen begründet. Die Kennzeichen qualitativer Forschung wurden zusammengefasst dargestellt sowie Gütekriterien qualitativer Forschung dargelegt und auf das vorliegende Forschungsdesign angewendet. Ein Überblick über die *Grounded Theory* stellte den für diese Untersuchung ausgewählten Forschungsstil mit seinen Entstehungskontexten vor. Vor diesem Hintergrund wurde im Anschluss das theoretische Sampling nach der *Grounded Theory* beschrieben und dessen Anwendung im Forschungsdesign expliziert. Die Methoden der Datenerhebung wurden jeweils diskutiert und die Auswahl der Verfahren begründet. Das Verfahren des Lauten Denkens, wie es u.a. in der Zweitsprachenforschung und der Medienrezeptionsforschung zur Anwendung kommt, wurde mit seinem theoretischen Hintergrund und seinen Merkmalen beschrieben. Darüber hinaus wurde die Anwendung in der vorliegenden Untersuchung dargelegt sowie dessen Dokumentation und Transkription beschrieben. Die zweite Methode der Datenerhebung, leitfadengestützte Interviews, wurde charakterisiert sowie die Entwicklung und der Einsatz des in der Untersuchung verwendeten Leitfadens dargelegt.

Die Darstellung zeigte das auf Grundlage der Daten ermittelte bereichsbezogene, theoretische Modell. Als Kernkategorie wurde das ‚Bedürfnis- und erfolgsorientierte Fremdsprachenlernen mit Multimedia' ermittelt. Die weiteren Ausführungen zeichneten den Weg zu diesem Ergebnis nach und zeigten dabei Aspekte und Dimensionen des selbstorganisierten Fremdsprachenlernens mit Multimedia aus der (rekonstruierten) Sicht der Lernenden auf. Eingangs wurden demografische Informationen, die Erfahrungen der UntersuchungsteilnehmerInnen mit dem Fremdsprachenlernen, ihre Erfahrungen hinsichtlich der Bedienung von Computern und dem Lernen mittels Computern sowie ihre jeweiligen Fremdsprachen und Lernaktivitäten im Zeitraum der Untersuchung geschildert. Die Altersspanne der TeilnehmerInnen reichte von 20 bis 58 Jahren. Sämtliche TeilnehmerInnen sprechen als Muttersprache Deutsch und stammen zu relativ gleichen Teilen aus Ostdeutschland (5) bzw. Westdeutschland (4). Es überwiegt der Anteil an Frauen (6) im Vergleich zu Männern (3). Die TeilnehmerInnen strebten im Kontext der Untersuchung schwerpunktmäßig eine Erweiterung ihrer Kenntnisse und sprachlichen Fertigkeiten in den folgenden Fremdsprachen an: Chinesisch, Englisch, Französisch, Isländisch, Niederländisch, Spanisch. Zusammenfassend lässt sich festhalten, dass sämtliche TeilnehmerInnen bereits Erfahrungen mit der jeweiligen Fremdsprache gemacht hatten und auf dem Niveau der Grundstufe anzusiedeln waren. Die UntersuchungsteilnehmerInnen verfügten mit Ausnahme einer geisteswissenschaftlichen Ausrichtung über berufliche Schwerpunkte in den Bereichen Naturwissenschaft, Technik und Wirtschaft. Es handelte sich um bildungsgewohnte TeilnehmerInnen, denen eine grundsätzliche Technikaffinität zugeschrieben werden kann. Sämtliche TeilnehmerInnen sind in variierendem Ausmaß erfahren im Umgang mit Computern. Im Hinblick auf die Erfahrungen mit Lernsoftware bleibt festzuhalten, dass die TeilnehmerInnen insgesamt über geringe Vorkenntnisse in diesem Bereich verfügten. Es zeigt sich, dass die TeilnehmerInnen über die Teilnahme an der Untersuchung hinaus eine Vielzahl von Aktivitäten zum Fremdsprachenlernen betreiben und über geringe bis umfangreiche Fremdsprachenkenntnisse in verschiedenen anderen Fremdsprachen verfügen.

Es handelt sich bei den in der Untersuchung verwendeten Lernumgebungen um handelsübliche Software, wie sie in Buchhandlungen etc. zu erhalten ist. Der Markt für Lernumgebungen zum Fremdsprachenlernen stellt sich durch Lizenznahmen oder Verkäufe unübersichtlich dar. Viele der verwendeten CD-

ROMs verfügen über den selben Programmtyp, der, meist in den Fremdsprachen Englisch, Spanisch, Französisch und Deutsch, in jeweils identischer Form angeboten wird. Es wurde festgestellt, dass die Verfügbarkeit von handelsüblicher Software in Abhängigkeit von der jeweiligen Fremdsprache sehr unterschiedlich ist. Die weltweite Vermarktung einer einsprachigen Lernumgebung und die Wiederverwendung desselben Programmtyps für verschiedene Fremdsprachen, deutete darauf hin, dass zielgruppenspezifische, regionale Aspekte in der Softwareentwicklung unberücksichtigt bleiben.

Der Ort der Datenerhebung, das Selbstlernstudio der Brandenburgischen Technischen Universität Cottbus, wurde im Hinblick auf seinen Kontext und die räumliche Situation beschrieben.

Die Tätigkeiten der Fremdsprachenlernenden sowie deren Anforderungen an multimediale Lernumgebungen wurden in der Globalanalyse dargelegt: Die bildungsgewohnten TeilnehmerInnen verfügen durch die im Verlauf ihrer Biografie erworbenen Kompetenzen hinsichtlich des eigenen Fremdsprachenlernens über Selbststeuerungskompetenzen, die sie als „LernexpertInnen" kennzeichnen. Es muss generell von einem nur im Einzelfall bestimmbaren Faktorenkomplex beim Fremdsprachenlernen ausgegangen werden. Die überdauernde Motivation ist für das selbstorganisierte Fremdsprachenlernen der TeilnehmerInnen ein entscheidender Faktor. Die verschiedenen Aktivitäten im Zusammenhang mit dem Lernen der Fremdsprache sind daher auch immer unter dem Gesichtspunkt der Motivation und Zielerreichung zu sehen. Von Seiten der Lernumgebung lassen sich auf Grundlage der beschriebenen Tätigkeiten der Lernenden die Individualisierung bzw. Personalisierung des Mediums sowie des weiteren die Autonomisierung der Lernenden als zentrale Dimensionen anführen. Die Globalauswertung zeigte, dass die Fremdsprachenlernenden beim computerunterstützten Lernen keinen Kurs im engeren Sinne wollen. Sie wünschen sich ein Lernangebot, das auf ihre spezifischen Bedürfnisse und Interessen ausgerichtet ist.

Durch interaktive Personalisierung des Mediums werden die individuellen Bedürfnisse der NutzerInnen unterstützt bzw. werden sie in die Lage versetzt, das Medium an ihre Bedürfnisse anzupassen. So unterstützt z.B. eine individuelle Ergebnissicherung innerhalb der Lernumgebung die Fremdsprachenlernenden in der Effizienz ihres Handelns.

Die Fremdsprachenlernenden benötigen angemessene Angebote zur Semantisierung, daher sind fehlende oder mangelhafte Übersetzungen sowie eine einseitig, symbolhaft-bildlich kodierte Repräsentation fremdsprachigen Wortschatzes sowie allgemein eine mangelnde Sprachkontrastivität zu vermeiden. Für das Erreichen ihrer Zielsetzung benötigen die Lernenden fremdsprachliche Inhalte, die Merkmale einer „Diskursivität" der Sprache aufweisen. Durch variierende Kontexte sowie kontextualisierte Sprache ist es den Lernenden möglich, Sinnzusammenhänge für die Inhalte zu erzeugen.

Vielfältige Modalitäten der Präsentation und der Übung ermöglichen die Integration verschiedener Fertigkeiten sowie Sinne und verhindern Einseitigkeit sowie mangelnde Herausforderung. Formen der Kontrolle durch die Lernumgebung oder die Selbstkontrolle (z.b. anhand einer Musterlösung) ist für die selbstorganisiert Lernenden von besonders hoher Bedeutung, da sie durch das Kontrollieren eine Sicherheit über ihre erbrachte Leistung gewinnen und damit die Aufrechterhaltung ihrer Motivation unterstützen.

Information und Transparenz ermöglichen es den NutzerInnen wesentlich, die Arbeit mit der Lernumgebung in ihre Gesamtstrategie zum Fremdsprachenlernen einzubinden. Um innerhalb der Lernumgebung strategisch handeln zu können, müssen sie sich einen Überblick über das Angebot verschaffen können, was den Aufbau und die Ziele des Angebots betrifft. Zugriffsmöglichkeiten auf bestimmte Inhalte erleichtern den Lernenden die Abstimmung auf ihre weiteren Aktivitäten zum Fremdsprachenlernen. Die Aktivitäten mit einer multimedialen Lernumgebung stellen für die TeilnehmerInnen eine Möglichkeit unter anderen dar, ihr Ziel der Entwicklung von Kommunikationsfähigkeit in der Fremdsprache zu verfolgen. Zentrales Anliegen der Fremdsprachenlernenden ist die Integration des Mediums in eine erfolgreiche Gesamtstrategie.

Im Anschluss erfolgte die Darstellung des differenzierten, theoretischen Modells zum selbstorganisierten Fremdsprachenlernen: Zunächst wurden die persönlichen Bedingungen der Lernenden, die u.a. die Motivation, die Ziele und die Erfahrungen mit dem Fremdsprachenlernen umfassen, dargelegt. Die äußeren Voraussetzungen beschrieben in der Folge die kontextuellen Bedingungen, die auf die Kernkategorie einwirken. Anschließend wurde die Kernkategorie ‚Bedürfnis- und erfolgsorientiertes Fremdsprachenlernen mit Multimedia' beschrieben. Darauf aufbauend wurden die Strategien im Hinblick auf das bedürfnis- und erfolgsorientierte Fremdsprachenlernen mit Multimedia dargestellt sowie die hinderlichen und förderlichen Bedingungen der Lernumgebungen aufgeführt. Die resultierenden Konsequenzen aus Sicht der Fremdsprachenlernenden wurden im Anschluss dargelegt. Die Darstellung enthält jeweils zusammenfassende Auflistungen zur Übersicht über die Kodierungen, auf die an dieser Stelle aus Gründen der Platzökonomie nur verwiesen werden kann (s. Kap. IV.5.1-5.6).

Ein Prozessmodell ergänzte abschließend das theoretische Modell um die Darstellung der aufeinanderfolgenden Phasen des bedürfnis- und erfolgsorientierten Fremdsprachenlernens. Das Modell stellt in Anlehnung an den hermeneutischen Zirkel dar, wie die Lernenden ihre Kenntnisse und Fertigkeiten sukzessive erweitern und zeigte die ermittelten Phasen: Orientieren und Suchen, Auswählen, Aneignen, Überprüfen, Planen.

Im abschließendem Teil der vorliegenden Arbeit wurde eingangs die Fragestellung der Untersuchung nochmals vor Augen geführt. Die im theoretischen Modell gefassten Ergebnisse der Untersuchung wurden im Folgenden auf dem Hintergrund der Fragestellung, des in Kapitel II dargelegten Forschungsstandes sowie hinsichtlich der methodischen Vorgehensweise kritisch diskutiert. Im Hinblick auf den Transfer der Forschungsergebnisse ließen sich zum einen didaktische Konsequenzen für vergleichbare pädagogische Kontexte aufzeigen. Zum anderen wurden die Anforderungen an multimediale Lernumgebungen zum Fremdsprachenlernen benannt. Darüber hinaus wurde die Rolle von Didaktik im Kontext von Evaluation und Forschung kritisch diskutiert.

Abschließend werden in einem Ausblick neue Aufgaben für die Mediendidaktik und offene Forschungsfragen dargelegt.

4. Ausblick: Selbstlernen, informelles Lernen, lebenslanges Lernen (mit Medien)

Die Rahmenbedingungen und die am Lernen beteiligten, vielfältigen Faktoren sind in dem Maße stärker in den Mittelpunkt des Interesses gerückt, wie die Skepsis gegenüber den per se verkündeten Lernpotentialen der neuen Medien gewachsen ist. Inzwischen lässt sich eine (Rück-)Besinnung auf die Didaktik beobachten (vgl. „Renaissance der Didaktik" in Pichler 2002: 42).

Vor dem Hintergrund der mangelnden empirischen Begründung didaktischer Modelle in der didaktischen Theoriebildung (Henrici 1999: 85f.) ist die Bedeutung von Forschung herausragend. Die Rolle der Forschung ist dabei, vereinfacht formuliert, herauszufinden, was tatsächlich passiert, im Gegensatz zu dem, was sein könnte. Im Hinblick auf die Wahl von Forschungsmethoden lässt sich Folgendes resümieren: Die lang andauernde Überbetonung deskriptiver, quantitativer Methoden in der Forschung zu IT-gestützter Bildung (Selwyn 1997) sollte zugunsten der Methoden der qualitativen Sozialforschung abgebaut werden, was Kombinationen einschließt. (s. Kap. III.1.) Die Problematik der Theorie-Praxis-Spanne ist dementsprechend als besonders zentral einzuschätzen. Zur Integration von Theorie und Praxis kann insbesondere eine praxisorientierte Forschung im Sinne „aus der Praxis für die Praxis" beitragen (vgl. Riemer 1997: 238). Diese sollte aber auch vorschnelle Anwendungen ungesicherter Befunde in didaktischen Konzepten kritisch hinterfragen.

Medienpädagogische Ansätze, die dichotomisch zwischen publizistischen und didaktischen Medien, zwischen Massen- und Individualkommunikation trennen, geraten heute in zusätzliche Erklärungsnot, weil die neuen Informations- und Kommunikationstechniken sich zunehmend in den Dienst von Bildung stellen und außerdem eine Individualisierung der Massenkommunikation bedingen, durch die die Grenzen zwischen privater und öffentlicher Kommunikation zunehmend undeutlicher werden (Hüther ebd. 213).

„Die Aufteilung in didaktische Medien als Mittel schulischer, und in publizistische als Mittel öffentlicher Kommunikation verdeckt, dass die didaktischen wie die publizistischen Medien gleichermaßen gesellschaftlich bedingte Artikulationsformen in nur verschiedenen Funktionszusammenhängen sind. Beide stehen, mit unterschiedlicher Gewichtung, im Dienst von Information und Bildung, [...]." (Hüther 1997: 213)

Vor diesem Hintergrund wird mediales Lernen nicht nur vollzogen über dafür spezifisch definierte und konzipierte „didaktische Medien", sondern mit zunehmender Tendenz auch über den alltäglichen Mediengebrauch, der auf Computer- und Netztechnologie beruhende multimediale Nutzungsformen wie interaktive CD-ROM-Programme und Internetangebote einbezieht. Die in zunehmenden Maße fließenden Grenzen zwischen Unterhaltung, Spiel, Information und Lernen zeigen die Notwendigkeit einer Integration von Mediendidaktik und Medienerziehung besonders deutlich (vgl. Hüther 1997: 212-213).

Neue Formen des Lernens mit Online-/ Offline-Medien konfrontieren die Mediendidaktik mit einer Vielzahl von Fragen, die das Spektrum ihrer bisherigen Problemkreise bei weitem sprengt. Einerseits berühren diese Fragen die lern- und wahrnehmungspsychologischen Aspekte der neuen Aneignungsformen und ihre möglichen, insbesondere längerfristigen Auswirkungen auf die Kognitionsstrukturen der NutzerInnen (vgl. Hüther 1997: 214). Andererseits sind es Fragen nach der lernwirksamen und nutzerInnenadäquaten Gestaltung multi- und hypermedialer Vermittlungsprozesse. Ebenso sind aber Fragen nach der Bildungs- und Sozialschichtabhängigkeit ihrer Akzeptanz und Zugriffsmöglichkeiten betroffen sowie schließlich und grundsätzlich Fragen nach ihrem pädagogischen, sozialen und bildungsökonomischen Ertrag (vgl. ebd.; Issing, Klimsa (Hrsg.) 1997; Schulmeister 1996).

Die Idee des lebenslangen Lernens, konzeptionell verbunden mit der Idee der *learning society* (Alheit 1998) ist im Zusammenhang mit dem Stichwort der Informalisierung des Lernens für die (Medien)-Didaktik von Bedeutung: Alheit beschreibt einen Paradigmenwechsel weg von Konzepten des Erziehens und des Unterrichtens hin zu Konzepten des Lernens, die den Erwerb von Kenntnissen und Fertigkeiten umfassen, welche sich Individuen im Zuge ihrer Biografie angeeignet haben, und zwar nicht über formal anerkannte Bildungswege, sondern „en passant" – auf einem nicht-formalem Wege (ebd.).

„The idea of 'lifelong learning' draws attention not to education or training – traditional domains of policy makers – but to learning, which is undertaken by individuals and organisations without much involvement by the state. A policy approach based on learning will be radically different from one based on education and training." (Field 1998: 1, n. Alheit 1998)

Es wurde noch nie so deutlich wie durch dieses Phänomen, dass weder Curricula noch didaktische Expertise eine Garantie sind für eine Teilnehmerorientierte Bildung. In den Mittelpunkt der Diskussion gerät stattdessen die Befähigung der autonomen Entwicklung des lernenden Subjektes durch Lernumgebungen (Hüther 1997: 214). Große Bedeutung kommt demnach der

Reflexion über Lernerfahrung zu. Diese ist als ein wichtiges Element in der Bildungskarriere eines Menschen zu betrachten und integriert die Dynamik des fortwährenden interaktiven Prozesses zwischen Wissen und Handeln der Lernenden (Piening 2002).

Die bildungsgewohnten UntersuchungsteilnehmerInnen verfügten i.d.R. mindestens über Erfahrungen mit drei Fremdsprachen, die sie im Lernprozess nutzten. Daher wäre es für zukünftige Forschungs- und Entwicklungsarbeiten sinnvoll, die Ansätze der Mehrsprachigkeitsdidaktik im Kontext medienunterstützten, selbstorganisierten Fremdsprachenlernens einzubeziehen (vgl. Hufeisen, Neuner 2000). Es ist davon auszugehen, dass bei Beginn einer neuen Fremdsprache, faktische Sprachkenntnisse, Strategien und andere Fertigkeiten von den Lernenden in den Lernprozess einbezogen werden. Jenseits der Frage der Interferenzen, sind diese bestehenden Wissensstrukturen für Lernende im Prozess des selbstorganisierten Lernens elementare Ressourcen, deren Aktivierung die Integration neuen Wissens erst möglich macht.

Auf Grundlage der Untersuchung, die verschiedene „kleine" und „große" Sprachen beinhaltete, lässt sich als Forderung an die Sprachenpolitik die Förderung wenig gesprochener Sprachen durch multimediale Lernumgebungen aufstellen (z.B. das EU-Projekt von Eurotalk Ltd). Hier besteht aufgrund der lokal häufig mangelnden Kursangebote ein ausgesprochen großer Bedarf.

Die Frage, wie Lernumgebungen konzipiert sein sollten, um den fremdkulturellen Verstehensprozess zu unterstützen, ist von Hansmeier (1998) bearbeitet worden. Sie realisierte auf Grundlage eines theoretischen Konzeptes zum Fremdverstehen exemplarisch eine Lernumgebung. Es ist als eine richtungsweisende Arbeit zu bezeichnen, da sie ein fundiertes interkulturelles Konzept für die eigene Entwicklungsarbeit zugrunde legte. Diese Fragestellung verdient weitere Aufmerksamkeit, da die Begegnung der Kulturen und die Auseinandersetzung mit dem ‚Fremden' grundlegender Bestandteil jeglicher Fremdsprachenlernprozesse ist und die Verengung der Perspektive auf sprachliche Fertigkeiten daher zu kurz greift.

Allgemein lässt sich folgern, dass das Problem der Entwicklung der neuen Medien zu Bildungszwecken nur in Teamarbeit mit Medien-, Fach-, und / oder ErziehungswissenschaftlerInnen mit didaktischem Schwerpunkt lösbar sein wird. Abschließend lässt sich mit Rösler folgender Ausblick für die Perspektive der Mediendidaktik formulieren: MediendidaktikerInnen

„[...] müssen im nächsten Jahrzehnt vermehrt nur scheinbar sich selbst widersprechen, indem sie gleichzeitig das Potential der Neuen Medien für die Weiterentwicklung von Lehrmaterial und Sprachlernumgebungen aufzeigen und diejenigen Produkte, die schnelle Lösungen unter Missachtung realer Lernbedingungen anbieten, konsequent kritisieren." (Rösler 1999: 191).

Anhang I

1. Literaturverzeichnis

Al-Seghayer, Khalid: The Effect Of Multimedia Annotation Modes On L2 Vocabulary Acquisition: A Comparative Study. In: Language Learning & Technology, Vol. 5, No. 1, (2001), S. 202-232.

Alheit, Peter: On a Contradictory Way to the 'Learning Society'. A Critical Approach. Preliminary paper prepared for the 3rd ESREA Research Conference 'Learning to Live in a Learning Society', Brussels, September 1998. (http://www.ibl.uni-bremen.de/publik/vortraege/98-03-pa.htm) (23.03.2002).

Antos, G. (Hrsg.): Textoptimierung: das Verständlichermachen von Texten als linguistisches, psychologisches und praktisches Problem. Frankfurt a. M. 1989.

Apeltauer, Ernst: Grundlagen des Erst- und Fremdsprachenerwerbs. Eine Einführung. Berlin (Langenscheidt) 1997. (= Fernstudieneinheit 15)

Astleitner, Hermann: Theoretische Aspekte und empirische Analysen des Umgangs mit neuen Informationstechnologien aus erziehungswissenschaftlicher Perspektive. Frankfurt a.M. (Peter Lang) 1997.

Astleitner, Hermann; Leutner, Detlev: Fernunterricht und neue Informationstechnologien: Aktuelle Entwicklungen. In: Zeitschrift für Pädagogik, 44. Jg. (1998), H. 1, S. 105-123.

Auer, Christiane; Carstensen, Detlef: Evaluation - ein Thema bereits zu Beginn eines Modellversuchs? Aus: Holz, Heinz; Schenkel, Peter (Hrsg.): Evaluation multimedialer Lernprogramme und Lernkonzepte. Berichte aus der Berufsbildungspraxis. Nürnberg (Bildung und Wissen) 1995. S. 39-55.

Aufenanger, Stefan: Lernen mit neuen Medien. Forschungsergebnisse und Lernphilosophien. In: Medien praktisch, 23. Jg. (1999), H. 92, S. 4-9.

Baacke, Dieter: Sozialökologie und Kommunikationsforschung. Aus: Baacke, Dieter; Kübler, Hans-Dieter (Hrsg.): Qualitative Medienforschung: Konzepte und Erprobungen. Tübingen (Niemeyer) 1989. S. 87-134.

Baacke, Dieter: Medienpädagogik. Tübingen (Niemeyer) 1997.

Baacke, Dieter: Medienkompetenz - Herkunft, Reichweite und strategische Bedeutung eines Begriffs. Aus: Kubicek, Herbert; Braczyk, Hans-Joachim; Klumpp, Dieter u.a (Hrsg.): Lernort Multimedia. Jahrbuch Telekommunikation und Gesellschaft 1998. Heidelberg (R. v. Decker's) 1998. S. 22-27.

Baacke, Dieter; Kübler, Hans-Dieter (Hrsg.): Qualitative Medienforschung: Konzepte und Erprobungen. Tübingen (Niemeyer) 1989.

Baacke, Dieter; Schnatmeyer, Dorothee (Hrsg.): Neue Medien - Neue Gesellschaft? Bielefeld (GMK) 1997. (= Schriften zur Medienpädagogik. 25)

Barab, Sasha A.; Bowdish, Bruce E.; Lawless, Kimberly A.: Hypermedia Navigation: Profiles of Hypermedia Users. In: ETR&D (Educational Technology Research and Development), 45. Jg. (1997), H. 3, S. 23-41.

Barker, Larry L.: Listening Behavior. London 1971.

Barkowski, Hans: Forschungsthema Lehr- und Lernmaterialien. Aus: Bausch, Karl-Richard; Christ, Herbert; Königs, Frank G. et.al. (Hrsg.): Die Erforschung von Lehr- und Lernmaterialien im Kontext des Lehrens und Lernens fremder Sprachen. Tübingen (Gunter Narr Verlag) 1999. (= Giessener Beiträge zur Fremdsprachendidaktik) S. 9-16.

Batz, R.; Ohler, P.: Hörsehverstehen. Reflexionen im Umfeld eines Forschungsprojektes. Aus: Bufe, Wolfgang; Deichsel, Ingo; Dethloff, Uwe (Hrsg.): Fernsehen und Fremdsprachenlernen. Untersuchungen zur audiovisuellen Informationsverarbeitung: Theorie und didaktische Auswirkungen. Tübingen (Gunter Narr Verlag) 1984. S. 79-131.

Baumgartner, Peter: Didaktische Anforderungen an (multimediale) Lernsoftware. Aus: Issing, Ludwig J.; Klimsa, Paul (Hrsg.): Information und Lernen mit Multimedia. Weinheim (Psychologie Verlags Union) 1997. S. 241-252.

Baumgartner, Peter; Payr, Sabine: Lernen mit Software. Innsbruck (Österreichischer Studien Verlag) 1994. (= Digitales Lernen 1)

Bausch, Karl-Richard; Christ, Herbert; Königs, Frank G. et.al. (Hrsg.): Die Erforschung von Lehr- und Lernmaterialien im Kontext des Lehrens und Lernens fremder Sprachen. Tübingen (Gunter Narr Verlag) 1999. (= Giessener Beiträge zur Fremdsprachendidaktik)

Bausch, Karl- Richard; Christ, Herbert; Krumm, Hans- Jürgen (Hrsg.): Handbuch Fremdsprachenunterricht. Tübingen, Basel (Francke) 1995.

Bausch Karl-Richard; Hans-Jürgen Krumm: Sprachlehrforschung. Aus: Bausch, Karl- Richard; Christ, Herbert; Krumm, Hans- Jürgen (Hrsg.): Handbuch Fremdsprachenunterricht. Tübingen, Basel (Francke) 1995. S. 7-13.

Bayerlein, Oliver: Versuch einer Übungstypologie für computergestützte Multimedia-Sprachkurse. In: Info DaF (Informationen Deutsch als Fremdsprache), 23. Jg. (1996), H. 6, S. 726-745.

Becker, D. A.; Dwyer, D. A.: Using hypermedia to provide learner control. In: Journal of Educational Multimedia and Hypermedia, 1994, H. 3, S. 155-172.

Behrendt, Erich; Kromrey, Helmut: Qualitätssicherung in Pilotprojekten und Modellversuchen zur beruflichen Bildung: Die Rolle der wissenschaftlichen Begleitforschung. Aus: Holz, Heinz; Schenkel, Peter (Hrsg.): Evaluation multimedialer Lernprogramme und Lernkonzepte. Berichte aus der Berufsbildungspraxis. Nürnberg (Bildung und Wissen) 1995. S. 23-38.

Beitter, U. E.: The Student As Playwright. Developing Communicative Skills by Video Recording. In: Die Unterrichtspraxis, 1/ 1984.

Biechele, B.: Zur Entwicklung des komplexen Hörverstehens mit Video. In: Computer und Video im fremdsprachlichen Deutschunterricht. Jena, 1987, S. 227-242.

Biechele, Barbara; Böttcher, Dagmar; Kittner, Ralf: Ausgewählte Ergebnisse einer empirischen Untersuchung zu subjektiven Theorien. Erfahrungen von DaF-Studierenden in Bezug auf (neue) Medien und Lernen. In: Info DaF (Informationen Deutsch als Fremdsprache), 28. Jg. (2001), H. 4, S. 343-368.

Binder, H.; Schröder Hartmut (Hrsg.): Video im allgemeinen und fachsprachlichen Deutschunterricht. Dokumentation einer Seminarreihe. Reports from the Language Center for Finnish Universities. No. 20, 1984.

Bischof, Ulrike: Mediengesellschaft - Neue Klassengesellschaft? Aus: Gesellschaft für Medienpädagogik und Kommunikationskultur (GMK) (Hrsg.): Mediengesellschaft - Neue 'Klassengesellschaft'? Bielefeld 1999. (= Themen - Rundbrief Nr. 42) S. 11-15.

Bleyhl, Werner: Fremdsprachenlernen als dynamischer und nichtlinearer Prozeß oder: weshalb die Bilanz des traditionellen Unterrichts und auch der Fremdsprachenforschung "nicht schmeichelhaft" sein kann. In: FLuL (Fremdsprachen Lehren und Lernen), 26. Jg. (1997), S. 219-239.

Böhm, Andreas; Legewie, Heiner; Muhr, Thomas: Textinterpretation und Theoriebildung in den Sozialwissenschaften. Lehr- und Arbeitsmaterialien zur Grounded Theory. Berlin (Technische Universität Berlin) 1992. (= Interdisziplinäres Forschungsprojekt ATLAS Forschungsbericht. 92-3)

Bos, Wilfried; Tarnai, Christian (Hrsg.): Ergebnisse qualitativer und quantitativer Empirischer Pädagogischer Forschung. Münster, New York, München, Berlin (Waxmann) 1996.

Bower, G. H.: Mood and memory. In: American Psychologist, 36. Jg. (1981), S. 129-148.

Braden, Roberts A.: The Case for Linear Instructional Design and Development: A Commentary on Models, Challenges, and Myths. In: Educational Technology, March-April, (1996), S. 5-46.

Bredella, Lothar: Die Struktur schüleraktivierender Methoden. In: Praxis des neusprachlichen Unterrichts, 34. Jg. (1987), H. 3, S. 233-248.

Brehm-Klotz, Christiane: Computer. Aus: Hüther, Jürgen; Schorb, Bernd; Brehm-Klotz, Christiane (Hrsg.): Grundbegriffe der Medienpädagogik. München (KoPäd) 1997. S. 62-68.

Brödel, Rainer (Hrsg.): Lebenslanges Lernen - lebensbegleitende Bildung. Neuwied (Luchterhand) 1998. (= Grundlagen der Weiterbildung)

Bufe, Wolfgang: Videogestützter Fremdsprachenunterricht: von der Medienrezeption zur Medienproduktion. In: Der fremdsprachliche Unterricht - Französisch, 2/ 1993.

Bufe, Wolfgang; Deichsel, Ingo; Dethloff, Uwe (Hrsg.): Fernsehen und Fremdsprachenlernen. Untersuchungen zur audio-visuellen Informationsverarbeitung: Theorie und didaktische Auswirkungen. Tübingen (Gunter Narr Verlag) 1984.

Burston, Jack; Monville-Burston, Monique: Using the Varieties of French CD-ROM: The Student's Perspective. In: Call-EJ Online, Vol. 1, No. 1, (1999), (24.03.2002) (http://www.clec.ritsumei.ac.jp/english/callejonline/4-1/burston1.html)

Carr, Alison A.: User-Design in the Creation of Human Learning Systems. In: ETR&D (Educational Technology Research and Development), 45. Jg. (1997), H. 3, S. 5-22.

Christ, Herbert: Lehr- und Lernmaterialien gestern und heute. Aus: Bausch, Karl-Richard; Christ, Herbert; Königs, Frank G. et.al. (Hrsg.): Die Erforschung von Lehr- und Lernmaterialien im Kontext des Lehrens und Lernens fremder Sprachen. Tübingen (Gunter Narr Verlag) 1999. (= Giessener Beiträge zur Fremdsprachendidaktik) S. 41-52.

Claparède, F.: Die Entdeckung der Hypothese. Aus: Graumann, C. F. (Hrsg.): Denken. Köln, Berlin (Kiepenheuer & Witsch) 1966. S. 109-115.

Cobb, Tom: Cognitive Efficiency: Toward a Revised Theory of Media. In: ETR&D (Educational Technology Research and Development), Vol. 45, No. 4, (1997), S. 21-35.

Comenius, Johann Amos: Orbis sensualiumpictus. Die sichtbare Welt in Vier Sprachen. Leutschoviä (Typis Samuelis Brewer) 1685.

Corry, Michael D.; Frick, Theodore W.; Hansen, Lisa: User-Centered Design and Usability Testing of a Web Site: An illustrative Case Study. In: ETR&D (Educational Technology Research and Development), Vol. 45, No. 4, (1997), S. 1042-1629.

Cottmann, Kathrin: Wie verstehen Kinder Maschinen und Computer? Eine empirische Studie mit Konsequenzen für Pädagogik und Softwareentwicklung. München (KoPäd Verlag) 1998. (= Hochschulschriften)

Deci, E.L.; Ryan, R.M.: Intrinsic Motivation and Self-Determination in Human Behavior. New York (Plenum Press) 1985.

Deci, E.L.; Ryan, R.M.: Die Selbstbestimmungstheorie der Motivation und ihre Bedeutung für die Pädagogik. In: Zeitschrift für Pädagogik, 39. Jg. (1993), H. 2, S. 223-238.

Dichanz, Horst (Hrsg.): Handbuch Medien: Medienforschung - Konzepte, Themen, Ergebnisse. Bonn (Bundeszentrale für politische Bildung) 1998.

Dinter, Frank: Zur Diskussion des Konstruktivismus im Instruktionsdesign. In: Unterrichtswissenschaft, 26. Jg. (1998), H. 3, S. 254-289.

Dirven, R.: Was ist Hörverstehen? Synopse vorhandener Theorien und Modelle. Aus: Schumann, A.: Vogel, K.; Voss, B. (Hrsg.): Hörverstehen: Grundlagen, Modelle, Materialien zur Schulung des Hörverstehens im Fremdsprachenunterricht der Hochschule. Tübingen 1984. S. 19-40.

Döring, Klaus W.; Ritter-Mamczek, Bettina (Hrsg.): Medien in der Weiterbildung. Weinheim (Deutscher Studien Verlag) 1998.

Duncker, K.: A qualitative (experimental and theoretical) study of productive thinking (solving of comprehensible problems). In: Pedagogical Seminary, 1926, H. 33, S. 642-708.

Edelmann, Walter: Lernpsychologie. Weinheim (Belitz, Verlag Union) 1996.

Edmondson, Willis; House, Juliane: Einführung in die Sprachlehrforschung. Tübingen (Francke) 1993. (= UTB für Wissenschaft. 1697)

Eggers, Dietrich: Hörverstehen: Bestandsaufnahme und Perspektiven. Aus: Kühn, Peter (Hrsg.): Hörverstehen im Unterricht Deutsch als Fremdsprache. Frankfurt am Main (Peter Lang) 1996. (= Werkstattreihe Deutsch als Fremdsprache. 53) S. 13-44.

Ehnert, Rolf: Beschäftigung mit Fachtexten: Video und "autonomes Lernen". In: Materialien Deutsch als Fremdsprache, 1978, H. 11, S. 146-156.

Ehnert, Rolf: Video im Unterricht Deutsch als Fremdsprache. Aus: Binder, H.; Schröder Hartmut (Hrsg.): Video im allgemeinen und fachsprachlichen Deutschunterricht. Dokumentation einer Seminarreihe. Reports from the Language Center for Finnish Universities. No. 20, 1984.

Ehnert, Rolf; Eppeneder R. (Hrsg.): Video im Fremdsprachenunterricht. Materialien zweier Fortbildungsseminare. München (Goethe Institut) 1987.

Ehnert, Rolf; Piepho, Hans-Eberhard (Hrsg.): Fremdsprachenlernen mit Medien. Festschrift für Helm von Faber. München (Hueber) 1986.

Ellis, Rod: The Study of Second Language Acguisition. Oxford (Oxford University Press) 1994.

Ericsson, K. A.; Simon, H. A.: Verbal Reports on Thinking. Aus: Faerch, C.; Kasper, G. (Hrsg.): Introspection in Second Language Research. Clevedon (Multilingual Matters) 1987. S. 24-53.

Eskenazi, Maxine: Using Automatic Speech Processing For Foreign Language Pronunciation Tutoring: Some Issues And A Prototype. In: Language Learning & Technology, Vol. 2, No. 2 January, (1999), S. 62-76.

Euler; Dieter; Sloane, P.: Implementation als Problem der Modellversuchsforschung. In: Unterrichtswissenschaft, 26. Jg. (1998), H. 4, S. 312-326.

Faerch, C.; Kasper, G. (Hrsg.): Introspection in Second Language Research. Clevedon (Multilingual Matters) 1987.

Famulla, Gerd-E.; Gut, P., Möhle, V. u.a.: Persönlichkeit und Computer. Opladen (Westdeutscher Verlag) 1992. (= Sozialverträgliche Technikgestaltung, Materialien und Berichte. 34)

Flick, Uwe: Qualitative Forschung. Theorie, Methoden, Anwendung in Psychologie und Sozialwissenschaften. Reinbek (Rowohlt) 1995.

Florio-Hansen, Inez De: `Learning Awareness` als Teil von `Language Awareness` Zur Sprachbewußtheit von Lehramtsstudierenden. In: FLuL (Fremdsprachen Lehren und Lernen), 26. Jg. (1997), S. 144-155.

Friebertshäuser, Barbara: Interviewtechniken - ein Überblick. Aus: Friebertshäuser, Barbara ; Prengel, Annedore (Hrsg.): Handbuch Qualitative Forschungsmethoden in der Erziehungswissenschaft. Weinheim, München (Juventa) 1997. S. 371-395.

Friebertshäuser, Barbara: Feldforschung und teilnehmende Beobachtung. Aus: Friebertshäuser, Barbara ; Prengel, Annedore (Hrsg.): Handbuch Qualitative Forschungsmethoden in der Erziehungswissenschaft. Weinheim, München (Juventa) 1997. S. 503-534.

Friebertshäuser, Barbara ; Prengel, Annedore (Hrsg.): Handbuch Qualitative Forschungsmethoden in der Erziehungswissenschaft. Weinheim, München (Juventa Verlag) 1997.

Friedrich, H. F.; Mandl, H.: Analyse und Förderung selbstgesteuerten Lernens Tübingen (Deutsches Institut für Fernstudienforschung an der Universität Tübingen) 1995.

Fuß, A.: Vom Dia zum Video - Entwicklungen im audiovisuellen Sprachunterricht. Aus: Jung, O. H. (Hrsg.): Praktische Handreichungen für Fremdsprachenlehrer. Frankfurt a.M. 1992. S. 155-163.
Gass, S; Selinker L.: Second language acquisition. An introductory course. Hillsdale 1994.
Gemeinschaftswerk der Evangelischen Publizistik e.V. (GEP) (Hrsg.): Filmerleben: Zur emotionalen Dramaturgie von Titanic. Frankfurt am Main (GEP) 1999. (= TEXTE - Sonderheft der Zeitschrift medien praktisch. 2)
Blaser, B. G.; Strauss, A. L.: The discovery of grounded theory. Strategies for qualitative research. New York (Aldine) 1967.
Glowalla, Ulrich; Häfele, Gudrun: Einsatz elektronischer Medien: Befunde, Probleme und Perspektiven. Aus: Issing, Ludwig J.; Klimsa, Paul (Hrsg.): Information und Lernen mit Multimedia. Weinheim (Psychologie Verlags Union) 1997. 415-434.
Gesellschaft für Medienpädagogik und Kommunikationskultur (GMK) (Hrsg.): Mediengesellschaft - Neue 'Klassengesellschaft'? Bielefeld 1999. (= Themen - Rundbrief Nr. 42)
Gesellschaft für Medienpädagogik und Kommunikationskultur (GMK) (Hrsg.): Mensch & Medien. Pädagogische Konzepte für eine humane Mediengesellschaft. Bielefeld 2001. (= Themen - Rundbrief Nr. 44)
Graumann, C. F. (Hrsg.): Denken. Köln, Berlin (Kiepenheuer & Witsch) 1966.
Greif, Siegfried: Teamfähigkeit und Selbstorganisationskompetenzen. Aus: Greif, Siegfried; Kurtz, Hans-Jürgen (Hrsg.): Handbuch Selbstorganisiertes Lernen. Göttingen (Verlag für Angewandte Psychologie) 1996. S. 161-177.
Greif, Siegfried; Kurtz, Hans-Jürgen (Hrsg.): Handbuch Selbstorganisiertes Lernen. Göttingen (Verlag für Angewandte Psychologie) 1996.
Greif, Siegfried; Kurtz, Hans-Jürgen (Hrsg.): Selbstorganisation, Selbstbestimmung und Kultur. Aus: Greif, Siegfried; Kurtz, Hans-Jürgen (Hrsg.): Handbuch Selbstorganisiertes Lernen. Göttingen (Verlag für Angewandte Psychologie) 1996. S. 19-31.
Groot, Peter J.: Computer Assisted Second Language Vocabulary Acquisition. In: Language Learning & Technology, Vol. 4, No. 1, March, (2000), S. 60-81.
Grotjahn, Rüdiger: Erforschung einzelner Problembereiche des Fremdsprachenunterrichts: Forschungsmethoden und Forschungsertrag. Aus: Bausch, Karl- Richard; Christ, Herbert; Krumm, Hans- Jürgen (Hrsg.): Handbuch Fremdsprachenunterricht. Tübingen, Basel (Francke) 1995. S. 457-461.
Grotjahn, Rüdiger: Subjektive Theorien in der Fremdsprachenforschung: Methodologische Grundlagen und Perspektiven. In: FLuL (Fremdsprachen Lehren und Lernen), 27. Jg. (1998), S. 33-59.
Gustafson, Kent L.; Branch, Robert M.: Revisioning Models of Instructional Development. In: ETR&D (Educational Technology Research and Development), Vol. 45, No. 3, (1997), S. 73-89.
Hale, Greg; Moss, Nicola: "So Tell Me About It!": A Qualitative Investigation Of Internet Search Strategies. Paper presented at the European Conference on Educational Research, Lahti, Finland 22-25 September 1999. (24.03.2002) (http://www.leeds.ac.uk/educol/documents/00000l 188.htm)
Hansmeier, Andrea: "Kraut, Würste, Bier ..." - Essen und Trinken in Deutschland Möglichkeiten und Grenzen von hypermedialen Programmen im fremdkulturellen Verstehensprozess. Mannheim (MATEO – Mannheimer Texte Online) 1998. (= Band 6)
(http://www.uni-mannheim.de/mateo/verlag/diss/hansmeier/hansm.html) (24.03.2002)
Hasebrook, Joachim: Lernwirksamkeit von Multimedia- und Hypermedia-Systemen. Gutachten. Bonn 1994.
Hasebrook, Joachim: Multimedia-Psychologie. Heidelberg, Berlin, Oxford (Spektrum) 1995.
Heidemann, Angela: The visualization of foreign language vocabulary in CALL. Frankfurt a. M. (Peter Lang) 1996. (= Duisburger Arbeiten zur Sprach- und Kulturwissenschaft. 28)
Henrici, Gert: Die Bedeutung von Zweitsprachenerwerbshypothesen und -untersuchungen für den gesteuerten Fremdsprachenerwerb. Einige Aspekte. Aus: Wolff, Armin; Köppel, Anette; Stein-Meintker, Anneliese (Hrsg.): Autonomes Lernen; Lernpsychologie im Fremdsprachenunterricht; Deutsch als Fremdsprache im internationalen Kontakt; Qualitätskriterien für Sprachkurse DaF im außeruniversitären Bereich. Regensburg (Fachverband Deutsch als Fremdsprache) 1996. (= Materialien Deutsch als Fremdspache. Heft 42) S. 83 - 102.
Henrici, Gert: Von der Deskription zur Evaluation von Lehr-/Lernmaterialien oder: Welche Wirkungen haben Medien auf den Lehr-/Lernprozeß? Aus: Bausch, Karl-Richard; Christ, Herbert; Königs, Frank G. et.al. (Hrsg.): Die Erforschung von Lehr- und Lernmaterialien im Kontext des Lehrens und Lernens fremder Sprachen. Tübingen (Gunter Narr Verlag) 1999. (= Giessener Beiträge zur Fremdsprachendidaktik) S. 84-88.
Herrmann, Josef: Datengewinnung in der Zweitsprachenforschung. Einige empirische Befunde zur Effizienz verschiedener Verfahren. In: Die Neueren Sprachen, 93. Jg. (1994), H. 6, S. 564-587.

Hess, Hans Werner: DaF-Software in der Anwendung. - "Alter Quark noch breiter"? In: Info DaF (Informationen Deutsch als Fremdsprache), 25. Jg. (1998), H. 1, S. 54-71.

Hill, Janette R.; Hannafin, Michael J.: Cognitive Strategies and Learning from the World Wide Web. In: ETR&D (Educational Technology Research and Development), 45. Jg. (1997), H. 4, S. 37-64.

Hoffmeyer-Zlotnik, Jürgen H.: Einleitung: Zur Handhabung verbaler Daten in der Sozialforschung. Aus: Hoffmeyer-Zlotnik, Jürgen H. (Hrsg.): Analyse verbaler Daten. Über den Umgang mit qualitativen Daten. Opladen (Westdeutscher Verlag) 1992. S. 1-8.

Hoffmeyer-Zlotnik, Jürgen H. (Hrsg.): Analyse verbaler Daten. Über den Umgang mit qualitativen Daten. Opladen (Westdeutscher Verlag) 1992.

Holz, Heinz; Schenkel, Peter (Hrsg.): Evaluation multimedialer Lernprogramme und Lernkonzepte. Berichte aus der Berufsbildungspraxis. Nürnberg (Bildung und Wissen) 1995.

Hu, Adelheid: "Lernen" als "kulturelles Symbol": eine empirisch qualitative Studie zu subjektiven Lernkonzepten im Fremdsprachenunterricht bei Oberstufenschülerinnen und -schülern aus Taiwan und der Bundesrepublik Deutschland. Bochum (Brockmeyer) 1996. (= Manuskripte zur Sprachlernforschung. 49)

Huber, Günter L.; Roth, Jürgen H.: Finden oder suchen? Lehren und Lernen in Zeiten der Ungewissheit. Schwangau (Ingeborg Huber) 1999.

Hufeisen, Britta; Neuner, Gerhard: Mehr als eine Fremdsprache effizient lernen: Tertiärsprachen lehren und lernen in Europa. Beispiel: Deutsch als Folgefremdsprache nach Englisch. Workshop Bericht Nr. 11/2000. Graz, 28. November - 2. Dezember 2000.

Hüther, Jürgen: Mediendidaktik. Aus: Hüther, Jürgen; Schorb, Bernd; Brehm-Klotz, Christiane (Hrsg.): Grundbegriffe der Medienpädagogik. München (KoPäd) 1997. S. 210-215.

Hüther, Jürgen; Schorb, Bernd; Brehm-Klotz, Christiane (Hrsg.): Grundbegriffe der Medienpädagogik. München (KoPäd) 1997.

Initiative D21: Diskussion um eLearning zu techniklastig. Ergebnisse von 102 Interviews der D21-Befragung. Presseinformation. Learntec 2002 Karlsruhe. Karlsruhe 2002. (http://www.initiatived21.de/home.php3) (24.03.2002)

Issing, Ludwig J.; Klimsa, Paul (Hrsg.): Information und Lernen mit Multimedia. Weinheim (Psychologie Verlags Union) 1997.

Issing, Ludwig J.; Klimsa, Paul: Multimedia - Eine Chance für Information und Lernen. Aus: Issing, Ludwig J.; Klimsa, Paul (Hrsg.): Information und Lernen mit Multimedia. Weinheim (Psychologie Verlags Union) 1997. S. 1-4.

Jansen, Thomas: Evaluation eines didaktischen Designs für selbstgesteuerte Weiterbildung. Aus: Holz, Heinz; Schenkel, Peter (Hrsg.): Evaluation multimedialer Lernprogramme und Lernkonzepte. Berichte aus der Berufsbildungspraxis. Nürnberg (Bildung und Wissen) 1995. S. 73-90.

Jonassen, David, H.: Instructional Design Models for Well-Structured and Ill-Structured Problem-Solving Learning Outcomes. In: ETR&D (Educational Technology Research and Development), Vol. 45, No. 1, (1997), S. 65-94.

Jung, O. H. (Hrsg.): Praktische Handreichungen für Fremdsprachenlehrer. Frankfurt a.M. 1992.

Kallenbach, Christiane: Subjektive Theorien: Was Schüler und Schülerinnen über Fremdsprachenlernen denken. Tübingen (Gunter Narr) 1996.

Kasper, Loretta F.: New Technologies, New Literacies: Focus Discipline Research And ESL Learning Communities. In: Language Learning & Technology, Vol. 4, No. 2, September, (2000), S. 105-128.

Klein, Birgit; Klein, Rosemarie; Schöll, Ingrid (Hrsg.): Beurteilung von Lernsoftware für das Fremdsprachenlernen. (http://www.die-frankfurt.de/esprid/dokumente/docs.htm) (23.03.2002). (= Europool Werkstattbericht Nr. 1, 1996)

Kleinmann, Markus; Straka, Gerald. A.: Arbeitsplatzbedingungen und Interesse Erwachsener am berufsbezogenen selbstgesteuerten Lernen. Aus: Bos, Wilfried; Tarnai, Christian (Hrsg.): Ergebnisse qualitativer und quantitativer Empirischer Pädagogischer Forschung. Münster, New York, München, Berlin (Waxmann) 1996. S. 91-104.

Kleinschroth, Robert: Sprachenlernen mit dem Computer. Reinbeck (Rowohlt) 1993.

Klimsa, Paul: Neue Medien und Weiterbildung. Anwendung und Nutzung in Lernprozessen der Weiterbildung. Weinheim (Dt. Studien-Verl.) 1993.

Klimsa, Paul: Multimedia aus psychologischer und didaktischer Sicht. Aus: Issing, Ludwig J.; Klimsa, Paul (Hrsg.): Information und Lernen mit Multimedia. Weinheim (Psychologie Verlags Union) 1997. S. 7-61.

Klimsa, Paul: Kognitions- und lernpsychologische Voraussetzungen der Nutzung von Medien. Aus: Dichanz, Horst (Hrsg.): Handbuch Medien: Medienforschung - Konzepte, Themen, Ergebnisse. Bonn (Bundeszentrale für politische Bildung) 1998. S. 73 ff..

Knowles, M. S.: Self-directed learning. A guide for learners and teachers. Chicago (Follet) 1975.

König, Eckard; Bentler, Annette: Arbeitsschritte im qualitativen Forschungsprozeß - ein Leitfaden. Aus: Friebertshäuser, Barbara ; Prengel, Annedore (Hrsg.): Handbuch Qualitative Forschungsmethoden in der Erziehungswissenschaft. Weinheim, München (Juventa Verlag) 1997. S. 88-96.

Kösel, E.; Brunner, R.: Medienpädagogik. Aus: (Hrsg.): Pädagogisches Lexikon Bd. 2, Gütersloh, 1970.

Kraimer, Klaus: Narratives als Erkenntnisquelle. Aus: Friebertshäuser, Barbara ; Prengel, Annedore (Hrsg.): Handbuch Qualitative Forschungsmethoden in der Erziehungswissenschaft. Weinheim, München (Juventa Verlag) 1997. S. 459-467.

Krashen, St. D.; Terrell, Tracy, D.: The Natural Approach. Language Acquisition in the Classroom. Oxford 1983.

Krüger-Thielmann, K.: Wissensbasierte Sprachlernsysteme. Neue Möglichkeiten für den computergestützten Sprachunterricht. Tübingen (Gunter Narr) 1992.

Kubicek, Herbert; Braczyk, Hans-Joachim; Klumpp, Dieter u.a (Hrsg.): Lernort Multimedia. Jahrbuch Telekommunikation und Gesellschaft 1998. Heidelberg (R. v. Decker's) 1998.

Kühn, Peter (Hrsg.): Hörverstehen im Unterricht Deutsch als Fremdsprache. Frankfurt am Main (Peter Lang Europäischer Verlag der Wissenschaften) 1996. (= Werkstattreihe Deutsch als Fremdsprache. 53)

Kuwan, Helmut: Selbstorganisiertes Lernen bei Erwerbstätigen. Aus: Bos, Wilfried; Tarnai, Christian (Hrsg.): Ergebnisse qualitativer und quantitativer Empirischer Pädagogischer Forschung. Münster, New York, München, Berlin (Waxmann) 1996. S. 105-114.

Land, Susan M.; Hannafin, Michael J.: Patterns of Understanding with Open-ended Learning Environments: A Qualitative Study. In: ETR&D (Educational Technology Research and Development), 45. Jg. (1997), H. 2, S. 47-73.

Langer, Susanne: Philosophie auf neuem Wege. Das Symbol im Denken, im Ritus und in der Kunst. Frankfurt a. M. 1982.

Laroy, C.: Pronuncation. New York (Oxford University Press) 1995.

Legenhausen, L.: Textproduktion in Kleingruppen: Zum Problem der Datenerhebung in der L2-Forschung. In: Die Neueren Sprachen, 1993, H. 92, S. 215-227.

Legewie, Heiner: Vorwort zur deutschen Ausgabe. Aus: Strauss, Anselm; Corbin Juliet (Hrsg.): Grundlagen Qualitativer Sozialforschung. Weinheim (Psychologie Verlags Union) 1996. S. VII-VIII.

Legutke, Michael K.: Neue Medien und die Produktion komplexer Lernwelten: Gründe, warum es sich lohnt, neu über Lehrwerke nachzudenken. Aus: Bausch, Karl-Richard; Christ, Herbert; Königs, Frank G. et.al. (Hrsg.): Die Erforschung von Lehr- und Lernmaterialien im Kontext des Lehrens und Lernens fremder Sprachen. Tübingen (Gunter Narr Verlag) 1999. (= Giessener Beiträge zur Fremdsprachendidaktik) S. 129-137.

Levy, Michael: Computer-assisted Language Learning. Context and Conceptualization. Oxford (Clarendon) 1997.

Luca, Renate: Titanic - Filmerleben in psychoanalytischer Sicht: Beispiele der Filmrezeption und medienpädagogische Überlegungen. Aus: Gemeinschaftswerk der Evangelischen Publizistik e.V. (GEP) (Hrsg.): Filmerleben: Zur emotionalen Dramaturgie von Titanic. Frankfurt am Main (GEP) 1999. (= TEXTE - Sonderheft der Zeitschrift medien praktisch. 2) S. 41-51.

Ludwig, Joachim: Lernende verstehen. Lern- und Bildungschancen in betrieblichen Modernisierungsprojekten. Bielefeld (Bertelsmann) 2000. (= Theorie und Praxis der Erwachsenenbildung)

Lynch, Patrick J.; Horton, Sarah: Web Style Guide. Basic Design Principles for Creating Web Sites. New Haven, London (Yale University Press) 1999.

Mand, Heinz; Gruber, Hans; Renkl, Alexander: Situiertes Lernen in multimedialen Lernumgebungen. Aus: Issing, Ludwig J.; Klimsa, Paul (Hrsg.): Information und Lernen mit Multimedia. Weinheim (Psychologie Verlags Union) 1997. S. 167-178.

McMeniman, Marilyn; Evans, Robyn: CALL through the eyes of teachers and learners of Asian languages: Panacea or business as usual?. In: ON-CALL, Vol. 12 No. 1, (1998), (http://www.cltr.uq.edu.au/oncall/mcmen121.html) (24.03.2002)

Meier, Anne: Qualitätsbeurteilung von Lernsoftware durch Kriterienkataloge. Aus: Holz, Heinz; Schenkel, Peter (Hrsg.): Evaluation multimedialer Lernprogramme und Lernkonzepte. Berichte aus der Berufsbildungspraxis. Nürnberg (Bildung und Wissen) 1995. S. 149-191.

Meuser, Michael; Nagel, Ulrike: Das ExpertInneninterview - Wissenssoziologische Voraussetzungen und methodische Durchführung. Aus: Friebertshäuser, Barbara ; Prengel, Annedore (Hrsg.): Handbuch Qualitative Forschungsmethoden in der Erziehungswissenschaft. Weinheim, München (Juventa Verlag) 1997. S. 481-491.

Meutsch, D.: Text- und Bildoptimierung. Theoretische Voraussetzungen für die praktische Optimierung von Print- und AV-Medien: Verständlichkeitsforschung und Wissenstechnologie. Aus: Antos, G. (Hrsg.):

Textoptimierung: das Verständlichermachen von Texten als lingugistisches, psychologisches und praktisches Problem. Frankfurt a. M. 1989. S. 8-37.
Mikos, Lothar: Perspektiven qualitativer Medien- und Kommunikationsforschung. In: Medien praktisch, 22. Jg. (1998), H. 87, S. 4-13.
Morschitzky, Hans: Gedächtnis. http://www.panikattacken.at/gedaechtnis/gedaecht.htm (23.03.2002).
Mruck, Katja; unter Mitarbeit von Günter Mey: Qualitative Sozialforschung in Deutschland. In: Forum Qualitative Sozialforschung / Forum: Qualitative Social Research (On-line Journal), Nr. (1), (http://qualitative-research.net/fqs) (23.03.2003).
Müller, B.-D.: Handlungsorientierter Mediengebrauch. Grundlage für einen alternativen Deutschunterricht? In: Jahrbuch Deutsch als Fremdsprache, 1981, H. 7, S. 166-185.
Müller, Martin; Wertenschlag, Lukas; Wolff, Jürgen (Hrsg.): Autonomes und partnerschaftliches Lernen. Modelle und Beispiele aus dem Fremdsprachenunterricht. Berlin und München (Langenscheidt) 1989. (= Fremdsprachenunterricht in Theorie und Praxis)
Multhaup, U.; Wolff, D. (Hrsg.): Prozeßorientierung in der Fremdsprachendidaktik. Frankfurt a. M. 1992.
Narciss, Susanne; Körndle, Hermann: Studierplatz 2000. Vernetzte Informationssysteme in der universitären Lehre - Einsatzmöglichkeiten, Grenzen und Perspektiven. In: medien psychologie, 11. Jg. (1999), H. 1, S. 38-55.
Negretti, Raffaella: Web-based Acitivities And SLA: A Conversation Analysis Research Approach. In: Language Learning & Technology, Vol. 3, No. 1, July, (1999), S. 75-87.
Niehoff, Marion: Video im Fremdsprachenunterricht (DaF). Unveröffentlichte Magisterarbeit. Bielefeld 1996.
Opaschowski, Horst W.: User & Loser. Die gespaltene Informationsgesellschaft. In: Medien praktisch, 23. Jg. (1999), H. 91, S. 8-9.
Pfeiffer, Waldemar: Fremdsprachendidaktik und Mediendidaktik. Aus: Ehnert, Rolf; Piepho, Hans-Eberhard (Hrsg.): Fremdsprachenlernen mit Medien. Festschrift für Helm von Faber. München (Hueber) 1986. S. 35-44.
Pichler, Martin: "Renaissance der Didaktik". In: wirtschaft & weiterbildung, (2002) H. 03/ März, S. 42-45.
Piening, Dorothea: Das Projekt Assesment of Prior Experiential Learning. Bewertungssysteme nicht-formalen Lernens in Europa. European Research Project. (http://www.erill.uni-bremen.de/apel/doc/bbj.html) (23.03.2002).
Prengel, Annedore: Perspektivität anerkennen - Zur Bedeutung von Praxisforschung in Erziehung und Erziehungswissenschaften. Aus: Friebertshäuser, Barbara ; Prengel, Annedore (Hrsg.): Handbuch Qualitative Forschungsmethoden in der Erziehungswissenschaft. Weinheim, München (Juventa Verlag) 1997. S. 599-627.
Rammert, Werner; Böhm, W.; Olscha, Ch. et.al.: Vom Umgang mit Computern im Alltag. Fallstudien zur Kultivierung einer neuen Technik. Opladen (Westdeutscher Verlag) 1991. (= Sozialverträgliche Technikgestaltung / Materialien und Berichte. 28)
Rampillon, Ute: Be aware of awareness - oder: Beware of awareness? Gedanken zur Metakognition im Fremdsprachenunterricht der Sekundarstufe I. Aus: Rampillon, Ute; Zimmermann, Günther (Hrsg.): Strategien und Techniken beim Erwerb fremder Sprachen. Ismaning (Hueber) 1997. S. 173-184.
Rampillon, Ute; Zimmermann, Günther (Hrsg.): Strategien und Techniken beim Erwerb fremder Sprachen. Ismaning (Hueber) 1997.
Reinfried, Marcus: Das Bild im Fremdsprachenunterricht. Eine Geschichte der visuellen Medien am Beispiel des Französischunterrichts. Tübingen (Gunter Narr) 1992. (= Giessener Beiträge zur Fremsprachendidaktik)
Reinmann-Rothmeier, Gabi; Mandl, H.: Wenn kreative Ansätze versanden: Implementation als verkannte Aufgabe. In: Unterrichtswissenschaft. 26. Jg. (1998), H. 4, S. 292-311.
Riemer, Claudia: Individuelle Unterschiede im Fremdsprachenerwerb: eine Longitudinalstudie über die Wechselwirksamkeit ausgewählter Einflußfaktoren. Baltmannsweiler (Schneider-Verl.) 1997. (= Perspektiven Deutsch als Fremdsprache. 8)
Röll, Franz Josef: Pädagogik als Navigation. Eine Antwort auf wachsende Bildumwelten und digitale Kommunikation. Aus: Gesellschaft für Medienpädagogik und Kommunikationskultur (GMK) (Hrsg.): Mensch & Medien. Pädagogische Konzepte für eine humane Mediengesellschaft. Bielefeld 2001. (= Themen - Rundbrief Nr. 44) S. 56-63.
Rösler, Dietmar: Autonomes Lernen? Neue Medien. In: Info DaF (Informationen Deutsch als Fremdsprache), 25. Jg. (1998), H. 1, S. 3- 20.
Rösler, Dietmar: 21 Anmerkungen zur Entwicklung von Lehrmaterialien im Kontext der Neuen Medien. Aus: Bausch, Karl-Richard; Christ, Herbert; Königs, Frank G. et.al. (Hrsg.): Die Erforschung von Lehr- und Lernmaterialien im Kontext des Lehrens und Lernens fremder Sprachen. Tübingen (Gunter Narr Verlag) 1999. (= Giessener Beiträge zur Fremdsprachendidaktik) S. 189-196.

Rösler, Dietmar: Foreign-language learning with the new media: between the sanctuary of the classroom and the open terrain of natural language acquisition. In: gfl-journal, (2000), H. 1, S. 16-31. (http://www.gfl-journal.de/1-2000/roesler.pdf) (24.03.2002)

Roth, H.: Pädagogische Psychologie des Lehrens und Lernens. Hannover (7. Aufl., Schroedel) 1963.

Rothenhäusler, Rainer; Ulrich, Andreas: Kommst du mit nach Mensa?- Welche grammatischen Strukturen werden im Anfängerunterricht DaF tatsächlich erworben? In: Info DaF (Informationen Deutsch als Fremdsprache), 21. Jg. (1994), H. 1, S. 96-101.

Rüschoff, Bernd; Wolff, Dieter: Fremdsprachenlernen in der Wissensgesellschaft. Ismaning (Hueber) 1999.

Salomon, G.: Interaction of Media, Cognition, and Learning. Hillsdale 1994.

Scheele, Brigitte; Groeben, Norbert: Das Forschungsprogramm Subjektive Theorien. Theoretische und methodologische Grundzüge in ihrer Relevanz für den Fremdsprachenunterricht. In: FLuL (Fremdsprachen Lehren und Lernen), 27. Jg. (1998), S. 12-31.

Schell, F. (Hrsg.): Kritische Bestandsaufnahme medienpädagogischer Bemühungen. Aus: Schell, F.: Aktive Medienarbeit mit Jugendlichen, Theorie und Praxis. München 1993.

Schenkel, Peter: Einführung. Aus: Holz, Heinz; Schenkel, Peter (Hrsg.): Evaluation multimedialer Lernprogramme und Lernkonzepte. Berichte aus der Berufsbildungspraxis. Nürnberg (Bildung und Wissen) 1995. S. 11-22.

Schiffler, Ludger: Texte unter dem Aspekt des autonomen Lerners. Aus: Bausch, Karl-Richard; Christ, Herbert; Königs, Frank G. et.al. (Hrsg.): Die Erforschung von Lehr- und Lernmaterialien im Kontext des Lehrens und Lernens fremder Sprachen. Tübingen (Gunter Narr Verlag) 1999. (= Giessener Beiträge zur Fremdsprachendidaktik) S. 206-217.

Schilder, Hanno: Unterrichtsmittel und Medien. Aus: Bausch, Karl- Richard; Christ, Herbert; Krumm, Hans-Jürgen (Hrsg.): Handbuch Fremdsprachenunterricht. Tübingen, Basel (Francke) 1995. S. 503-508.

Schmidt, Christiane: "Am Material": Auswertungstechniken für Leitfadeninterviews. Aus: Friebertshäuser, Barbara; Prengel, Annedore (Hrsg.): Handbuch Qualitative Forschungsmethoden in der Erziehungswissenschaft. Weinheim, München (Juventa Verlag) 1997. S. 544-568.

Schrader, Josef: Selbstgesteuertes Lernen und Lernstile Erwachsener. Aus: Bos, Wilfried; Tarnai, Christian (Hrsg.): Ergebnisse qualitativer und quantitativer Empirischer Pädagogischer Forschung. Münster, New York, München, Berlin (Waxmann) 1996. S. 171-183.

Schröder, Hartmut: Evaluierungskriterien für multimediale Lernprogramme. Ein Raster für die Praxis. Aus: Schröder, Hartmut; Wazel, Gerhard (Hrsg.): Fremdsprachenlernen und interaktive Medien. Dokumentation eines Kolloquiums an der Europa-Universität Viadrina 21.-24 März 1996 Frankfurt (Oder) Frankfurt (Oder) (Peter Lang) 1998. S. 97-102.

Schröder, Hartmut; Konitzer, Werner; Niehoff, Marion; Wagner, Kirsten: Abschlussbericht zur wissenschaftlichen Begleitung des ADAPT-Projektes. "Informieren, Arbeiten und Lernen in einem lokalen Netz kleiner und mittlerer Unternehmen (KMU) im östlichen Brandenburg" der Deutschen Angestellten Akademie Frankfurt (Oder). Frankfurt (Oder) 1999.

Schröder, Hartmut; Wazel, Gerhard (Hrsg.): Fremdsprachenlernen und interaktive Medien. Dokumentation eines Kolloquiums an der Europa-Universität Viadrina 21.-24 März 1996 Frankfurt (Oder). Frankfurt (Oder) (Peter Lang) 1998.

Schulmeister, Rolf: Grundlagen hypermedialer Lernsysteme. Theorie - Didaktik - Design. Bonn, Paris, Reading u.a. (Addison- Wesley) 1996.

Schulze, Theodor: Interpretation von autobiographischen Texten. Aus: Friebertshäuser, Barbara; Prengel, Annedore (Hrsg.): Handbuch Qualitative Forschungsmethoden in der Erziehungswissenschaft. Weinheim, München (Juventa Verlag) 1997. S. 323-339.

Schulze-Lefert, Petra; Weiland, Karl: Der halbautonome Lernweg. Aus: Müller, Martin; Wertenschlag, Lukas; Wolff, Jürgen (Hrsg.): Autonomes und partnerschaftliches Lernen. Modelle und Beispiele aus dem Fremdsprachenunterricht. Berlin und München (Langenscheidt) 1989. (= Fremdsprachenunterricht in Theorie und Praxis) S. 131-144.

Schumann, A.: Vogel, K.; Voss, B. (Hrsg.): Hörverstehen: Grundlagen, Modelle, Materialien zur Schulung des Hörverstehens im Fremdsprachenunterricht der Hochschule. Tübingen 1984.

Schwab, Jürgen; Stegmann, Michael: Die Windows-Generation. Profile, Chancen und Grenzen jugendlicher Computeraneignung. München (KoPäd Verlag) 1999.

Schwerdtfeger, Inge C.: Sehen und Verstehen. Arbeit mit Filmen im Unterricht Deutsch als Fremdsprache. Berlin und München (Langenscheidt) 1989. (= Fremdsprachenunterricht in Theorie und Praxis)

Schwerdtfeger, Inge C.: Kulturelle Symbole und Emotionen im Fremdsprachenunterricht. Umriß eines Neuansatzes für den Unterricht von Landeskunde. In: Info DaF (Informationen Deutsch als Fremdsprache), 1991, H. 3, S. 237-251.

Seel, Norbert N.: Psychologie des Lernens. München (Ernst Reinhardt Verlag) 2000.

Selwyn, Neil: The Continuing Weaknesses of Educational Computing Research. In: British Journal of Educational Technology, Vol. 28, Issue 4, 1997, S. 305-307.

Shyu, H.; Brown, S. W.: Learner-control: The effects on learning a procedural task during computer-based videodisk instruction. In: International Journal of Instructional Media, 1995, H. 22, S. 217-231.

Silvern, L. C.: Basic analysis. Los Angeles (Education and Training Consultants Company) 1965.

Singhal, Meena: Computer Mediated Communication (CMC): Technology for enhancing foreign language/culture education. In: ON-CALL, Vol. 12 No. 1, (1998), (http://www.cltr.uq.edu.au/oncall/singhal121.html) (24.03.2002)

Smith, P. L.; Ragan, T. J.: Instructional design. New York (Merill) 1993.

Smith, Mike; Salam, Urai: Web-based ESL courses: A search for industry standards. In: Call-EJ Online, Vol. 2, No. 1, 2000, (23.03.2002) (http://www.clec.ritsumei.ac.jp/english/callejonline/5-1/msmith&salam.html)

Solmecke, Gert: Ohne Hören kein Sprechen. Bedeutung und Entwicklung des Hörverstehens im Deutschunterricht. In: Fremdsprache Deutsch, 1992, H. 7, S. 4-11.

Solmecke, Gert: Zur Überprüfung der Hörverstehensleistung fortgeschrittener Lernender: Aufgabenformen und Probleme der Leistungsbewertung. In: Info DaF (Informationen Deutsch als Fremdsprache), 26. Jg. (1999), H. 4, S. 313-326.

Spiel, Christiane; Kastner-Koller, Ursula; Deimann, Pia (Hrsg.): Motivation und Lernen aus der Perspektive lebenslanger Entwicklung. Münster, New York, München, Berlin (Waxmann) 1996.

Steinberg, E. R.: Cognition and learner control: A literature review, 1977-1988. In: Journal of Computer Based Instruction, 16. Jg. (1989), H. 4, S. 117-121.

Steinke, Ines: Kriterien für die Bewertung qualitativer Forschung. (Dissertation an der Technischen Universität Berlin) 1998.

Straka, Gerald A.; Stöckl, Markus (Hrsg.): Selbstgesteuertes Lernen und Wissensmanagement. Bremen 2001. (= Forschungs- und Praxisbericht Nr. 8) (http://www-user.uni-bremen.de/~los/german/band8/inhalt.htm) (24.03.2002)

Stöckl, Markus; Straka, Gerald A.: Lernen im Unternehmen. Aus: Straka, Gerald A.; Stöckl, Markus (Hrsg.): Selbstgesteuertes Lernen und Wissensmanagement. Bremen 2001. (= Forschungs- und Praxisbericht Nr. 8) (http://www-user.uni-bremen.de/~los/german/band8/inhalt.htm) (24.03.2002)

Straka, Gerald A.; Stöckl, Markus: Entschulung der Berufsbildung? Bremen 1999. (= Forschungs- und Praxisbericht Nr. 3, (24.03.2002) (http://www-user.uni-bremen.de/~los/german/band3/inhalt.htm)

Strauss, Anselm L.: Grundlagen qualitativer Sozialforschung. München (Fink) 1991.

Strauss, Anselm L.: Grundlagen qualitativer Sozialforschung: Datenanalyse und Theoriebildung in der empirischen und soziologischen Forschung. München (Wilhelm Fink) 1994.

Strauss, Anselm L.; Corbin, J.: Basics of Qualitative Research. London (Sage) 1990.

Strauss, Anselm; Corbin Juliet (Hrsg.): Grundlagen Qualitativer Sozialforschung. Weinheim (Psychologie Verlags Union) 1996.

Strittmatter, P.: Wissenserwerb mit Bildern bei Film und Fernsehen. Aus: Weidenmann, B. (Hrsg.): Wissenserwerb mit Bildern. Bern 1994. S. 177-196.

Strittmatter, Peter; Mauel Dirk: Einzelmedium, Medienverbund und Multimedia. Aus: Issing, Ludwig J.; Klimsa, Paul (Hrsg.): Information und Lernen mit Multimedia. Weinheim (Psychologie Verlags Union) 1997. S. 47-61.

Susen, Axel: Spracherkennung. Kosten, Nutzen, Einsatzmöglichkeiten. Berlin; Offenbach (VDE-Verlag) 1999.

Tenberg, Reinhard: Before you go online: A feasibility study for distance-taught courses in German at the DSLC. In: gfl-journal, no. 3, 2000, S. 1-18.

The Cognition and Technology Group at Vanderbilt: The Jasper experiment: An exploration of issues in learning and instructional design. In: ETR&D (Educational Technology Research and Development), 40. Jg. (1992), H. 1, S. 65-80.

Thiering, Christian: Medieneinsatz und Persönlichkeitsförderung. In: Neusprachliche Mitteilungen aus Wissenschaft und Praxis, 51. Jg. (1998).

Toyoda, Etsuko: Exercise of Learner Autonomy in Project-Oriented CALL. In: Call-EJ Online, Vol. 2, No. 2, January 2001, (24.03.2002) (http://www.clec.ritsumei.ac.jp/english/callejonline/5-2/toyoda.html)

Tulodziecki, Gerhard: Multimediale Angebote. Lern-lehrtheoretische Grundlagen, didaktische Perspektiven. In: Medien praktisch, 23. Jg. (1999), H. 92, S. 10-13.

Turtschi, Ralf: Mediendesign. Zeitungen, Magazine, Screendesign. Schweiz, Liechtenstein (Niggli) 1998.

Vogt, Karin: "Fremdsprachenlernen mit dem Internet - Untersuchung zum lernfördernden Potenzial des Internet bei der Einbindung in einen lernerautonomisierenden Fremdsprachenunterricht bei Erwachsenen". Bielefeld, 2000. (http://archiv.ub.uni-bielefeld.de/disshabi/lili.htm) (24.03.2002)

Weidenmann, B. (Hrsg.): Wissenserwerb mit Bildern. Bern 1994.

Weinert, Franz E.: Selbstgesteuertes Lernen als Voraussetzung, Methode und Ziel des Unterrichts. In: Unterrichtswissenschaft, 10. Jg. (1982), H. 2, S. 99-110.

Weinert, Franz E.: Warum, wozu und wodurch sollte zum Lernen motiviert werden? Aus: Spiel, Christiane; Kastner-Koller, Ursula; Deimann, Pia (Hrsg.): Motivation und Lernen aus der Perspektive lebenslanger Entwicklung. Münster, New York, München, Berlin (Waxmann) 1996. S. 5-14.

Weinstein C. E.; Van Mater Stone, G.: Broadening our conception of general education: The self-regulated learner. New Directions for Community Colleges, (1993), H. 21, S. 31-39.

Westenkirchner, Robert: Praxiskonzepte für Neue Medien in der Aus- und Weiterbildung. Aus: Döring, Klaus W.; Ritter-Mamczek, Bettina (Hrsg.): Medien in der Weiterbildung. Weinheim (Deutscher Studien Verlag) 1998. S. 238-256.

Widdowson, Henry G.: The pedagogic relevance of language awareness. In: FLuL (Fremdsprachen Lehren und Lernen), 26. Jg. (1997), S. 33-43.

Wolf, W.: Die Medien, das sind wir selbst. Handbuch für die Medienarbeit in der Schule. Praktische Beispiele und theoretische Ansätze integrativer Medienpädagogik. Reinbeck bei Hamburg (Rowohlt Verlag) 1989.

Wolff, D.: Lern- und Arbeitstechniken für den Fremdsprachenunterricht: Versuch einer theoretischen Fundierung. Aus: Multhaup, U.; Wolff, D. (Hrsg.): Prozeßorientierung in der Fremdsprachendidaktik. Frankfurt a. M., 1992. S. 101-120.

Wolff, Armin; Köppel, Anette; Stein-Meintker, Anneliese (Hrsg.): Autonomes Lernen; Lernpsychologie im Fremdsprachenunterricht; Deutsch als Fremdsprache im internationalen Kontakt; Qualitätskriterien für Sprachkurse DaF im außeruniversitären Bereich. Regensburg (Fachverband Deutsch als Fremdsprache) 1996. (= Materialien Deutsch als Fremdspache. Heft 42)

Zimmer, Gerhard: Mit Multimedia vom Fernunterricht zum offenen Fernlernen. Aus: Issing, Ludwig J.; Klimsa, Paul (Hrsg.): Information und Lernen mit Multimedia. Weinheim (Psychologie Verlags Union) 1997. S. 337-352.

2. Verzeichnis der Abkürzungen

d.V.:	der VerfasserInnen
HT:	Hörtext
M.W.U.:	Mehrere Worte unverständlich
UNV.:	Unverständlich
S:	Sitzung
FSU:	Fremdsprachenunterricht
i.d.R.:	In der Regel

3. Abbildungsverzeichnis

Abbildung 1: Rolle und Funktion von Instruktionsmedien (Strittmatter, Mauel 1997: 54)	25
Abbildung 2: Simplifiziertes Schema des Fremdsprachenerwerbs (Riemer 1997: 235)	43
Abbildung 3: Übung (Edelmann 1997: 407)	51
Abbildung 4: Selbstgesteuertes Lernen und individuelles Wissensmanagement (Stöckl, Straka (Hg.) 2001; http://www-user.uni-bremen.de/~los/german/band8/kap2_5.htm)	56
Abbildung 5: Implizite Förderung (Straka, Stöckl 1999)	57
Abbildung 6: Individuelle Einflüsse im Fremdsprachenerwerb (Riemer 1997: 233)	63
Abbildung 7: Flache Organisation	77
Abbildung 8: Verschachtelte Organisation	77
Abbildung 9: Sequenz I	78
Abbildung 10: Sequenz II	78
Abbildung 11: Raster	78
Abbildung 12: Hierarchie	78
Abbildung 13: Netz	79
Abbildung 14: Organisationsmodelle im Vergleich I (Lynch, Horton 1999: 30)	79
Abbildung 15: Organisationsmodelle im Vergleich II (Lynch, Horton 1999: 31)	80
Abbildung 16: Skizze des Selbstlernstudios der BTU Cottbus	122
Abbildung 17: Fiktives Beispiel zur Illustration der Situation der Fremdsprachenlernenden	123
Abbildung 18: Theoretisches Modell zum selbstorganisierten Fremdsprachenlernen mit Multimedia	126

Abbildung 19: Prozessmodell zum bedürfnis- u. erfolgsorientierten Fremdsprachenlernen mit Multimedia 175
Diagramm 1: Verzeichnis möglicher Reaktionen auf Hörverstehensaufgaben (Solmecke 1999: 320) 189

4. Verzeichnis der Tabellen

Tabelle 1: Gedächtnissysteme im Überblick (Morschitzky 2002) 47
Tabelle 2: Zeichen und deren Bedeutungen in der Transkription 110
Tabelle 3: UntersuchungsteilnehmerInnen: Demografische Informationen 117
Tabelle 4: Fremdsprachen und Aktivitäten im Zeitraum der Untersuchung 118
Tabelle 5: Erfahrung mit Lernsoftware 119
Tabelle 6: Übersicht über Strategiekodierungen 154
Tabelle 7: Übersicht über Bedingungskodierungen 170

5. Belegstellen

5.1. Persönliche Bedingungen 219
5.1.1. Motivation 219
5.1.2. Ziel(e) 220
5.1.3. Erfahrungen/ subjektive Theorien 220
5.1.4. Andere Aktivitäten zum Fremdsprachenlernen 221
5.1.5. Lernbedarf kennen/ benennen 221
5.1.6. Kenntnisse zur Bedienung von Computern/ Affinität zum Medium 222

5.2. Äußere Voraussetzungen 222
5.2.1. Zugang zu Hardware/ Software 222
5.2.2. Verfügbarkeit von Lernumgebungen 223
5.2.3. (Technische) Beratung 223

5.3. Kernkategorie: Bedürfnis- und erfolgsorientiertes Fremdsprachenlernen mit Multimedia 223
5.3.1. Bedürfnisgerechte Auswahl treffen 223
5.3.1.1. Vergleichen von Lernumgebungen 224
5.3.1.2. Auswählen von Lernumgebungen 224
5.3.1.3. Auswählen innerhalb der Lernumgebung 224
5.3.1.4. Kombinieren von Lernumgebungen 225
5.3.2. Abwägen von Kosten/ Nutzen 225
5.3.3. Suchen nach bedürfnisgerechten Erfolgen 226
5.3.4. Kreativer Umgang mit dem Angebot (z.B. Abwandeln von Übungen) 226

5.4. Strategien 226
5.4.1. „Sich Vertraut Machen" 226
5.4.1.1. Orientieren 227
5.4.1.2. Anklicken 227
5.4.1.3. Handlungskonzepte entwickeln 227
5.4.2. Suchen 228
5.4.2.1. Suchen nach Informationen zum Inhalt 228
5.4.2.2. Suchen nach bestimmten Inhalten/ Methoden (Aktivitäten) 228
5.4.2.3. Suchen nach bestimmten Wegen (Navigation) 228
5.4.2.4. Beiläufiges Suchen 229
5.4.2.5. Suchen nach einer Möglichkeit zum Speichern der Ergebnisse 229
5.4.3. Strategien der Lernorganisation 229
5.4.3.1. Planen 229
5.4.3.2. Erinnern des Bearbeiteten 229
5.4.3.3. Punkte sammeln 230
5.4.4. Wahrnehmen und Verstehen 230
5.4.4.1. Überforderung der Wahrnehmung 230
5.4.4.2. Unterforderung der Wahrnehmung 230
5.4.4.3. Filtern anhand persönlicher Bedeutsamkeit 230

5.4.4.4. Hörverstehen...231
5.4.4.5. Leseverstehen...231
5.4.4.6. Sehverstehen...231
5.4.4.7. Übersetzen...232
5.4.5. Integrieren und Elaborieren...232
5.4.5.1. Monitoring und Reflexion...232
5.4.5.1.1. Selbstüberwachung, -kontrolle...232
5.4.4.1.1.1. Bewusste Sprachbetrachtung...233
5.4.5.2. Sprechen – Aussprache...234
5.4.5.2.1. Imitierendes Sprechen/ Nachsprechen...234
5.4.4.2.2. Lautes Lesen...234
5.4.4.2.3. Vergleichen (Audio-Aufnahme/ Musterbeispiel)...234
5.4.5.3. Wortschatzstrategien...235
5.4.6. Erfolgsorientiertes Üben...235
5.4.6.1. Ausführen von Übungen...235
5.4.6.2. Korrekturen/ Lösungen abrufen...235
5.4.6.3. Selbstkorrektur...236
5.4.6.4. Fehleranalyse...236
5.4.6.5. Antizipieren des Transfers...237
5.4.6.6. Gezieltes Wiederholen...237

5.5. Hinderliche Bedingungen der Lernumgebung...238
5.5.1. Mangelnde Information und Transparenz...238
5.5.1.1. Mangelnde Transparenz des Aufbaus und der Ziele...238
5.5.1.2. Mangelnde Transparenz der Bewertungsgrundlagen für Korrekturen/ Spracherkennung...238
5.5.1.3. Fehlende/ Unzureichende Informationen zum Inhalt...239
5.5.1.4. Fehlende Informationen zur Eingabe fremdsprachiger ‚Sonderzeichen'...239
5.5.1.5. Fehlende Informationen über Phonetik/ Rechtschreibung/ Grammatik der Fremdsprache...239
5.5.1.6. Mangelndes *Advance Organising*...240
5.5.2. Mangelnde Kontrollmöglichkeiten...241
5.5.2.1. Mangelnde Verfügbarkeit alternativer SprecherInnenstimmen...241
5.5.2.2. Keine Kontrolle über die Geschwindigkeit der Hörtexte...241
5.5.2.3. Mangelnde Kontrollmöglichkeiten über die Audio-Aufnahme...241
5.5.3. Kontextarme Sprache...242
5.5.3.1. Mangel an variierenden Kontexten...242
5.5.3.2. Isolierte Wörter und Phrasen...242
5.5.3.3. Mangelnde Sinnzusammenhänge...242
5.5.4. Unzureichende Angebote zur Semantisierung...243
5.5.4.1. Fehlende/ mangelnde Übersetzungen (wort- bzw. zeichengenau)...243
5.5.4.2. Einseitig, symbolhaft-bildlich kodierte Repräsentation fremdsprachigen Wortschatzes...243
5.5.5. Mangelnde Sprachkontrastivität...244
5.5.6. Mangelnde Fehleranalyse...245
5.5.6.1. Fehlende Rechtschreibfehlertoleranz...245
5.5.6.2. Keine Förderung sprachlicher Variation...245
5.5.6.3. Keine Hinweise auf die Art des Fehlers...246

5.6. Förderliche Bedingungen der Lernumgebung...246
5.6.1. Unterstützung von Installation und Konfiguration...246
5.6.2. Zugriffsmöglichkeiten auf bestimmte Inhalte...247
5.6.3. Vielfältige Modalitäten der Präsentation und der Übung...247
5.6.3.1. Hören – Sprechen – Aussprache...248
5.6.3.2. Schriftliche Darstellungen – Schreiben...248
5.6.4. Individuelle Ergebnissicherung...249
5.6.4.1. Protokollierung der Arbeit...249
5.6.4.2. Kennzeichnung bereits bearbeiteter Teile...250
5.6.4.3. Vergabe von Punkten o.ä...250
5.6.4.4. Speichermöglichkeit für subjektiv bedeutsame Inhalte...250
5.6.5. Förderung von Metakognitionen...251
5.6.5.1. Förderung der Selbstkorrektur der Fremdsprachenlernenden...251

5.6.6. Interaktivität und Personalisierung 251
5.6.7. Redundanz und Effizienz..252

5.7. Konsequenzen..**253**
5.7.1. Aktivierung, Festigung und Erweiterung der Kenntnisse und Fähigkeiten 253
5.7.2. Subjektives Erfolgsempfinden 254
5.7.3. Aufrechterhaltung der Motivation 255
5.7.4. Akzeptanz der Lernumgebung 256
5.7.5. Transfer...257

5.1. Persönliche Bedingungen

5.1.1. Motivation

Alexander, Interview, Z. 99: - E-Mail-Freundin.

Britt, Interview, Z. 16: - Sie braucht es für die Verständigung am Arbeitsplatz; - Zum Verstehen von Texten.

Carla, Interview, Z. 108-110: Ihren geplanten Aufenthalt in Island sieht sie auch unter dem Gesichtspunkt dort ihr Englisch zu verbessern (Geschäftssprache Englisch).

Carla, Interview, Z. 76-78: Durch Studium, Literatur und Auslandsaufenthalte hat sie gemerkt, „Sprachenlernen ist nie verkehrt".

Dirk, Interview, Z. 76-78: Zuvor während Interrail-Urlauben häufig die Erfahrung gemacht, dass man nicht weit kommt mit Englisch.

M: [...]* weil * es absehbar ist, dass Tochter lange bleibt, vielleicht auch für immer, das weiß man nicht, aber voraussichtlich jetzt, wie sie sagt, für immer, dass man dann, wenn sie mal Enkel hat, und unterhält, das ist also das Motiv, [...]. (Martina [S 1], Z. 99-103)

Martina, Interview, Z. 101-102: Martina Zimmer betont, dass ihr Interesse an Fremdsprachen von Anfang an bestand.

Martina, Interview, Z. 118-120: Ihre Teilnahme an der Untersuchung war für sie begleitet von der Frage, „was gibt mir die neue Technik?"

Martina, Interview, Z. 149-152: Im Kurs könne sie nicht so produktiv lernen, sie käme selten „dran". Durch die sofortige Korrektur durch die Lehrerin sei man krampfhaft am Überlegen, was sie als hemmend beim Sprechen erlebt.

Nadine, Interview, Z. 55: - Vorbereitung auf Auslandsaufenthalt; Nachbereitung.

Ralf, Interview, Z. 90-91: - Durch chinesische Kollegin wurde sein Interesse an Chinesisch-Unterricht geweckt.

Sonja, Interview, Z. 47: - Positive Einstellung zu Frankreich.

Sonja, Interview, Z. 57-59: Sie denkt generell, Fremdsprachenlernen sollte Spaß machen; man sollte Interesse an Sprachen haben.

Tanja, Interview, Z. 124-126: Für Tanja war Niederländisch zu lernen motiviert durch einen Urlaubsaufenthalt, sie wollte für den Urlaub lernen.

A: [...] ich war halt faul, das ist mein Problem, wenn ich Unterricht hab regelmäßig, da geh ich hin, wenn ich Kassette hab, die hör// mach ich einmal rein, und dann lass ich es ein Jahr lang liegen. [...] (Alexander, [S 1], Z. 786-789)

5.1.2. Ziel(e)

Dirk, Interview, Z. 148-151: Dirk hatte zu Beginn seiner Teilnahme an der Untersuchung ein klares Ziel vor Augen: Er wollte dieses Mal in seinem Sprachkursaufenthalt in den Intermedio-Kurs eingestuft werden.

Martina, Interview, Z. 133-135: Sie strebt nicht an, perfekt Englisch zu können, aber möchte sich unterhalten können (Umgangssprache).

Martina, Interview, Z. 93-94: - Lernen, um anzuwenden, nicht nur des Lernens wegen, jetzt in älteren Jahren „verpufft das bloß" sonst.

Ralf, Interview, Z. 116-121: Ralf sieht sein Fremdsprachenlernen im Zusammenhang mit seiner beruflichen Entwicklung. Er erzählt von seiner Strategie in der Wahl seiner Fremdsprachen, die beinhaltet, eher breite Grundlagen zu legen, um diejenige Fremdsprache, die er dann braucht, bei Bedarf zu intensivieren.

Sonja, Interview, Z. 68-71: Als Zusatz findet sie Lernsoftware ganz o.k.; aber für sie sei es grundsätzlich nicht die geeignete Form, da es ihr zu wenig Spaß macht. Sie würde es nur gezielt einsetzen, [...].

Carla, Interview, Z. 113-114: Sie will sich verständigen, wenn sie dort hin kommt.

C: [...] also dass ich so drauflos quatsche, obwohl ich nur die Wörter in Grundform weiß, das mach ich eigentlich eher ungern, * ich möchte dann wenn, das gleich eher richtig wissen [...]. (Carla [S 4], Z. 116-119)

A: [...] das muss jetzt erst mal kommen, das ist fest, das kann ich so übernehmen, und * brauchen dann// wissen dann, wie so ein Puzzlestück, brauch ich jetzt noch die Zeitform einsetzen, und und * die Freiheit, also sich in der Sprache zu bewegen, das kommt ja dann mit der Zeit trotzdem, das ist ja nicht * dass ALLES vorgegeben ist. [...] (Alexander, [S 1], Z. 646-652)

T: [...] also um sich ne gute Aussprache einzufangen, denke ich, ist es nicht so das Wahre, ne. [...] (Tanja, [S 3], Z. 102-104)

5.1.3. Erfahrungen/ subjektive Theorien

Zu den einzelnen Fremdsprachen (je nach Fall zwischen 2-8) s. Interviewzusammenfassungen (Anhang II, Zusatzband, http://www.sw2.euv-frankfurt-o.de/widok/mniehoff/):
Alexander, Z. 1-125
Britt, Z. 1-28
Carla, Z. 1-64
Dirk, Z. 1-79
Martina, Z. 1-100
Nadine, Z. 1-55
Ralf, Z. 1-114
Sonja, Z. 1-52
Tanja, Z. 1-122

Alexander, Interview, Z. 130-132: Er findet es sinnvoll, parallel Fremdsprachen zu lernen, weil es schneller geht als nacheinander.

A: [...] fällt mir zwar leicht irgendwie, mein bisschen Sprachen an sich zu lernen, aber * normalerweise, die meisten, die sonst Sprachen lernen, finde ich, die haben immer so auch so einen Literaturfimmel, und ** so ein anderer Menschentyp. Ich bin mehr so der logische Typus. [...] (Alexander, [S 1], Z. 856-861)

Carla, Interview, Z. 71-73: Sie hat früh den Eindruck gewonnen, dass sie kein „Fremdsprachenlerntyp" ist, weil ihr das Sprechen so sehr schwer gefallen ist.

Carla, Interview, Z. 106-107: sie braucht ein „grammatisches Strukturbild".

Nadine, Interview, Z. 57-59: Nadine schätzt sich als visuellen Lerntyp ein; sie braucht das Schriftbild zum Lernen, nur zu hören, fällt ihr sehr schwer.

Ralf, Interview, Z. 173: Er hält sich für einen visuellen Lerntyp.

Tanja, Interview, Z. 148-149: Sie meint, eine mathematische Art zu haben, sich Strukturen klar zu machen.

5.1.4. Andere Aktivitäten zum Fremdsprachenlernen

Alexander, Interview, Z. 89: Kurs an der Universität.

Britt, Interview, Z. 16: Englisch (VHS-Kurs seit über einem Jahr).

Carla, Interview, Z. 143-145: Sie „bastelt" jetzt an ihrem Vokabeltrainer, dass er sie z.b. verschiedene Formen abfragt; sie richtet sich verschiedene Lektionen ein.

Dirk, Interview, Z. 138-140: Fremdsprachige Literatur zu lesen ist für ihn eine Aktivität zum Fremdsprachenlernen, die er insbesondere für Englisch praktiziert.

Martina, Interview, Z. 78-82: - Selbst englischsprachige Bücher (u.a. Bilderbücher) ausleihen; - Korrespondieren mit der emigrierten Tochter; - Überlegt sich im Alltag häufig, wie sie etwas auf Englisch sagen könnte, wie etwas heißt.

Nadine, Interview, Z. 77-79: Sie äußert die Ansicht, dass es nicht möglich ist, alleine durch die Arbeit mit Lernsoftware eine Sprache zu lernen.

Ralf, Interview, Z. 148-152: Seit ca. zwei Jahren hat er sich für Sprachlernsoftware interessiert. Zuerst hat er sich englische CD-ROMs aus der Universitätsbibliothek ausgeliehen, später hat seine Französischlehrerin ihm eine Software empfohlen, die er sich auch besorgt hat.

Sonja, Interview, Z. 41: Kurse an der Universität.

5.1.5. Lernbedarf kennen/ benennen

Alexander, Interview, Z. 140-142: Alle Fremdsprachen auf „Top-Niveau" zu halten, hält er nicht für möglich: Italienisch und Französisch sind ihm nicht so wichtig.

Dirk, Interview, Z. 151-152: Er wusste, was er dafür können musste und hat „gezielt" daraufhingearbeitet.

Martina, Interview, Z. 135-137: Dazu benötige sie auch einen gewissen Wortschatz. Da ist sie noch auf der Suche, was das Vokabellernen betrifft.

M: [...] Und das// mir geht's, das richtig sprechen, sprechen, sprechen, ja? (I: Hmm) Immer damit. [...]. (Martina [S 1], Z. 161-162)

M: [...] Jetzt hab ich gerade dran gedacht, so an diese Zahlen, und das, das ist ja auch sehr wichtig, also Zahlen, das muss man beherrschen, mit dem Geld und so, das ist eine wichtige Sache. Und das richtig einprägen. Also Zahlen, da sage ich mir, die darf man nicht mehr im Kopf übersetzen, die muss man einfach// das englische Wort dann beherrschen. (Martina [S 1], Z. 422-428)

C: [...] ich glaub das mit dem Körper, das * kann ich noch gar nicht so gut, aber dann werd ich das mal probieren. [...] (Carla [S 3], Z. 8-10)
N: [...] dass ich einfach nur die Dings nicht kann, die ** Zahlen. ** Noch nicht, vielleicht sollt ich noch mal ankucken. [...] (Nadine [S 3], Z. 37-39)

R: [...] Aber da find ich es sinnvoller also erst mal (LACHT BISSCHEN) die Vokabeln zu können, und dann noch einen leichten Grammatikteil. Und wenn man den beherrscht, dann kann man die Sätze selber bilden. [...] (Ralf [S 1], Z. 70-74)

S: [...] Also Frau Riegel sagte gestern, das, was wir da gemacht haben, das * gibt's ja in Lektion 5, deswegen starte ich mal damit. [...] (Sonja [S 2], Z. 4-6)

S: [...] aber ich empfinde das für MICH als nicht so sehr wichtig, weil ich * möchte mich halt nur verständigen können, und * ich muss nicht perfekt sein. Ob ich nun * den Artikel richtig oder * falsch anwende, das ist mir eigentlich fast egal. [...] (Sonja [S 3], Z. 20-25)

T: [...] #Jo, also jetzt wie gesagt, noch bin ich# ja auf einer Ebene, wo mir auch so'n paar Wörter ganz lustig sind, und ich einfach denke, hören, hören, sprechen, sprechen, [...] (Tanja [S 4], Z. 197-200)

5.1.6. Kenntnisse zur Bedienung von Computern/ Affinität zum Medium

Alexander, Interview, Z. 148-151: Grundkenntnisse im Programmieren. Er hat eine Lernsoftware für Spanisch zu Hause, die ihm zu fortgeschritten war, zwei-/ dreimal reingeguckt in zwei Jahren.

Britt, Interview, Z. 42-43: Sehr viel PC-Erfahrung; keine Erfahrung mit Lernsoftware.

Carla, Interview, Z. 169-170: Carla hat mit Lernsoftware zur Softwarebedienung, Buchführung und Schreibmaschinenschreiben Erfahrung.

Dirk, Interview, Z. 172-175: Windows sei kein Problem, weil es viel Unterstützung biete (z.B. Quickinfo). Er hat geringe Erfahrung mit Lernsoftware. Er brachte die Software seiner Schwester mit, in die er schon mal reingeschaut hatte. Insgesamt habe er aber „nicht viel ausprobiert".

Martina, Interview, Z. 116-118: Sie äußert sich begeistert über das Fremdsprachenlernen mit multimedialer Software („Technik fantastisch zum Sprachenlernen").

Martina, Interview, Z. 180-184: Martina hatte den PC bisher als Schreibmaschine verwendet; Sie hat im beruflichen Umfeld eine technische Fachabteilung, die sich um alles kümmert, daher verfügt sie kaum über Erfahrung mit einem Betriebssystem. Keine Erfahrung mit Lernsoftware.

Nadine, Interview, Z. 86-88: Sie hat Grundkenntnisse in Programmiersprachen, z.B. C++. Bisher hat sie keine Erfahrung mit Lernsoftware, aber mit Spielen.

Ralf, Interview, Z. 179-180: Ralf hat eine Informatikausbildung, er kann algorithmieren; seit 2 Jahren einiges an Sprachlernsoftware (s.o.).

Sonja, Interview, Z. 79-80: S. hatte keine Erfahrung mit Lernsoftware; sie benutzt beruflich verschiedene Anwendungen.

Tanja, Interview, Z. 154: Anwenderin.

Tanja, Interview, Z. 157-158: Keine Erfahrung mit Lernsoftware. Musste sich parallel zur Untersuchung auch fortbilden in diesem Bereich.

M: [...] Ich glaube, hier muss man bisschen mehr Computerkenntnisse dann mitbringen, Window. [...] (Martina, [S 5], Z. 268-269)

5.2. Äußere Voraussetzungen

5.2.1. Zugang zu Hardware/ Software

Dirk, Interview, Z. 146-147: Allerdings würde er sich zu Hause wohl nicht so lange mit der Software beschäftigen.

M: [...] Ich will mal sehen, dass ich auch (LACHT) einen Computer krieg. Das, dass man alles kann. Find ich gut. [...] (Martina, [S 1], Z. 252-254)

M: [...] Na, ich ha// muss sagen, auf der Arbeit, da ist// haben wir immer eine Fachabteilung, die uns bei jedem bisschen hilft. (xxx) sozusagen nur am Arbeitsplatz und bedienen das, ja, und wenn mal irgendein Fehler auftritt, dann rufen wir an und dann kommen sie. Zuhause muss man das ja dann alles auch selber machen, die Kosten sind auch eine Frage, aber das würde mich nicht so stören, das nimmt man schon in Kauf. [...] (Martina, [S 1], Z. 274-281)

M: [...] So, dann würde ich zum Beispiel, wenn ich das jetzt zu Hause lernen würde, und ich hätte das, [...]. (Martina, [S 1], Z. 316-317)
N: [...] Aber ich find das auch 'n bisschen langweilig, ich find, so was kann man dann eher zu Hause nebenher mal machen und nicht unbedingt am Rechner hier. Hm. [...] (Nadine, [S 2], Z. 21-24)

5.2.2. Verfügbarkeit von Lernumgebungen

Carla, Interview, Z. 136: Für Isländisch hapere es an den Medien.

Ralf, Interview, Z. 152-156: Es sei auch eine Materialfrage, für Französisch und Englisch gäbe es sehr viele CD-ROMs. Er hatte für Chinesisch bisher keine Sprachlernsoftware gefunden, wobei er allerdings auch nicht richtig danach gesucht hat.

R: [...] Hier zu dem Programm? (I: Mm) *3* Hm ** ja, meine Englischkenntnisse sind zu dünn. Aber (LACHT) ja nee, ist so. [...] (Ralf, [S 4], Z. 418-420)

5.2.3. (Technische) Beratung

A: [...] Okay. Wollen wir es noch mal probieren hiermit? ** Ob er irgendwas jetzt annimmt? [...] (Alexander, [S 1], Z. 54-55)

A: [...] #N Check gibt's# nicht.? [...] (Alexander, [S 1], Z. 69)

A: [...] Aber wie ich mein eigenes Gesagtes abspiele, hab ich noch nicht rausgefunden. [...] (Alexander, [S 1], Z. 95-96)

A: [...] #Dann verändert sich irgendwas,# ja. Ah ja, ich probier's also noch mal, nur den oberen Teil. Also. *5* Es hat sich noch nichts verändert. Noch mal klicken. War das mit der Linken oder mit der Rechten? [...] (Alexander, [S 1], Z. 102-105)

A: [...] (LACHT) Na, egal. (I: Ja) Egal. Gehen wir weiter.
I: Also *
A: Funktioniert es nicht, ist nicht so schlimm. [...] (Alexander, [S 1], Z. 125-129)

S: [...] Kann sein, was es überhaupt// * (I: Ja) was möglich ist. Weißt du, wie das geht. [...] (Sonja, [S 2], Z. 166-167)

A: [...] Okay. Y ahora te, te toca a ti. Was heißt denn toca? [...] (Alexander, [S 1], Z. 696-697)

5.3. Kernkategorie: Bedürfnis- und erfolgsorientiertes Fremdsprachenlernen mit Multimedia

5.3.1. Bedürfnisgerechte Auswahl treffen

Ralf, Interview, Z. 163-169: Generell zum Lernen von Fremdsprachen sagt er, dass er mit zunehmender Erfahrung besser Fremdsprachen lernen könne: Ihm ist klar, was er lernen will, was ihm wichtig ist und was nicht. Er könne Prioritäten setzen und aufgrund eigener Bedürfnisse entscheiden, was für ihn mit seiner beruflichen Ausrichtung von Bedeutung ist.

C: [...] Ja, also ** so jetzt zum Schluss hab ich gemerkt, dass ich so Vokabeln oder so was, das ging jetzt schon ganz gut, aber ich weiß ganz genau, wenn ich das morgen wieder machen müsste, hab ich das alles vergessen, weil ich dann doch irgendwie ** ähm, weil ich zu wenig geschrieben gesehen habe, also ich hab's jetzt gehört, [...]. (Carla [S 1], Z. 94-99)

A: [...] Zum Beispiel bei, bei meinen Chinesischkursen, da hab ich noch keinen Optimalen gefunden, [...]. (Alexander [S 1], Z. 670-671)

5.3.1.1. Vergleichen von Lernumgebungen

S: [...] Jetzt würde ich mir gern noch mal die andere ankucken, und dann würde ich entscheiden, mit welcher ich beginne. [...] (Sonja [S 1], Z. 18-20)

D: [...] Wenn ich mir das jetzt halt ankucke, ist ein bisschen sinnvoller, als wenn ich * erst die andere erste Lektion * durchmache, und dann * das, oder?
I: Das hab ich jetzt nicht verstanden, die andere CD?
D: Wenn ich die jetzt durchgemacht hätte und mir dann jetzt hier die erste Lektion halt ankucke, das wär glaub ich nicht so * sinnvoll. [...] (Dirk [S 2], Z. 3-11)

M: [...] #Naja, bloß,# da könnte ich mir, um mir einen Urteil zu bilden, müsste man die Programme * kennen, ja, man müsste sie alle mal durchgecheckt haben und sagen, oh, das gefällt mir besonders, das kommt MEINER Art zu lernen am nächsten. [...] (Martina [S 3], Z. 128-132)

R: [...] Also jetzt * eine kurze Vorstellung, wie bei anderen Programmen. [...] (Ralf [S 1], Z. 19-20)

T: [...] also ** also mehr Spaß macht jetzt erst mal dies, [...]. (Tanja [S 5], 214)

5.3.1.2. Auswählen von Lernumgebungen

S: [...] Also ich glaube, ich fang mit dem anderen an, das ist mir hier doch zu fortgeschritten, * für mich, also es ist kein/ * hab ich jetzt so den Eindruck für mich. [...] (Sonja [S 1], Z. 67-70)

S: [...] Also, der andere gefällt mir viel besser. [...] (Sonja [S 1], Z. 84-85)

S: [...] Also ich würd sagen, ich brech jetzt hier ab und fang das nächste Mal mit dem anderen auf Lektion 1 an. [...] (Sonja [S 1], Z. 89-90)

M: [...] Schön. Also muss ich sagen, das werd ich mal vormerken, hier kann ich richtig lernen, mit dem Computer lernen. Das ist das, bei dem anderen Programm nicht ganz so gut ging. [...] (Martina, [S 4], Z. 208-211)

R: [...] Wollen wir mal kucken, was das andere Programm hergibt? [...] (Ralf [S 1], Z. 185)

R: [...] Hier, das, das sagt mir schon mal, * schon mal zu. Hier, das meinte ich vorhin in dem, in dem anderen Programm. [...] (Ralf [S 1], Z. 229-231)

5.3.1.3. Auswählen innerhalb der Lernumgebung

R: [...] also ** mir gefällt es besser nach der andern Methode, (I: Hm, hm) jeder hat so seine Vorlieben. (I: Ja) Deswegen gehen wir auch schnell raus. [...] (Ralf [S 4], Z. 230-233)

A: [...] * na gut, dann verabschieden wir uns gleich wieder, adiós. [...] (Alexander, [S 1], Z. 252-253)

C: [...] Ach Quatsch, da wollt ich jetzt gar nicht hin. [...] (Carla, [S 2], Z. 109-110)

C: [...] jetzt zum Schluss hab ich so versucht, auch zwischen den Lektionen hin- und herzuspringen [...]. (Carla [S 2], Z. 260-262)

M: [...] ja, ich kann jetzt einfach raus bei Lernen. (I: Hmm) Unterbreche einfach. [...] (Martina, [S 4], Z. 70-71)

5.3.1.4. Kombinieren von Lernumgebungen

N: [...] Ich weiß nicht, vielleicht mach ich jetzt noch die andere CD 'n bisschen zur Abwechslung, da mit diesem Hörensagen, und * (I: Hm) gut, dann mach ich das mal zu Ende. [...] (Nadine [S 1], Z. 79-82)

N: [...] also die beiden Programme zusammen wären glaub ich echt ** ganz gut. [...] (Nadine [S 1], Z. 163-164)

N: [...] Äh, ich find in Kombination die beiden Sprachprogramme ganz gut. Also wirklich, weil das eine halt * äh, wirklich mehr Hören und Sprechen ist, und das andere Grammatik. Also alleine, beide alleine find ich'n bisschen ** A) einseitig und auch langweilig, und ähm, ** äh * ja schwierig, also wenn man weder sprechen noch äh, noch hören kann da bei dem einen, oder bei dem anderen halt keine Grammatik hat, also in Kombination find ich's noch am besten. [...] (Nadine [S 1], Z. 118-126)

M: [...] Zehn Minuten hab ich noch, (I: Ja) könnten wir vielleicht das ANDERE bloß mal reinlegen? [...] (Martina, [S 4], Z. 223-224)

M: [...] das werde ich weitermachen, das ist schon so anspruchsvoll, da lern ich mehr. Das andere ist, das werd ich zwischendurch mal einlegen für eine Wiederholung, ja? [...] (Martina [S 6]; Z. 151-154)

D: [...] Man könnte das jetzt halt * gut halt auch nebeneinander halt machen, weil dieses Programm ist ja ziemlich still, da könnte gut nebenan am anderen Computer halt einer mit Bernardo da immer * Das Gequäke halt. [...] (Dirk, [S 2], Z. 256-260)

R: [...] Also ich glaube, naja, dann ist auch der, der * der Frust da, so nach dem Motto, oh, ich muss schon wieder den kompletten Satz nachschlagen. ** Also das würd ich dann wenig// * ja Lektion 10 oder jenachdem, wie, wie weit das aufbaut, würd ich dann damit äh, einsetzen (I: Hm, hm, ja) ** Sonst ist das Interesse recht schnell weg ** denk ich mir mal. [...] (Ralf [S 4], Z. 452-459)

5.3.2. Abwägen von Kosten/ Nutzen

Martina, Interview, Z. 120-122: Sie verfügt über ein geringes Zeitbudget für ihr „Hobby". Daher braucht sie „für wenig Zeit intensives Lernen".

N: [...] Äh ** dass sie halt ** zum Beispiel nicht direkt die, die Vokabeln angegeben haben, die im Text sind, sondern man kann jetzt Vokabeln nur fragen unter A oder B, man muss ganz konkret suchen, und nicht so, wie es bei dem anderen Programm war, bisschen leichter, dass sie halt dann die Vokabeln angeklickt haben. (I: Hmm) ** Zum Beispiel. ** Und jetzt hier, dass man sich das nur anhören kann, (xx), und ausdrucken höchstens. (HT) Oder jetzt hier. (HT) Man kann halt nicht nachsprechen, man kann nicht * ähhh ** also man kann nur hören * und lesen, man kann nichts schreiben, man kann nicht nachsprechen. * Und hier sieht man auch nicht gerade, ob man hier ne Übung zu hat oder so. [...] (Nadine [S 1], Z. 131-143)

R: [...] Ja, deswegen, man kann ja weder# die Lektionen noch die Blöcke einschätzen, die vorne da eingegeben sind. [...] (Ralf [S 1], Z. 113-114)

R: [...] Das ist das Problem, weil * also dass man die Zeit praktisch optimal nutzt und nicht hier ** um an ein Wort ranzukommen, wieder über drei kleine Sätze sich hier vorarbeiten muss. [...] (Ralf [S 3], Z. 123-126)

T: [...] Also ich find's dann auch einfach zu VIEL, ne, so was wie'n Artikel zum Beispiel merkst du dir ja überhaupt nicht, ne. Ich mein, da müsstest du es schon hundertmal durchmachen, [...]. (Tanja [S 4], Z. 90-93)

5.3.3. Suchen nach bedürfnisgerechten Erfolgen

Martina, Interview, Z. 122-124: „Da brauche ich jetzt eine Technik mit der ich auch zu einem Ergebnis komme, denn sonst macht es ja keinen Spaß" [...].

A: [...] Aber lieber ein bisschen mehr vorgeben, als ein bisschen zu wenig, weil * derjenige dann * ZU sehr nachdenken muss und dann irgendwann verzweifelt oder * zu sehr beschäftigt ist damit, rauszufinden, wie könnte denn das jetzt sein, als dass er sich merkt, wie es richtig ist. Weil es ist doch besser, meiner Meinung nach, wenn ich jetzt// wenn mir jemand sagt, wie es richtig ist, und ich merk es mir im Nachhinein, als wenn ich VERSUCHE, elendig viel Energie aufwende, erst mal selber rauszufinden, wie könnte ich denn das jetzt zusammenbasteln, und dann wird mir kurz danach gesagt, nee, das war falsch, andersrum wär es richtig gewesen, da ist erst mal, bäh, mm, doll, und * Motivation fehlt, und außerdem ist da schon viel Energie draufgegangen und Konzentration, die man sonst zum Speichern hätte * verwenden können. [...] (Alexander [S 2], Z. 650-666)

A: [...] jetzt, wo man das alles versteht, diesen Dialog, da ist doch schön, wenn man den jetzt noch mal am Ende, nach den Übungen noch mal, dass man den Dialog anhört. [...](Alexander, [S 1], Z. 600-603)

N: [...] Aber ich hab ja jetzt auch wieder bei der ersten Lektion da angefangen, für die Übungen jedenfalls, weil die zweite dann doch schon bisschen * schwieriger war. [...]. (Nadine [S 2], Z. 59-62)

R: [...] Ja, jetzt geht's natürlich an die Zeichensprache. Also das ist dann schon wieder für Fortgeschrittene * hier. (I: Hm) Also da, da bräuchte ich jetzt auch nicht einsteigen. [...] (Ralf [S 1], Z. 132-135)

Dirk, Interview, Z. 121-122: Sprachlich sollte es möglichst nützlich sein.

5.3.4. Kreativer Umgang mit dem Angebot (z.B. Abwandeln von Übungen)

M: [...] Ist ja richtig wie schön mit Spielchen. Da müsste man ja dazu sprechen. The United States. Germany. [...]. (Martina [S 1], Z. 87-88)

M: [...] ich jetzt dort wäre, und es würde mich einer ansprechen, dann würde ich mir das ja aufschreiben, #so denk ich, die Adresse, [...]. (Martina [S 2], Z. 130-132)

D: [...] Also dass eben die zweite Aufgabe immer * das Konjugieren dann halt ist, und das lern ich halt dann auch mit der Zeit, eben dass ich die Zweite immer schön überspringe. [...] (Dirk [S 1], Z. 196-199)

D: [...] Na, mal kucken. *3* Ja. (LACHT) (KOPIERT UND FÜGT EIN, STATT ZU TIPPEN) (M.W.U., ETWAS MIT "langsam") (I: Hmm) Mhmhm, ja, so überhole ich die anderen heute aber bestimmt. (LACHT) Ja, können wir ja schon mal * da weiter. [...] (Dirk, [S 3], Z. 28-32)

T: [...] Na, ich würd' mir das jetzt ja glatt auf Holländisch aufschreiben, aber das ist natürlich für dich ein bisschen langweilig. [...]. (Tanja [S 2], Z. 59-61)

5.4. Strategien

5.4.1. „Sich Vertraut Machen"

M: [...] #Ja, * bloß dass ich das Prinzip# hier rauskriege, ja. [...]. (Martina [S 1], Z. 36-37)
M: [...] So ist das gedacht, man muss * es erst nur noch schneller erfassen, dass man dann// ja, das ist, wenn man's dann weiß, geht es ja. So. Und jetzt noch mal. [...]. (Martina [S 1], Z. 168-170)

M: [...] Da muss man sich vertraut machen vorneweg, dass wir nicht hier so rumkurven, hier kann man nicht so rumkurven, das andere war einfacher. #Da kann man mehr kurven,# [...]. (Martina [S 5], Z. 255-258)

D: [...] Na gut, und sonst die Übungen, da * brauche ich halt, auch, wenn ich mich schon ein bisschen mit auskenne, halt auch immer so eine Anlaufphase halt, bis ich halt begreife, was er nun * genau will. [...] (Dirk [S 2], Z. 268-272)

S: [...] Weil ich kenn mich ja mit diesem Programm noch nicht weiter aus. [...] (Sonja [S 2], Z. 42-43)
S: [...] Gut, jetzt hab ich das System verstanden. Hat zwar ein bisschen gedauert, aber macht ja nichts. [...] (Sonja [S 2], Z. 116-117)

A: [...] ja, muss ich mich erst mal zurechtfinden, [...]. (Alexander [S1], Z. 47-48)

5.4.1.1. Orientieren

S: [...] Also jetzt kapier ich das noch gar nicht richtig, wo ich jetzt überhaupt bin, ich hab jetzt/ ich nehm an, in Grasse, nicht? Davon hat sie was gesagt. [...] (Sonja [S 1], Z. 40-42)

A: [...] Welche war das jetzt? Eins, zwei, drei. Ah, die Drei war das. [...] (Alexander [S 1], Z. 531-532)

A: [...] Wo war ich stehen geblieben? [...] (Alexander [S 1], Z. 591-592)

R: [...] So, na gut. (SEUFZT) ** Mal kucken. *5* (LACHT BISSCHEN) Ja, normalerweise kommt hier ein Dialogfeld. Hm. [...] (Ralf [S 1], Z. 13-15)

5.4.1.2. Anklicken

A: [...] weil ich * am Anfang dacht ich, das läuft von alleine erst mal, das Ding, musste ja doch klicken, [...]. (Alexander [S1], Z. 48-50)

S: [...] #Ja, du klickst es an,# und dann siehst du, * weiß zwar gar nicht, was das jetzt heißt, aber * ist bestimmt auch was Grundlegendes, aber das andere, das kann ich schon ungefähr verstehen. [...] (Sonja [S 1], Z. 31-34)

S: [...] Ich würde jetzt aber erst mal hier bleiben, und * verschiedene Sachen anklicken, um zu schauen, was da kommt. [...] (Sonja [S 1], Z. 58-60)

D: [...] ich weiß jetzt halt auch schon wieder gar nicht, was hier drin ist. *6* Also, hm *7* man kann das anklicken. *7* Also * die Bedienung ist da schon * anders. Zack. *30* Na, wie? *5* Also das Vokabelverzeichnis halt * ist ja blöd. [...] (Dirk [S 2], Z. 26-30)

5.4.1.3. Handlungskonzepte entwickeln

D: [...] Ich meine, wahrscheinlich wird's halt so sein, dass die Reihenfolge halt immer * gleich ist. [...] (Dirk [S 1], Z. 194-196)

D: [...] Hm. *2* (räuspert sich) Bei Übung 2 wird aber wieder konjugiert. [...] (Dirk [S 1], Z. 210-211)

D: [...] Ja, das kann ich schon wieder nicht * wegkriegen. Weg, weg, weg, weg (lacht bisschen). [...] (Dirk [S 1], Z. 217-218)

A: [...] Ich meine, das funktioniert dann erst im Nachhinein, dass man sich die einzelnen Sätze anhören kann. [...] (Alexander, [S 1], Z. 370-372)

C: [...] Tja, das war jetzt ziemlich * kompliziert, glaub ich. Jetzt werd ich mal versuchen, das zu sprechen, [...] (Carla, [S 1], Z. 7-8)

C: [...] ich wollte jetzt aber trotzdem mal gern wissen, was das schwere Spiel ist. Probier ich das mal beim Gemüse, ob ich das noch kann. [...] (Carla, [S 2], Z. 94-96)

5.4.2. Suchen

5.4.2.1. Suchen nach Informationen zum Inhalt

S: [...] Was mich jetzt noch interessieren würde, * wäre der Inhalt dieser CD? *2* Ich weiß jetzt nicht, wie ich da rankomme. (Unterbrechung) *6* Steht das auf dem Cover drauf, oder *4* #ah, hier ist es.# [...] (Sonja [S 1], Z. 10-13)

R: [...] Aha. Ja, ich meine, der Inhalt ist zwar da, aber mir fehlt so ein bisschen der Fahrplan hier. Weil im Anfangsstand muss man ja wissen, wo es mal hingehen soll. [...] (Ralf [S 1], Z. 143-146)

T: [...] mir fehlt da so wieder gesamte Überblick mal wieder, ne, also ** ich denke, jedenfalls, was ich jetzt eigentlich machen kann, ist, in die Dinger rein zu klicken, und das führt mich dann schon wieder * ähm, irgendwo ganz woanders hin. [...] (Tanja [S 5], Z. 9-13)

5.4.2.2. Suchen nach bestimmten Inhalten/ Methoden (Aktivitäten)

D: [...] ja, beim letzten Mal * war's dann halt so, dass ich das dann nicht so bemerkt hatte, dass die einem eigentlich so eine geführte Tour halt auch anbieten, und jetzt such ich's hier. [...] (Dirk [S 2], Z. 17-20)

D: [...](MURMELT) Und Stefan hat mir auch erzählt, hier gibt's so ein Sprachlabor ja doch * auch noch * dabei, [...]. (Dirk, [S 3], Z. 45-47)

C: [...] und ich such jetzt mal was. ** Ähm, * vielleicht so'ne Art Alphabet oder irgendso was kommt, [...]. (Carla, [S 1], Z. 25-26)

M: [...] Da werd ich mal kucken, welche Lektion hier * vorlernen. (LACHT) Nee. *4* (MURMELT) Schön. *28* Und gibt es hierzu * eine Aufstellung? Das ist ja jetzt so richtig geordnet nach bestimmten * Schwerpunkten, wo man zum Beispiel, wenn ich jetzt sagen würde, ich möchte jetzt gerne lernen, also, fällt mir gerade ein, Modalverben als Beispiel. [...] (Martina [S 2], Z. 76-82)

N: [...] Ich hab eben überlegt, äh, wie das ist mit demmmm * Nachsprechen, aber ich glaub, das kommt erst noch, ne? [...] (Nadine [S 2], Z. 89-90)

S: [...] Ich bin eigentlich erst mal auf der Suche, ich muss mich jetzt hier erst mal orientieren. Also ich würde das jetzt gern üben, aber ich weiß nicht wie. [...] (Sonja [S 2], Z. 40-42)

R: [...] Suchen wir mal nach Radikale. [...] (Ralf [S 4], Z. 300)

5.4.2.3. Suchen nach bestimmten Wegen (Navigation)

C: [...] Tja, jetzt such ich gerade wieder das Menü. [...] (Carla, [S 1], Z. 5)

D: [...] Ja, ist ein bisschen umständlich, oder? Jetzt dahinzukommen. *3* Also wenn man jetzt noch mal zurückgeht, oh, das wollte ich auch nicht. [...] (Dirk, [S 2], Z. 41-43)

M: [...] Aha. Ich hab nämlich jetzt gesucht, ich dachte, hier oben muss man jetzt drücken, aber das stimmt nicht, da kommt man ja dann in das Wörterbuch, Grammatik. [...] (Martina [S 1], Z. 399-402)

M: [...] Jetzt müssen wir mal sehen, ob man vielleicht hier rauskommt. [...] (Martina, [S 4], Z. 100-101)

M: [...] will bloß sagen, wie man hier RAUSkommt. [...] (Martina, [S 4], Z. 146-147)

N: [...] Wie kommt man den hier raus dann wieder [...]. (Nadine [S 1], Z. 86-87)

R: [...] Also was ich auch vermisse, ist, dass man hier mal zurück kann, also jetzt, dass ich meinetwegen einen Button habe, wo, wo ich direkt an den Anfang springen kann. [...] (Ralf [S 1], Z. 116-119)

S: [...] weiß nicht, wie ich da jetzt hinkommen soll. Ich seh keine Möglichkeit, ehrlich gesagt. [...] (Sonja [S 2], Z. 60-61)

5.4.2.4. Beiläufiges Suchen

D: [...] ich glaube, die Orte, die er vorschlägt, sind halt einfach, weil die nah (xxx) sind, oder?
I: Weil die was?
D: Weil die jetzt hier mit benachbart jetzt hier halt auf der Karte sind. *4*
I: Und deswegen meinst du, sind das naheliegende Themen, oder *
D: Nee, eben nicht.
I: Achso.
D: Wahrscheinlich sind es gar keine naheliegenden Themen, wahrscheinlich hat der * dieser Lernaufbau gar keine Reihenfolge, er schlägt einem halt jetzt die Orte vor, weil die * da nah dran sind. *2* Ja wahrscheinlich ist das dann *2* der/ * also, eine recht sinnlose Empfehlung. [...] (Dirk [S 1], Z. 242-263)

5.4.2.5. Suchen nach einer Möglichkeit zum Speichern der Ergebnisse

D: [...] Kann ich das jetzt irgendwie speichern, wo ich schon war?
I: *4* Bietet er einem nicht * an, ne? *2*
D: Wie, und wie merk ich mir das [...] (Dirk [S 1], Z. 165-170)

5.4.3. Strategien der Lernorganisation

5.4.3.1. Planen

D: [...] Ja, das müssten jetzt ja vierzig Lektionen halt sein. ** Und wenn ich jetzt zwei Lektionen in anderthalb Stunden halt * gemacht hab, ** dann ist das jetzt also so'n vierzig Stunden- *6* -kurs *8* Aber vielleicht wird man auch schneller. [...](D [S 1], 221-226)

A: [...] Machen wir das noch? Ach klar, wir gehen jetzt alle durch hier, ist ja nicht mehr so viel. [...](Alexander, [S 1], Z. 463-464)

C: [...] da werd ich glaub ich auch das nächste Mal noch ein bisschen weitermachen, [...]. (Carla [S 2], Z. 156-158)

T: [...] und ich hätte jetzt auch echt den Kanal voll, also mehr würd' ich jetzt auch gar nicht * lernen wollen, ne, erst mal, ne. [...] (Tanja [S 4], Z. 127-129)

5.4.3.2. Erinnern des Bearbeiteten

A: [...] Ach, den hatten wir schon. (Alexander, [S 1], Z. 32)

A: [...] Wo war ich stehen geblieben? Fünftes oder sechstes, ne? Fünftens. Ja, das hatten wir. [...] (Alexander, [S 1], Z. 591-593)

A: [...] weil ich mir jetzt immer merken muss, (LACHT BISSCHEN) was ich gerade schon hatte und was nicht, [...]. (Alexander, [S 1], Z. 752-753)

D: [...] Ich finde, ich merk mir jetzt halt einfach, dass ich ** dass ich Souvenirs noch machen muss. [...] (Dirk, [S 1], Z. 219-221)

N: [...] Ach so, wo war ich denn jetzt? [...] (Nadine [S 1], Z. 56)

N: [...] Dada dada dada, ** das hab ich schon, das hab ich schon. ** Hab ich auch schon. ** Hab ich auch schon. Auch schon. [...] (Nadine [S 3], Z. 99-101)

5.4.3.3. Punkte sammeln

C: [...] so in den einzelnen Übungen da, wo ich dann weiß, okay, es gibt 50 Punkte [...], dass man da eben weiß, okay, also ob sie nun Punkte oder ob sie Prozente angeben oder so, aber * dass man da schon so'ne Bestätigung kriegt, ob man da eben alles geschafft hat oder nicht, [...] (C [S 3], 225-231)

D: [...] #Seinen Namen# Genau, und einfach (I: Ja) (RÄUSPERT SICH) #und man * man könnte auch Punkte sammeln,#
I: #Wäre auch bei mehr// * ja. Hm.#
D: so als Erfolgserlebnis. [...] (Dirk, [S 1], Z. 237-242)

T: [...] Aber irgendwie konnte ich jetzt glaub ich auch noch mehr Punkte sammeln, wenn ich wieder zurückging zu dem ** zu dem Hauptteil. [...] (Tanja [S 4], Z. 19-22)

5.4.4. Wahrnehmen und Verstehen

5.4.4.1. Überforderung der Wahrnehmung

C: [...] das ist jetzt alles 'n bisschen hektisch. * Also das ist vielleicht 'n bisschen zu überfrachtet, [...]. (Carla [S 2], Z. 156-158)

N: [...] weil man dann überladen wird von so vielen Informationen, dass man gar nicht ** äh, weiter weiß. [...] (Nadine [S 2], Z. 13-14)

T: [...] Ich verstehe gerade nicht, was ich machen soll, und fühle mich jetzt da etwas gestresst, weil ich sicher bin, wenn ich die Tante jetzt anklicke, * passiert irgendwas, [...]. (Tanja [S 2], Z. 3-6)

T: [...] Es ist// man muss dem Tempo nachsprechen, und du bist auch optisch ziemlich äh * gefordert, weil du sollst das Bild ankucken, irgendwo kuckt man gleichzeitig auch die Tante an, weil sie natürlich spricht, ne. Und dann muss man noch unten rumfusseln mit den * mit den Teilen, ne? (I: Hmm) Gut, also mit so was bin ich auch einfach ähm * ziemlich langsam, also wenn// also klack, Mikrofon vor, das ist halt erst mal bisschen Stress, ne. [...] (Tanja [S 3], Z. 69-77)

5.4.4.2. Unterforderung der Wahrnehmung

T: [...] aber so viele separate Wörter mir irgendwie auch nur anzukucken, find ich ja doch stinklangweilig, ne? [...] (Tanja [S 4], Z. 131-132)

T: [...] ist noch gar nicht die Frage, ob ich mir vielleicht die nicht durchaus merken könnte, aber es gibt so gar keinen Anreiz dafür, ne. Also ich giere jetzt einfach nach irgendeiner an- anderen Anwendungsmöglichkeit irgendwie, ne. [...] (Tanja [S 4], Z. 136-140)

C: [...] Ja, na also es kommt nichts Neues mehr dazu, also es * (I: Ja) macht das 'n bisschen * langweilig dann, wenn man jetzt nicht// keine neuen Herausforderungen mehr hat. [...] (Carla [S 4], Z. 189-192)

5.4.4.3. Filtern anhand persönlicher Bedeutsamkeit

C: [...] ja, es sind zum Teil jetzt aber auch einfach äh, Sätze, und Floskeln, die ** die mir aber auch so ein bisschen * abgehen, wo ich jetzt auch den, den Sinn nicht verstehe, hier mit irgendwie, "jemand hat mir meinen Pass gestohlen" oder irgendwie so was, das * da hab ich jetzt irgendwie auch ne Sperre, glaub ich, den zu lernen, weil * der mich einfach auch nicht so richtig interessiert, (Carla [S 2], 172-179)

C: [...] Denn hier mit den paar Worten, gut, da kann ich wieder also einkaufen oder so, Gemüse ist ja irgendwie (LACHT) echt viel dabei, und Uhrzeiten, so was find ich eigentlich auch schon ganz wichtig, vor allem, dass man das vorher mal gehört hat. [...] (Carla [S 3], Z. 88-92)

C: [...] Ja genau. Ach, das hier mit dem Schwimmen, genau, das war was, ob man hier gefahrlos schwimmen kann. ** (I: Hmm) *4* Haie vor Island hab ich mir wohl auch einfach nicht gemerkt (LACHT). [...] (Carla [S 4], Z. 59-62)

D: [...] also man erinnert sich halt dann doch schon eben dran, wo es eben drum ging, also hier * da zum Beispiel um * no tengo bastante dinero, da weiß was man jetzt schon genau, wer es eben war, der das eben gesagt hat, das find ich eigentlich ganz gut. ** So'n ** Erinnerungseffekt. [...] (Dirk [S 2], Z. 154-159)

T: [...] deswegen hatte ich auch mit einfache Phrasen, beziehungsweise dann mit Dings angefangen, ich, ich kann so separate Wörter sowieso sehr schlecht lernen irgendwie, ne. [...] (Tanja [S 4], Z. 42-48)

T: [...] So was find ich auch schon mal völlig Quatsch, weil ff, ja, * wozu brauchst du ein Rasiermesser, ne? [...] (Tanja [S 4], Z. 85-87)

5.4.4.4. Hörverstehen

S: [...] Das ist das einzige, was ich verstanden hab, das hab ich auch nur verstanden jetzt, weil ich schon mal da war in der Ecke. (I: Mhm) Sonst hätt ich gar nicht * viel verstanden von ihr. Also für einen Anfänger ist es doch * zu hoch, find ich. * Wenn du jetzt wirklich * absoluter Anfänger bist, ist/ verstehst du nichts. [...] (Sonja [S 1], Z. 44-49)

A: [...] (LACHT) Also * was der zum Beispiel am Anfang sagt, also * der übersetzt das zwar auf Deutsch, aber da versteh ich dann meistens also gar nichts mehr, dies hola Daridadaridä haha. [...](Alexander, [S 1], Z. 138-141)

A: [...] weil ich * eh' immer mehr Probleme hab mit dem * Hörverstehen als mit dem Sprechen * oder * Lesen, [...]. (Alexander, [S 2], Z. 83-85)

C: [...] ich bin da nicht so' ein Hörtyp, finde ich relativ schwierig. [...] (Carla, [S 1], Z. 50-51)

M: [...] also nach mehrmaligem Hören erst * und ein Fehler trotzdem noch. [...] (Martina [S 2], Z. 144-145)

M: [...] ja, vielleicht sollte man dann * doch wirklich mal länger * zwei, drei mal klicken, und den * dann versuchen, das zu hören, denn * im Land ist man ja auch nur drauf angewiesen, wie der mit einem spricht, ja. [...] (Martina [S 3], Z. 139-143)

N: [...] Gott *3* also ich find's ganz gut, dass man auch hören kann, weil ich merke, gerade beim Hören hab ich halt immer Schwierigkeiten. [...] (Nadine [S 3], Z. 41-43)

5.4.4.5. Leseverstehen

R: [...] man muss sich halt wirklich damit auseinandersetzen, weil wenn, wenn du dahin kommst, da stehen nun mal solche Zeichen, da, da spricht keiner äh, Einbahnstraße, das Schild vor. [...] (Ralf [S 3], Z. 75-79)

T: [...] also dies Programm find ich insofern tatsächlich ganz angenehm, als es also absolut deutlich sagt, was man zu tun hat irgendwie ne, und das auch immer ** ähmmm * ja, mit relativ viel Worten versehen irgendwie, ne. [...] (Tanja [S 3], Z. 7-11)

C: [...] da fällt mir das schwer, ähm ** das äh * zu wiederholen, ohne dass ich das geschrieben sehe, also da hab ich das Gefühl, dass ich da den, den Kern nicht begreife ** an der Sache. [...] (Carla, [S 2], Z. 32-35)

5.4.4.6. Sehverstehen

T: [...] Die Bilder sind ja auch manchmal bisschen komisch. (ETWA: Alstublieft) könnte jetzt natürlich ebenso gut ein Hund sein. (LACHT, M.W.U.) Na, zum Glück weiß ich's ja was es heißt. [...] (Tanja [S 2], Z. 15-18)

T: [...] Ich meine, vielleicht ist es ja nicht schlecht, wenn man auf so Bilder getrimmt wird, [...]. (Tanja [S 2], Z. 39-41)

N: [...] ob das jetzt hier der Flur sein soll oder nicht, ** bisschen doof zu beantworten, nicht, weil man halt das nicht verstanden hat, (I: Hm, hm) sondern einfach nur die Bilder da nicht so eindeutig sind.(Nadine [S 1], Z. 151-155)

C: [...] dass ich wirklich * jetzt bisher das nur so gelernt hab, dass ich von den Bildern dann ** also jetzt bei, bei einigen hab ich schon geraten, aber * dass ich dann doch schon weiß, was da für'n Wort zu gehört, aber ich das umgekehrt nie könnte, also dass wenn ich mir selber überlege, oh je, ich müsste jetzt wissen, was Batterie heißt oder so, so würde ich nie drauf kommen, also wenn die mir das Wort sagen, dann kann ich das Bild dazu finden, aber * umgekehrt das selber, das geht noch nicht, [...] (Carla, [S 2], Z. 99-107)

C: [...] also manchmal merk ich eben selber, dass ich mich anhand der Bilder, da hab ich ne grobe Ahnung, zu dem Wort war irgendwas Helles oder so, dann, dann weiß ich nur noch irgendwie, dann schließ ich so das kleinste Übel aus und denke, ich weiß nicht, was es ist, aber das könnte es am ehesten sein, und dann rate ich doch wieder eher, als dass ich jetzt wirklich was weiß, [...]. (Carla [S 2], Z. 244-251)

5.4.4.7. Übersetzen

A: [...] preguntas y respuestas. ** Das sind Antworten höchstwahrscheinlich. [...] (Alexander, [S 1], Z. 450-451)

A: [...] ja, ganz einfach, wenn ich das lerne, dann seh ich, aha, da ist eine Ähnlichkeit zwischen dem und dem, und dann mach ich// zieh ich in meinem Kopf eine Verbindungslinie. Und wenn jetzt die Verbindungslinie zwischen öffnen und abren da ist, dann ** laufen meine Gedanken über diese Verbindungslinie. [...](Alexander, [S 1], Z. 525-530)

D: [...] ich müsste ja jetzt das Spanische eben anfragen, ich weiß ja gar nicht, welche Vokabel ich * brauche.
I: Und Deutsch-Spanisch gibt es nicht zum Nachschlagen?
D: Vielleicht bin ich auch zu blöd. *4* Nee.
I: Also wäre das dir jetzt umgekehrt wünschens- **
D: Ja.
I: werter, da auf Deutsch jetzt nachschlagen zu können, hm. [...] (Dirk, [S 3], Z. 52-66)

M: [...] Aber die Übersetzung * ist die irgendwo noch zu seh// dass man dann sagt, jawoll, ich habe das richtig? [...] (Martina, [S 3], Z. 33-34)

R: [...] Wenn ich jetzt 'n Wort nicht verstehe, müsst ja eigentlich auch ** wie kriegt man hier die deutsche// ** aha. ** das meint ich, da hatt ich jetzt nicht dran gedacht, dass, dass du hier die deutsche Übersetzung kriegst, also falls du'n Wort nicht weißt. [...] (Ralf [S 2], Z. 3-7)

S: [...] also hier wünschte ich mir vielleicht, dass man * das erst mal irgendwie abdecken kann, um sich selber zu testen, [...]. (Sonja [S 2], Z. 156-158)

5.4.5. Integrieren und Elaborieren

5.4.5.1. Monitoring und Reflexion

5.4.5.1.1.Selbstüberwachung, -kontrolle

A: [...] Ich hab jetzt kurz bevor ich weggeschaltet hab, noch gedacht, "Mensch, das könnte ich mir ja merken". Nicht bloß nachplappern, sondern merken, deswegen hab ich noch mal * bei mir hier oben umgeschaltet auf speichern. ** (I: Mhm) Und dann auf das todavía. Und qué salida es und so was. (Alexander [S 2], Z.22-27)

A: [...] Ah, jetzt im Nach- Nachhinein glaub ich, ja. * Also * Adiós, hasta la próxima. Ich hab immer Probleme mit dem "r", also das ist nicht so mein Ding. [...] (Alexander [S1], Z. 273-275)

A: [...] also dieses pronto da, dieses (LACHT BISSCHEN) ich hab schon wieder den, den * Zusammenhang ringsum vergessen gehabt. Und * um mir das dann zu merken, hätt' ich jetzt// musste ich das noch mal hören. Geht irgendwie bisschen schnell, wenn man sich was merken will. (I: Hmm) Wenn man in einem Buch oder so was liest, ich hab ja bisher nur aus Büchern gelesen, dann kann man das schön langsam * [...] (Alexander [S1], Z. 246-253)

M: [...] Man kann dann nachklicken und so, und dann wird das * jedenfalls ist es bei mir so, so automatisch, * aber es bleibt nicht haften. [...] (Martina [S 3], Z. 108-111)

N: [...] Aber irgendwie reicht dann für mich auch immer 'ne halbe Stunde oder so, [...]. (Nadine [S 2], Z. 11-13)
C: [...] das macht mich total wuschig, also wenn ich dann einfach nur was * aufs Geratewohl nachspreche und kein, keine Vorstellung mehr hab, wie das ausgesch- äh, ausgeschrieben aussehen könnte. [...] (Carla [S 4], Z. 159-163)

R: [...] du lernst nicht, wenn du nicht selber schreibst, (I: Hmm) äh, nur vom Kucken * wird das nichts, [...]. (Ralf [S 3], Z. 152-154)

5.4.4.1.1.1. Bewusste Sprachbetrachtung

A: [...] Estupendo. Ich versuch jetzt erst mal, mir das zu merken, weil also * man geht ja schnell durch mit den Dingern, aber gemerkt hat man sich die nicht unbedingt, die Worte. Also estupendo. Großartig, toll, war das glaub ich, oder? Fabelhaft. [...] (Alexander [S1], Z. 212-216)

C: [...] da hab ich dann schon während des Lernens irgendwie so ein ungutes Gefühl und denke, ach Mann, das musst du dir noch mal ankucken, das ist ein Doppeltlernen, [...]. (Carla [S 2], Z.371-374)

C: [...] Und da find ich eigentlich gerade schade, denn wenn man schon so'ne Ähnlichkeit hat zwischen Deutsch und Isländisch, dann// also mit diesen Fällen, und dem Ganzen, die haben auch vier Fälle, und äh, irgendwie werden die Endungen dann auch ähnlich wie bei uns mit Genitiv, Dativ, und so was alles gemacht, und so was könnte man dann eben viel leichter herauskehren. Also ich glaub, das ist dann für einen Deutschen viel einfacher zu lernen als für einen Spanier oder so, oder für einen * Engländer. [...] (Carla [S 2], Z.404-413)
M: [...] Was auch Probleme macht, das ist eben - zumindestens mir - diese Form da, die Engländer sprechen das immer so ganz anders, [...]. (Martina [S 3], Z. 330-333)

S: [...] Als ich's hier so sah, wusste ich's nicht, aber jetzt weiß ich, was das heißt, also * in der * konjugierten Form wird es mir klar. (I: Hm) Aber * so im Infinitiv wusste ich's erst mal nicht. ** Aber das benutzt man ja auch nie. [...] (Sonja [S 2], Z. 111-115)

T: [...] dass ich mir da jetzt zum Beispiel so was wie Artikel oder so ** gemerkt hätte, aber pff, (I: Hmm) das scheint mir schon irgendwie dann das Schwierigste zu sein, ne. [...] (Tanja [S 4], Z. 118-121)

R: [...] aber wenn ich zum Beispiel hier ähm, "greet" (I: Hmm) äh, nicht weiß, gut okay, dann nehme ich ein Wörterbuch, ** weil, man kann ja auch ne Sprache zu zweit lernen, das geht ja auch, (I: Hm) äh, dass man sich dann gegenseitig ergänzt. [...]. (Ralf [S 4], Z. 426-430)

A: [...] Da kommen Französischkenntnisse zu * (I: Ja) zugute, [...] (Alexander [S1], Z. 266-267)

A: [...]hab ich erst mal gedacht, Wert ist value, ja, und dann hab ich das einfach mal französisch ausgesprochen, so läuft das dann bei mir, und dann mach ich immer so Analogien, [...]. (Alexander, [S 1], Z. 237-240)

A: [...] Da denk ich jetzt erst mal an * Verhandlungen oder so was, weil negotiations, (I: Hmm) Englisch. [...] (Alexander, [S 1], Z. 648-649)

M: [...] Na, Italienisch ist schon anders und Französisch, [...]. (Martina [S 1], Z. 384-385)

A: [...] Dritte Person Singular. ** Wieso eigentlich dritte Person Singular, ist das// ** ach so, dritte, ach ja, ja, der Kopf, na klar, ja. [...](Alexander, [S 1], Z. 243-245)

5.4.5.2. Sprechen – Aussprache

5.4.5.2.1. Imitierendes Sprechen/ Nachsprechen

Dirk, Interview, Z. 96-102: Die Software MultiLingua Spanisch Intensiv hat ihm wegen des Nachsprechens nicht so gefallen. Er fühlt sich ein bisschen gehemmt beim Sprechen und braucht normalerweise einige Tage Warmlaufzeit in Spanien, um reinzukommen. Er findet Nachsprechen an sich komisch und noch komischer, wenn er das vor einem Bildschirm alleine macht.

D: [...] *7* Ist mir zu peinlich. (LACHT)
I: Echt? Ich kann ja auch #kurz ein bisschen# weggehen, dann machst #du mal alleine.#
D: #(M.W.U.)# #nein, stopp# Nein.
[...]
D: Como voy a la estación de tren? (WIEDERHOLT)
[...]
D: Puedo llamar por teléfono? (WIEDERHOLT, KICHERT)
[...]
D: Okay, würd ich sagen. *24* Oder damit fang ich einfach nächstes Mal an. Dann brech ich jetzt ab. (I: Hmm, ja) Mach weiter Thema 2. Gut. Ende. [...] (Dirk, [S 3], Z. 84-97)

A: [...] Was fällt mir da ein dazu? Nö, ich hab das jetzt einfach nur gemacht, ganz * wie sie's wollten, einfach immer so nachgeplappert. Mir ist also nicht viel durch den Kopf gegangen dabei. [...](Alexander, [S 2], Z. 19-22)

C: [...] denn das andere ist irgendwie, dass ich nur das Bild sehe, und dann * äh, das nachsprechen soll, und * (I: Mhm) also irgendwie hab ich das Gefühl, das bringt mir nichts, weil ich da nicht weiß, welche Buchstaben wie gesprochen werden, und * das ist einfach so so nachplappern, das, das bringt// also das prägt sich mir auch nicht ein. [...] (Carla, [S 2], Z. 38-44)

5.4.4.2.2. Lautes Lesen

M: [...] * excuse me, I have to go now, excuse me, I have to go now. [...] (Martina [S 4], Z. 68-69)

M: [...] find ich sehr schön, also * gut. Kann vor mich hin sprechen, ja, kann das, [...] (Martina [S 4], Z. 121-123)

A: [...] hora que es. Was soll'n das heißen? Hola, buenas días. ** Hola. ** Buenas días. ** Und was soll das auf// buenas noches. ** (xxx) buenos días. [...] (Alexander [S 1], Z. 167-169)

A: [...] Bis Donnerstag. Vendredi// jeudi. ** Jueves. ** viernes, sábado, domingo. * Bis zum nächsten mal. (xx) próxima. ** Proximo. *3* Hasta (xx). Adiós, hasta la próxima. [...] (Alexander [S 1], Z. 281-284)

5.4.4.2.3. Vergleichen (Audio-Aufnahme/ Musterbeispiel)

M: [...] Good morning. * Und jetzt abhören sozusagen, ja? (I: Hm, ja) Ja, das ist ein bisschen leise. Also müsst ich mehr ran, ja. [...]. (Martina [S 1], Z. 43-45)
M: [...] Aber das Sprechen, das ist sehr gut, das muss ich sagen. * Das schult. Wales. Wales. Vor allen Dingen, weil es richtig vorgesprochen wird, * das hat man ja immer nicht, wenn man das so abliest. [...]. (Martina [S 1], Z. 63-66)

M: [...] Ja, das vergleichen hier mit dem dann wieder, HAB ich's denn nun richtig, ja? Wenn man's gleich hört, und dann noch mal. Das ist gut. [...]. (Martina [S 1], Z. 164-166)

N: [...] Schade, dass das nicht mit Aufnahm// Aufnehmen war, ich dachte, jetzt kann man das wenigstens noch abhören, wie weit ich richtig da gesprochen habe oder so, aber da muss man pft, nur NACHsprechen. Also ist ganz nett, die zu hören, aber wenn man dann nicht aufnehmen kann und vergleichen kann, dann ist's nen bisschen traurig. [...] (Nadine [S 3], Z. 72-77)

T: [...] aber irgendwie, du * du hast ja absolut die Kontrolle drüber irgendwie, ne. ** Du nimmst dich einfach nur auf, vergleichst selber [...]. (Tanja [S 5], Z. 233-236)

5.4.5.3. Wortschatzstrategien

A: [...] Ich versuch das immer so zu speichern, novia (SCHNALZT) dann * haut das hin. Muss ich mich immer kurz konzentrieren (xx) auf das Wort. [...] (Alexander, [S 1], Z. 413-419)

A: [...] dass ich selbst auch darauf komme, nicht bloß, dass mir jemand vorplappert, [...]. (Alexander, [S 1], Z. 282-283)

C: [...] ich * hab den Eindruck, also auch grad so jetzt so vorm, vorm Einschlafen, wenn man dann noch mal irgendwie alles so durchgeht, dann äh, ** ja, wie das alles war, und ich glaube, dass sich das irgendwie über die Bilder ganz gut verfestigt, das Vokabelwissen. [...] (Carla, [S 2], Z. 6-10)

C: [...] aber ich könnt's eben nicht mehr aufschreiben. Und das ist irgendwie * schon schwierig, dann das, das zu lernen. [...] (Carla [S 2], Z. 299-301)

D: [...] also ich hab jetzt halt auch die Vokabeln halt mir mal * angelesen, ** und *4* ja. Also das mit Vokabeln und dem eben das ist ja einfach eine alte Methode so. (I: Ja) Ist ja eigentlich okay. (I: Hm) ** Und ich glaube, das ist jetzt auch// *3* na, weiß nicht, vielleicht ist es halt auch ganz gut, weil es einfach jetzt so ein bisschen bekannter noch vorkommt oder so. Vielleicht wäre da jetzt mehr drin und so, aber ** braucht gar nicht. [...] (Dirk, [S 3], Z. 102-110)

I: [...] Aber man könnte da sicher was organisieren (AUSDRUCK DES VOKABULARS), also dann * bedarf es * so jetzt speziell das Vokabular, ne, wahrscheinlich, oder *
N: Ja genau, das find ich ganz gut, dass (I: Hmm, hmm) hier dann wieder so * das kann ich dann noch mit nach Hause nehmen oder weiß ich nicht was. Und damit da noch weiter lernen. [...] (Nadine [S 1], Z. 157-165)

5.4.6. Erfolgsorientiertes Üben

5.4.6.1. Ausführen von Übungen

N: [...] wenn ich einen Buchstaben zu viel schreibe, und das passt nicht alles rein, dann muss es falsch sein, (RÄUSPERT SICH) (I: Hmm) weil der * äh, ist auch 'n bisschen dämlich, [...]. (Nadine [S 3], 54-57)

D: [...] Und bei dem anderen hätt's zum Beispiel ganz toll eben sein können, dass er halt drauf hinweist, wie man das eben eingibt. Weil das ein normaler Mensch eben nicht weiß. [...] (Dirk [S 2], 242-245)

D: [...] Also was halt schon * also eigentlich halt ganz gut ist, ist halt, dass vor den Aufgaben halt immer direkt halt davor so das Handwerkszeug also immer so direkt da vor einem steht. [...] (Dirk, [S 2], Z. 276-279)

C: [...] Also jetzt bei den Bestecken, da hab ich dann (LACHT) zum Teil aber auch geraten. [...] (Carla, [S 1], Z. 53-54)
A: [...] Das ist mir irgendwie immer zu langweilig, ich mache immer mehrere Lektionen, mach beim nächsten Mal noch mal dieselben Lektionen, wenn ich dann wieder was vergessen hab, dann ist das besser, als wenn ich jetzt einen Tag immer nur die eine mache, "bäh, ach ist das blöd, (LACHT BISSCHEN) ich will jetzt mehr," weil gerade weiß ich's noch, und da will ich nicht dasselbe noch mal x mal, sondern * was Neues jetzt, was Interessantes. [...] (Alexander, [S 1], Z. 666-674)
A: [...] wo nicht meine, dass man alles auswendig lernen SOLL, aber man soll schon eine gewisse Vari-Variabilität drin haben, das ist klar, [...]. (Alexander [S 2], Z. 482-485)

5.4.6.2. Korrekturen/ Lösungen abrufen

M: [...] Raum. *4* Ach so, halt, das heißt ja Zimmer. [...](Martina [S 5], Z. 3)

D: [...] Also zum Beispiel bei den Kartoffeln, dann * hab ich dann halt * eingegeben und hab die, "nicht billig" halt * das wollte er gar nicht * wissen, sondern die sind sehr teuer. [...] (Dirk, [S 4], Z. 41-44)

Carla, Interview, Z. 97-100: „Ich brauche das immer noch so wie in der Schule", dass sie eine Bestätigung bekommt. Nur passiv angucken, wie z.b. bei Filmen, ist ihr zu locker, sie möchte eine Rückkopplung haben.

M: [...] Und * und Korrektur? Und wo seh ich, ob// was ich falsch gemacht habe? [...]. (Martina [S 1], Z. 79-80)

M: [...] Aber man will immer nur das, wie es genau ist, ja? (I: Hm) Ich werde (SCHREIBT) (P: Correct). Aha, * so. * [...] (Martina [S 5], Z. 4-6)

D: [...] Warum sagst du denn jetzt nichts? *10*
I: Na, was meinst du, woran das liegt?
D: *4* Ich wei//** ich weiß nicht, man hat halt immer ein bisschen Schiss, dass man was verkehrt macht, dabei ist nichts dran falsch. [...] (Dirk, [S 1], Z. 67-73)

5.4.6.3. Selbstkorrektur

T: [...] Also was ich da wirklich gut finde, ist, dass man 'n gewisses, also wirklich 'n gewisses Erfolgserlebnis verspürt, wenn, wenn man jetzt sagen wir mal, aus dem Gedächtnis sich so das äh * also richtig vergleichen kann, hab ich's getroffen oder nicht mit ihr, ne. [...] (Tanja [S 3], Z. 219-223)

R: [...] Ah, jetzt weiß ich aber, was ich verkehrt gemacht habe. [...] (Ralf [S 4], 113-114)

M: [...] Sure (SPRICHT FRANZÖSISCH AUS), sicher * sure. Sure, hab ich falsch ausgesprochen, weiß ich jetzt, nehm ich's weg. Sure. [...] (Martina, [S 4], Z. 187-189)

A: [...] Das ist nämlich glaub ich ein Dings// *3* ich glaub, das war so rum. *9* [...] (Alexander [S 1], Z. 144-145)

T: [...] du weißt ja nicht, in welcher Hinsicht du sie verbessern sollst, ne. (I: Hmm) Kannst eigentlich nur zählen, wie oft du// * wie oft es daneben geht, ne. [...] (Tanja [S 5], Z. 116-118)

Carla, Interview, Z. 145-147: Es handele sich aufgrund der Softwarebeschränktheiten vor allem um Selbstkontrolle, womit sie trotzdem zufrieden ist.

M: [...] One, das ist hier * immer, das ist immer * O, One * muss mir mal (ETWA: drin) One. Ist immer die Eins, da mach ich einen Fehler. ** Hei, das hatte ich tatsächlich, Park Road (SPRICHT: Rott), Rott wird groß geschrieben. Rott. Hayden, das hätte ich auch noch hingekriegt. Wimbledon * Wim-bl-denn, das wird noch mit d geschrieben, Wimbledon, London, Post Code * SW, ach so. Na, das hätte ich nicht, das hab ich nicht verstanden, (xxxxx) das hier. Schwierig. [...] (Martina [S 2], Z. 149-160)

Martina, Interview, Z. 139-141: „In mir ist auch so ein bisschen Spieltrieb", zu sehen, ob sie es richtig gemacht hat; sich etwas einprägen und überprüfen.

N: [...] ich find die Möglichkeit auch ganz gut, dass man das korrigieren kann, bevor man die Lösung ankuckt, also nicht, dass sie dann gleich die * Lösungen zeigen, so dass man das dann nicht noch mal probieren kann oder so. Ich finde, dadurch merkt man das auch fast noch * besser. [...] (Nadine [S 2], Z. 73-78)

5.4.6.4. Fehleranalyse

A: [...] einmal ist mir aufgefallen, hatte ich so ein, so ein, halt japanisches (xx) so als "l" gesprochen gehabt einmal. [...] (Alexander [S 1], Z. 291-293)

S: [...] Und hier hab ich mich einfach nur ver- ** verklickt oder vertippt, [...]. (Sonja [S 3], Z. 202-203)

Dirk, Interview, Z. 85-86: Es sei gut, dass er auf Rechtschreibfehler aufmerksam gemacht wurde.

N: [...] hier dieses, das hatte ich ja auch dann falsch, das hab ich dann erst nachgesehen, und da hab ich gesehen, dass das mit diesem i da geschrieben wird. [...] (Nadine [S 2], Z. 45-48)

5.4.6.5. Antizipieren des Transfers

A: [...] So, und wenn ich das jetzt zum Beispiel lese, cuántas idiomas, okay, versteh ich das. Wenn ich jetzt irgendwo in Spanien wär und würde jetzt jemanden fragen, wüsste ich jetzt gar nicht mehr, hätte ich schon wieder vergessen, ob das jetzt// ob die jetzt männlich oder weiblich sind, da hätte ich unter Umständen// gut, die würden's mir nicht krumm nehmen, hätte ich vielleicht gemacht, cuántas idiomas, oder cuan// [...]. (Alexander [S 1], Z. 595-603)

A: [...] Also, ja, aber das habe ich vielleicht schon öfter gesagt, dass ** irgendwie ich den Eindruck hab, dass bei diesem Programm zum Beispiel ich, wenn ich das jetzt hier sehe, kein Problem, tumtumtum rein, aber wenn ich jetzt wirklich in Spanien sein sollte, ** dass ich das nicht mehr abrufen kann irgendwie, dieses Wissen, dass das nicht fest genug und nicht präsent genug ist bei mir. Also wenn ich jetzt// dann steh ich da, Mensch ja, wann machen denn jetzt die, die, die Dings auf, die Büros, * a qué hora, mm * open? (LACHT) las oficinas oder so. ** Und so * abren ist ja nicht so * vordergründig * präsent mehr. [...] (Alexander [S 2], Z. 117-128)

M: [...] und dann denk ich irgendwie, wenn du jetzt in den USA wärst, wie würdest du denn das sagen? [...]. (Martina [S 1], Z. 105-106)

M: [...] dann versuch ich auch immer, wenn ich Zähne putze, na, wie würdest du denn das nun sagen, ich putze Zähne, wenn hier die Enkeltochter stände und nun * (LACHT) oder so, also das ist ein bisschen verrückt, aber *
I: Nö, nö, nö.
M: so, ja, also damit man die Zeit, die man hat, auch nutzt, ja? [...] (Martina [S 1], Z. 129-138)

M: [...] ich jetzt dort wäre, und es würde mich einer ansprechen, dann würde ich mir das ja aufschreiben, #so denk ich, die Adresse, [...]. (Martina [S 2], Z. 130-132)

C: [...] also wenn das jetzt im Gespräch auftaucht, dann * fragt man ja auch nicht direkt, aus welchem Land kommst du, sondern irgendwie so mehr * wie, was, was bist du oder so, oder wo hast du gewohnt, [...]. (Carla, [S 2], Z. 64-67)

R: [...] Wenn, wenn jetzt mich in China einer fragt, * ähm, ** nicht WER ist das, * sondern äh ** mhm, so, meinetwegen, wohin gehst du oder so, und der Satz ist hier nicht bei gewesen, dann hab ich keine Chance, weil ich nie gelernt habe, die einzelnen Wörter zusammenzufügen. [...] (Ralf [S 3], Z. 231-236)

5.4.6.6. Gezieltes Wiederholen

A: [...] Okay, also ich musste es mir jetzt dreimal erst mal ankucken, damit ich// * beim ersten Mal hab ich ein Bisschen was verstanden, da musste ich mir die Übersetzung erst mal ankucken, [...] (Alexander [S1], Z. 243-246)

A: [...] Na gut, die stehen ja alle da, die brauchen wir nicht * noch mal alle sprechen, nur die Schwierigen haben wir gesprochen hier. [...] (Alexander [S1], Z. 284-286)

A: [...] ich hab's bisher nur mit Kassetten gelernt, also * da ist * wie gesagt dieses Wiederholen mehr drin, und da geh ich einfach immer durch, und da ist das automatisch mit drin. Und hier muss ich// * sind nicht unbedingt// also, für manche ist das vielleicht leichter, hier muss ich's immer noch mal selber wiederholen, weil sonst rase ich da durch, * bchh, und * weiß jetzt gar nicht mehr, (LACHT BISSCHEN) was ich gelernt hab. [...] (Alexander [S 1], Z. 756-764)

R: [...] Ja, schade (RÄUSPERT SICH) schade ist im Prinzip, dass wenn man schon Vorkenntnisse hat oder sich die erworben hat, dass man praktisch äh, eventuell einzelne Wörter nicht auf Deutsch übersetzen lassen kann. Also nur die Lücke, die man auch wirklich hat, weil die anderen Wörter kannt' ich ja [...]. (Ralf [S 3], Z. 3-9)

D: [...] Dann wüsste ich halt auch nachher, was ich halt vielleicht noch mal wiederhole dann * nachher, wenn ich schon bisschen was dazugelernt hab. [...] (Dirk [S 1] Z. 308-311]

C: [...] dieses Wiederholen, das macht man sonst auch wahrscheinlich nicht so aktiv, dass man sich da nur irgendwie das hohl auf dem Blatt ankuckt, (I: Hm) also dieses Interaktive ist schon ganz schön, [...]. (Carla [S 3] Z. 41-45)

M: [...] Dass zum Beispiel, naja, wie so, so ein Register * eine Art ist, in den * in den Büchern immer ist. Ich kucke hinten und sage, ja, jetzt werde ich das Wissen mal festigen, das hatten wir, und jetzt muss ich das lernen, das hab ich noch nicht so richtig begriffen, (I: Hm, hm) dass man ganz gezielt * Bestimmtes * ja? * Dass man * (I: Hm) immer wieder zurückgreifen kann. (Martina [S 2], Z.83-90)

5.5. Hinderliche Bedingungen der Lernumgebung

5.5.1. Mangelnde Information und Transparenz

5.5.1.1. Mangelnde Transparenz des Aufbaus und der Ziele

C: [...] es fehlt mir so'n bisschen die Systematik in dem ganzen * System [...]. (Carla, [S 1], Z. 102-103)

D: [...] Aber die Aufgaben hier zu Aéropuerto sind viel einfacher als ** zu dem Markt. Vielleicht ist da halt auch so'ne Steigerung. Aéropuerto war ja ganz links und war ich ganz rechts. ** Aber das stand da auch nicht mit dabei, das muss man erst rausfinden. [...] (Dirk, [S 1], Z. 50-55)

M: [...] vielleicht brauchte man zu diesem dann immer eine Einweisung, wie man mit diesem verfährt, ja? [...] (Martina, [S 6], Z. 22-24)

N: [...] Hier ist ja gar keine Anleitung dazu, was man jetzt * sagen soll. [...] (Nadine [S 1], Z. 12-13)

N: [...] Weil ich ja jetzt gar nicht weiß, okay, hm, soll ich jetzt nachreden, oder was wollen die von mir. [...] (Nadine [S 1], Z. 35-36)

R: [...] Also jetzt * eine kurze Vorstellung, wie bei anderen Programmen. (I: Hm) Und dadurch, dass du praktisch kein, kein Dialogfeld hast, ** also ich wüsste jetzt gar nicht, wie ich hier am besten noch beginne mit dem Lernen jetzt. [...] (Ralf [S 1], Z. 19-23)

R: [...] also da ist auch die ganze Menüform noch mal erklärt. *3* Zucker. [...] (Ralf [S 1], Z. 250-251)

S: [...] Ja, aber auch erst mal drauf zu kommen, dass man die hier so runterziehen kann, [...]. (Sonja [S 3], Z. 11-12)

5.5.1.2. Mangelnde Transparenz der Bewertungsgrundlagen für Korrekturen/Spracherkennung

T: [...] Da frage ich mich jetzt so ein bisschen, was sie damit eigentlich prüfen wollen, aber// was weiß ich, Bilder erkennen. [...]. (Tanja [S 2], Z. 30-32)

T: [...] Mir ist jetzt noch nicht klar, wenn er nicht reagiert, sondern einfach weitermacht, heißt das automatisch, dass es falsch ist, oder heißt es nur, dass er daraus keine// ** ich mein, schwarzer Rock ist 'n schwarzer Rock, was soll er dazu sagen, ne? [...] (Tanja [S 5], Z. 62-66)

T: [...] du weißt ja nicht, in welcher Hinsicht du sie verbessern sollst, ne. (I: Hmm) Kannst eigentlich nur zählen, wie oft du// * wie oft es daneben geht, ne. [...] (Tanja [S 5], Z. 116-118)

T: [...] aber irgendwie fühl ich mich hier auf der andern Seite so'n bisschen äh, na erstens tappt man so'n bisschen hilflos rum, und dann äh ** ff ** man fühlt sich auch so'n bisschen ausgeliefert, ne, man weiß nicht so recht äh äh, ob das nun tatsächlich so ist, weil man die und die Aussprache hat, oder ob's einfach nur ist, weil sie halt in dem Computerprogramm jetzt mal beschlossen haben, okay, jetzt geht's erst mal vielleicht weiter, ne. [...] (Tanja [S 5], Z. 215-223)

Nadine, Interview, Z. 71-72: Sie findet Spracherkennung zwar ganz gut, aber die Unsicherheit bei der Erkennung stört sie.

A: [...] Also weiß gar nicht, wie der die Fehler korrigiert bisher. [...](Alexander, [S 1], Z. 313-315)

C: [...] also gibt er dann auch Fehlermeldungen oder irgendso was, wenn ich was falsch sage, [...]. (Carla, [S 1], Z. 16-17)

S: [...] Ja, es ist ** ja * schwer zu begreifen, nicht? *14* Das ist auch schlecht, wenn ich mir jetzt gleich die Lösung anzeigen lasse, dann krieg ich gleich die Lösung für's Nächste. Ist auch nicht so gut. *3* Also wahrscheinlich wollen die, dass man's wirklich fertig macht, und dann erst ** sich die Lösung anzeigen lässt. [...] (Sonja [S 3], Z. 70-75)

5.5.1.3. Fehlende/ Unzureichende Informationen zum Inhalt

Carla, Interview, Z. 149-152: [...] sie möchte „anklicken können, was da geht" und eine gegenwärtige Hilfe, die die Inhalte betrifft, nicht die Bedienung. Das muss auch ohne Gebrauchsanweisung funktionieren.

N: [...] aber wenn ich konkret danach suchen wollen würde, müsst ich hier alle Lektionen durchwühlen [...]. (Nadine [S 3], Z. 97-99)

N: [...] Macht, also macht Spaß, und da ich jetzt auch entdeckt habe, dass man da auch Hörverständnis hat, ich dachte, ich muss immer kombinieren mit der anderen. Also ich denk, die andere werd ich auch noch machen, (I: Hmm) aber ** man könnte auch mit der so * klarkommen. [...] (Nadine [S 3], Z. 160-165)

A: [...] da müsste jetzt schon wirklich #in diesem Fall also//#
I: #Ja, dann denkt man noch,# Tippfehler.
A: so ein, so ein Textelchen oder irgendwas hin, ja, genau. (I: Ja) So Erläuterungs- ** so, [...]. (Alexander [S 1], Z. 628-634)

C: [...] ich dachte vorher, die würden immer nur in dieser Lektion hier in der Wortübung das vorquatschen dann, aber dass man hier noch mal so mit ** sprechen und wiederholen kann, das ist eigentlich ne gute Ergänzung, das dachte ich, wär vorher gar nicht mit drin. (Carla [S 2], Z. 164-168)

D: [...] Also was halt schon * also eigentlich halt ganz gut ist, ist halt, dass vor den Aufgaben halt immer direkt halt davor so das Handwerkszeug also immer so direkt da vor einem steht. [...] (Dirk, [S 2], Z. 276-279)

R: [...] Aber also ich sag mal, für einen, für jemanden, der noch * vorher ÜBERHAUPT kein Chinesisch kannte, ist es ja erst mal wichtig, sag ich jetzt mal, die Betonung zu lernen, dass es vier Betonungen GIBT überhaupt, und dass daraus aus einem Wort auch vier verschiedene Übersetzungen resultieren. [...] (Ralf [S 1], Z. 50-55)

T: [...] Aber ich wüsste jetzt komischerweise ganz gerne, was der Gesamtbestand ist zum Beispiel **. [...] (Tanja [S 3], Z. 179-181)

5.5.1.4. Fehlende Informationen zur Eingabe fremdsprachiger ‚Sonderzeichen'

D: [...] Hoffentlich muss man jetzt kein * Satzzeichen setzen. *43* Liegt's jetzt an dem// es liegt wieder an dem * Akzent, aber Stefan hat mir auch schon erklärt, man kann das nämlich doch eingeben, [...] (Dirk [S 2], Z. 49-52)

D: [...], und jetzt ** na gut, Hauptsache, keine Satzzeichen, [...] (Dirk [S 2], Z. 54-55)

5.5.1.5. Fehlende Informationen über Phonetik/ Rechtschreibung/ Grammatik der Fremdsprache

C: [...] Also mir fehlt auch so'n bisschen noch, dass ich// eben so viele Buchstaben sind mir unbekannt, und ich weiß nicht, wie die jetzt speziell ausgesprochen werden, also das * ist nicht so gut rübergekommen dabei. (I:

Mhm) Mal kucken, ** ob sich das noch mit der Zeit// also ob das durch Üben dann auch kommt, oder ** also es ist halt noch irgendwie so'n Haken dabei. [...](Carla [S 1], Z. 122-128)

C: [...] Da hab ich jetzt * aber immer noch nicht * verstanden eigentlich, wie, wie das mit diesen Buchstaben ist, wann die am Ende ausgesprochen werden, wann nicht, also * das bezieht sich jetzt auch alles glaub ich sehr auf die Satzmelodien, also mal ganz interessant, aber * irgendwie fehlt mir immer noch so'n grober Überblick, ähm, wann, wann hier bei diesem U, R, ist es mal mit auf uth oder ith (LISPELT ÄHNLICH WIE IM ENGLISCHEN) und mal auf urr, das ** hab ich immer noch (I: Hmm) nicht so richtig raus, was// wann da was ist. [...] (Carla [S 2], Z. 133-142)

A: [...] das macht man, Beugungsform, aber die müsste man irgendwo mal ** übersichtlich haben. [...](Alexander, [S 1], Z. 151-152)

A: [...] aber * manchmal, wenn man jetzt so, irgendwo hat man mal das eine gelernt, und irgendwo hat man das andere mal gelernt, dann ist das unzusammenhängend, wenn man mal so irgendwie alles auf einen * Blick hat, so eine Art Tabelle, und die lernt sich dann auch irgendwie * finde ich, * auch schneller manchmal. [...] (Alexander, [S 1], Z. 714-719)

M: [...] Nicht, dass man zum Beispiel so, in so einem grammatischen Teil hätte, und dann * wie so auch im Buch so, hab ich so eine kleine Grammatik, da ist es eben aufgebaut, kuck ich ins Inhaltsverzeichnis, will ich jetzt ein Verb// über's Verb was wissen, dann will ich mal über's Adjektiv oder über's Adverb oder so, ja? [...] (Martina [S 2], Z. 110-116)

N: [...] Oder zum Beispiel hier so extra Grammatik, damit man die Verben oder so * mal durch- ** beugt, konjugiert, deklariert, wie hieß das? [...] (Nadine [S 1], Z. 78-80)

N: [...] Was ich jetzt allgemein bisschen doof immer finde, wenn man jetzt zum Beispiel, weiß ich, ich will jetzt Verben, die Formen immm * Past oder Present lernen, und dann ähm, * ähm ** kann ich HIER nicht direkt kucken, [...]. (Nadine [S 3], Z. 86-89)

T: [...] Also ich würde so was dann immer gerne mit einem, sagen wir mal, ganz ruhigen Phonetikkurs äh, unterlegen, ne. [...] (Tanja [S 3], Z. 116-118)

D: [...] also die Konjugationen, wär halt einfach sinnvoll, wenn man die halt alle auf einmal halt hat. [...] (Dirk, [S 2], Z. 177-178)

5.5.1.6. Mangelndes *Advance Organising*

D: [...] ich weiß jetzt halt auch schon wieder gar nicht, was hier drin ist. [...] (Dirk, [S 2], Z. 26-27)

D: [...] und sogar halt am besten immer noch so * mit Hinweisen, was mich dann halt erwartet. [...] (Dirk [S 1], Z. 193-194)

R: [...] die einem hier erst mal sagen, um was es geht, vielleicht an der Seite noch eine kleine Leiste, welche Themengebiete, und dann kann man sich das je nach Bedarf raussuchen. [...] (Ralf [S 1], Z. 178-181)

R: [...], dass da unten 'ne Kurzbeschreibung steht. Also ähm, * ja, weiß ich nicht, Sie kaufen ein, oder * äh, Dialog im Laden oder so, dass man weiß vorher, äh, was einen erwartet. [...] (Ralf [S 2], Z. 76-80)
N: [...] Und hier sieht man auch nicht gerade, ob man hier ne Übung zu hat oder so. [...] (Nadine [S 1], Z. 141-142)

N: [...] oder dass# sie wenigstens den Inhalt so angeben, also in dieser Übung wird das und das und das gelehrt, (I: Hm) aber das machen sie ja auch nicht. [...] (Nadine [S 3], Z. 175-177)

5.5.2. Mangelnde Kontrollmöglichkeiten

5.5.2.1. Mangelnde Verfügbarkeit alternativer SprecherInnenstimmen

R: [...] Hm, ja, und das einzige Problem, was eventuell noch wäre, dass man vorher einstellen kann, ob man Männlein oder Weiblein ist, weil wenn die nette Frau hier so HOCH spricht, das krieg ich nie hin. (I kichert) Ja, nee, das wäre vielleicht noch die// (I: Jaja) der krön- der krönende Abschluss, dass man da// weil der Mann vorher oder so, das hat ja ganz gut gepasst vorher. [...] (Ralf [S 1], Z. 315-322)

M: [...] Klar, die Männerstimme ist anders, * ja, da, da kommt man nicht so hin, aber die Frauenstimme, [...]. (Martina [S 3], Z. 88-89)

D: [...] vielleicht wäre es besser, den auszuwechseln, halt, dass man// ich mein, die haben ja nun mal mehrere Sprecher. Und seinen Text, dass man einfach noch von mir aus halt, wer möchte, dann eher lieber ne Frauenstimme oder so, [...]. (Dirk [S 1], Z. 41-45)

T: [...] Und hier ist natürlich einfach die #Stimme furchtbar.# [...]. (Tanja [S 3], Z. 46-47)

5.5.2.2. Keine Kontrolle über die Geschwindigkeit der Hörtexte

R: [...] Ja, was noch von Vorteil wäre, dass man vielleicht die Geschwindigkeit selber regulieren kann, [...]. (Ralf [S 2], Z. 341-342)

D: [...] Kann man den nicht langsamer machen? [...] (Dirk, [S 1], Z. 9)

D: [...] Mm, und * wär vielleicht besser, wenn man halt einfach die Sprachgeschwindigkeit * selber einstellen könnte * wär toll. ** Weil ich mein, eigentlich, er spricht ja halt * in der Geschwindigkeit, wie die Spanier nun mal sprechen, und dass man also mit (RÄUSPERT SICH) fortschreitendem * Spanischverständnis, dass er von mir aus auch wieder so schnell halt sich anhören kann, aber jetzt so für mich * ist es jetzt halt immer zu schnell. [...] (Dirk [S 1], Z. 31-39)

R: [...] ja, hast du eben was gehört da? (SPIELT EIN WORT MEHRMALS VOR) Ja, hier das ist also für einen Europäer ein wenig schnell. [...] (Ralf [S 2], Z. 345-347)

A: [...] Und wenn die jetzt alles hier so durchrattern so, habla, hablas inglés y hablo blublublub so, und dann erst am Ende eine Pause machen, [...]. (Alexander, [S 1], Z. 541-544)

C: [...] ich bin manchmal einfach zu langsam. Also ich hör mir dann den Satz an, lese da oben, und dann geht der inzwischen schon nach den anderen, also * grundsätzlich ist mir schon klar, wie das funktioniert, aber ich * komm jetzt grad nicht so hinterher. [...] (Carla, [S 2], Z. 147-152)

5.5.2.3. Mangelnde Kontrollmöglichkeiten über die Audio-Aufnahme

A: [...], dann kann's ja sein, dass man, wenn man's danach nachsprechen will, gar mehr weiß, wie jetzt ein bestimmtes Wort irgendwo gesprochen ** oder so// da fände ich's besser, wenn der jetzt eine Pause machen würde. [...] (Alexander [S 1], Z. 544-548)

C: [...] Tja, bei dem Aussprechen, da ist mir noch aufgefallen, dass das irgendwie auch 'n bisschen unschlau ist, ich hab jetzt einzelne Wörter versucht, da bei der Einkaufslektion und die erste Wörter, und da hängt das dann, weil man total viel Zeit kriegt, um das Wort nachzusprechen. Ich weiß nicht, ob man's öfter probieren soll, und da hängt es dann, bis man dann auch wieder die richtige Version hört, und bei den anderen, bei den Phrasen, dass die Zeit viel zu kurz ist, und diese Langen, die krieg ich, obwohl ich in dem gleichen Tempo versuche, nachzusprechen, dann gar nicht drauf, also das ist dann auch ziemlich doof, weil gerade am ENDE dann die schwierigen Wörter kommen, also der fünfsilbige Koffer oder so, und pff, da * kriegt man das dann auch gar nicht mehr drauf. Ist auch nicht ganz so schön. [...] (Carla [S 4], Z. 167-182)

T: [...] Ist verdammt kurz, ne, weil Schrecksekunde und überlegen und wirklich schnell regeln, ne, (I: Hmm, hmm, hmm, hmm) und es schneidet mich ja ab, wenn ich nicht * punktgenau// [...] (Tanja [S 3], Z. 83-86)

T: [...] Also wenn man// man könnte ja im Prinzip auch das Mikro selber bedienen, ne. Äh ** das machen sie wahrscheinlich absichtlich nicht, damit man so ein bisschen (MACHT ART SCHLUCKLAUT) ** gezwungen ist, ne. ** Aber man könnt's ja zumindest selber ausschalten können irgendwie, ne. ** Also ** (I: Ja) ist schon so'n bisschen Zwang, ne, so wupps ne. ** Sprich oder stirb, so ungefähr, ne. Gut, eins noch// [...]. (Tanja [S 3], Z. 210-217)

T: [...] Na gut, also wie Sie sich das mit der Aufnahme vorstellen, weiß ich wirklich nicht, ne. Aber ** ist auch irgendwie ärgerlich, also * SO schnell kann man nun wirklich nicht reden, ne. (I: Hmm) So schnell redet nicht mal die, ne. (I: Mm) Oder vielleicht gerade so eben wie die, ne. [...] (Tanja [S 3], Z. 189-194)

5.5.3. Kontextarme Sprache

5.5.3.1. Mangel an variierenden Kontexten

A: [...] dass es halt verschiedene Dialoge jetzt gäbe, und dann// oder dass das auch öfter vorkommt. Und in dem Fall sagt er, mir duele la cabeza, und dann beim nächsten Mal fragt er eben, tut dir der Kopf weh, nein, mir tut der Bauch weh oder so. (I: Hmm) Oder irgendwas, weiß ich nicht. [...] (Alexander [S 1], Z. 352-357)

C: [...] aber gerade sind die ja auch immer sehr schwer und abwei- äh, abweichend, die * die Sachen dann, äh, dass man ja die Bewohner gar nicht so nennt wie die Länder selber, [...]. (Carla, [S 2], Z. 68-71)

R: [...] Ja * ich sag mal, wenn, wenn man äh, sein Gedächtnis wirklich auf, auf, auf * auf MERKEN oder so trainiert hat, dann braucht man da nicht viel können. Also wenn ich mir jetzt merke, wie der Satz heißt, und nachher kommt äh ** beim rückwärts auch wieder Satz 3 Lektion 4, weiß ich ja im Prinzip schon vorher, was passiert ist. Vielleicht sollte man ähm ** Moment (SPRICHT ES FRANZÖSISCH AUS) ** vielleicht sollte man beim Formulieren, äh, praktisch auf einzelne Komponenten zurückgreifen, die gelehrt wurden, und daraus vielleicht NEUE Sätze bilden , weil sonst bringt es ja nichts. [...] (Ralf [S 3], Z. 191-202)

5.5.3.2. Isolierte Wörter und Phrasen

R: [...] Aber ich komm hier nicht mit, mit neunzig Standardsätzen da über die Runden. Weil DIE müsst ich ja dann wieder, um auf neue Sätze zu kommen, müsst ich ja die erst mal auseinander pflücken wieder. [...] (Ralf [S 4], Z. 267-270)

T: [...] Und was mich schon etwas * stört, ist auch einfach diese völlige Beliebigkeit der * der hintereinander folgenden Phrasen, ne. [...] 'n bisschen mehr Zusammenhang könnten sie vielleicht doch miteinander haben, ne. [...] (Tanja [S 3], Z. 121-127)

S: [...] Es ist vielleicht// wäre vielleicht besser, * jetzt in dem Text, im zusammenhängenden Text, [...]. (Sonja [S 3], Z. 32-33)

5.5.3.3. Mangelnde Sinnzusammenhänge

D: [...] Das ist jetzt sogar ein Satz, der im Dialog vorkam. Die anderen ja nicht. [...] (Dirk, [S 1], Z. 155-156)

Dirk, Interview, Z. 103-106: Bei Español 1 Interaktive Sprachreise hat ihm nicht gefallen, dass kein Zusammenhang zwischen Dialogen, Bildern und Übungen zu erkennen war, das wäre undurchsichtig und lieblos gemacht.

C: [...] Ja, das ist 'n bisschen ärgerlich, dass hier also einige Sätze dabei sind, wo ich dann auch denke, die brauch ich NIE oder so, das ist dann halt auch, also * da hab ich dann gleich 'n Motivationsproblem, das zu lernen, also frag ich mich dann auch gleich, was das soll. [...](Carla [S 4], Z. 102-107)

Nadine, Interview, Z. 63-65: Bei der in der Untersuchung verwendeten Lernsoftware fehlte ihr das Mündliche in Form von einem zusammenhängenden Text.

T: [...] ja, sind einfach so völlig beliebige Objekte, ne, also da ist ja noch nicht mal beim Einkaufen, oder was immer es jetzt eigentlich sein soll, irgendein ** ja, irgendeine Logik zu erkennen, ne, warum ich nun ausgerechnet dieses Zeugs ** von den Millionen Sachen ** verstehen soll, ne. *4* Das stört mich schon 'n bisschen. [...] (Tanja [S 4], Z. 101-107)

T: [...] das sind doch schon mal die vollen Scheißdialoge wieder, ne? "Ich denk so", "ich weiß es nicht", ** "fragen Sie das meinen Mann" uäää hmm hmm. [...] (Tanja [S 5], Z. 99-101)

T: [...] Und die Reaktionsmöglichkeiten sind übrigens auch// ist nicht dolle, ne, ich hab zwar am Anfang gesagt, ich bin 'n Mann, (I: Ja, hmm) * hab mich dann// als ich dann aber falsch weitergemacht hab, ich heiße Sonja, hat er auch mich nicht etwa drauf aufmerksam gemacht, dass das Quatsch ist, [...]. (Tanja [S 5], Z. 187-192)

5.5.4. Unzureichende Angebote zur Semantisierung

5.5.4.1. Fehlende/ mangelnde Übersetzungen (wort- bzw. zeichengenau)

M: [...] Doch, ich finde, das, das ist schon ein sch// gutes Programm hier. (I: Mhm) Ich find's gut. ** Das ist, wir nehmen Kaffee. Wörtlich, wir werden Kaffee haben. Auch das ist sehr gut. Weil wir das so übersetzt * nicht, das nämlich so, wir werden, will, das ist ja bloß hier abgekürzt, have coffee, dann ist das wörtlich, und wir nehmen Kaffee. [...] (Martina [S 4], Z. 169-175)

M: [...] Ja, aber raten (ETWA: nutzt) in einer Sprache nichts. Raten ist nicht gut. (I: Ja) ** Das kann man dann einfach, wenn man da nicht irgendwie sich was Richtiges anlernen will. (I: Ja) * Ja, * hier, er ist ein * ja, was heißt das hier, er ist ein *9* es müsste doch da hinten die deutsche Übersetzung irgendwo sein. [...] (Martina [S 7], Z. 4-9)

M: [...] so * wörtlich. Denn das ist immer besser, wenn man das WÖRTLICH, und dann, wie wär's die// dann * denn das ist immer besser, wenn man das wörtlich, jedenfalls für mich [...]. (Martina, [S 3], Z. 39-42)

C: [...] dass ich * also auch einfach gar nicht weiß, hier bei diesen ganzen Redewendungen, die ich mir kurz angekuckt hatte, was ist da jetzt irgendwie welches Wort im Übertragenen. [...] (Carla, [S 1], Z. 56-59)

C: [...] Weil hier auch oft gerade bei so Phrasen gar nicht so übertragbar sind, die heißen ja dann was anderes, da kann ich mir das nicht Wort für Wort erschließen. [...] (Carla [S 1], Z. 69-71)

A: [...] wenn ich jetzt nur nach dem Namen suche bei Stewardess, wäre mir das jetzt nicht mehr eingefallen, also dass man das auch * Übersetzungs- * irgendwie. * Ist zwar schön, wenn man jetzt nur Dialoge hat, weil man ja im Land auch nicht viel übersetzen muss, aber * zum Einprägen ist manchmal eine Übersetzung * nicht ungut. Oder Bildchen dazu. [...] (Alexander, [S 1], Z. 570-576)

Alexander, Interview, Z. 138-139: Als am Besten zum Lernen beurteilt er die Kombination von zweisprachigen und einsprachigen Worterklärungen.

D: [...] dass da jetzt halt keine Gesamtübersetzung kommt, oder? [...] (Dirk, [S 1], Z. 124-125)

Dirk, Interview, Z. 135-137: Eine wort- und eine sinngemäße Übersetzung wären notwendig, um zu verstehen wie Spanier die Sprache benutzen („beides").

R: [...] Weil manche Übersetzungen, die geben ja gleich den kompletten Satz vor, du kannst dann aber nicht äh, die einzelnen Wörter zuordnen. [...] (Ralf [S 2], Z. 11-14)

5.5.4.2. Einseitig, symbolhaft-bildlich kodierte Repräsentation fremdsprachigen Wortschatzes

R: [...] Deswegen wundert mich das schon ein bisschen. ** Also mit Bildern arbeiten, ist ja ganz lieb und nett, aber * also vom LERNeffekt her kommt da nicht viel hinzu. [...] (Ralf [S 1], Z. 62-65)

T: [...] also zwischen äh *4* tja, ** sagen wir mal äh, äh, jemand hat meinen Passport gestohlen, und diesen (ETWA: Kartje) die verwechsel ich ständig, weil ich einfach mir was anderes gemerkt hab, nämlich dass das lange Sätze sind, die da kommen, ne, und und so, ne, und gar nicht mal die Bilder, ne. und genauso das mit dem Doktor, das ist nur einfach * ne, missverständlich, ne. [...] (Tanja [S 3], Z. 250-257)

C: [...] Also ich glaub, das ist jetzt mal ein ganz anderer Weg gewesen, also ich hab noch nie so eine Sprache RELATIV erfolgreich jetzt erst mal was behalten mit Bildern, [...]. (Carla [S 2], Z. 301-304)

C: [...] Also bei einigen * Bildern wär es auch gegangen, aber bei anderen * da versteh ich das Bild immer noch gar nicht irgendwie mit dem Fensterplatz, da war ich jetzt wieder verblüfft. [...] (Carla [S 3], Z. 147-151)

C: [...] Das zum Beispiel hätt' ich nicht ** erkannt, dass das Entschuldigung heißen soll. (LACHT) N bisschen * schwierige Symbole. [...] (Carla [S 4], Z. 46-48)

D: [...] Mantel, oder? ** Oder ist das eine Hose? (BILD) [...] (Dirk [S 4], Z. 55)

5.5.5. Mangelnde Sprachkontrastivität

C: [...] Also ich hab so über die Sprache schon ne ganze Menge gelesen, und * hatte dann * also jetzt nicht, nicht als Sprachkurs an sich, sondern mehr über die Sprache, dass die eben von der Grammatik her so ähnlich dem Deutschen ist. Das hatte ich auch witzigerweise zum Teil auch wieder auf Englisch gelesen, wo die dann eben die Schwierigkeiten haben mit ihrer doch sehr simplen Sprache dann eben so eine Sprache in drei Geschlechtern, und dass die ganzen Adjektive und Verben und alle durchdekliniert werden. #Da hatte ich irgendwas#
I: #Die haben auch wirklich# drei Geschlechter?
C: Die haben drei Geschlechter, ja, und *
I: Kein einziger Artikel war zu sehen.
C: Ja eben, und das, das stört mich jetzt eben auch ein bisschen, mit dem Hintergrund, dass #ich das weiß#
I: #ich weiß es# ehrlich gesagt nicht mehr.
C: äh, dass ich da jetzt eben die Wörter zwar gelernt habe, aber ich müsste sie sozusagen noch mal lernen, [...] (Carla [S 2], Z. 337-361)

C: [...] dass ich da jetzt eben die Wörter zwar gelernt habe, aber ich müsste sie sozusagen noch mal lernen, weil ich jetzt wissen muss, auch, was mir aufgefallen ist, hier bei der Uhrzeit, da hatten sie irgendwie kurz nach eins oder so, und da wurde die Eins anders ausgesprochen als ich die bei der Eins an sich hatte, da ist das irgendwie (ETWA: ätzen) oder so, und das andere war (ETWA: ätt), und da weiß ich dann auch schon, aha, das ist irgendwie abgewandelt, aber ich weiß nicht warum, nach welchem Muster, ich hab mir nicht gemerkt, wie es geschrieben ist, weil es nur einmal auftauchte, und so was, da, da hab ich dann schon während des Lernens irgendwie so ein ungutes Gefühl und denke, ach Mann, das musst du dir noch mal ankucken, das ist ein Doppeltlernen, weil ich noch nicht weiß, worum es eigentlich geht, und das ist ein bisschen ärgerlich. [...] (Carla [S 2], Z. 360-376)

C: [...] Ich weiß nur komischerweise über die Grammatik halt viel, weil ich da auch so'n, so'ne literaturwissenschaftliche Abhandlung, wie die Ähnlichkeiten zwischen Deutsch und Isländisch halt sind. Und das ärgert mich jetzt 'n bisschen, dass ich eben dann das doppelt lernen muss, weil ich jetzt nicht weiß, was die Artikel sind und so was. (I: Hm, hm) Das find ich schade. [...] (Carla [S 2], Z. 394-401)

M: [...] Den würde ich mir interessehalber immer anhören. Das ist gar nicht verkehrt, weil man dann etwas gebildet wird, wie sich ein Engländer verhält, (I: Hm) oder wie er das sagt, [...]. (Martina [S 4], Z. 194-197)
M: [...] Und dann ist mir die Fragestellung, (I: Hm) wichtig ist immer das Fragen, ja? Das ist, und dann sich hinein hören. Ich werde mir mal das im Zusammenhang ab// dann einfach bloß hören, und versuchen, dann gleich zu übersetzen, [...]. (Martina [S 6], Z. 107-111)

T: [...] ne, aber nun so völlig// weil zum Beispiel #so was wie Artikel lernst du damit auch wirklich nicht, ne.# [...] (Tanja [S 4], Z. 183-185)

R: [...] der Aufwand bei DEM Lernen jetzt, dass ich sehe, ach, also wenn// wie wenn der, wenn der Hund die vierte Betonung hat, dann heißt er nicht mehr Hund, sondern// der Lernaufwand, den könnte man mit, mit dem ersten Bild, wo die Betonungen aufgelistet sind und vielleicht eine Sprachübung, wo dann meinetwegen (MACHT DIE VIER CHINESISCHEN BETONUNGEN VOR) * damit ist es ganz einfach behoben. [...] (Ralf [S 1], Z. 88-95)

5.5.6. Mangelnde Fehleranalyse

T: [...] Du gehst mir auf die Nerven mit deinem Ja. [...] (Tanja [S 3], Z. 57)

A: [...] (LACHT) Wenigstens variiert er immer seine Antworten. [...] (Alexander, [S 1], Z. 173-174)

A: [...] Also auf jeden Fall, dass es nicht so, einmal gemacht, aha, kontrolliert, toll, und (SCHNALZT) zum Nächsten und vergessen. [...] (Alexander [S 1], Z. 357-359)

C: [...] Obwohl ich mich auch fast schon nicht mehr traue, hier was Falsches zu sagen, die Frau wurde zum Schluss, hatte ich den Eindruck, immer böser, wenn sie "nee" (BEIDE LACHEN) immer pampiger irgendwie, oder ich hab's auch nur so verstanden, das war echt komisch. [...] (Carla [S 2], Z. 331-335)

D: [...] Und aber, ich meinte doch halt mit dem Bild, dass es halt mit- * also, von dem Lernerfolg dann halt abhängig * sich vielleicht verändern könnte ** (I: Hm) und so. Ich meine, es hat dann noch ** ein bisschen * mehr halt so von nem Feedback, den man halt auch bei ner * äh, Lehrerin halt auch hätte. Ich meine, die lacht einen ja auch nicht an, wenn man grad was falsch gemacht hat. Und wenn man's jetzt falsch machen würde, käm man sich jetzt vielleicht ausgelacht vor ** haha * oder so. [...] (Dirk, [S 1], Z. 86-95)

D: [...] Ich mein, ist halt *4* mein, so sicher in * Vokabeln bin ich halt noch nicht, und man will ja immer ganz bestimmte * Phrasen halt * immer nur halt haben. Und so was * halb richtig oder halb falsches ** ist halt auch immer rot. [...] (Dirk, [S 4], Z. 33-37)

5.5.6.1. Fehlende Rechtschreibfehlertoleranz

D: [...] Ist ja echt ärgerlich mit den * Kringeln. *3*
I: Und was würdest du dir da wünschen?
D: Ja ich meine, * Groß- und Kleinschreibungen merkt er ja auch nicht. Das finde ich auch schon mal gut, weil das viel bequemer ist, jetzt, von der Tastatur halt. Mm, *3* Na gut, aber das hatte jetzt halt schon einen Lerneffekt, jetzt halt auch für mich, dass ich halt den anderen Akzent immer eingeb.
I: Aber bei dem funktioniert es ja nicht.
D: Ja, schade.
I: Also was wäre denn von dem Programm zu wünschen in dieser Hinsicht?
D: Ja, dass es halt darauf dann eben nun doch verzichtet, das immer falsch zu markieren. [...] (Dirk, [S 2], Z. 223-242)

D: [...] Ja, und was halt echt immer ein bisschen nervig ist, ist halt, ** dass man halt * also jetzt stört mich das halt schon langsam, dass man wirklich immer haargenau wissen muss, wie man das halt nun schreibt, halt * Kassette ist mit einem t oder mit zwei t, das weiß ich halt nicht, im Spanischen, oder mit den Akzenten da halt, weil das dann halt immer gleich ** falsch ist halt alles. Und das stört, und deswegen benutz ich dann halt immer nach jeder Zeile halt auch immer schön die Lösung, ob ich's nun auch ** oder eben dann halt auch die Korrektur, weil ich * mir da halt * nie sicher bin, ob ich's nun überhaupt richtig geschrieben hab. [...] (Dirk, [S 4], Z. 72-84)

N: [...] Hm, ist ein bisschen albern, dass sie hier auf diese * Zwischenstände da * Wert legen, also normalerweise schreiben doch die Franzosen mit Punkten dazwischen oder so, dass sie das als falsch anstreichen find ich bisschen ärgerlich. [...]. (Nadine [S 3], Z. 140-144)

5.5.6.2. Keine Förderung sprachlicher Variation

D: [...] also * das hätte ja recht komplex halt eigentlich * sein müssen, weil ich fand schon, dass ich auch * auch richtige Antworten eingegeben hab. ** Und das extra noch mal im Vokabular halt nachgeschlagen hab, und trotzdem, * also es ist halt ja klar, dass halt der Computer halt nur bestimmte Einträge da halt als richtig * durchgehen lassen will. * Also schon ein bisschen doof. [...] (Dirk [S 2], Z. 109-116)

A: [...] dass man * mehrere Dialoge hat, die immer so auf dasselbe abzielen, und wo das dann mehrfach drin vorkommt [...]. (Alexander, [S 1], Z. 238-241)

M: [...] Naja, aber das ist eben so programmiert, da muss es eben so hin, denk ich mir, ja. (I: Hmm) *3* Kann man noch mal hier. ** Wie geht's muss eben so sein. Ich denke, ja, dann sagt er richtig. Und hier in dem Sinne, wie geht's, how do you do, nein, ich habe auch mitgekriegt, Berlitz, ich hab schon mal so Verschiedenes geblättert, die nehmen's auch 'n bisschen, also es muss wirklich so variabel sein, nicht, der eine sagt soundso, [...]. (Martina, [S 4], Z. 133-142)

R: [...] Aber irgendwie * kommt mir das alles so bekannt vor. *3* Sind das nicht die gleichen Sätze, die beim Verstehen da sind? Jetzt müsste doch (HOCH) ooo kommen. Warte mal. *4* Ta. ** Ne, der war doch vorhin auch schon. (I: Hmm) * Also nur noch mal// mhm, ist klar. *3* Satz 3, na, jetzt bin ich mal gespannt, jetzt geh ich mal hier oben hin. ** Titel, eins, zwei, drei. *4* Na gut. ** Ja, deswegen passt es auch auf eine CD, äh * hm. [...] (Ralf [S 3], Z. 179-187)

5.5.6.3. Keine Hinweise auf die Art des Fehlers

D: [...] Ja, ich weiß ja nicht so richtig ** also, was ich halt falsch gemacht hab. [...] (Dirk [S 3], Z. 73-74)

D: [...] der Computer kann einen ja nicht daraufhin stupsen * halt, aber ich glaub schon, dass einem so was halt auch wieder eingefallen wäre, weil halt die Vokabeln halt in den *3* in dem Dialog halt vorkamen. [...] (Dirk, [S 4], Z. 68-72)

D: [...] dass halt dann immer gleich alles falsch ist, das ist natürlich immer ärgerlich. Das ist also schade, dass er einen auf solche Fehler nicht drauf hinweist, also auf einzelne. [...] (Dirk [S 4], Z. 90-93)

R: [...] Ich schreib mal jetzt bewusst was Falsches rein. *5* Ja, ** gut, ich dachte jetzt eher// ach so. Aha. ** Gut, also Fehler//
I: Das Z ist falsch, oder -
R: Fehlerkorrektur ist schon mal da, ja.
I: Wie? Inwiefern eine Korrektur?
R: Naja, nein, also dass man das abfragen kann hier. So. Dann zeigt er an, wo der Fehler liegt. Aha, okay.
I: Das Z ist der Fehler?
R: Mhm. [...] (Ralf [S 1], Z. 148-163)

T: [...] Ähm, ich antworte, und wenn er mir dann grün anzeigt, hat er zumindest verstanden, was ich gesagt hab, ne? ** Oder so funktioniert das, oder? [...] (Tanja [S 5], Z. 34-37)

T: [...] und bei einigem hat er ja auch reagiert, ne, und bei anderem hat er einfach weitergemacht, insofern denk ich mir, vielleicht bei den Falschen, oder zumindest bei denen, wo es keine Reaktion gab, [...]. (Tanja [S 5], Z. 55-58)

5.6. Förderliche Bedingungen der Lernumgebung

5.6.1. Unterstützung von Installation und Konfiguration

A: [...] Ich bin Optimist. Auch wenn's nicht klappen wird, höchstwahrscheinlich. So, jetzt hab ich geklickt. Nee, funktioniert nicht. [...] (Alexander, [S 1], Z. 501-503)

M: [...] ich denke mir ja, wenn man das jetzt hätte, da wäre ja auch eine Gebrauchsanweisung [...]. (Martina [S 2], Z. 47-49)

S: [...] Gut, * wenn man's dann weiß, dann * (I: Hm) aber wenn man's nicht weiß, ist es ein bisschen schlecht. [...] (Sonja [S 4], Z. 15-17)

5.6.2. Zugriffsmöglichkeiten auf bestimmte Inhalte

N: [...] Und hier die (xx) halt, aber wenn ich konkret danach suchen wollen würde, müsst ich hier alle Lektionen durchwühlen (I: Hmm). [...] (Nadine [S 3], Z. 97-99)

N: [...] Bloß halt auch, dass man, also wenn man jetzt GEZIELT was lernen will, das kann man halt nicht mit der, da müsste man * alles * durchwühlen, [...] (Nadine [S 3], Z. 165-168)

N: [...] Also da müsste ich dann alles durchwühlen, wenn ich also * konkret was machen wollen würde. [...] (Nadine [S 3], Z. 178-179)

M: [...] Das ist auch * für das didaktische Lernen, also so für das, hier mit dem Umzugehen, Zugriff sofort in eine Gesamtübersicht, und dann, dass man dann auswählen kann von einer Gesamtübersicht. [...] (Martina [S 2], Z. 101-104)

D: [...] Ich meine, da wäre halt vielleicht auch gut gewesen, wenn man halt * auf Vokabeln immer * halt zu der Lektion hätte zugreifen können. So muss ich mir die dann halt immer aus dem kompletten Verzeichnis raussuchen. [...] (Dirk, [S 4], Z. 95-99)

S: [...] Also wir haben * Verneinung * geübt. (I: Mhm) Das such ich jetzt einfach mal. [...] (Sonja [S 2], Z. 16-17)

T: [...] Ich dachte ja, ich kriegte jetzt vielleicht 'n Überblick darüber, (LACHT) wo// mit was da überhaupt// mich was ich mich da überhaupt beschäftige, [...]. (Tanja [S 5], Z. 19-21)

A: [...] Und dann möglichst auch übersichtlich und möglichst viel komprimiert, und nicht * dort ein Wort, und ein anderes Wort mal dort, [...]. (Alexander [S 2], Z. 139-141)

5.6.3. Vielfältige Modalitäten der Präsentation und der Übung

N: [...] Man kann halt nicht nachsprechen, man kann nicht * ähhh ** also man kann nur hören * und lesen, man kann nichts schreiben, man kann nicht nachsprechen. [...] (Nadine [S 1], Z. 139-142)

N: [...] Ich weiß nicht, vielleicht mach ich jetzt noch die andere CD 'n bisschen zur Abwechslung, da mit diesem Hörensagen, [...]. (Nadine [S 2], Z. 80-82)

N: [...] Weil's auch, äh ** ja, weil man jetzt nur hören kann und nicht gleich darauf das üben kann oder so, das kommt dann jetzt erst wieder später. Das find ich auch 'n bisschen * doof, 'n bisschen langweilig auch. [...] (Nadine [S 3], Z. 108-111)

C: [...], dass man wirklich die Memory-Fähigkeiten haben musste. Ist ja jetzt gar nicht so sprachlich der ** Hammer. [...] (Carla [S 2] Z. 206-208)

C: [...] also man hat ja nur 'ne Begrenzte als Auswahl, wenn ich jetzt zum Beispiel selber die Zeiger einstellen müsste oder so, so was wär schon schwieriger (I: Hmm) glaub ich, als wenn ich mir zwischen vier möglichen Varianten eine aussuche oder was. [...] (Carla [S 2], Z. 238-243)

C: [...] also so was wär noch ganz gut als Kombination da, wenn man// weil man ja doch immer nur einige Lerntypen anspricht mit so'ner Einseitigkeit in so'm Programm. [...] (Carla [S 2], Z. 316-319)

M: [...] Also so, wie ich jetzt da immer angeklickt haben, nicht, das Vokabelnlernen, das ist DAS ideale Vokabelnlernen, * ja? Ich krieg die Vokabeln, ich SEHE sie, ich kann sie HÖREN, also das heißt, man spricht sie mir vor, dann mach ich das weg, dann spreche ich selber, höre gleich, und kann immer variieren, was will ich denn nun, (I: Hm) ne. Also DAS find ich gut. [...] (Martina [S 5], Z. 276-283)

Dirk, Interview, Z. 109-111: [...] Es wäre auch immer wieder dasselbe gewesen, das man anklicken konnte und sonst nichts.

T: [...] Ich meine, vielleicht ist es ja nicht schlecht, wenn man auf so Bilder getrimmt wird, [...]. (Tanja [S 2], Z. 39-41)

5.6.3.1. Hören – Sprechen – Aussprache

M: [...] es ist aber ein, ich will mal sagen, eine wesentliche Unterstützung, vor allen Dingen, was SEHR schön ist, was ich hier * empfinde, dass man dieses Sprechen, dass man vorgesprochen bekommt, [...]. (Martina [S 1], Z. 251-252)

M: [...] Find ich gut. Und man kann es gleich wieder vorneweg sprechen. Beispielsweise, ob man sich SELBER kontrolliert, ja? Und dann * prüft, ist es richtig. Oder umgekehrt, ihn erst mal sprechen lassen, und so weiter. Find ich gut. [...] (Martina [S 1], Z. 254-258)

Martin, Interview, Z. 70-72: -„Lehrerprinzip": L. bestimmt, spricht vor - fordert zum Nachsprechen auf, korrigiert sofort, so dass sie gehemmt beim Sprechen ist; seltenes Drankommen.

C: [...] Da hab ich jetzt * aber immer noch nicht * verstanden eigentlich, wie, wie das mit diesen Buchstaben ist, wann die am Ende ausgesprochen werden, wann nicht, also * das bezieht sich jetzt auch alles glaub ich sehr auf die Satzmelodien, also mal ganz interessant, aber * irgendwie fehlt mir immer noch so'n grober Überblick, ähm, wann, wann hier bei diesem U, R, ist es mal mit auf uth oder ith (LISPELT ÄHNLICH WIE IM ENGLISCHEN) und mal auf urr, das ** hab ich immer noch (I: Hmm) nicht so richtig raus, was// wann da was ist. [...] (Carla [S 2], Z. 133-142)

C: [...] also vor allem find ich bei diesen Sätzen eben ganz schön, dass, dass man dann überhaupt erst mal * so, so im, im Ganzen was sagt, und ** ja, teilweise praktisch, teilweise nicht so praktisch, also da ** bin ich dann auch 'n bisschen motiviert, wenn man so so ganze * Zusammenhänge schon erzählen kann, irgendwie sinnvoller, als Zahlen aufzuzäh// äh, Farben da aufzuzählen oder so, [...]. (Carla [S 3], Z. 157-164)

N: [...] ja, weil man jetzt nur hören kann und nicht gleich darauf das üben kann oder so, [...]. (Nadine [S 2], Z. 108-109)

N: [...] ich werd mal hier kucken, (I: Mhm) vielleicht war da noch mit Hören und Sprechen, [...]. (Nadine [S 3], Z. 3-5)

R: [...] Also man kann ja die auch nicht anders nachsprechen und anhören, wie davor in den, in der Verstehenübung. ist halt nur, dass äh ** dass nie hier, sag ich jetzt mal so, dass immer eins alleine erscheint, man hört sich das an, "jou", äh * sind meist auch noch die Wörter, die man eh' schon kann oder kennen sollte, ** äh, und * im ganzen ** da hab ich ja genau den gleichen Satz, den ich vorhin hatte, und ** ja, da kann ich jetzt auch nichts anders machen als vorher. [...] (Ralf [S 4], Z. 34-43)

5.6.3.2. Schriftliche Darstellungen – Schreiben

A: [...] also bisher hab ich noch keine Übung gesehen, wo ich selber was schreiben muss. [...] (Alexander, [S 1], Z. 652-653)

A: [...] Nicht bloß, wenn der Computer an ist oder so, sondern * wo man einfach raufkucken kann mal fünf Minuten [...]. (Alexander [S 2], Z. 168-170)

A: [...] außerdem bin ich zusätzlich auch noch mehr ein visueller Typ, also wenn ich es nicht// wenn ich es nur höre, klappt es eh' nicht. Ich muss es lesen immer. [...](Alexander, [S 2], Z. 40-42)

A: [...] ein Wort, was sich ähnlich anhört, dann ist das schwer, dann bringt man die schnell durcheinander, und deswegen muss man also ähnliche Worte * zugleich// [...](Alexander, [S 1], Z. 214-216)

C: [...] irgendwie hab ich immer noch so das Bedürfnis, was aufschreiben zu müssen, [...]. (Carla [S 2], Z. 312-313)

C: [...] Naja, und ähm, das wäre dann auch äh * schwerer, sich dann da eben so durch zu wursteln. Also manchmal kann man eben wirklich raten und dann mal schnell so ein Bild anklicken. Aber wenn man jetzt eine

Antwort schreiben müsste, da kann man nicht so schnell raten, (I: Hmm) also da liegt man entweder richtig oder falsch. [...] (Carla [S 2], Z. 321-327)

N: [...] #Weil hier mir# das Schreiben so 'n bisschen fehlt da, [...]. (Nadine [S 1], Z. 95-96)

N: [...], weil ich immer am Besten dann noch lerne, wenn ich das auch schreiben muss oder so. [...] (Nadine [S 2], Z. 71-73)

R: [...] ich würd ja gerne schreiben, aber (RÄUSPERT SICH) momentan bietet sich das hier nicht so an. [...] (Ralf [S 2], Z. 99-100)

R: [...] Dass man das vielleicht 'n bisschen miteinander verknüpft. Also ich glaube nicht, dass sich jemand hier hinsetzt, äh, bei Grundlagen der Schrift, und erst mal 'n paar Tage das hier durchackert. (I: Hmm) Dass das praktisch beim Lernen ** (LACHT BISSCHEN) ja, beim Lernen gelehrt wird, kann man, kann man ja fast so sagen. [...] (Ralf [S 4], Z. 292-298)

D: [...] ich glaube halt, um es jetzt halt auszudrucken, nur damit ich halt diese unregelmäßigen Verben halt schwarz auf weiß dann irgendwo danebenlegen kann, das hab ich ja gestern eben halt schon gesagt, das fände ich glaub ich ganz gut. Oder halt einfach ein anderes Grammatikbuch, [...] (Dirk [S 2], Z. 166-171)

T: [...] #Aber dass ich jetzt halt, dass ich tatsächlich im Sinne einer# Vokabelübung für mich zumindest ein paar * #aufschreiben würde, ne. Genau.# [...] (Tanja [S 2], Z. 72-74)

M: [...] wenn ich Vokabeln lerne, dann schreibe ich die erst auch einmal, ja, und dann hab ich das so innerlich, wie es auch geschrieben wird, und * (I: Hmm, hmm) das ist dann manchmal auch gut, zum Beispiel bei "hear", ja, das kann ja einmal hier heißen und einmal hören heißen, und * dann, wenn man das aber weiß, dann ist das, denke ich mir so, ist das ein bisschen besser. [...] (Martina [S 1], Z. 22-28)

Nadine, Interview, Z. 72-75: Gut fand sie es auch, Schreiben zu müssen. Nachteilig sei auch, dass „freihändig" nichts geht (freie Texteingabe), wie z.B. Text lesen und zusammenfassen.

5.6.4. Individuelle Ergebnissicherung

D: [...] Ja, und jetzt, Ende * ach, *3* nicht speichern? *8* muss ich das jetzt echt ** nee. Nee, das sollte halt echt// (RÄUSPERT SICH) also, wenn ich das jetzt machen würde, würde ich das halt einfach// man muss sich vorher halt einloggen, mit Namen, so wie es bei jedem Computerspiel, [...] (Dirk, [S 1], Z. 227-232)

R: [...] Also wenn ich jetzt praktisch * ähm, ins Hauptmenü gehe, * dann kann ich ja * hier rein halt, ** aber wenn ich jetzt zurückgehe, ** und wieder Hören und Verstehen, *3* dann fängt das ganz vorne wieder an. Schade. Also ** mm, wär so'ne Art Zwischenspeicher, also wenn es schon nicht parallel laufen kann, dann wenigstens, dass man äh, hier halt wirklich so praktisch hin und her springen kann, um sich das anzukucken. [...] (Ralf [S 3], Z. 42-50)

5.6.4.1. Protokollierung der Arbeit

Carla, Interview, Z. 160-163: Was ihr bei ihren anderen Erfahrungen mit Lernsoftware gut gefallen hat, sind Prozeduren, die ihr zeigen was ihr Leistungsstand ist; die sie nur nach dem Erreichen bestimmter Leistungen weiter machen lassen.

D: [...] Kann man eigentlich zurückgehen, ohne das zu verlieren? [...] (Dirk, [S 2], Z. 70-71)
D: [...] Oder vielleicht auch einzeln für die * Lektionen halt. *3* Dann wüsste ich halt auch nachher, was ich halt vielleicht noch mal wiederhole dann * nachher, wenn ich schon bisschen was dazugelernt hab. [...] (Dirk [S 2], Z. 307-311)

D: [...] Wie, alles weg.
I: Ist weg? #Ohhh!#
D: #Ohhh!# (BEIDE LACHEN BISSCHEN)
[...] (Dirk, [S 4], Z. 57-61)

A: [...] Welche war das jetzt? Eins, zwei, drei. Ah, die Drei war das. [...] (Alexander, [S 1], Z. 531-532)

T: [...] Also grundsätzlich find ich so was schon irgendwo wieder ziemlich ** ziemlich verwirrend, ne. ** (I: Mm) Ganz gut find ich so diese Sachen wie hier, dass man weiß, wie viel * gut, es wird zwar auch nicht gesagt, wie viel kommt auf einen zu, ne, aber trotzdem äh ** immerhin so'n BISSCHEN gemessen wird, ne. [...] (Tanja [S 5], Z. 255-261)

R: [...] ist natürlich auch die Frage, warum startet der immer mit dem hier, wär natürlich auch vielleicht nichhh, nicht gerade nachteilig, wenn er mit dem startet, wo man als letztes aufgehört hat, so wie bei den Lektionen. Also man muss sich ja jedes mal hier mit mit mit i wieder rumschlagen. [...] (Ralf [S 4], Z. 392-397)

S: [...] Ach! Das wusste ich nicht, wusst jetzt nur das eine * naja, schade. Egal. **
I: Wie, hast du alles gelöscht? Oh. [...] (Sonja [S 2], Z. 230-233)

5.6.4.2. Kennzeichnung bereits bearbeiteter Teile

D: [...] und unten könnten dann halt * also erst mal könnten dann halt// * könnte einfach markiert sein, dass ich schon mal in Granada war, oder auf * Mallorca jetzt eben schon war, [...]. (Dirk [S 1], Z. 302-305)

A: [...] Ach, den hatten wir schon. [...] (Alexander [S 1], Z. 32)

A: [...] weil ich mir jetzt immer merken muss, (LACHT BISSCHEN) was ich gerade schon hatte und was nicht, [...]. (Alexander [S 1], Z. 752-753)

N: [...] Ich hatte irgendwie schonnnnn * was? [...] (Nadine [S 3], Z. 3)

T: [...] Phrasen hab ich offenbar nur zur Hälfte gemacht. *3* Geh ich jetzt in Phrasen. [...] (Tanja [S 3], Z. 66-67)

5.6.4.3. Vergabe von Punkten o.ä.

D: [...] #und man * man könnte auch Punkte sammeln,#
I: #Wäre auch bei mehr// * ja. Hm.#
D: so als Erfolgserlebnis. [...] (Dirk [S 2], Z. 238-242)

D: [...] * und * echt so'n Punktestand * halt. * Oder an dem man halt dann so seine * Note halt quasi * ablesen könnte. (Dirk [S 2], Z. 305-307)

T: [...] Aber irgendwie konnte ich jetzt glaub ich auch noch mehr Punkte sammeln, wenn ich wieder zurückging zu dem ** zu dem Hauptteil.
[...] (Tanja [S 4], Z. 19-22)

C: [...] so in den einzelnen Übungen da, wo ich dann weiß, okay, es gibt 50 Punkte [...], dass man da eben weiß, okay, also ob sie nun Punkte oder ob sie Prozente angeben oder so, aber * dass man da schon so'ne Bestätigung kriegt, ob man da eben alles geschafft hat oder nicht, [...] (C [S 3], 225-231)

5.6.4.4. Speichermöglichkeit für subjektiv bedeutsame Inhalte

R: [...] was auch nicht schlecht wär, dass man vielleicht äh, im Laufe der Lektionen, ähm, die Wörter, die man nicht kann, oder die man noch, noch nicht weiß, vielleicht in so'n extra Wörterbuch abspeichern könnte. Noch mal so, äh, weiß ich nicht, wenn man fertig ist nach einer Stunde, noch mal die Wörter alle durchgehen, die man jetzt in der Lektion nicht wusste. Denk ich mir mal, würde mir zumindest helfen, [...] (Ralf [S 3], Z. 20-27)

R: [...] das ist halt das Problem, was ich, was ich meinte, wenn ich jetzt meinetwegen die Wörter, die ich nicht kenne, oder Probleme halt extra abspeichern könnte, dann wü- wär das Wiederholen für mich effektiver. So muss ich ja wieder alles noch mal von vorne durchkauen. [...] (Ralf [S 3], Z. 109-114)

R: [...] Ja, wie gesagt, so wie beim letzten Mal, wenn man die Wörter, die man nicht kennt, extra rausfiltern könnte hier, durch so'ne Zeitung oder so hier neben, wär schon, wär schon nicht übel.
I: In so'n No- in so'n Notizbuch quasi?
R: Ja, genau, genau. Wo man dann auch selber Einträge löschen kann, wenn man die halt öfter mal ** gehört hat, dass man die dann halt weiß. [...] (Ralf [S 4], Z. 4-13)

D: [...] Aber hier kann man also Lesezeichen setzen. [...] (Dirk, [S 2], Z. 20-21)

D: [...] dann geh ich mal auf's Lesezeichen *10* Das mit dem Lesezeichen ist aber halt ganz gut. [...] (Dirk, [S 2], Z. 219-221)

D: [...] Ja doof, dass ich jetzt kein zweites Lesezeichen hab. [...] (Dirk, [S 3], Z. 8-9)

5.6.5. Förderung von Metakognitionen

N: [...] da hatte ich mir aber auch vorher ganz ähm * ähm, die Anleitung halt angehört, ganz, also die Gesamte. Was man überhaupt alles machen kann und wie man am besten vorgehen soll und so was alles, das war ganz gut. [...] (Nadine [S 2], Z. 7-11)

A: [...] So, und wenn ich jetzt wieder weiterrase, da hab ich's jetzt verstanden, aber * vergesse das wieder, das muss ich noch mal schön// * also bis * cinquenta kenne ich sie sowieso. Seissenta, von seis, sessenta, setenta, ochenta, ochenta, noventa, noventa, cien. Cent wird zu cien, okay. [...] (Alexander [S 2], Z. 62-67)

A: [...] dass ich erst mal * weiß, wo die halt das Heute hinstellen, als Satzstellung, hab ich jetzt noch mal be- bemerkt, für mich. ** Dass ich weiß, wie man das also macht. [...] (Alexander [S 2], Z. 114-117)

5.6.5.1. Förderung der Selbstkorrektur der Fremdsprachenlernenden

M: [...] #Also, so kann man# sich nicht selber, wenn man jetzt einen Fehler wie ich jetzt gemacht habe, mit den Namen verwechselt, dann korrigieren, da drin in dem * #(xxx)#
I: #Offensichtlich# nicht, das ist *
M: Aber doch, wissen Sie, wie man könnte, ich denke könnte zurückgehen, #ins Vorfeld, und wieder#
I: #Und wieder rein, hm.#
M: rein, dann ist es gelöscht, und dann kann man #beginnen.# [...] (Martina [S 1], Z. 202-215)

M: [...] Ja, aha, ja. Ich meine, wenn man's erst mal * ja, lernt, dann ist es gut, aber dann müsste man's wegnehmen können. (I: Hm, hm, ja) Dann könnte man noch die Vokabeln dann noch mal trainieren. [...]. (Martina [S 1], Z. 298-301)

N: [...] Naja, und ich find die Möglichkeit auch ganz gut, dass man das korrigieren kann, bevor man die Lösung ankuckt, also nicht, dass sie dann gleich die * Lösungen zeigen, so dass man das nicht noch mal probieren kann oder so. Ich finde, dadurch merkt man das auch fast noch * besser. [...] (Nadine [S 2], Z. 73-78)

Carla, Interview, Z. 145-147: Es handele sich aufgrund der Softwarebeschränktheiten vor allem um Selbstkontrolle, womit sie trotzdem zufrieden ist.

A:[...] Ah, kann man die auch rückgängig machen, die Dinger? Das ist nämlich glaub ich ein Dings// *3* ich glaub, das war so rum. [...](Alexander, [S 1], Z. 148-150)

5.6.6. Interaktivität und Personalisierung

Ralf, Interview, Z. 160-162: Ralf schätzt es als Problem ein, dass derartige Software nicht individuell ist, man sei auf das vorgegebene System der CD-ROM festgelegt.

D: [...] Na gut, aber wenn jetzt doch halt einfach unten, also erst mal, wenn ich jetzt halt schön * eintippe halt, *8* dass ich eben halt * Dirk heiße, dann könnte er halt auch sagen, er heißt eben Bernardo, kann er auch "Hola, Dirk" könnte er dann wahrscheinlich auch sagen, * wär ein bisschen persönlicher, [...]. (Dirk [S 1], Z. 296-302)

M: [...] Ist ja richtig wie schön mit Spielchen. [...] (Martina [S 1], Z. 87)

M: [...] Einfach was rein- * schreiben? Benutzername? *11* Tatsächlich, nicht? Man geht mit'm Code rein.
I: Ja.
M: Meldet sich an. (LACHT) [...] (Martina [S 4], Z. 9-15)

[...] P: Wonderful. ** #How do you do?#
M: #Ach, die spricht//# die SPRICHT mit einem.
P: Superb.
M: Superb. (BEIDE LACHEN) #Hach, das ist ja richtig# niedlich. [...] (Martina [S 4], Z. 53-60)

M: [...] in einem ist ja so ein bisschen Spieltrieb. So, so'n bischen rätseln und, und so ein bisschen// das ist hier gut gemacht, (I: Mhm) das ist hier gut gemacht. [...](Martina [S 4], Z. 273-276)

A: [...] Na gut, die stehen ja alle da, die brauchen wir nicht * noch mal alle sprechen, nur die Schwierigen haben wir gesprochen hier. [...] (Alexander [S1], Z. 284-286)

C: [...] aber es insgesamt eben spielerischer gedacht, und dann ** glaub ich * wenn es insgesamt Konzept bleibt, und man also// dieses Gedächtnisspiel hier zum Schluss, das fand ich sehr gut, um das noch mal so * rauszuheben, [...]. (Carla [S 1], Z. 109-113)

C: [...] dann hier diese längeren Wörter wie Koffer, Bus oder irgendwie so was, die konnt' ich mir einfach so vom Gehör her nicht merken, aber das war ganz gut jetzt mit dem, dass man das dann da geschrieben und vorgesprochen bekommt, da werd ich noch mal 'n bisschen dran arbeiten, [...]. (Carla [S 2], Z. 225-230)

C: [...] also man hat ja nur 'ne Begrenzte als Auswahl, wenn ich jetzt zum Beispiel selber die Zeiger einstellen müsste oder so, [...]. (Carla [S 2], Z. 238-240)

C: [...] dieses Wiederholen, das macht man sonst auch wahrscheinlich nicht so aktiv, dass man sich da nur irgendwie das hohl auf dem Blatt ankuckt, (I: Hm) also dieses Interaktive ist schon ganz schön, [...]. (Carla [S 3], Z. 41-45)

C: [...] werd ich mal kucken, was da noch (LACHT BISSCHEN) hängen geblieben ist. (I: Hmm) Also *3* Mal kucken, ich mach erst mal diese * tollen Spielchen * zum Überprüfen. [...] (Carla [S 4], Z. 7-10)

S: [...] weil das merke ich immer wieder, dass ich da auch so meine Schwierigkeiten// dass ich immer noch überlegen muss. Ja, also da würd' ich dann schon mal ne Übung machen, wenn's denn hier eine angeboten wird. [...] (Sonja [S 3], Z. 47-48)

T: [...] Da ist dies, was ich so furchtbar schwierig tatsächlich finde, aber auch ziemlich unsinnig ** du kriegst nur die Bilder, das ist ja wirklich Memory, ne. [...] (Tanja [S 4], Z. 145-147)

5.6.7. Redundanz und Effizienz

A: [...] Und ** auch müsste das// * ja, also * die Redewendungen einfach * mehrfach * gesprochen werden, nur so// nicht bloß einmal den// * also jetzt nicht im Dialog, sondern dieses beim Lernen dann wieder, dass * vorher sagt man einfach, qué salida es?, welcher Ausgang ist es?, und dann noch mal wiederholen, qué salida es, welcher Ausgang. ** Wenn man das selber so macht, dann * zumindest, dass * dass das wirklich auch fester drin ist. [...] (Alexander [S 2], Z. 620-628)

D: [...] bei dem anderen Programm war das ja eigentlich alles so an den Haaren herbeigezogen, und hatte mit dem Dialog ja nicht viel mit zu tun, die Aufgaben. *3* (I: Hm) Find ich jetzt hier so besser. [...] (Dirk [S 2], Z. 159-163)

D: [...] Erst fand ich das ja ein bisschen lästig, dass man aus den Übungen dann ja halt erst komplett eben raus musste, um sich * den Dialog halt wieder anzuhören, aber ich hab das eben grad ja auch schon gesagt, das ist halt gar nicht notwendig, weil man das halt * so den Bezug und so, den hat man trotzdem halt noch, wenn man sich das vorher einmal oder zweimal * angehört hat. [...] (Dirk [S 2], Z. 261-268)

R: [...] Wenn man EIN Wort nur nicht weiß, dann könnte man halt den Satz bilden. So, wenn ich jetzt auf Übersetzung anklicke, ist ja der, der komplette Satz da. [...] (Ralf [S 2], Z. 57-60)

R: [...] Also nur die Lücke, die man auch wirklich hat, weil die anderen Wörter kannt' ich ja, ähm, dass man die nicht einzeln ähm, ins Deutsche übersetzen kann. [...] (Ralf [S 3], Z. 6-9)

R: [...] Das ist halt schade, dass man, ich sag mal, die die Fehler, oder die Unkenntnisse, die man hat, nicht beiseite legen kann. Also im Prinzip um, um// * müsst ich jetzt noch mal die gan- den ganzen Dialog hier noch mal durchlaufen lassen, um zu überprüfen, ob ich denn das Wort noch kenne, * schade. [...] (Ralf [S 3], Z. 29-34)

A: [...] So, wenn ich mir das in Ruhe durchlesen wollte, aber ich hoffe, das wird nachher noch mal irgendwo kommen, ** weil das zuerst immer war, das, was im Dialog war, weil// * wenn ich jetzt das Alt drücke und mir immer das durchlesen und einprägen würde, das, dieses cher oder so, dass das Tochter war, * dann ist das (LACHT BISSCHEN) doch * zu schnell * für mich, aber ich denk mal, das wird jetzt in dem anderen Ding wieder kommen dann. * In dem ** in der Nachbereitung. [...] (Alexander, [S 1], Z. 638-646)

N: [...] also so an sich eine gute Kombination von Hören, Lesen, und * Schreiben. Weiß ich nicht, was * Sprechen. [...] (Nadine [S 3], Z. 180-182)

M: [...] Jetzt hab ich das ein bisschem mitgekriegt. Und ich finde es gut. Man muss sich hier das sicher noch mehr rein// aber zum Beispiel Vokabeln lernen, ja? Wenn ich das hier zum Beispiel lerne, auf Lernen tippe, kommt alles erst mal so, und jetzt kann ich sagen, kann ich mich testen, see, sehen, sag ich erst mal vor mich hin, und jetzt tipp ich drauf, und dann spricht er's sogar, * und sehen, kommt die deutsche Vokabel. [...] (Martina [S 4], Z. 180-187)

C: [...] dass man bei der einen die- dies Spiel macht, und bei der nächsten die Gedächtnisübung, und jetzt zum Schluss, die gemischte Gedächtnisübung, die fand ich ganz gut, [...]. (Carla [S 2], Z. 262-265)

C: [...] Weil jetzt hab ich irgendwie auch gemerkt, dass also ** wirklich, so manche Wörter kann man sich halt einfach merken, klar, wo ich mir auch vorstellen kann, wie die ausgesprochen werden, banani oder irgend so etwas, aber hier, dieses Daumen irgendwie, dass das * irgendwas mit (ETWA: aothüttle) oder so * da vergess' ich dann halt auch, wie es geschrieben wird, und das kann mir dann doch irgendwie schlechter merken. [...] (Carla [S 4], Z. 25-32)

5.7. Konsequenzen

5.7.1. Aktivierung, Festigung und Erweiterung der Kenntnisse und Fähigkeiten

Carla, Interview, Z. 93-96: Während sie das sagt, erinnert sie doch positive Bespiele und freut sich, dass sie bei der Begegnung mit ähnlichen Bildern (Comics etc.) immer an bestimmte isländische Worte denken muss.

Carla, Interview, Z. 111-113: Isländisch stockt bei ihr zur Zeit auf einem Niveau, wo sie Kommunikation braucht. Carla hat sehr viel Vokabeln und Redewendungen gelernt.
Carla, Interview, Z. 120-122: Sie findet sich inzwischen schon auf isländischen Webseiten zurecht und freut sich über derartige Erfolgserlebnisse.

Dirk, Interview, Z. 90-92: Im Hinblick auf Wortschatzkenntnisse hat er nicht viel Neues gelernt, eher den vorhandenen Wortschatz durch Anwendung gefestigt.

Dirk, Interview, Z. 152-155: Er erreichte das angestrebte Ziel und berichtet, dass er sich in dem Intermedio-Kurs innerhalb von einigen Tagen merklich gesteigert habe [...].

Ralf, Interview, Z. 157-160: Er betrachtet die Verwendung von Sprachlernsoftware nicht als Ersatz für Kurse/ Auslandsaufenthalte, sondern als geeignet für die Festigung/ Intensivierung von Vorwissen.

R: [...] also mit meinen begrenzten Kenntnissen, sag ich jetzt mal, die würde ich hier mühelos erweitert bekommen, feine Sache. [...] (Ralf [S 2], Z. 277-279)

R: [...] ah, hier, jetzt ist klar, mit rechte Maustaste. (I: Mhm) *4* Genau. Wenn ich jetzt die einzelnen Radikale wieder suche, (I: Hm) dann * rechte Maustaste, dann kommt hier die Lektion und der Titel, (I: Ach so) so wie es vorhin dastand. [...] (Ralf [S 4], Z. 358-362)

A: [...] Ich hab jetzt grad nachgedacht, * also ** jetzt, wo man das alles versteht, diesen Dialog, [...]. (Alexander [S 2], Z. 600-601)

A: [...] aber * jetzt, wo wir alles schon hatten, und und * in den Übungen vorher auch die * einzelnen * Wörter noch mal, wo alle Unklarheiten beseitigt wurden, [...]. (Alexander [S 2], Z. 613-615)

C: [...] ich glaube, dass sich das irgendwie über die Bilder ganz gut verfestigt, das Vokabelwissen. [...] (Carla [S 1], Z. 44-45)

C: [...] Also das einfache Vokabellernen, das geht halt sehr schnell, und vor allem auch bei so wenigen Wörtern, die jetzt * dabei waren ** ja doch sehr überschaubare Mengen. [...] (Carla [S 4], Z. 208-211)

D: [...] Na gut, aber das hatte jetzt halt schon einen Lerneffekt, jetzt halt auch für mich, dass ich halt den anderen Akzent immer eingeb. [...] (Dirk [S 2], Z. 230-232)

M: [...] am Arbeitsplatz und bedienen das, ja, und wenn mal irgendein Fehler auftritt, dann rufen wir an und dann kommen sie. Zuhause muss man ja dann alles auch selber machen, die Kosten sind auch eine Frage, aber das würde mich nicht so stören, das nimmt man schon in Kauf. Aber ich denke mir, man kommt gar nicht drumrum. Je eher ich das mache, so viel Jahre hab ich ja auch nicht mehr, wo man so (LACHT) * ist, und da denk ich, ja, müsste dann. [...] (Martina [S 1], Z. 276-284)

M: [...] Und ich würde jetzt noch, jetzt will ich ja erst mal mit dem Computer, aber dann würde ich auch noch auswendig lernen wollen, also das behalten wollen, ja? Jetzt ist es auch nur das Sehen und Hören, und dann das Behalten, dass man jetzt auch// man muss eben auch lernen, man muss auch * dann wiederholen, und dann würde ich das abstellen, den Computer, und dann würde ich für mich wiederholen, (I: Hm) ja, ohne einen Multi// also ohne den Computer. Damit das im Gedächtnis haften bleibt, ja? [...] (Martina [S 3], Z. 99-108)

T: [...] Gut, ich mein, hier weiß ich jetzt einfach inzwischen, wie es funktioniert, also meine mich zumindest zu erinnern. [...] (Tanja [S 3], Z. 57-59)

5.7.2. Subjektives Erfolgsempfinden

C: [...] so dass man ja auch * dann schnell Erfolgserlebnisse hat. (I: Hmm) Also insofern ist es// also man kommt jetzt da hier locker durch und denkt sich, yeah!, aber * ich glaube, letztendlich hat man gar nicht so viel gelernt, weil man doch hier sehr viel Hilfestellung bekommt, und dann das besser rüberkommt, als man es tatsächlich behalten hat. [...] (Carla [S 2], Z. 252-258)

C: [...] Aber * ich glaub, das müsst ich selber schreiben, also das * hab ich jetzt zwar gesehen, also hier bei den Früchten, Farben, das ist alles wunderbar, ** aber * so bei ganzen Sätzen, * [...]. (Carla [S 4], Z. 149-152)
Carla, Interview, Z. 114-115: Die Software hat ihr „unglaublich auf die Sprünge geholfen", [...].

Carla, Interview, Z. 118-120: [...] es sei toll gewesen, direkt am Anfang das Gefühl von Lernerfolgen zu haben; die Sprache überhaupt mal gehört zu haben.

D: [...] Ja, ich hab mich halt die ganze Zeit immer nur selbst beschissen, da ich mir die Lösung halt * immer da * hab geben lassen. Aber vielleicht lernt man das ja auch durch's Eintippen. *3* Aber glaub ich halt eigentlich nicht. ** Aber - hm.
I: *3* Aber hast es trotzdem gemacht, obwohl du da * nicht sicher bist, ob du da was bei lernst?
D: Jo, hm. *3* Ich mein, ist halt *4* mein, so sicher in * Vokabeln bin ich halt noch nicht, und man will ja immer ganz bestimmte * Phrasen halt * immer nur halt haben. Und so was * halb richtig oder halb falsches ** ist halt auch immer rot. [...] (Dirk [S 4], Z. 24-37)

A: [...] Oh Gott, wo ist denn jetzt die Korrektur? Bin jetzt blind, oder steht hier keine Korrektur mehr da?
I: Steht nicht mehr da, ne?
A: Ich hatte// jetzt hab ich's schon verbessert, och Mensch! [...] (Alexander, [S 1], Z. 413-419)

A: [...] ich weiß nicht, wenn der Computer läuft, das macht mich immer irgendwie mehr so// * versetzt mich in eine andere// * nicht in so eine entspannte Lernstimmung, sondern mehr in so eine Arbeitsstimmung, als wenn ich jetzt meine Hausaufgaben mache oder irgendwas schreibe. Oder eben die Übungen, mal sehen, was ich alles kann oder so, aber nicht// * also nur so ein Abruf, * aber keine Speicher- ** -stimmung bei mir, in meinem Hirn. (I: Mhm) Das ist// * hat so seine eigenen * Regeln manchmal. [...] (Alexander [S 2], Z. 172-181)

Martina, Interview, Z. 164-169: Zusammenfassend sagt sie, dass sie die Arbeit mit der Lernsoftware sehr schön findet, es sei ein viel intensiveres, viel besseres Lernen. Es mache viel mehr Spaß. Sie könne sich selber prüfen. Sie beschreibt ihre Erfahrung als sehr positiv und ist froh über ihre „glorreiche Idee ihrem Aufruf zu folgen".

M: [...] bei einer Sprache, das ist so, wie ich das * immer mitbekomme, ist ja das FESTIGEN so wichtig, ja? (I: Hm) Das// man lernt es, und dann ist es ja nicht immer gleich// * in jungen Jahren ist es ja noch besser drin, aber ich merk schon dann, das * muss ich öfter wiederholen, ja? [...]. (Martina [S 2], Z. 90-95)

M: [...] Aber eine Sprache, wenn ich sie frei sprechen muss, muss ich sie ja im Gedächtnis haben, ja? (I: Hm) Ich muss also viel Vokabeln, meinen Wortschatz * und meine// und die Redewendungen. Das ist auch sehr schön, aber ich muss dann * weg vom Computer, mir das einprägen, wieder zum Computer, testen, ob ich's mir richtig eingeprägt habe, ja? Also diese Wechselwirkung, [...]. (Martina [S 3], Z. 117-124)

R: [...] Gut, man müsste halt, sag ich jetzt mal, das Gesamtzeichen * äh, von der Programmierung her aus den Radikalen zusammensetzen, und dann halt nacheinander ne Veränder// immer dass die Farbe wechselt oder so ähnlich. Aber iss// hal- ich find's halt besser, dass man weiß, "ach! das kennst du", gut, ich meine, das ist natürlich alles i hier, ist klar, aber ähm * so ungefähr, und wenn nicht, dann kuck ich halt DAS Zeichen noch mal nach, wenn ich die andern kenne, (I: Hmmm) SO such ich jetzt äh, ** nach dem Zeichen, und werd es nicht finden, weil (I: Hm) da immer nur die Radikale dann kommen. Also Teil- Teile von dem Ganzen. [...] (Ralf [S 4], Z. 400-412)

Tanja, Interview, Z. 126-128: Es hat ihr Riesenspaß gemacht und sie hatte das Gefühl, es zeitlich noch zu schaffen, empfindet es als Erfolg.

5.7.3. Aufrechterhaltung der Motivation

Carla, Interview, Z. 84-85: Das Lernen mit der Software erschien ihr wie ein „vernetzteres Lernen, irgendwie umfassender".

Carla, Interview, Z. 115-117: [...] sie hätte es nie „gewagt" Isländisch mit „diesen trockenen Lehrbüchern" anzufangen.

C: [...] aber das hier ist dann * schon 'n bisschen lustiger, auch diese ** Motivationsschübe zum Schluss irgendwie, dann so "sehr gut" "yeah" (LACHT). Das ist schon ganz niedlich. [...] (Carla [S 1], Z. 139-142)

A: [...] kann man so als krönenden Abschluss so einen Dialog, das ist dann schon schöner, wenn man dann das * fließender versteht, das ist dann so eine Art M- ** Motivation mehr, weil man denkt, aha, ich versteh es, ist ja cool, geil. [...] (Alexander [S 2], Z. 616-620)

M: [...] Och nee, mir macht das auch Spaß. [...] (Martina, [S 6], Z. 116-117)

M: [...] Das ist eingutes Lernen, das ist eingutes Lernen, (I: Hmm) also ich muss sagen, es macht mir Spaß. [...] (Martina, [S 6], Z. 156-158)

R: [...] Also, wenn ich das mal so einstreuen darf, ich bin richtig fasziniert hier, also * neenee, ist so. Also gerade, wenn, wenn, wenn man jetzt auch erst mal Sachen wiedererkennt, die man eigentlich schon wusste und (LACHT) doch nicht mehr weiß. [...] (Ralf [S 1], Z. 311-315)

S: [...] Und * jo * hab Lust, weiter zu machen. [...] (Sonja [S 2], Z. 249)

T: [...] ja gut, ich gebe ja ohne weiteres zu, (LACHT BISSCHEN) dass das einen erst mal ungeheuer motiviert, wenn man eine Antwort bekommt irgendwie, das muss man ja zugeben. (LACHT) [...] (Tanja [S 5], Z. 102-105)

5.7.4. Akzeptanz der Lernumgebung

Carla, Interview, Z. 79-83: Am Anfang war sie von der Isländisch-Software sehr begeistert, diese Kombination von „Bildern und Eingesprochenes", das habe sie früher nie gekonnt, sich nur mündlich etwas merken; da musste sie immer etwas Geschriebenes sehen.

Nadine, Interview, Z. 79-80: Es lässt sich damit Grundwissen aneignen, aber das Kommunizieren ginge damit eben nicht.

C: [...] naja, das ist hier halt * dann doch so der, der spielerische Vokabel- * -test dann. [...] (Carla [S 2], Z. 382-383)

C: [...] also insgesamt * muss ich sagen, dass ich überhaupt mit diesem Lernprinzip unheimlich gut zurechtkomme, [...]. (Carla [S 3], Z. 35-36)

C: [...] erst mal ist das jetzt nicht mehr viel Neues, also es wär schön, wenn sich das im Schwierigkeitsgrad dann jetzt eben noch immer weiter steigern würde, [...]. (Carla [S 3], Z. 46-49)

D: [...] Ja doch, das ist dann jetzt eigentlich so ein zusammengefasstes Vokabular, wie ich das jetzt halt eigentlich * nun gerade da eben erwartet hatte. [...] (Dirk [S 2], Z. 44-47)

D: [...] Also das mit Vokabeln und dem eben das ist ja einfach eine alte Methode so. (I: Ja) Ist ja eigentlich okay. (I: Hm) ** Und ich glaube, das ist jetzt auch// *3* na, weiß nicht, vielleicht ist es halt auch ganz gut, weil es einfach jetzt so ein bisschen bekannter noch vorkommt oder so. Vielleicht wäre da jetzt mehr drin und so, aber ** braucht gar nicht. [...] (Dirk [S 4], Z. 103-110)

M: [...] Was mir hier gefällt, das ist eben, wenn man Sprachen spielend lernt. Ich hab auch immer den Kindern gesagt, * so bildlich, dieses einfache Pauken ist so schwer. [...] (Martina [S 1], Z. 152-155)

M: [...] Das ist das Schöne an diesem Programm hier. Dieses, das ist ganz wichtig, also ich finde das gut. [...] (Martina [S 1], Z. 251-252)

M: [...] aber wenn man die nicht kennt, wenn man neu lernt, nicht, und dann MÜSSTE die Übersetzung griffbereit sein, das wäre noch günstig. (Martina [S 3], Z. 59-61)

M: [...] also so ein Aufgebautes, das mir keine Aussprache gibt, das würde ich zum Beispiel NICHT wählen, weil die Aussprache im Englischen ja, da gibt's ja keine richtigen Regeln, nicht, das muss man gehört haben, da muss man dann// und nachsprechen können, ja? (I: Hmm) Das fehlt hier, also das muss ich sagen, ist hier// entweder ich find's noch nicht, das ist ein Mangel. [...] (Martina [S 6], Z. 32-39)

T: [...] Also eigentlich find ich ja so was 'n Beiprogramm, ne. (I: Hm, hmm) Und äh ffffff ja, da ** fehlt mir dann doch irgendwie ** also so was wäre überhaupt keine Kunst, das auch noch mit'n paar Objekten auf 'm Bildschirm zu verbinden und dann aber * (I: Ja) ne Hauptgeschichte auf ner anderen Ebene laufen zu lassen, oder damit überhaupt ne Geschichte zu verbinden irgendwie, ne. [...] (Tanja [S 4], Z. 218-225)

T: [...] Aber man kommt sich natürlich auch 'n bisschen verarscht vor, weil, naja, der Dialog ist ja denkbar blöd, ne. [...] (Tanja [S 5], Z. 183-185)

5.7.5. Transfer

Martina: [...] da hab ich mir gedacht, na, ist ja gar nicht so schlimm, wenn du mit deiner Aussprache (LACHT) nicht so klarkommst. Wenn so viel Klangfarben drin sind, und so verschieden gesprochen ist, und zum Beispiel 'bad' ja, wir sagen ja * nicht bad (SPRICHT DEUTSCH AUS) sondern 'bad' - 'schlecht', ja? (I: Hm) Also dann ist ja auch nicht falsch, ja? (LACHT) Dann dacht' ich, wenn die Lehrerin da wieder korrigiert, nicht so// nee, eben einfach draufLOS sprechen, glaub ich. [...] (Martina [S 4], Z. 19-28)

I: [...] Ja, und du sagtest ja schon, dass dir im Urlaub zumindest so das eine oder andere auch wohl eingefallen wär, also es (T: Jaja) ist nicht so, dass jetzt *
T: Auf alle Fälle.
I: völlig * nur an die Bildchen oder so ** völlig nicht mehr wiederfindbar ist.
T: Nee, gar nicht, also weil ich doch offenbar sehr stark auch vom vom, das ist mir auch gleich aufgefallen, das liegt aber auch an Niederländisch, dass ich doch gleich auch sehr stark die Sprache selbst äh, ja, so'n bisschen spielt man damit, [...]. (Tanja [S 3], Z. 226-239)

Sonja, Interview, Z. 60-68: Sonja gibt an, immer schon gerne in der Gruppe gelernt zu haben, wenn ihr die Lehrenden gefallen haben. Sie ist der Meinung beim Fremdsprachenlernen prägt es sich im Land selbst am Besten ein, wenn es „in Fleisch und Blut übergeht". Immer wieder hören sei wichtig, so dass man nicht mehr nachdenken muss.
CD-ROMs sieht sie daher skeptisch, sie seien besonders geeignet für die kurzfristige Vorbereitung eines Aufenthaltes im Zielsprachenland.

A: [...] man konzentriert sich auf den Inhalt, aber nicht auf, wie sag ich das jetzt. Es sei denn, man ist jetzt grad in einer Deutschprüfung oder oder in so einem Rhetorikkurs, aber ansonsten hat man eine Idee im Kopf, und * und das Sagen passiert automatisch, das Reden * bei mir jedenfalls. [...] (Alexander [S 2], Z. 683-689)

Martina, Interview, Z. 152-160: Sie meint, dass Lernsoftware ein guter Ersatz für den VHS-Kurs ist, da sie in kurzer Zeit maximal Lernen möchte. Sie meint, wenn sie im Kurs wenig drankommt, da lerne sie mit der Lernsoftware mehr, als wenn sie sich die Schwächen der anderen anhört. Auch meint sie, dass sie die VHS nicht ewig machen kann. Produktiv lernen bedeutet für sie, dass sie im Ergebnis sich innerlich gelöst der Sprache zuwenden kann.
Carla, E-Mail, Subject: erste eindruecke, Date: Wed, 26 Apr 2000 19:58:13 +0200
[...] sprachenmaessig ist es allerdings ein grosser reinfall, trotz soviel eiserner vorbereitung! es ist ja nicht direkt so, dass ich nichts gelernt haette. es sind eher die islaender, die nicht mitmachen. bei meinen ersten versuchen musste ich mir allen ernstes sprueche ins ohr, dich sprechen zu hören; wenn ich deutsche islaendisch reden höre, wird mir immer schlecht, anhören. weiterhin gibt es die ermutigende auskunft, ich braeuchte mir keine sorgen machen, wenn ich das mit dem sprachenlernen nicht hinbekomme, denn auch jahrelang hier siedelnden wuerde man es auf fuerchterliche weise anhören. sehr eigen dieses völkchen!
[...]
ein bisschen deprimierend an meinen sprachlerlebnissen ist vor allem, dass ich schon ganz gut lesen kann und sogar auch mit der zeit fernsehen verstehe, aber mir nicht ein satz abgenommen wird. es resultiert wohl daher, dass die islaender absolut keine dialekte haben und daher mit minimal andersgearteter aussprache ueberhaupt nichts anfangen können.
[...]
grosses problem der talk now-cd ist wirklich, dass nicht mal kleinste kennenlern-dialoge dabei waren. mit selbst zusammengebastelten ein-wort- oder grundform-saetzen kommt man hier nicht weit, da alle wörter so fuerchterlich durch den grammatikalischen fleischwolf gedreht werden. wenn ich nicht die richtige verbform verwende oder ein adjektiv falsch beuge, macht sich völliges unverstaendnis breit. [...]

6. Verzeichnis der transkribierten Sitzungen (tabellarisch)

Entsprechend ihrer Position auf den VHS-Kassetten. X kennzeichnet nicht transkribierte Sitzungen.

VHS-Kass.	Sitzungen	Dauer	Sprache	Lernumgebung
1	1. Dirk [S 1]	1:36	Spanisch	Español 1 Interaktive Sprachreise, Digital Publishing
	2. Sonja [S 1]	0:29	Französisch	MultiLingua Français Un, Systhema/ Digital Publishing u. Français 1 Interaktive Sprachreise, Digital Publishing
	3. X			
	4. Dirk [S 2]	1:24	Spanisch	MultiLingua Español Uno, Rowohlt/ Systhema
2	1. Fortsetzung Dirk [S 2]	s.o.	s.o.	s.o.
	2. Alexander [S 1]	1:27	Spanisch	Español 1 Multimedia Sprachtrainer, Digital Publishing
	3. X			
	4. Dirk [S 3]	1:12	Spanisch	MultiLingua Español Uno, Rowohlt/ Systhema
3	1. Fortsetzung Dirk [S 3]	s.o.	s.o.	s.o.
	2. X			
	3. Dirk [S 4]	1:37	Spanisch	MultiLingua Español Uno, Rowohlt/ Systhema
4	1. X (Dirk [S 5])	0:56	Spanisch	MultiLingua Spanisch Intensiv, Systhema
	2. X (Tanja [S 1])	0:57	Niederländisch	Sag's auf Niederländisch, Langenscheidt
5	1. Alexander [S 2]	0:58	Spanisch	Español 1 Multimedia Sprachtrainer, Digital Publishing
	2. Sonja [S 2]	0:39	Französisch	MultiLingua Français Un, Systhema/ Digital Publishing
	3. X			
	4. Martina [S 1]	1:52	Englisch	MultiLingua Englisch Intensiv, Systhema
6	1. Fortsetzung Martina [S 1]	s.o.	s.o.	s.o.

7	1. X			
	2. Tanja [S 2]	0:44	Niederländisch	Sag's auf Niederländisch, Langenscheidt
	3. Martina [S 2]	1:28	Englisch	MultiLingua Englisch Intensiv, Systhema
	4. Martina [S 3]	1:25	Englisch	MultiLingua Englisch Intensiv, Systhema
	5. Sonja [S 3]	0:56	Französisch	MultiLingua Français Un, Systhema/ Digital Publishing
8	1. Fortsetzung Sonja [S 3]	s.o.	s.o.	s.o.
	2. Martina [S 4]	1:29	Englisch	MultiLingua™ Express Englisch. Rowohlt/ Systhema u. Hexaglott Sprachkurs Englisch EuroPlus+
	3. X			
	4. Sonja [S 4]	0:50	Französisch	MultiLingua™ Express Französisch, Rowohlt/ Systhema
	5. Martina [S 5]	1:27	Englisch	MultiLingua™ Express Englisch, Rowohlt/ Systhema
9	1. Fortsetzung Martina [S 5]	s.o.	s.o.	s.o.
	2. Ralf [S 1]	1:24	Chinesisch	The Rosetta Stone v2.2 Chinese, Fairfield Language Technologies u. Chinesisch ohne Mühe, Assimil
	3. Sonja [S 5]	1:11	Französisch	Travel Kit Französisch, Max Hueber Verlag u. Langenscheidts Vokabeltrainer Französisch 1.0., Langenscheidt
	4. Martina [S 6]	1:08	Englisch	Multilevel Business English Programme, Phoenix ELT
10	1. Fortsetzung Martina [S 6]	s.o.	s.o.	s.o.
	2. Ralf [S 2]	0:46	Chinesisch	Chinesisch ohne Mühe, Assimil
	3. X			
	4. Nadine [S 1]	1:00	Französisch	MultiLingua Französisch Intensiv, Systhema u. MultiLingua Français Un, Systhema/ Digital Publishing
	5. Martina [S 7]	1:29	Englisch	Multilevel Business English Programme, Phoenix ELT u. Who Is Oscar Lake?, Language Publications Interactive
11	1. Fortsetzung Martina [S 7]	s.o.	s.o.	s.o.
	2. X			

	3. Tanja [S 3]	0:58	Niederländisch	Sag's auf Niederländisch, Langenscheidt
	4. X (Martina [S 8])	1:13	Englisch	Who Is Oscar Lake?, Language Publications Interactive u. Langenscheidts Vokabeltrainer Englisch, Langenscheidt
12	1. Fortsetzung Martina [S 8]	s.o.	s.o.	s.o.
	2. Tanja [S 4]	1:01	Niederländisch	Sag's auf Niederländisch, Langenscheidt
	3. Carla [S 1]	0:53	Isländisch	Talk Now! Lernen Sie Isländisch, EuroTalk
	4. X (Martina [S 9])	0:46	Englisch	Vokabeltrainer Englisch, Langenscheidt
	5. Ralf [S 3]	0:55	Chinesisch	Chinesisch ohne Mühe, Assimil
13	1. Fortsetzung Ralf [S 3]	s.o.	s.o.	s.o.
	2. Carla [S 2]	1:30	Isländisch	Talk Now! Lernen Sie Isländisch, EuroTalk
	3. Nadine [S 2]	0:46		MultiLingua Français Un, Systhema/ Digital Publishing u. MultiLingua Französisch Intensiv, Systhema
	4. Ralf [S 4]	2:04	Chinesisch	Chinesisch ohne Mühe, Assimil u. Colloquial Chinese, Routledge
14	1. Fortsetzung Ralf [S 4]	s.o.	s.o.	s.o.
	2. Tanja [S 5]	0:31	Niederländisch	Talk To Me 3.20 Hexaglott, Auralog
	3. X (Martina [S 10])	0:57	Englisch	Multilevel Business English Programme, Phoenix ELT
	4. Carla [S 3]	0:46	Isländisch	Talk Now! Lernen Sie Isländisch, EuroTalk u. Internet
15	1. Nadine [S 3]	1:12	Französisch	MultiLingua Français Un, Systhema/ Digital Publishing
	2. Carla [S 4]	0:50	Isländisch	Talk Now! Lernen Sie Isländisch, EuroTalk

7. Interviewleitfaden

0. Kurze Erklärung zur Vorgehensweise
1. Offene Erzählaufforderung
    Erzählen Sie/ Erzähl doch mal von deinen Erfahrungen mit dem Fremdsprachenlernen bisher.

    Welche Sprache?
    Wann/Wo?
    Wie?
    Einstellungen/ Subjektive Theorie?
    Motivation(en)?

2. Nachfragen (nach Abschluss)
2.1 Immanente Nachfragen (der Erzählchronologie folgend)
2.2. Exmanente Nachfragen
    Selbsteinschätzung:
    Wie schätzen sich sich/Wie schätzt du dich im Umgang mit einem PC ein?
    Laie   AnwenderIn   Experte

    Vorkenntnisse:
    Haben Sie/ Hast du vorher schon mit einem PC gearbeitet?
    Haben Sie/ Hast du vorher schon mit Lernsoftware gearbeitet?

8. Auflistung der verwendeten Lernumgebungen

¿Quién es Oscar Lake? © Language Publications Interactive, Inc., New York, 1996.
Aussprachetutor für Englisch 4.0, © Softkey Multimedia Inc., 1995-1996.
Babylon - ihr Persönlicher Übersetzer Build 20.14. zeitbeschränkte Testversion, Patent Pending, Babylon Ltd, 1997.
Chinesisch ohne Mühe. © Assimil SA, Chennevières-sur-Marne Cedex,1998, © der Buchvorlage „Le chinois sans peine", Assimil France, 1997.
Colloquial Chinese. © Routledge Ltd, London u. New York, 1998.
Español 1 Interaktive Sprachreise. © Digital Publishing, München, 1995.
Español 1 Multimedia Sprachtrainer (Kommunikationstrainer aus der Reihe Interaktive Sprachreise). © Digital Publishing, München, 1995.
Français 1 Interaktive Sprachreise. © Digital Publishing, München, 1996.
Hawaiian Vacation – eine interaktive Sprachreise. © Cine-Bit Productions, 1997, (P) Assimil SA, Chennevières-sur-Marne Cedex, 1998.
Hexaglott Sprachkurs Englisch EuroPlus+ Einsteiger. Vertrieb d. Hexaglott GmbH Hamburg/ München, Produkt der Fa. Young Digital Poland, Gdansk, © der Buchvorlage „Flying Colours", Heinemann Publishers Ltd., Oxford, 1990-1992.
Langenscheidt's Language Explorer Surfin' California 1.01. Langenscheidt KG/ WDR, www.surfin-california.de, 1997.
Langenscheidts Vokabeltrainer Englisch 1.0. © Langenscheidt KG, Berlin u . München, Software © Grassau, Jörg-Michael, 1998.
Langenscheidts Vokabeltrainer Französisch 1.0. © Langenscheidt KG, Berlin u . München, Software © Grassau, Jörg-Michael, 1998.
Langenscheidts Vokabeltrainer Spanisch 1.0. © Langenscheidt KG, Berlin u. München, Software © Grassau, Jörg-Michael, 1998.
LangMaster® 4.0. Interactive Story Master. The Picture of Dorian Gray – Elementary Level. © der Lektürevorlage Heinemann Int.
Multilevel Business English Programme. © Phoenix ELT incorporating Prentice Hall Macmillan, Hemel Hempstead, 1995.
MultiLingua Englisch Intensiv. © Systhema Verlag GmbH, München, 1998, Originalausgabe © McMillan Press Ltd, London, 1997.

MultiLingua English One. Systhema/ Digital Publishing, © der Buchvorlage „Sprachkurs English One", Rowohlt Taschenbuch Verlag GmbH, Reinbeck bei Hamburg, 1992.
MultiLingua Español Uno. Rowohlt/ Systhema, © der Buchvorlage „Sprachkurs Español Uno", Rowohlt Taschenbuch Verlag GmbH, Reinbeck bei Hamburg, 1992.
MultiLingua Français Deux. Systhema/ Digital Publishing, © der Buchvorlage „Sprachkurs Français Deux", Rowohlt Taschenbuch Verlag GmbH, Reinbeck bei Hamburg, 1993.
MultiLingua Français Un. Systhema/ Digital Publishing, © der Buchvorlage „Sprachkurs Français Un", Rowohlt Taschenbuch Verlag GmbH, Reinbeck bei Hamburg, 1992.
MultiLingua Französisch Intensiv. © Systhema Verlag GmbH, München, 1997, Originalausgabe © McMillan Press Ltd, London, 1997.
MultiLingua Spanisch Intensiv. © Systhema Verlag GmbH, München, 1997, Originalausgabe © McMillan Press Ltd, London, 1997.
MultiLingua™ Express Englisch. Rowohlt/ Systhema, © der Buchvorlage „Englisch in letzter Minute" Rowohlt Taschenbuch Verlag GmbH, Reinbeck bei Hamburg,1994.
MultiLingua™ Express Französisch. Rowohlt/ Systhema, © der Buchvorlage „Französisch in letzter Minute" Rowohlt Taschenbuch Verlag GmbH, Reinbeck bei Hamburg,1994.
Oscar Lake Französisch © Language Publications Interactive, Inc., New York, 1996.
Oui! Einsteiger Französisch. © u.a. Syracuse Language Systems, Inc., Syracuse, 1998.
PC - Sprachtraining Englisch. Buchvorlagen „QuickCheck Amerikanisch", „QuickCheck Büroenglisch", „QuickCheck Englisch", © Ernst Klett Verlag GmbH, Stuttgart, 1998.
Qui est Oscar Lake? © Language Publications Interactive, Inc., New York, 1996.
Sag's auf Niederländisch. © Langenscheidt KG, Berlin u. München, 1998, Originalausgabe © EuroTalk Ltd, London, 1998.
Spanisch ohne Mühe heute. © Assimil SA, Chennevières-sur-Marne Cedex,1999.
Spotlight. Das aktuelle interaktive Magazin in Englisch. Systhema/ Krieger, Zander & Partner GmbH, © Systhema Verlag GmbH, München, 1996.
Talk Now! Lernen Sie Isländisch. © EuroTalk Ltd, London, 1997.
Talk To Me 3.20 Hexaglott (Niederländisch)™. © Hexaglott Holding GmbH, 1997, Originalausgabe © Auralog, 1991-1997.
The Rosetta Stone v2.2 Chinese. © Fairfield Language Technologies, Harrisonburg, 1991-1997.
Travel Kit Französisch. © Inhalt Max Hueber Verlag, Ismaning b. München, © Software Digital Publishing, 1995.
Wörterbuch Französisch-Deutsch. © MDI GmbH, Schalksmühle, 1996.
Who Is Oscar Lake? © Language Publications Interactive, Inc., New York, 1996.
World Talk Niederländisch (Level 2 Intermediate). © EuroTalk Ltd, London, 1999.
Yes! Business Englisch. © u.a. Syracuse Language Systems, Inc., Syracuse, 1998.
Yes! Einsteiger Englisch, © u.a. Syracuse Language Systems, Inc., Syracuse, 1998.
Yes! Fortgeschrittene Englisch (English your Way™ 2.0 Immersion edition) © u.a. Syracuse Language Systems, Inc., Syracuse, 1998.

WERKSTATTREIHE DEUTSCH ALS FREMDSPRACHE

Herausgegeben von
Rolf Ehnert (Bielefeld)
und
Hartmut Schröder (Vaasa)
Muneshige Hosaka (Mito)

In der Reihe erscheinen Arbeiten, die zwischen Theorie und Praxis, zwischen Grundlagenforschung und der didaktischen Verarbeitung ihrer Texte vermitteln. Dabei ist auch an Unterrichtsmaterialien gedacht. Die Grenze zu Themen aus muttersprachlichen und allgemein fremdsprachlichen Bereichen soll dabei möglichst weit gezogen werden.
Die Bände richten sich an Lehrende und Studierende des Faches Deutsch als Fremdsprache und an Deutschlernende im In- und Ausland.

Band 1 Rolf Ehnert (Hrsg.): Einführung in das Studium des Faches Deutsch als Fremdsprache. 1982. 1989.

Band 2 Ewald Reuter: Kommunikation und Institution. Zur Ethnographie des schulischen Alltags. 1982.

Band 3 Jürgen Richter: Handlungsfiguren in kommunikativen Prozessen. Eine konstitutionsanalytische Untersuchung schulischer Kommunikation. 1982.

Band 4 Bodo Scheron/Ursula Scheron: Integration von Gastarbeiterkindern. Theoretische Grundlagen für eine Neuorientierung von Schulorganisation und Pädagogenausbildung für den (Deutsch-) Unterricht und für die außerschulische pädagogische Arbeit mit Ausländerkindem. 1982.

Band 5 Anneliese Sartori-Stein: Contrastive Grammar and Exercises English/German. An Exercise Book for Advanced Learners of German. 1983.

Band 6 Rudolf de Cillia/Renate Faistauer/Harald Hanzer/Alfred Knapp/Brigitte Ortner/Danièle Renon: Es darf gesprochen werden ... Acht Dossiers für den DaF-Unterricht mit Fortgeschrittenen. 1982.

Band 7 Helga Rosenfeld: Erklärungen und Begründungen. Sätze mit kausalem *aus* und *vor* - Eine Korpusanalyse. 1983.

Band 8 Mary Caroll; Rainer Dietrich; Günther Storch: Learner Language and Control. 1983.

Band 9 Brigitte Herlemann/Rüdiger Mellies: Bedeutung - Fremdsprachenerwerb - Interaktion. Fremdsprachenunterricht vor dem Hintergrund von Sprach-/Lernentwicklungsprozessen in Phylo- und Ontogenese. 1983.

Band 10 Mary Carroll: Cyclical Learning Processes in Second Language Production. 1984.

Band 11 Rudolf Bartsch: Das Passiv und die anderen agensabgewandten Strukturen in der geschriebenen Sprache des Deutschen und Finnischen. Eine konfrontative Analyse. 1985.

Band 12 Arbeitsgruppe Deutsch als Fremdsprache, Bielefeld: Als ausländischer Student an einer deutschen Hochschule. Unterrichtsvorschläge zur ersten Orientierung. 1983.

Band 13 Mustafa Sükrü Çakiroglu: Analyse türkischer Schulbücher der 5./6. Klasse mit Hinblick auf ihre Bedeutung für den Unterricht in der Bundesrepublik Deutschland. 1984.

Band 14 Çiçek Sivrikozoglu: ... nix unsere Vaterland. Zweitsprache Deutsch und soziale Integration. 1985.

Band 15 Jürgen Mangold: Fachsprache Mathematik und Deutsch als Fremdsprache. 1985.

Band 16 Michael E. Jungo/Rolf Ehnert: Frühe Zweisprachigkeit von Kindern fremdsprachiger Minderheiten. Eine kommentierte Auswahlbibliographie. 1985.

Band 17 Katrin Boeckel: Textkonstitution und Textbeurteilung; exemplarisch dargestellt an Aufsätzen aus dem DaF-Unterricht. 1986.

Band 18 Najm Haddad: Kultur und Sprache. Eine kontrastive Analyse als didaktisches Konzept am Beispiel des Deutschen und Arabischen. 1987.

Band 19 Liisa Tiittula: Wie kommt man zu Wort? Zum Sprecherwechsel im Finnischen unter fremdsprachendidaktischer Fragestellung. 1987.

Band 20 Hartmut Schröder: Aspekte einer Didaktik/Methodik des fachbezogenen Fremdsprachenunterrichts (Deutsch als Fremdsprache). 1988.

Band 21 Stephan Merten: Der Zusammenhang von sprachlicher und sozialer Integration, dargestellt am Beispiel von Vietnamflüchtlingen in der Bundesrepublik Deutschland. 1988.

Band 22 Rolf Ehnert/Norbert Hopster: Die emigrierte Kultur. Wie lernen wir von der neuen Ausländerkultur in der Bundesrepublik Deutschland? Ein Lese- und Arbeitsbuch I. 1988.

Band 23 Rolf Ehnert/Norbert Hopster: Die emigrierte Kultur. Wie lernen wir von der neuen Ausländerkultur in der Bundesrepublik Deutschland? Ein Lese- und Arbeitsbuch II. 1988.

Band 24 Ender Hepsöyler/Klaus Liebe-Harkort: Wörter und Begriffe - Lücken im Kindesalter = Verlust der Gleichberechtigung in Beruf und Gesellschaft. Auswertung eines Worttests bei türkischen Migrantenkindern in der Primarstufe - Vergleich mit nichtmigrierten Kindern: deutsche Schüler in der Bundesrepublik und türkische Schüler in der Türkei. 1988.

Band 25 Irma Hyvärinen: Zu finnischen und deutschen verbabhängigen Infinitiven. Eine valenz-theoretische kontrastive Analyse. Teil I: Theoretische Fundierung und Abgrenzung des Prädikats. 1989.

Band 26 Rolf Ehnert, Hartmut Schröder (Hrsg.): Das Fach Deutsch als Fremdsprache in den deutschsprachigen Ländern. 2. korrigierte Auflage. 1994.

Band 27 Agustín Blanco-Roiz: Die Vokaldauer im Deutschen als linguistisches, orthographisches und didaktisches Problem unter besonderer Berücksichtigung des Erlernens von Deutsch als Fremdsprache. 1990.

Band 28 Taeko Takayama-Wichter: Japanische Deutschlerner und ihre Lernersprache im gesprochenen Deutsch. Untersuchungen zum Deutschen als Fremd- und Zweitsprache in den Bereichen Syntax und Pragmatik. 1990.

Band 29 Taeko Takayama-Wichter: Japanische Deutschlerner und ihre Lernersprache im gesprochenen Deutsch. Materialien. 1990.

Band 30 Marja Järventausta: Das Subjekt im Deutschen und im Finnischen. Seine Formen und semantischen Rollen. 1991.

Band 31 Andreas F. Kelletat: Aus der Wortschatztruhe des Richard Pietraß. Zu einigen Fragen linguistisch-literaturwissenschaftlicher Textanalyse am Beispiel von Gedichten. 1991.

Band 32 Jasna Makovec-Černe: Die Thema-Rhema-Gliederung in deutschen und slowenischen Texten. Die Thema-Rhema-Gliederung als Informationsgliederung eines Textes. Eine kontrastive Untersuchung. 1991.

Band 33 Ursula Nebe: Zur Progression von allgemeinsprachlichen Lesetexten im studienvorbereitenden Unterricht "Deutsch als Fremdsprache". 1991.

Band 34 Sylvia Eggert: Wortschatz ordnen – aber wie? Überlegungen zu Lexiksystematisierung und -differenzierung im Fremdsprachenunterricht Deutsch. 1991.

Band 35 Ender Hepsöyler/Klaus Liebe-Harkort: Muttersprache und Zweitsprache. Türkische Schulanfängerinnen und Schulanfänger in der Migration. Ein Vergleich. 1991.

Band 36 Heinz-Helmut Lüger: Sprachliche Routinen und Rituale. 1992.

Band 37 Krassimira Kotcheva: Probleme des literarischen Übersetzens aus textlinguistischer Sicht. Dargestellt am Beispiel bulgarischer Übersetzungen zu Prosatexten aus der deutschen Gegenwartsliteratur. 1992.

Band 38 Gerlinde Hardt-Mautner: Making Sense of the News. Eine kontrastiv-soziolinguistische Studie zur Verständlichkeit von Hörfunknachrichten. 1992.

Band 39 Klaus Ohnacker: Die Syntax der Fachsprache Wirtschaft im Unterricht Deutsch als Fremdsprache. 1992.

Band 40 Jarmo Korhonen (Hrsg.): Untersuchungen zur Phraseologie des Deutschen und anderer Sprachen: einzelsprachspezifisch – kontrastiv – vergleichend. Internationale Tagung in Turku 6.-7.9.1991. 1992.

Band 41 Karen Petersen: Zur Situation des Deutschen als Fremdsprache im multikulturellen Australien. Eine Bestandsaufnahme am Beispiel des Bundesstaates Victoria. 1993.

Band 42 Gerhard Budin: Wie (un)verständlich ist das Soziologendeutsch? Begriffliche und textuelle Strukturen in den Sozialwissenschaften. 1993.

Band 43 Liisa Salo-Lee: Self-Repairs in Learner Language. Evidence from German at Different Proficiency Levels. 1993.

Band 44 Sigmund Kvam: Substantivische Wortbildungen im Textmuster *Beraten* im Deutschen und Norwegischen. Eine Fallstudie am Beispiel geschriebener und gesprochener Fachtexte. 1993.

Band 45 Klaus Morgenroth (Hrsg.): Methoden der Fachsprachendidaktik und -analyse. Deutsche Wirtschafts- und Wissenschaftssprache. 1993.

Band 46 Lutz Köster: Semantisierungsprozesse im Unterricht Deutsch als Fremdsprache. Eine Analyse von Bedeutungserklärungen im Unterricht mit fortgeschrittenen Lernern. 1994.

Band 47 Lucrecia Keim: Interkulturelle Interferenzen in der deutsch-spanischen Wirtschaftskommunikation. 1994.

Band 48 Doris Grütz: Strategien zur Rezeption von Vorlesungen. Eine Analyse der gesprochenen Vermittlungssprache und deren didaktische Konsequenzen für den audiovisuellen Fachsprachenunterricht Wirtschaft. 1994.

Band 49 Marja Punkki-Roscher: Nominalstil in populärwissenschaftlichen Texten. Zur Syntax und Semantik der komplexen Nominalphrasen. 1995.

Band 50 Ibrahim Karasu: Bilinguale Wortschatzentwicklung türkischer Migrantenkinder vom Vor- bis ins Grundschulalter in der Bundesrepublik Deutschland. 1995.

Band 51 Heike Edelmann: Textüberarbeitung. Revisionen in fremdsprachlichen Lerner-Texten (DaF). Prozesse der Überarbeitung narrativer, deskriptiver und argumentativer Texte in Lerner-Paaren. 1995.

Band 52 Norbert Dittmar / Martina Rost-Roth (Hrsg.): Deutsch als Zweit- und Fremdsprache. Methoden und Perspektiven einer akademischen Disziplin. 1995. 2., durchgesehene Auflage 1997.

Band 53 Peter Kühn (Hrsg.): Hörverstehen im Unterricht Deutsch als Fremdsprache. Theoretische Fundierung und unterrichtliche Praxis. 1996.

Band 54 Marja Järventausta/Hartmut Schröder: Nominalstil und Fachkommunikation. Analyse komplexer Nominalphrasen in deutsch- und finnischsprachigen philologischen Fachtexten. 1997.

Band 55 Henryk Domińczak: Probleme der Fachsprache im praktischen Unterricht Deutsch als Fremdsprache. Grundfragen – Konzeptionen – Methoden. 1997.

Band 56 Angelika Mairose-Parovsky: Transkulturelles Sprechhandeln. Bild und Spiel in Deutsch als Fremdsprache. 1997.

Band 57 Sarah Heydenreich: Prinzipien der Wortstellungsvariation. Eine vergleichende Analyse. 1997.

Band 58 Ewa Drewnowska-Vargáné: Ein neues textlinguistisches Instrumentarium und seine Anwendung im Aufbau der Schreibkompetenz ungarischer Germanistikstudenten. 1997.

Band 59 Stefan Bucher (Hrsg.): Fehler und Lernerstrategien. Studien am Beispiel DaF in Korea. 1997.

Band 60 Martina A. Noll: Zur Situation des Deutschen als Fremsprache in Chile. Dargestellt an einer Untersuchung erwachsener Fremdsprachenlernerinnen und -lerner. 1998.

Band 61 Bernard Vandenheede: Regelfindung und Regelverbesserung. Ein Beitrag zu einer besseren Deutsch-Didaktik. Am Beispiel der Deklination der Attributivwörter und der Artikelsetzung nach der Präposition *in*. 1998.

Band 62 Hartmut Schröder/Gerhard Wazel (Hrsg.): Fremdsprachenlernen und interaktive Medien. Dokumentation eines Kolloquiums an der Europa-Universität Viadrina 21.-24. März 1996 Frankfurt (Oder). 1998.

Band 63 Bok Ja Cheon-Kostrzewa: Der Erwerb der deutschen Modalpartikeln. Eine longitudinale Fallanalyse einer polnischen Lernerin. 1998.

Band 64 Marita Lintfert: Migrantenbiographien. Kultur und Migration als Inhalte in der Deutsch-als-Fremdsprache-Ausbildung. 1998.

Band 65 Lanlan Yin: Interkulturelle Argumentationsanalyse. Strategieuntersuchung chinesischer und deutscher Argumentationstexte. 1998.

Band 66 Nelly Richter: Gestaltpädagogisches Lehren und Lernen im Deutsch als Fremdsprache-Unterricht. 1999.

Band 67 Rolf Ehnert (Hrsg.): Wirtschaftskommunikation kontrastiv. 2000.

Band 68 Oleg Kokov: Präpositionen im Kontext und Vergleich (Hochdeutsch, Englisch, Niederdeutsch). Ein Lernsystem. 2000.

Band 69 Ginette Castro: Syntaktische und textuelle Aspekte bei der Textproduktion in Deutsch als Fremdsprache. 2001.

Band 70 Sigrun Schroth-Wiechert: Deutsch-als-Fremdsprache-Unterricht ohne Lehrwerk für heterogene LernerInnengruppen im Zielsprachenland unter besonderer Berücksichtigung des interkulturellen Ansatzes. 2001.

Band 71 Mi-Seoung Kim: Landeskunde im Deutschunterricht in Südkorea. Zur Reichweite der kommunikativen und interkulturellen Konzepte. 2002.

Band 72 Silke Ghobeyshi: Nationalsozialismus und Shoah als landeskundliche Themen im DaF-Unterricht. 2002.

Band 73 Claus Altmayer / Roland Forster (Hrsg.): Deutsch als Fremdsprache: Wissenschaftsanspruch – Teilbereiche – Bezugsdisziplinen. 2003.

Band 74 Marion Niehoff: Fremdsprachenlernen mit Multimedia. Anforderungen aus Sicht der NutzerInnen. Eine qualitative Untersuchung zum selbstorganisierten Lernen. 2003

Peter Lang · Europäischer Verlag der Wissenschaften

Manfred Overmann

Multimediale Fremdsprachendidaktik

Les sites Internet à exploiter en classe et des cours prêtes à l'emploi.

Theorie und Praxis einer multimedialen, prozeduralen Didaktik im Kontext eines aufgaben- und handlungsorientierten Fremdsprachenunterrichts

Frankfurt/M., Berlin, Bern, Bruxelles, New York, Oxford, Wien, 2002.
220 S., zahlr. Abb.
Internet Communication. Herausgegeben von Wolfgang Frindte und Thomas Köhler. Bd. 4
ISBN 3-631-38645-1 · br. € 29.70*

Unsere multimediale Fremdsprachendidaktik entspringt der Idee eines ganzheitlichen, handlungs- und aufgabenorientierten Lernens mit allen Sinnen. Auf dem Hintergrund einer konstruktivistischen Lerntheorie werden die didaktischen Implikationen für die Wissenskonstruktion reflektiert und die Trias Lernumgebung-Lerner-Lehrer auf der Basis aktueller neurobiologischer und kognitionspsychologischer Erkenntnisse neu definiert. Die Aufstellung einer didaktischen Datenbank Französisch für Schule und Hochschule sowie die methodisch-didaktische Ausarbeitung binnendifferenzierter Internetmodule bietet eine multimodale Lernumgebung, die den linearen Lehrwerkunterricht aufbricht. Hierdurch entsteht ein neues medienpädagogisches Interaktionsmodell zwischen Sprachenlerner und Welt, welches sich durch authentische Anreizstrukturen, Eindrucksvielfalt und Eindruckstiefe im Rahmen einer Didaktik der Komplexität auszeichnet.

Frankfurt/M · Berlin · Bern · Bruxelles · New York · Oxford · Wien
Auslieferung: Verlag Peter Lang AG
Moosstr. 1, CH-2542 Pieterlen
Telefax 00 41 (0) 32 / 376 17 27

*inklusive der in Deutschland gültigen Mehrwertsteuer
Preisänderungen vorbehalten
Homepage http://www.peterlang.de